지 방 재 정 론

[신　판]

유　훈 · 신희권 · 이재원 공저

法　文　社

신판 머리말

도시와 고속도로·철도에 터널이 있듯이 우리나라 지방자치에도 터널에 해당되는 시기가 있었다. 5.16을 입구로 한 우리나라 지방자치의 터널이 끝에 도달했다고 생각하는 사람이 있을는지 모르나 우리는 우리나라 지방자치의 터널이 아직 끝나지 않았다고 생각한다.

자치단체장과 지방의회 의원 선거가 실시되어 민선 지방자치가 출범했고 지방분권도 많이 진전되었으나 현재와 같이 지방세 수입에 의하여 인건비도 해결할 수 없는 자치단체가 전체의 52%에 해당하는 127개 단체에 이르는 상황(2014년 당초 예산 기준) 하에서 지방정부의 자율성을 논한다는 것 자체가 무의미하며 우리나라 지방자치의 터널이 끝났다고 보기 어렵다는 것이 우리들의 견해이다. 우리가 지방재정의 확충이 우리나라 지방자치의 핵심적 과제의 하나라고 보는 이유가 여기에 있는 것이다.

그러나 우리나라 지방자치와 지방재정에 변동이 없었던 것은 아니다. 지방세 체계의 변동, 지방교부세 교부율의 조정, 지방양여금 세도의 폐지, 지방분권의 증진을 위한 법률의 제정 등 질적 양적 변동이 있었다.

이러한 변동을 반영하기 위하여 이번에 그동안 유 훈 단독저서였던 본서가 신희권·이재원 두 교수의 합류에 의하여 3인 공저가 되었다. 신판의 특징으로서 다음의 몇 가지를 들 수 있겠다.

첫째로 과거와 같이 5개편으로 구성되어 있다는 것은 변함이 없으나 제4편 제8장으로 「지방재정과 가치예산」이 신설되었다.

둘째로 제1편 제3장 「국가재정과 지방재정」, 제2편 제2장 「지방세의 비중과 지방세체계」, 제2편 제5장 「지방재정조정제도」, 제3편 제3장 「지방자치단체의 세출기능과 재정관리」, 제4편 제4장 「지방 공공서비스의 민영화」 등 5개장의 필자가 교체되면서 그 내용이 크게 달라졌다.

셋째로 그 밖의 모든 장에 걸쳐서 제도의 변동과 통계의 보완·수정 등을 반영하기 위하여 수정을 가했다. 장에 따라서는 절(節)이 삭제되거나 신설된 경우도 있다.

넷째로 과거에 장·절과 항목의 제목에 한자를 사용했으나 이번에 한자의 사용을 전폐했다.

이와 같은 수정과 보완으로 우리나라 지방재정의 확충에 다소나마 도움이 되고, 1995년 이래 본서를 애독해준 독자 여러분에게 조금이나마 보답이 되기를 바라마지 않는다.

2015년 1월

저자 일동

제3정판 머리말

본서가 나온지 4년밖에 안되었으나 증보판·개정판을 내면서 수정을 가해왔으나 이번에 체제를 바꾸기 위하여 3정판을 내놓게 되었다.

필자가 경기도가 출연한 연구기관의 책임을 맡아 3년 동안 근무하면서 통감한 것이 지방분권의 필요성이다. 지방자치단체가 자체적으로 해결할 수 있는 문제는 지엽적인 것이고 중요한 과제는 대부분이 중앙정부에 건의해야 할 과제라는 것을 발견했다. 그리하여 이번 3정판에서는 제4편 제5장으로 「지방분권과 지방재정」이라는 장을 추가하였을 뿐만 아니라 처음부터 끝까지 지방분권의 필요성을 일관되게 강조하였다.

이번 3정판의 또 하나의 특징은 한자사용의 자제이다. 장·절이나 항목의 제목 외에는 한자를 사용하지 않았다. 한자의 사용으로 불편이 많다는 독자의 뜻에 따른 것이다.

지방재정론은 저자의 여러 분야에 관한 교과서 중에서 가장 최근에 출간한 것이다. 뿐만 아니라 저자가 지방자치단체가 출연한 연구기관에 몸담고 있는 관계로 지방자치와 지방재정분야에 대해서 많은 관심을 지닐 수밖에 없다. 앞으로도 새로운 문제가 제기될 때마다 수정을 가하고자 한다. 이번 개정이 독자 여러분에게 도움이 되기를 바라 마지않는다.

2000년 2월
저자 씀

改訂版 머리말

본서가 나온지 3년 밖에 안되었으나 지난번의 증보판에 이어 이번에 「과밀・대도시지역과 지방재정」을 제3편 제5장으로 추가하고 여러 곳에 크고 작은 수정을 가하여 개정판으로 내놓게 되었다.

저자가 지방자치단체가 출연한 연구기관에 와서 지방자치단체들을 가까이서 관찰하면서 느낀 것 중의 하나가 과소・낙후지역도 어려움이 많지만 이에 못지않게 과밀・대도시지역도 재정의 「궁핍」에 허덕이고 있다는 사실이다. 재정수요는 많은데 지방재정조정제도를 통한 중앙정부로부터의 지원은 적으므로 대도시로서의 면모를 갖추는데 어려움이 많다는 것이다. 이리하여 「과소・낙후지역대책과 지방재정」이라는 장 다음에 「과밀・대도시지역과 지방재정」이라는 장을 추가하게 된 것이다.

이번 개정판에서는 또한 최근 통계의 추가를 위한 노력을 했다. 모든 통계를 바꾸지는 못했으나 가능한 한 많은 통계를 바꾸도록 노력했다.

이번 개정판이 빠른 속도로 변하고 있는 우리나라 지방자치단체의 재정상황을 독자 여러분이 이해하는데 조금이라도 도움이 되기를 바란다.

1998년 1월

저자 씀

增補版 머리말

본서가 나온지 1년 밖에 안되었으나 초판을 발간할 때 시간에 쫓겨 미처 수록하지 못했던 「지방자치단체의 제3섹터」를 제5편 제5장으로 추가하였고 몇 군데 수정을 가하여 증보판을 내놓게 되었다.

자치단체장 선거 후에 우리나라 지방자치단체가 여러가지 면에서 활기를 띠고 있으며 지방자치단체의 재정난의 타개를 위하여 여러가지 방안을 모색하고 있다. 이러한 지방자치단체의 요구에 부합하는 것이 제3섹터라 할 수 있다. 세외수입의 증대에 이바지할 뿐만 아니라 민자유치를 통하여 기업설립에 소요되는 재원을 지방자치단체가 전액 부담하지 않아도 되기 때문이다.

최근에 와서 일본 제3섹터의 범란에 자극을 받아 우리나라 지방자치단체에서도 제3섹터에 대한 관심이 증대하고 있는데 과연 정부부문과 민간부문의 장점을 동시에 살리는 제3섹터가 우리나라 지방자치단체에서 성공을 거둘 수 있을지는 좀더 지켜보아야 하겠다.

만일에 우리나라 지방자치단체에서 제3섹터가 뿌리를 내린다면 지방자치단체의 기업적 운영에 도움이 되고 자체수입의 증대에 이바지할 뿐만 아니라 지역주민의 복지욕구의 충족에도 공헌할 수 있는 제3섹터가 우리나라 지방자치의 앞날을 밝게 하는데 일조가 되리라 믿는다.

이런 의미에서 이번의 증보판에서 지방자치단체 제3섹터에 관한 장을 신설했는데 독자 여러분에게 도움이 되기를 바란다.

1996년 2월
반포서재에서
저자 씀

머 리 말

본격적인 지방자치시대를 맞이하여 지방행정이나 지방재정에 관한 관심이 크게 높아지고 있으며 대학의 학사과정이나 석·박사과정에 지방재정에 관련된 과목이 많이 개설되고 있다.

저자가 지방재정에 대하여 관심을 가지기 시작한 것은 1960년대 초의 일이다. 내무부의 지방재정관련 위원회에 관여하면서 지방재정에 관심을 가지게 되었으며 이때부터 지방재정에 관한 글도 쓰기 시작했다. 그러나 지방재정에 관한 글을 빈번히 쓰기 시작한 것은 1982년의 일이다. 「지방재정」지가 창간되고 그 편집위원을 맡게됨에 따라 경우에 따라서는 필진의 부족으로 원치 않는 원고도 쓰게 되었다.

그리하여 그 동안에 「지방재정」에만 20여편의 글을 쓰게 되었으며 다른 곳에 기고한 것까지 합치면 30편에 가까운 글을 쓰게 되었다. 이번에 그 동안 축적된 지방행정에 관한 자료와 지식을 토대로 본서를 내놓게 되었다.

제1편은 서론적 고찰이고, 제2편과 제3편에서는 세입과 세출을 다루었으며 제4편에서는 지방재정의 특수문제를 「지방재정의 운영」이라는 이름으로 묶었다. 끝으로 제5편에서는 5개장에 걸쳐 지방공기업을 다루었다.

본서에서는 특히 두 가지 문제를 염두에 두었다.

첫째로 제5편의 경우는 예외이나 외국의 지방재정문제는 우리나라의 지방재정을 이해하는데 필요한 최소한의 수준으로 한정했다.

둘째로 한자의 사용을 최소화했다는 것을 강조하고자 한다. 장·절이나 항의 제명 외에는 한자를 사용하지 않으려고 노력했으며 전문용어와 같은 부득이한 경우에 한정하였다.

저자에게 항상 발표의 기회를 주시는 법문사의 배효선 사장에게 감사를 드리고 바쁘신 중에도 편집에 수고하신 이재필 차장에게 사의를 표하고자 한다. 특별히 원고를 수차에 걸쳐서 분할하여 전달하였음에도 불구하고 귀찮다 하지 않고 인내를 가지고 편집하여 주신 법문사 관계자에게 심심한 사의를 표하고자 한다.

1995년 2월 반포서재에서

저자 씀

차 례

제 1 편 서 론

제 2 편 지방세입론

제 3 편 지방세출론

제 5 편 지방공기업론

제1편

서 론

제 1 장 지방자치와 지방재정
제 2 장 지방재정의 의의
제 3 장 국가재정과 지방재정
제 4 장 지방재정의 법적 기초
제 5 장 지방자치단체 재정력 측정지표

제 1 장 지방자치와 지방재정

제 1 절 지방자치의 의의

1. 지방자치의 개념과 유형

(1) 지방자치의 개념

지방자치는 여러 가지로 정의할 수 있다. 지방자치를 「일정한 지역의 주민들이 지방공공단체를 구성하여 국가의 일정한 감독 아래 그 지역 안의 일정한 공공문제를 자기부담에 의하여 스스로 또는 그 대표자를 통하여 처리하는 것」이라고 정의하는 사람이 있으나[1] 우리는 지방자치를 「일정한 지역의 주민들이 자치단체를 구성하여 그 지역 안의 공공문제를 스스로 또는 그 대표자를 통하여 처리하는 것」이라고 정의하고자 한다.

지방자치가 자기부담 또는 자주재정을 그 구성요소로 해야한다는 주장이 없는 것은 아니며 자체재원의 비중이 높은 것이 바람직한 것도 사실이다. 그러나 네덜란드와 같이 자체재원이 지방재정에 있어서 차지하는 비중이 지극히 낮은 국가에서도 지방자치가 잘 이루어지고 있으므로[2] 자기부담을 지나치게 강조할 필요가 없다고 생각한다.

둘째는 국가감독의 문제이다. 영국이나 미국과 같이 전통적으로 견고한 지방자치를 기초로 하는 국가에서도 근래에 와서 중앙통제가 강화되고 있는 것이 사실이나 영국식민지하의 미국의 경우와 같이 국가감독 없이도 지방자치가 가능한 경우가 있는가 하면 현재의 미국과 같은 연방국가에서는 지방자치단체에

---

1) 최창호, 「지방자치의 본질과 그 법적 보장」, 자치행정 1989년 1월호, p. 35.

2) 후술 「지방재정의 유형」 참조.

대한 감독을국가(연방정부)가 아니라 주정부가 담당하고 있다는 사실에 유의할 필요가 있다.

(2) 지방자치의 유형

영국과 그 영향을 받은 미국에서는 오래전부터의 견고한 자치의 전통 위에 모든 정치제도를 건설해 왔다. 그러나 프랑스 및 독일·스페인 등은 강력한 군주주의적 절대주의국가로서 근대사의 무대 위에 나타났던 것이다. 이와 같은 전통의 차이가 지방자치에 관한 상이한 두 개의 원류를 형성한 것이다.

① 대륙형: 프랑스에서 시작하여 독일·스페인을 포함한 유럽제국뿐만 아니라 세계각지에 널리 전파된 대륙형은 단체자치·집권적 자치의 이름으로 불리워 왔다.

② 영미형: 영국에서 시작하여 그 식민지였던 미국 등에 전파된 영미형은 단독제 행정부문의 장 유무 등과 같이 영국과 미국간에도 차이가 있으나 주민자치·분권적 자치라는데 그 특징이 있다.

③ 대륙형과 영미형의 비교: 대륙형과 영미형은 오늘날에 와서 많이 서로 접근하여 그 차이점이 희박해졌으나 다음과 같은 몇 가지 차이점을 지적할 수 있겠다.

ⓐ 단체자치와 주민자치: 대륙형은 집권주의적 국가체제하에서 형성된 자치로서 중앙정부의 엄격한 후견적 감독을 받으면서 국가로부터 부여된 것으로서의 지방적 사무를 처리하는 단체자치를 특징으로 한다. 이에 반하여 영미형은 지방분권적인 주민자치를 특징으로 한다.

ⓑ 집권적 자치와 분권적 자치: 대륙형은 집권적이며 영미형은 분권적이라고 한다. 그러나 집권적 자치와 분권적 자치의 차이점은 자치단체장의 임명제와 선거제에서 찾아볼 수 있는데 오늘날에 있어서는 자치단체장은 양 제도가 다 선거제에 의하므로 두 제도가 다 분권적이며 이 구분은 의미가 없다는 사람도 있다.[3]

ⓒ 융합형과 분리형: 대륙형은 융합형이며 영미형은 분리형이라 한다. 융합형은 중앙정부와 자치단체가 밀접하게 협력하는 것을 특징으로 하는데 대하여 분리형은 업무상 중앙과 지방간의 협력이 적다는 것이다.

---

3) 村松岐夫, 日本の行政(東京: 中央公論社, 1994), p. 165.

영국이나 프랑스에서는 국회의원이 지방의원을 겸할 수 있도록 되어 있으나 실제에 있어서 영국에서는 양자를 겸하는 경우가 많지 않다. 그러나 프랑스에서는 대통령이나 수상에 이르기까지 국정수준의 정치가가 지방자치단체장이나 지방의원을 겸하고 있는 경우도 있다. 이런 의미에서도 영국형은 분리형이며 프랑스형은 융합형이다.

ⓓ 자치단체의 규모: 프랑스는 기초자치단체가 33,757개로서 자치단체 평균인구는 1,560명에 지나지 않으나 영국의 잉글랜드(England)는 기초자치단체가 365개에 지나지 않으며[4] 평균인구는 127,000명에 달하고 있다. 이와 같이 자치단체의 규모에 큰 차이가 있는데 규모가 큰 영국에서는 자치단체의 행·재정능력이 크나 규모가 작은 프랑스에서는 자치단체의 행·재정능력이 불충분하며 이것이 지방자치 강화의 저해요인으로 작용하고 있다.[5]

ⓔ 행정적 통제와 입법적·사법적 통제: 대륙형에서 사법적 통제 등이 없다는 것은 아니나 대륙형은 행정적 통제에 많이 의존하고 있는데 대하여 영미형에서는 입법적·사법적 통제를 중심으로 하고 있다.

2. 지방자치의 필요성

지방자치가 필요한 이유로서 여러 가지를 들 수 있겠으나 우리는 다음의 세 가지로 요약하고자 한다.[6]

(1) 민주주의의 구체화

지방자치는 민주주의의 구체화를 의미한다. 민주주의를 정치체제로 볼 때 지방자치는 당연히 그 일부를 형성하는 것으로서 민주주의의 구체화·제도화의 일환을 이루는 것이라고 할 수 있다. 민주정치가 고대에 있어서의 농촌이나 소도시의 자치에서부터 출발했다는 것은 우리가 다 잘 아는 사실이다. 이런 뜻에서 지방자치는 민주주의의 원천이라 할 수 있다.

정치에는 국민 전체에 관한 것과 일정한 지역에 관한 것이 있으므로 민주주의의 기본적 요소인 국민의 정치참여는 국민 전체에 관한 정치, 즉 국정에 관

---

4) 이 밖에 Scotland에 56개, Wales에 37개, 북아일랜드에 26개의 자치단체가 있다.

5) Alan Norton, *International Handbook of Local and Regional Government*(Aldershot: Edward Elgar Ltd., 1994), p. 40.

6) B. C. Smith, *Decentralization: The Territorial Dimension of the State*(London: George Allen and Unwin, 1985), pp. 19-30.

한 참여만으로서는 충분하지 못하며 지역문제에 관한 정치, 즉 지방정치에 대한 참여없이는 민주주의가 정치제도로서 구체화 되었다고 할 수 없다. 지방정치에 대한 주민참여의 체제가 지방자치인 것이다.

(2) 국민정치교육의 기회제공

어떠한 정치체제이건 간에 국가의 정치가 원활히 이루어지기 위해서는 정치에 익숙한 국민을 전제로 하는데 특히 민주주의의 정치체제에 있어서는 이것이 더욱 필요하다. 그러나 일반국민에게는 국정은 어렵고 복잡한 문제가 많은데 대하여 지방정치는 우리 생활주변의 문제를 다루므로 이해하기 쉬운 측면을 지니고 있다. 국민이 지방정치의 운영에 참여하는 과정에서 민주주의의 담당자로서의 자질을 배양해 가는 것이다.

(3) 행정운영의 분권화 · 현지화

사회가 발전함에 따라 행정에 대한 주민의 요구는 고도화 · 다양화하는 경향이 있으므로 행정의 범위는 점점 더 확대될 것이다. 이러한 행정은 국가와 지방자치단체의 양자가 담당하나 지방자치단체에 의한 행정운영은 국가에 의한 행정처리에 비하여 분권화 · 현지화의 이점을 지니고 있다. 국가의 시책은 전국을 통일적으로 취급할 필요가 있으므로 문제의 처리방식이 지역의 실정에 비추어 보아 불충분한 경우가 있으며 여러 가지 제약 때문에 구체적인 해결책을 수립하기가 어려운 사태가 일어날 수 있다. 그러나 지방자치단체는 주민에게 가장 가까운 정부로서 지역의 실정에 정통하고 있으므로 효과적인 정책수단을 수립할 수 있다.

3. 한국 지방자치의 이념

1990년대초에 지방자치가 부활되고 본궤도에 올라서게 됨에 따라 우리나라 지방자치의 장점과 단점이 많이 노정되었다. 그 동안의 경험을 토대로 하여 우리나라 지방자치가 추구해야할 이념으로서 자율성, 참여성, 능률성을 들고자 한다.[7]

---

7) Francesco Kjellberg, "The Changing Values of Local Government," *Annals of the American Academy of Political and Social Science*, July 1995, p. 42.

(1) 자율성

우리나라 지방자치의 이념으로서 첫째로 들고자 하는 것은 자율성이다. 한마디로 말해서 자율성이야말로 지방자치의 핵심이라 하겠다. 자율성의 의미는 시대에 따라 변천해왔다. 과거에는 자율성이 중앙정부의 간섭으로부터의 자유를 의미했으나 오늘날에 있어서는 지역사회문제를 해결하기 위하여 행동할 수 있는 자유를 의미한다고 하겠다.

① 자주재원의 확충: 자율성의 확보를 위하여 자주재원의 대폭적인 확충이 필요하다는 것은 긴 설명을 요하지 않는다. 현재와 같이 통합재정자립도가 10%미만인 자치단체가 41개(16.8%)에 달하며, 군의 통합재정자립도 평균이 13.9%에 지나지 않는 상황 하에서[8] 지방정부의 자율성을 논한다는 것 자체가 무의미하다고 하지 않을 수 없다.

② 과세자주권: 자율성의 확보와 관련이 있는 또 하나의 문제는 과세자주권이다. 중앙정부가 제정한 지방세법이 모든 자치단체의 세목과 세율을 규정하고 과세자주권을 전연 인정하지 않는 상황 하에서 과연 참된 의미의 지방자치가 있다고 할 수 있을지 의문이라 하지 않을 수 없다. 장기적으로 중앙정부가 설정한 한도의 범위 안에서 지방정부가 세목과 세율은 결정할 수 있는 체제로 지향해야 할 것이나 단기적으로는 법정 외 세목을 인정하고 현재 지역자원시설세·자동차세 등 일부 세목에서 인정하고 있는 탄력적 세율제도를 광범위하게 인정해야 할 것이다.

③ 지방분권: 자율성과 관련이 있는 또 하나의 문제는 지방분권의 추진이다. 우리나라의 역대정부가 중앙정부권한의 이양을 내걸었으나 별로 실효를 거두지 못하고 있다가 1998년 「중앙정부권한의 지방이양촉진 등에 관한 법률」안을 성안하여 국회에 제출하였으며 그 의결을 얻어 1999년 1월 29일 공포하였다.

이 법률도 별 실효를 거두지 못하다가 2013년 「지방분권 및 지방행정체제 개편에 관한 특별법」을 제정하였으나 지방분권의 기본원칙이나 지방분권의 추진과제와 같은 추상적인 규정만 나열한 감이 있다.

(2) 참여성

지방자치의 이념으로서 둘째로 들고자 하는 것은 참여성이다. 주민의 관점

---

8) 안전행정부, 2014년도 지방자치단체 통합재정개요(상) (서울: 안전행정부, 2014), p. 272.

에서 볼 때 자율적 지방자치는 자치단체장이나 지방의회의 중앙정부로부터의 자율을 의미하기 쉬우며 주민에게 직접적으로 영향이 없다고 느끼기 쉽다. 따라서 참여적 지방자치야말로 주민의 피부에 와 닿는 지방자치라 하겠다.

① 주민참여의 장치: 우리나라에서는 그동안 제도적 참여를 거의 인정하지 않았으며 비제도적 참여가 산발적으로 이루어져 왔으나 2007년의 지방자치법 전문개정 후에는 제도적 참여가 더러 인정되고 있다.[9]

ⓐ 주민투표: 지방자치단체장은 주민에게 과도한 부담을 주거나 중대한 영향을 미치는 주요 결정사항 등에 대하여 주민투표에 부칠 수 있다.

ⓑ 조례의 제정과 개폐청구: 일정주민 수 이상의 연서로 해당 지방자치단체의 장에게 조례를 제정하거나 개정하거나 폐지할 것을 청구할 수 있다.

ⓒ 주민의 감사청구: 일정수 이상의 주민의 연서로 주민은 상급지방자치단체장에게 자기가 거주하는 지방자치단체와 그 장의 권한에 속하는 사무의 처리가 법령에 위반되거나 공익을 현저히 해친다고 인정되면 감사를 청구할 수 있다.

ⓓ 주민소송: 주민은 전술한 감사청구사항 등과 관련하여 지방자치단체장을 상대방으로 하여 소송을 제기할 수 있다.

ⓔ 주민소환: 주민은 그 지방자치단체장이나 지방의회의원을 「주민소환에 관한 법률」이 정하는 바에 따라서 소환할 권리를 가진다.

② 고객중심적 체제: 참여성의 일환으로서 고객중심적 지방자치를 들고자 한다. 주민을 고객으로 받들고 그들을 지방정부의 운영에 참여시킨다는 의미에서 고객중심적 지방자치를 참여적 지방자치의 범주에 포함시키고자 한다. Osborne과 Gaebler는 고객중심적 체제를 자동차에 비유하여 고객이 운전석에 앉는 체제라 하여 고객운전체제(customer-driven system)라는 용어를 사용하고 있다.

중앙정부이건 지방정부이건 간에 정부부문에서는 고객(customer)이라는 용어를 거의 사용하지 않으며 대부분의 정부기관은 그들의 고객이 누구인지도 모르나 사기업은 고객을 중요시하며 고객을 만족시키기 위하여 노력한다. Osborne과 Gaebler는 이러한 차이가 발생하는 가장 중요한 원인을 사기업은 고객으로부터 자금을 획득하는데 대하여 정부기관은 필요한 자금(예산)을 고객

9) 지방자치법 제2장 「주민」의 각조 참조.

으로부터 얻지 않는데 있다는 것이다. 사기업의 경우 고객을 만족시키면 매출이 늘어나나 경쟁기업이 고객을 보다 만족시키면 기업의 매출은 감소하기 마련이다. 따라서 경쟁체제하의 사기업은 고객에 대하여 지대한 관심을 가질 수밖에 없다. 정부기관의 경우에는 필요한 자금을 의회가 의결하는 예산에 의하여 획득하는 까닭에 고객에게 관심을 가질 필요가 없다는 것이다.

그러나 국민의 생활수준과 교육수준이 향상됨에 따라 국민들은 그들이 제공받는 공공서비스에 관하여 고객으로서 존중받기를 원하는 경향이 급증하고 있다. 따라서 오늘날 지방정부는 고객중심적 체제가 되어야 한다는 것이다.[10]

(3) 능률성

위에서 살펴본 자율성·참여성과 함께 능률성도 지방자치가 추구해야할 이념의 하나라는 것은 긴 설명을 요하지 않는다. 지방자치 예찬론자들 중에는 지방자치가 능률적인 제도라고 주장하는 사람들도 있으나[11] 이것은 이론에 지나지 않으며 지방자치의 현실을 볼 때 다소간의 비능률은 불가피하다고 하겠다. 따라서 앞으로의 지방자치는 어떻게 하면 비능률을 극소화하고 능률성을 제고하느냐에 역점을 두어야 할 것이다. 능률성 제고를 위한 방안으로서 여러 가지를 들 수 있겠으나 우리는 기업적 지방자치와 공공서비스의 민영화를 강조하고자 한다.

① 기업적 지방자치: 기업적 지방자치란 한 마디로 말해서 지방자치단체에도 기업원리를 도입하여 효과적이며 능률적으로 운영하자는 것이다. 우리나라에서도 최근에 '지방행정의 경영화', '지방자치 경영' 등의 표현을 많이 사용하고 있다. 기업적 지방자치를 위하여 이윤동기의 활용과 관리자의 기업가로의 변신을 강조하고자 한다.[12]

ⓐ 이윤동기의 활용: 지방자치단체를 민간기업과 같이 운영하기 위해서는 무엇보다 필요한 것이 이윤동기의 활용이다. 전통적인 지방자치단체에서는 '이윤'이라는 것을 금기시했다. 그러나 재정난에 허덕이는 지방자치단체에서는 이러한 사고방식을 고쳐야 한다는 것이다.

10) David Osborne and Ted Gaebler, *Reinventing Government*(Reading: Addison Wesley, 1992), pp. 166-169.

11) Kjellberg, *op. cit.*, p. 44.

12) Osborne and Gaebler, *op. cit.*, pp. 152-218.

이윤동기의 활용이라 해서 모든 공공서비스를 이윤을 목적으로 판매해야 한다는 것은 아니다. 대부분의 공공서비스는 판매해서는 안되며 판매할 수도 없을 것이다. 그러나 골프장·테니스장·보트선착장 등과 같은 고소득층이 주로 사용하는 시설은 이윤추구의 대상으로 삼아서 안될 이유가 없다는 것이다.

ⓑ 관리자의 기업가로의 변신: 한 마디로 말해서 기업적 지방자치를 위해서는 관리자가 기업가로 변신해야 한다는 것이다. 사고방식을 종전의 관료적인 사고방식에서 기업가적인 사고방식으로 전환해야 한다. 지방자치단체로서도 이들이 기업가와 같이 사고하고 행동할 수 있도록 재량을 부여해야 할 뿐만 아니라 경제적 유인(incentive)도 마련할 필요가 있다.

ⓒ 공공서비스의 민영화: 정부부문에서는 공공서비스의 민영화라 하여 종전에 정부부문이 직접 공급하던 공공서비스를 민간기업이 공급케 하는 문제를 많이 논의해 왔는데 근래에 와서는 민간기업에서도 스스로 공급하던 서비스를 외부에 위탁하는 아웃소싱(outsourcing)의 필요성을 제기하고 있다.

민영화의 대상분야는 여러 가지로 분류할 수 있다. 하드(hard)서비스와 소프트(soft)서비스로 나누는 사람이 있는가 하면 물리적·상업적 서비스와 보호적·인적 서비스로 분류하는 사람도 있다.[13]

먼저, 물리적·상업적 서비스를 본다면 하드서비스라고 할 수 있는 이 분야는 비교적 민영화가 용이하며 실제로 민영화가 많이 이루어지고 있다. 미국행정학회보(PAR)의 논문에 의하면 미국의 대도시에서 가장 많이 이루어지고 있는 공공서비스의 민영화는 ① 차량견인, ② 쓰레기 수거, ③ 건물의 안전관리, ④ 도로보수, ⑤ 앰블런스 서비스, ⑥ 인쇄 서비스, ⑦ 가로등·교통신호 등이다. 이러한 분야에서는 계약에 의하여 민간위탁이 주로 활용되고 있는데 그 이유는 이러한 분야에서는 수행되어야 할 업무를 명확히 규정하기가 용이할 뿐만 아니라 지방정부가 계약자의 업무수행을 모니터 하기가 쉽다는 것이다.[14]

---

13) E.S. Savas, *Privatization: The Key to Better Government*(Chatham: Chatham House, 1987), p. 279.

14) Robert Jay Digler, Randolph R. Moffett and Linda Struyk, "Privatization of Municipal Services in America's Largest Cities," *Public Administration Review*, January-February 1997, p. 23.

다음으로는 보호적 · 인적 서비스이다. 소프트 서비스라고 할 수 있는 이 분야는 전술한 하드 서비스의 경우와 달라서 아웃소싱이 용이하지 않다. 이 분야에서는 핵심적 서비스와 부차적 서비스의 구분이 중요하다.[15] 이 분야에서는 핵심적 서비스의 아웃소싱은 많지 않으나 부차적 서비스의 아웃소싱은 많이 찾아볼 수 있다.

최근 미국의 테네시(Tennessee)주에서 3개의 형무소를 신설했는데 2개소는 주정부가 그 운영을 담당하나 1개소는 민간기업이 담당하고 있다고 한다. 그러나 이러한 핵심적 서비스의 민영화는 예외에 속하고 대부분이 부차적 서비스이다. 전술한 미국행정학회보 논문에 의하면 ① 약물 · 알콜중독처리 서비스, ② 직업보도 · 훈련사업, ③ 법률상담 등이 비교적 많은 편이라고 한다. Savas는 미국 외의 국가에서 이 분야의 아웃소싱을 많이 소개하고 있는데 스위스에서는 30개의 지방자치단체가 민간회사와 계약을 체결하고 방범순찰업무를 맡기고 있으며, 덴마크에서는 전체 인구의 반수에 가까운 사람들이 민간회사에 소방업무를 맡기고 있다고 한다.[16]

그 동안 우리나라 지방자치단체에서도 간헐적으로 공공서비스의 민영화를 시행해 왔는데 주로 기초자치단체에서 주민의 일상생활과 밀접한 관련이 있는 서비스의 민영화에 역점을 두어 왔다. 최근 광역자치단체인 경기도가 '지방행정사무 민간 위탁방안'을 성안하여 공공서비스의 민영화에 적극적으로 나설 채비를 하고 있다. 민영화의 기준을 살펴보면 다음과 같다. ① 단순한 사실행위인 행정작용, ② 공익성보다는 능률성이 현저히 요청되는 사무, ③ 특수한 전문지식 및 기술을 요하는 사무, ④ 기타 국민생활과 직결된 단순한 행정사무이다. 한 마디로 말해서 위에서 지적한 하드 서비스 또는 물리적 · 상업적 서비스에 한정한다는 것이다.

(4) 결 어

우리는 앞에서 우리나라 지방자치의 이념으로서 자율성 · 참여성과 함께 능률성을 들었는데 우리나라 지방자치의 장래는 이 세 가지이 이념은 어떻게 조

15) William T. Gormley, Jr., "Two Cheers for Privatization," in William T. Gormley, Jr. (ed.), *Privatization and Its Alternatives*(Madison: University of Wisconsin Press, 1991), p. 311.

16) Savas, *op. cit.*, pp. 183-184.

화시키느냐에 달려 있다고 해도 과언이 아니다. 자율적 지방자치와 참여적 지방자치가 중요한 것은 더 말할 필요가 없겠으나 지방자치가 선진국 진입의 문턱에서 우리를 주저앉게 만드는 요인이 되지 않도록 하기 위하여 능률적 지방자치도 소홀히 하지 말아야 할 것이다.

4. 한국의 지방자치제도

(1) 지방자치제도의 변천

우리나라의 지방자치는 1952년부터 1961년 5·16까지 실시되었다. 30년 가까이 중단되었던 지방자치가 1990년 말의 지방자치관계법률의 제정·개정으로 부활되었다. 이것을 좀더 구체적으로 살펴보기로 한다.

① 지방자치법의 제정: 1948년의 헌법은 지방자치를 보장하는 규정을 제96조와 제97조에 두었으며, 헌법의 규정을 구체화하여 1949년 7월 4일 지방자치법이 제정·공포되었다.

② 지방자치의 실시: 정국의 불안과 6·25사변으로 1952년에 가서야 지방의회의원선거가 실시되었다. 1961년 5·16까지 계속된 지방자치는 많은 시행착오를 거쳤다. 지방자치법은 4차에 걸쳐 개정되고 지방자치단체장의 선출방법은 간선에서 직선으로, 직선에서 임명으로 변경되었다가 다시 직선으로 환원되었다.[17]

③ 지방자치의 중단: 1961년 5월 16일 지방의회가 해산되고 같은 해 9월 1일 「지방자치에 관한 임시조치법」의 공포로 지방자치는 중단되었다.

유신헌법은 제10장에 지방자치에 관한 규정을 두었으나 부칙 제10조에서 "이 헌법에 의한 지방의회는 조국통일이 이루어질 때까지 구성하지 아니한다"고 규정함으로써 지방자치의 중단을 헌법에 명문화하였던 것이다.

제5공화국 헌법도 제8장에 지방자치에 관한 규정을 두었으나 부칙 제10조에서 지방의회는 지방자치단체의 재정자립도를 감안하여 순차적으로 구성한다고 규정함으로써 지방의회의 구성을 어렵게 하였다.

④ 지방자치의 부활: 1986년에 지방자치법과 지방재정법이 개정되고 1990년 말에 지방자치단체 관련 선거관계법률이 제정·개정됨으로써 30년 만에 지방의회가 구성되고 지방자치가 부활되게 되었다. 1995년 제1기 민선자치단체장

---

17) 내무부, 지방자치백서(서울: 내무부, 1968), p. 17.

의 선거가 실시되어 지방자치가 본궤도에 올라서게 되었다.

(2) 지방자치단체

다른 나라의 경우와 같이 한국의 지방자치단체도 보통지방자치단체와 특별지방자치단체로 나누어진다.

① 보통지방자치단체: 우리나라의 보통지방자치단체는 광역자치단체로서 특별시, 광역시, 특별자치시, 도 및 특별자치도가 있고 기초자치단체로서 시, 군 및 자치구가 있다.

현재 특별자치시로서는 세종특별자치시가 있으며, 특별자치도로서는 제주특별자치도가 있는데 이들의 지위·조직 및 행정·재정 등의 운영에 대하여는 2011년 5월 30일부로 신설된 지방자치법 제174조에 의하여 특례가 인정되고 있다.

② 특별지방자치단체: 1949년의 지방자치법에서 특별지방자치단체로서 교육구와 시·읍·면조합이 인정되어 있었는데 「지방자치에 관한 임시조치법」에 의하여 교육구가 폐지되고 시·읍·면조합이 시·군·구 조합으로 개편되었으나 시·군·구 조합은 거의 활용되지 않았다.

제 2 절 지방자치와 지방재정

1. 두 가지 견해

지방자치와 지방재정의 관계를 둘러싸고 두 가지 견해가 대립하고 있다. 첫째는 오늘날에 있어서 세입의 집권화와 세출의 분권화가 불가피하다는 견해이다.[18] 다시 말해서 지방자치단체의 자체재원의 확충보다는 중앙정부에 의한 지방자치단체에의 지원에 의존할 수밖에 없으며 이것이 불가피한 현상이라는 주장이다.

둘째는 건전한 지방자치를 위해서 지방자치단체의 자체재원 특히 지방세재원의 확충이 절대로 필요하다는 주장이다.

우리는 다음에 이 두 가지 견해를 살펴보고 지방자치단체장 선거후의 우리

18) 重森 曉, 現代地方自治の財政理論(東京: 有斐閣, 1998), p. 67.

나라 지방자치를 위하여 어느 방향으로 나가는 것이 바람직한가를 검토하고자 한다.

2. 세입의 집권화와 세출의 분권화

지방자치를 위하여 지방자치단체가 주민의 복지증진에 필요한 지출을 늘려야 한다는 점에서 세출의 분권화는 절대로 필요하다고 하겠다. 그러나 세입집권화론에 의하면 이에 소요되는 재원은 지방자치단체가 직접 조달할 필요가 없으며 중앙정부가 필요한 세입을 징수하여 지방재정조정제도를 통하여 지방자치단체에 지원하여 주면 된다는 것이다. 한 마디로 말해서 세입의 집권화와 세출의 분권화가 오늘날의 현실에 비추어 최선의 방법이며 불가피한 현상이라는 것이다. 그러면 세입의 집권화가 불가피하다는 이유가 무엇인지를 살펴보기로 한다.

(1) 세무행정의 능률성

지방자치단체에 비하여 중앙정부의 세무행정이 훨씬 능률적이므로 징세행정은 주로 중앙정부가 담당하는 것이 바람직하다는 것이다.

우리나라의 경우를 본다면 중앙정부에서는 오래 전부터 세무직이 전문화되어 있으나 지방자치단체에서는 세무직이 신설된 지가 얼마 안 되어 세무행정의 전문성에 있어서 지방자치단체가 중앙정부에 비하여 많이 낙후되어 있는 것이 현실이라 하겠다. 이러한 사실은 얼마 전에 있었던 인천광역시와 부천시의 세무비리에서 잘 노정되었다고 하겠다.

뿐만 아니라 많은 납세자들이 여러 지방자치단체에 걸쳐서 재산을 보유하고 소득을 얻고 있는 오늘날의 실정에 비추어 보아 특정한 지역을 관할하는 지방자치단체보다는 전국을 관할하는 중앙정부가 세무행정상 우월한 지위에 있다고 하겠다.

(2) 세원의 편재

세입집권화론자들의 또 하나의 논거는 세원의 지역적 편재이다. 2014년도 지방세징수액을 가지고 본다면 지방세 총액의 48.6%가 서울특별시와 6개 광역시 및 세종자치시에서 징수되었으며 서울과 부산의 징수액만도 지방세 총액의 31.2%에 달하고 있는 실정이다.[19)]

---

19) 안전행정부, 전게서, p. 59.

이와 같이 세원이 지역적으로 편재되어 있으므로 국세세원을 지방으로 이양한다든지 새로운 세원을 발굴한다고 하더라도 대도시의 재정만 튼튼하게 하는 결과가 될 뿐이지 그 밖의 지방자치단체에는 큰 도움이 되지 않으며 지방재정의 지역적 격차를 더욱 심화시키는 현상이 초래된다는 것이다.

3. 지방세 재원의 확충

위에서 세입집권화론자들의 주장을 살펴보았는데 지방세재원확충론자들은 다음과 같은 이유로 건전한 지방자치의 발전을 위해서 지방자치단체의 자체재원 특히 지방세재원의 확충이 필요하다고 주장한다.

(1) 징세책임과 지출권의 일치

중앙정부나 지방자치단체를 막론하고 징수책임과 지출권을 일치시킨다는 것이 무엇보다 필요하다. 지방자치단체가 징수한 세금을 그 자치단체가 사용할 때 비로소 책임있는 의사결정이 이루어진다는 것이다. 중앙정부가 징수한 조세수입을 조건없이 지방자치단체에 교부할 때 징세책임과 지출권이 분리되며 책임있고 낭비없는 지출을 기하기 어렵다는 것이다.

임명제하에서도 그렇지만 민선자치단체장하에서는 징세책임과 지출권을 일치시킬 필요가 더욱 크다고 하겠다. 자치단체장은 선거기간 중에 내걸었던 공약사항의 이행을 위하여 막대한 재원이 필요하므로 무책임한 지출을 억제하기 위해서도 조세저항이 수반될 징세책임과 지출권을 일치시킬 필요가 절실하다고 하겠다.

(2) 주민의 지방자치에의 참여의지

지방세는 주민에게 조세의 납부를 통하여 지방자치에의 참여의식을 갖게 한다. 일반적으로 주민들의 지방세부담이 크면 클수록 주민들의 지방자치단체의 의사결정에 대한 관심이 커지며 지방자치에의 참여의식이 제고된다는 것이 지방세재원확충론자들의 주장이다.[20]

4. 지방재정의 유형

지방재정의 유형은 여러 가지 관점에서 여러 가지로 분류할 수 있겠으나 우

---

20) 유훈, 「지방자치와 지방세」, 지방세 1993년 제2호, pp. 5.-6 참조.

리는 정부총지출에 있어서 지방재정지출이 차지하는 비중과 지방재정수입에 있어서 자체수입이 차지하는 비율에 따라 다음과 같이 다섯 가지로 나누어서 고찰하고자 한다.

(1) 북구형

이상적인 지방재정의 유형이라 할 수 있는 북구형은 정부총지출에 있어서 지방재정지출이 차지하는 비중이 60% 정도에 달하고 있을 뿐만 아니라 자체수입의 비율도 높아 중앙정부로부터의 지원에 크게 의존할 필요가 없는 형태이다. 대표적인 국가로서 스웨덴, 덴마크 등을 들 수 있겠다.

(2) 영국형

정부지출에 있어서 지방재정지출이 차지하는 비중이 30% 내외에 지나지 않는 영국형은 자체수입의 비율도 비교적 낮아 지방자치단체는 중앙정부의 재정지원에 크게 의존할 수밖에 없는 형태이다. 소위 신중앙집권의 영향이라 하겠다.

(3) 화란형

다소 특이한 형태라 할 수 있는 화란형은 정부총지출에 있어서 지방재정지출이 차지하는 비중이 50%에 달하나 자체수입의 비율이 극히 낮아 중앙정부로부터의 재정지원 없이는 자치단체의 운영이 불가능한 형태이다. 지방자치가 주민의 자기부담 또는 자주재정을 구성요소로 할 필요가 없다는 주장의 근거를 화란형에서 찾을 수 있다고 하겠다.

〈표 1-1〉 지방재정의 유형

	지방재정지출 / 정부총지출	자체수입의 비율	대표적 국가
북구형	60%	높 다	스웨덴 · 덴마크
영국형	30% 내외	비교적 낮다	영국
화란형	50%	극히 낮다	네덜란드
남구형	30% 미만	낮 다	프랑스 · 이탈리아 · 벨기에
연방형	45~60%	높 다	미국 · 독일

(4) 남구형

북구형과 대조를 이루는 남구형은 정부지출에 있어서 지방재정지출이 차지하는 비중이 30% 미만일 뿐만 아니라 자체수입의 비율도 낮은 경우이다. 프랑스 · 이탈리아 · 벨기에 등이 대표적인 국가라 할 수 있다.

(5) 연방형

미국 · 독일과 같은 연방국가에서 찾아볼 수 있는 형태로서 정부총지출에 있어서 지방재정지출이 차지하는 비중이 45% 내지 60%에 달하며 자체수입의 비중도 높은 경우이다. 이 경우 지방재정지출에는 자치단체의 지출뿐만 아니라 주정부의 지출도 포함되어 있다는 사실에 유의할 필요가 있다.

(6) 결 언

위에서 살펴본 지방재정의 유형 중에서 북구형이 가장 바람직하다고 하겠으며 전통적인 지방자치론자들은 이러한 상황에서 이상적인 지방자치가 가능하다고 주장하고 있다.

그러나 화란형과 같이 지방재정지출의 비중이 높으나 자체수입의 비율이 낮아 중앙정부로부터의 지원에 크게 의존할 수밖에 없는 경우에도 지방자치가 얼마든지 가능하다는 사실에 유의할 필요가 있다.

다시 말해서 세입의 집권화가 이루어진다고 하더라도 세출의 분권화가 이루어지고 중앙정부가 자치단체에 대한 통제를 자제한다면 지방자치가 훌륭하게 이루어질 수 있다는 사실을 간과해서는 안 되겠다.

5. 소망스러운 방향

우리는 위에서 지방자치와 지방재정의 관계를 둘러싼 두 가지 견해를 살펴보았으며 지방재정의 유형도 고찰하였다. 지방세재원확충론자들의 "건전한 지방자치의 발전을 위해서 자치단체의 자체재원 특히 지방세재원의 확충이 필요하다"는 주장에 일리가 있다고 하겠으나 세입의 집권화와 지방세재원확충의 두 가지 견해 중 어느 쪽을 택할 것인가는 세입집권화론자들이 내세우고 있는 두 가지 요인의 영향을 받는다고 하겠다.

다시 말해서 ① 그 나라 지방자치단체의 세무행정이 얼마나 능률적인가 하는 문제와 ② 세원의 편재가 어느 정도인가에 따라서 특정한 시점에 있어서 한 나라의 지방재정이 세입집권화와 지방세재원확충 중 어느 방향으로 나갈 것이냐가 결정된다고 하겠다.

제 2 장 지방재정의 의의

제 1 절 지방재정의 범위

1. 지방자치단체의 실태와 지방재정

(1) 지방재정의 개념

'지방재정'은 지방자치단체의 재정이다. 그러나 지방재정과 대비되는 국가재정이 대한민국정부라고 하는 단일적인 행정주체의 재정이며 하나의 재정인데 대하여 지방재정은 많은 지방자치단체의 재정의 집합체이다. 우리는 지방재정이라는 용어를 빈번히 사용하나 하나의 실체가 존재하는 것이 아니며 244개의 지방자치단체가 각각 행하고 있는 재정활동의 집합체인 것이다.

(2) 지방자치단체의 실태

현재 우리나라에는 〈표 2-1〉과 같이 1개의 특별시, 6개의 광역시, 1개의 특별자치시, 8개의 도, 1개의 특별자치도, 75개의 시, 83개의 군, 69개의 자치구가 있다.

과거의 직할시가 1995년 1월 1일을 기하여 광역시라고 그 명칭을 바꾸었을 뿐만 아니라 부산·대구·인천은 지역이 크게 확장되었으며, 인천이 6개 광역시 중에서 가장 면적이 넓은 광역시가 되었다.

시와 군도 1995년과 1997년에 크게 변화하였다. 많은 도농복합형태의 시가 설치됨으로써 75개 시와 83개 군이 되었다. 특별시와 광역시의 자치구는 56개였으나 서울의 성동구, 부산의 동래구 등 9개의 자치구가 분구되었으며 울산광역시에 자치구가 신설되어 69개가 되었다.

〈표 2-1〉 지방자치단체의 종류와 수

구 분	수
특 별 시	1
광 역 시	6
특별자치시	1
도	8
특별자치도	1
시	75
군	83
자 치 구	69
합계	244

이러한 지방자치단체가 자치단체장 책임 하에 예산을 편성하고 의회가 예산을 의결하며 자치단체장 책임 하에 예산을 집행한다.

(3) 지방공사·공단 등

지방자치단체 외에 지방공사·공단과 민관공동출자사업이 있다.[1] 일본에서는 사법상의 법인도 지방공사라고 부르고 있으나 우리나라에서는 공법인 만을 지방공사·공단이라고 하고 있으며[2] 지방자치단체의 출자가 50%에 미달하는 경우에는 민관공동출자사업이라 하여[3] 사법상의 법인으로 설립하고 있다. 행정자치부의 통계에 의하면 지방공사·공단과 민관공동출자사업이 169개에 달하고 있다.

2. 일반회계, 특별회계 및 기금

(1) 회계의 구분

지방자치법은 "① 지방자치단체의 회계는 일반회계와 특별회계로 구분한다. ② 특별회계는 지방자치단체의 조례로 이를 설치할 수 있다"고 규정하고 있다.[4]

이와 같이 각 지방자치단체의 회계가 일반회계와 특별회계로 구분되는 까닭

1) 이 밖에도 지방공기업으로서 지방직영기업이 있으나 지방직영기업은 지방자치단체의 산하기관이다.

2) 제5편 제6장 「외국의 공기업」 참조.

3) 실정법상의 명칭은 지방공사·공단외의 출자·출연법인이다(지방공기업법 제79조의2).

4) 지방자치법 제117조.

에 지방재정을 구성하는 우리나라 전국의 지방자치단체 회계의 수는 방대하다.

또한 이러한 회계의 구분은 각 지방자치단체가 조례에 의하여 독자적으로 결정하는 까닭에 특별회계의 명칭 · 범위 · 수도 지방자치단체에 따라 다르다. 동일한 사업이지만 일반회계에 포함시키는 지방자치단체가 있는가 하면 특별회계로 운영하는 지방자치단체도 있다.

(2) 특별회계의 종류

우리나라에서는 지방자치단체의 특별회계를 크게 공기업특별회계와 기타 특별회계로 분류한다.

① 공기업특별회계: 공기업특별회계는 지방자치단체가 운영하는 지방직영기업을 위한 특별회계이다. 지방공기업법에 의하여 지방직영기업은 특별회계를 가지도록 되어 있다. 과거에는 지방공기업법 제2조 제1항의 사업만 특별회계를 지니고 제2조 제2항 사업의 경우에는 특별회계 설치 의무가 없었으나 1992년의 지방공기업법 개정에 의하여 모든 지방직영기업이 특별회계를 가지도록 되었다.

② 기타 특별회계: 공기업특별회계 외의 모든 특별회계를 지칭한다. 지방재정법은 특별회계는 공영기업 기타 특정사업을 운영할 때 또는 특정자금이나 특정한 세입 · 세출로서 일반회계 세입 · 세출과 구분하여 경리할 필요가 있을 때에 설치한다고 규정하고 있으므로 기타 특별회계는 그 종류가 다양할 수밖에

〈표 2-2〉 지방자치단체 종류별 기금 조성현황(2013년도 최종계획기준)

단 체 별	기금수(개)	구성비(%)	조성액(억원)	구성비(%)
특 별 시	14	0.58	45,175	28.08
광 역 시	100	4.18	19,873	12.35
특별자치시	12	0.50	292	0.18
도	131	5.47	45,516	28.29
특별자치도	17	0.71	3,289	2.04
광역자치단체 계	274	11.45	114,146	70.95
시	834	34.84	23,589	14.66
군	671	28.03	9,026	5.61
자 치 구	615	25.69	14,127	8.78
기초자치단체 계	2,120	88.55	46,742	29.05
총 계	2,394	100.00	160,887	100.00

자료: 행정자치부, 전게서.

없다.

(3) 기 금

중앙정부에서 국가재정법을 제정하여 예산과 기금을 통합한 것 같이 지방자치단체에서도 예산과 기금을 통합하여 통합재정이라고 호칭하고 있다. 2013년도 최종계획을 기준으로 지방자치단체는 〈표 2-2〉과 같이 2,394개의 기금을 보유하고 있는데 기금조성액은 16조 887억원에 달하고 있다.

제 2 절 지방재정의 다양성

1. 지방자치단체의 유형과 지방재정의 다양성

전술한 바와 같이 지방재정은 244개 지방자치단체의 재정활동으로 구성되어 있다. 제1장에서 설명한 바와 같이 지방자치단체는 특별시·광역시·특별자치시·도·특별자치도를 지칭하는 광역자치단체와 시·군·구를 말하는 기초자치단체로 나누어진다. 각 자치단체의 권능이나 규모가 다를 뿐만 아니라 자연적·사회적·경제적 조건도 지극히 다양하다.

(1) 규모의 다양성

광역자치단체 안에서도 권능에 있어서 특별시·특별자치시·광역시·도·특별자치도 간에 차이가 있으며 기초자치단체 안에서는 시·군·구간에 차이가 있다.

규모에 있어서도 같은 광역자치단체이지만 인구가 천만이 넘으며 예산규모가 10조원에 육박하는 서울특별시가 있는가 하면 인구가 51만이며 예산규모가 27,851억원에 지나지 않는 울산시가 있다. 같은 시의 경우에도 〈표 2-3〉과 같이 통합재정이 24,098억원의 창원시가 있는가 하면 1,327억원에 지나지 않는 계룡시가 있다. 군의 경우에도 5,740억원의 청원군이 있는가 하면 1,550억원의 울릉군이 있으며 자치구의 경우에도 서울 강남구의 예산규모는 5,772억원인데 대하여 부산 중구는 1,090억원에 지나지 않는다.

〈표 2-3〉 최고단체와 최저단체의 예산규모

(단위: 억원)

구 분	최고단체		최저단체	
	단 체 명	예산규모	단 체 명	예산규모
광 역 시	부 산	84,049	울 산	27,851
도	경 기	159,906	충 북	35,574
시	창 원	24,098	계 룡	1,327
군	청 원	5,740	울 릉	1,550
자 치 구	서울 강남구	5,772	부산 중구	1,090

주: 총계예산규모임.
자료: 행정자치부, 2014년도 지방자치단체통합예산개요.

(2) 자연적 · 지리적 조건에 의한 다양성

지방자치단체가 처한 자연적 조건이나 지리적 조건도 다양하다. 제설경비나 난방비가 많이 드는 강원도 지역이 있는가 하면 냉방비가 크게 소요되는 제주도 지역도 있다. 산간지역, 평야지역, 연안지역 등과 같은 지역의 차이에 따라 도로 · 항만과 같은 사회간접자본 경비가 크게 달라진다.

울산 · 포항과 같은 산업지역이 있는가 하면 동두천과 같은 기지촌이 있다. 재정력이 풍부하나 인구과밀에 시달리는 도시가 있는가 하면 자연조건이 좋으나 산업구조의 변화로 과소문제에 고민하는 농촌이 있다.

이러한 여러 가지 조건하에서 운영되는 재정을 모아놓은 것이 지방재정이며 국가재정에서는 찾아볼 수 없는 특징이라고 하겠다.

(3) 재정력의 다양성

재정력에 있어서도 지방자치단체 간에 큰 차이가 있다. 〈표 2-4〉와 같이 같은 광역시이지만 통합재정자립도가 63.6%에 달하는 울산시가 있는가 하면 39.8%에 지나지 않는 광주시가 있다.

같은 도이지만 경기도의 통합재정자립도는 47.5%에 달하는데 대하여 전남의 자립도는 14.3%에 지나지 않으며 같은 시간에 있어서도 경기도 시흥시의 통합재정자립도는 72.9%에 달하는데 전북 남원시의 자립도는 9.8%에 지나지 않는다. 군의 경우 울산 울주군의 자립도는 43.3%이나 경북 영양군의 자립도는 4.4%에 지나지 않으며, 자치구의 경우 서울 강남구 자립도는 69.8%에 달하나 부산 영도구는 12.2%에 불과하다.

〈표 1-5〉 최고단체와 최저단체의 재정자립도 비교

구 분	최 고 단 체		최 저 단 체	
	단 체 명	자 립 도	단 체 명	자 립 도
광 역 시	울 산	63.6	광 주	39.8
도	경 기	47.5	전 남	14.3
시	경기 시흥	72.9	전북 남원	9.8
군	울산 울주군	43.3	경북 영양	4.4
자 치 구	서울 강남	69.8	부산 영도	12.2

주: 일반회계, 특별회계, 기금을 포함한 통합재정자립도임.
자료: 행정자치부, 전게서.

(4) 운영상의 다양성

지방자치단체는 재정력에 있어서 격차가 클 뿐만 아니라 운영 면에 있어서도 자치단체에 따라 차이가 많다. 결산의 결과 흑자를 낸 단체가 있는가 하면 적자를 낸 단체가 있다. 그러나 흑자단체의 잉여금을 적자단체에 전출할 수 있는 것이 아니라는데 지방재정의 특징이 있다.

2. 지방재정의 파악

(1) 지방재정 파악의 곤란

이와 같이 지방재정의 주체가 많고 종류가 여러 가지일 뿐만 아니라 각 지방자치단체가 독자적으로 회계를 설치하여 운영하고 있는 까닭에 지방재정을 일원적으로 파악하는 데에는 어려움이 있다.

(2) 전출입으로 인한 복잡성

거기에다가 도와 시 · 군 간에, 특별시 · 광역시와 자치구간에 예산의 전출입이 있을 뿐만 아니라 동일한 자치단체 내에서도 일반회계와 특별회계 간에 전출입이 많으며 심지어 특별회계 간에도 전출입이 있다. 따라서 그 집계가 간단하지 않다.

(3) 지방재정 파악방법

이리하여 행정자치부가 지방재정을 파악하기 위해서는 다음과 같은 방법을 사용한다.

먼저 각 지방자치단체의 회계를 일반회계와 특별회계로 나누고 특별회계를 다시 공기업특별회계와 기타 특별회계로 분류한다. 이렇게 함으로써 지방자치단체 상호간의 재정상황을 비교할 수 있게 된다.

계층별로는 시・도와 시・군・구로 나눈다. 지방재정 전체를 파악하기 위해서는 시・도 합계와 시・군・구 합계를 합산하나 전술한 바와 같이 광역단체와 기초단체 간에 전출입관계가 있으므로 중복액을 공제하는 통계작업이 이루어진다. 이렇게 해서 지방재정의 전모를 파악하게 되는 것이다.

(4) 미시적 분석의 중요성

그러나 전술한 바와 같이 지방재정은 자치단체에 따라 그 규모・재정력・운영상황 등이 지극히 다양하므로 거시적으로 파악하는 것만 가지고는 그 본질을 완전히 이해하기는 어렵다. 따라서 미시적으로 각 지방자치단체의 재정운영도 분석하여야 한다는 것을 잊어서는 안되겠다.

제 3 절 지방재정의 건전성과 자치재정권

1. 건전성과 자율성

지방재정운영의 기본원칙으로서 국가재정과 지방재정의 연계 등 여러 가지를 들 수 있겠으나 우리는 가장 핵심적인 원칙으로서 ① 건전재정의 확보와 ② 자치단체 자율성의 존중을 들고자 하며, 이 양자를 어떻게 조화시킬 것인가 하는 문제가 가장 중요하고도 어려운 과제라는 사실을 강조하고자 한다.[5]

2. 건전성의 확보

(1) 건전성 확보의 중요성

중앙정부이건 지방자치단체이건을 막론하고 재정운영의 기본원칙의 하나가 건전재정의 유지라는 것은 긴 설명을 요하지 않는다. 케인즈 경제학 등장 후 한때 건전재정이나 균형예산이 구시대의 유물로 생각되기도 했으나 근래에 와서 정치의 보수회귀 현상과 때를 같이 하여 건전재정이나 이를 달성하기 위한 균형예산이 다시 중요성을 지니게 되었다. 미국의 연방정부나 주정부에서 균형예산을 위한 헌법개정운동이 전개되고 있으며 1994년 11월의 미국의 중간선거

5) 유훈, 「지방화시대의 중앙과 지방간 재정관계」, 지방재정 1994년 제6호, pp. 4-12.

에서도 이것이 논점으로 제기되기도 했다.

(2) 지방재정 건전성의 중요성

중앙정부에서도 건전재정이 중요하지만 특히 자치단체에서는 과거의 쓰라린 경험 때문에 건전재정의 확보가 더욱 강조되고 있다. 무계획적으로 과도한 공공사업을 전개하였던 미국의 많은 자치단체가 1929년의 대공황을 계기로 파산지경에 이르렀던 것은 너무나 유명한 사실이며,[6] 근래에도 뉴욕시의 재정위기가 많은 사람들의 관심을 모았다는 것도 우리의 기억에 아직도 생생하다.[7]

이러한 일련의 사건들이 중앙정부와 달라서 과세권에 제한이 많으며 화폐발행권이 없는 자치단체에 있어서 건전재정의 확보가 얼마나 중요한가를 다시 한 번 우리에게 일깨워 준다고 하겠다.

우리나라 지방자치법 제122조 제2항은 "국가는 지방재정의 자주성과 건전한 운영을 조장하여야 하며 국가의 부담을 지방자치단체에 넘겨서는 아니 된다"고 선언하고 있으며 이보다 앞서 동조 제1항에서 "지방자치단체는 그 재정을 수지균형의 원칙에 따라 건전하게 운영하여야 한다"고 규정하고 있다.

3. 자치재정권

(1) 자율성과 자치재정권

건전재정의 원칙이 중요하다는 것은 위에서 상론했으나 자치단체의 자율성의 존중도 소홀히 해서는 안된다는 것은 긴 설명을 요하지 않는다.

최근에 와서 이러한 지방재정의 자율성을 강조하기 위하여 자치재정권이라는 용어를 사용하는 경우가 많다. 비록 자치입법권처럼 헌법에 명문의 규정이 있는 것은 아니나 지방정부가 참된 의미의 지방자치를 수행하기 위해서는 지방재정의 자율성, 즉 자치재정권이 전제조건이라는 것이다.[8]

(2) 자치재정권의 취약성

이와 같이 참된 의미의 지방자치를 위해서 자치입법권, 자치행정권 등과 함께 자치재정권이 필수적인 요소라 하겠는데 우리나라 자치재정권은 너무나 취

---

6) 유훈 · 조택 · 김재훈, 〔신판〕재무행정론(서울: 법문사, 2012), p. 386.

7) Jon C. Teaford, *The Twentieth-Century American City*(Baltimore: Johns Hopkins University Press, 1986), pp. 143-144.

8) 유훈, 「자치재정권에 대한 소고」, 자치의정 1998년 11월 · 12월호, pp. 4-6 참조.

약하여 근본적인 재검토가 요청된다고 하겠다.

① 자주재원의 대폭적인 확충: 현재와 같이 통합재정자립도가 10% 미만인 자치단체가 41개(16.8%)에 달하며, 군의 통합재정자립도 평균이 13.9%에 지나지 않는 상황 하에서[9] 지방정부의 자율성을 논한다는 것 자체가 무의미하다고 하지 않을 수 없다.

자주재원의 확충에 대하여 반론이 없는 것은 아니다. 세입집권화론자들은 다음과 같은 이유로 자주재원의 확충보다는 중앙정부가 필요한 세입을 징수하여 지방재정조정제도를 통하여 지방정부에 지원하여 주는 것이 바람직하다고 주장한다.[10]

세입집권화가 필요한 첫째 이유는 중앙정부의 세무행정이 지방정부보다 훨씬 능률적이므로 징세행정은 주로 중앙정부가 담당하는 것이 바람직하다는 것이다. 세입집권화가 필요한 둘째 이유는 세원의 편재이다. 대부분의 지방세 세원이 서울특별시와 광역시에 편재되어 있으므로 자주재원을 늘리기 위하여 지방세 세원을 확충한다고 하더라도 대도시에 혜택이 돌아갈 뿐이지 소규모 시나 군에는 혜택이 돌아가기 어렵다는 것이다. 그러나 이러한 세입집권화론은 능률적 지방자치의 관점에서는 어느 정도 설득력이 있을는지 모르나 자치재정권의 관점에서는 설득력을 상실한다고 하지 않을 수 없다. 지방정부의 세무행정이 세무직의 증원과 전산화의 확대로 능률성이 제고되고 있으며 세원의 편재도 세목의 현명한 선택으로 극복이 가능하다고 하겠다. 특히 재산과세 위주의 현행 지방세체계를 지양하고 소비과세와 소득과세에 더 역점을 두는 방향으로 나가야 할 것이다.

② 과세자주권: 중앙정부가 제정한 지방세법이 모든 자치단체의 세목과 세율을 규정하고 과세자주권을 전연 인정하지 않는 상황하에서 과연 참된 의미의 지방자치가 있다고 할 수 있을지 의문이라 하지 않을 수 없다.

장기적으로는 중앙정부가 설정한 한도의 범위 안에서 지방정부가 세목과 세율을 결정할 수 있는 체제로 지향해야 할 것이나 단기적으로는 법정외 세목을 인정하고 현재 지역자원시설세·자동차세 등 일부 세목에서 인정하고 있는 탄력적 세율제도를 광범위하게 인정해야 할 것이다.

---

9) 안전행정부, 2014년도 지방자치단체통합재정개요상권(서울: 안전행정부, 2014), pp. 271-272.
10) 본편 제1장 제2절 「지방자치와 지방재정」 참조.

③ 독자적 세출예산편성권: 현재와 같이 행정자치부장관이 관계 중앙관서의 장의 의견을 들어 예산편성지침을 작성하여 각 지방정부에 시달하면 지방정부는 이를 토대로 예산을 편성하여 지방의회의 의결을 얻는 제도는 재검토되어야 한다는 것이다. 중앙정부가 국가재정 운영방향이나 지방재정여건과 지방재정 운용방향을 제시하는 것이라면 몰라도 지방재정의 세부적인 사항까지 관여하는 예산편성지침을 지방정부에 시달하는 제도는 조만간 종료되어야 한다고 생각한다.

④ 독자적 차입권: 현행과 같이 지방자치단체장이 지방채를 발행하고자 할 때에는 행정자치부장관의 승인을 받은 범위 안에서 지방의회의 의결을 거치도록 하는 것은 지방정부의 독자적 차입권을 침해하는 조치라 하겠다. 중앙정부가 지방채 발행한도를 설정하고 그 범위 안에서 지방정부가 자율적으로 지방채를 발행할 수 있도록 하는 것은 몰라도 지방정부의 지방채 발행에 관해서 행정자치부장관이 사안별로 승인하는 현행제도는 부당하다는 것이다.

(3) 결 어

결론적으로 중앙정부이건 지방정부이건 재정운용의 기본원칙의 하나가 건전재정의 유지라는 것은 이론의 여지가 없다. 특히 중앙정부와 달라서 과세권이 제한되어 있으며 화폐발행권이 없는 지방정부에 있어서 건전재정의 확보가 더욱 중요하다는 것은 긴 설명을 요하지 않는다.

그러나 건전재정의 미명하에 지방정부의 자치재정권을 손상하는 시대는 지났다고 하지 않을 수 없다. 여러 번에 걸친 민선자치단체장의 선거를 계기로 지방자치가 본 궤도에 올라섬에 따라 자치재정권의 존중을 위한 획기적인 개혁이 추진되어야 한다.

제 3 장 국가재정과 지방재정

제 1 절 국가재정과 지방재정의 역할

1. 시장실패와 공공재

(1) 완전경쟁시장의 효율적 자원배분

완전경쟁시장에서는 생산·공급자도 무수히 많고 소비자도 무수히 많아 개별 생산·공급자나 개별 소비자는 모두 시장에서 형성되는 가격을 수용한다. 어느 누구도 가격설정능력을 갖고 있지 않고, 시장가격에 맞춰 이윤을 극대화시키는 생산량과 효용을 극대화시키는 소비량을 결정한다. 그러면 수요곡선과 공급곡선이 교차하는 E점에서 시장균형이 나타나고, P_0의 균형가격과 Q_0의 균형수급량이 정해진다. 만약 시장가격이 균형가격 P_0보다 높게 P_1으로 설정되었다면 ab만큼의 초과공급이 발생하여 가격하락이 나타난다. 반대로 시장가격이

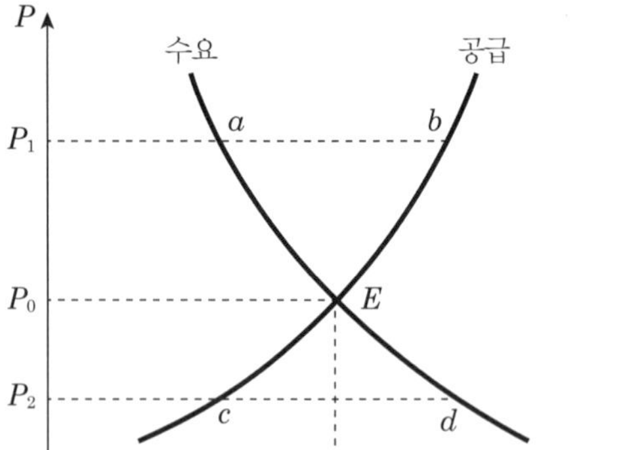

[그림 3-1] 완전경쟁시장의 균형

균형가격 P_0보다 낮은 P_2수준이라면 cd만큼의 초과수요가 발생하여 가격상승이 나타난다. 이러한 가격변화는 시장에 내맡겼을 때 저절로 P_0 균형가격과 Q_0 균형수급량으로 찾아가는 것을 알 수 있다. 그리고 일단 균형점 E에 도달하면 더 이상 움직이지 않는다.

그런데 수요곡선은 개별 소비자들의 한계효용곡선을 수평으로 더해서 도출되기 때문에 사회전체로 보았을 때의 한계효용곡선의 의미를 갖는다. 그리고 공급곡선은 개별 공급자들의 한계비용곡선을 수평으로 더해서 도출되기 때문에 사회전체로 보았을 때의 한계비용곡선의 의미를 갖는다. 따라서 균형점 E에서는 사회전체로 보았을 때의 한계효용과 한계비용이 일치하게 된다. 이로부터 Q_0 수급량에서 사회전체적인 후생수준은 극대화가 되는 것을 알 수 있다. Q_0보다 오른쪽의 수급량에서는 한계효용＜한계비용이 되고, Q_0보다 왼쪽의 수급량에서는 한계효용＞한계비용이어서, Q_0 수급량보다 사회전체적인 후생수준이 더 떨어지는 것을 알 수 있다.

다시 말해 완전경쟁시장에서는 시장의 가격메카니즘에 의해 저절로 사회후생수준을 극대화시켜주는 수급량이 결정된다. 이 논리를 확장하여 만약에 모든 시장(빵 시장, 우유시장, 사과 시장 등등)이 경쟁적이라면, 각 시장의 사회후생수준을 합한 사회전체의 총 후생수준은 극대화가 될 것이다.

(2) 시장실패(market failure)

시장메카니즘은 다음과 같은 경우에 재화와 서비스의 최적의 수급량을 이끌어 내는데 실패하게 되어 정부개입의 필요성이 나타나는 바, 이를 시장실패라 한다.

첫째로 경쟁시장은 공공재, 즉 비경합성과 비배제성을 갖는 재화를 적절하게 공급하지 못한다. 여기서 비경합성은 많은 사람들이 동일한 재화와 서비스를 동시에 소비할 수 있고, 한 개인의 소비가 다른 사람의 소비를 감소시키지 않는 경우를 말한다. 비배제성은 어떤 사람이 공공재 사용에 대해 대가를 치르지 않는 경우에도 그 소비를 막지 못하는 경우를 말한다. 본질적으로 모든 사람이 이용가능하고 한 사람의 사용이 다른 사람의 이용가능성을 방해하지 않는 이러한 재화에 대한 욕구나 필요를 낮게 표명하여 다른 사람들의 수요에 무임승차(free-riding) 하는 것이 개인적 입장에서는 유리하다. 그러나 점점 더 많은 사람들이 이런 행동을 할수록 공공재에 대한 수요는 더욱 적게 나타나고, 시장에만 맡겨둔다면 과소생산되거나 아니면 아예 생산되지 않을 수도 있다.

둘째로 한 기업의 생산에 대한 의사결정이 생산자나 소비자가 고려하지 않는 비용이나 편익을 유발하는 경우에 존재하는 외부성(externalities)으로부터도 시장의 실패는 나타난다. 외부불경제가 존재하는 경우, 즉 고려되어지지 않는 사회적 비용이 있는 경우에 기업은 사회적으로 바람직스러운 양보다 더 많이 생산하게 된다. 예를 들어 만약 생산과정에 생산자가 비용을 부담하지 않는 오염이 내포되어 있다면, 사회적 비용은 낮게 평가될 것이고 과다생산과 과다소비로 이어질 것이다. 이런 경우에는 오염물질 배출업체에게 공해세를 적절히 부과하면 외부성의 크기가 해당 금액만큼 내부화되어 사회적 최적수급량으로 균형점이 이동할 수 있다.[1] 마찬가지 논리로 외부경제가 존재하는 경우, 즉 고려되어지지 않는 편익이 있는 경우에 과소생산과 과소소비가 나타나게 된다. 이것의 대표적인 예로는 교육과 보건을 들 수 있다.

셋째로 특정 재화와 서비스의 생산자와 소비자간에 정보의 비대칭성이 있는 경우에 시장실패가 나타난다. 정보의 비대칭성은 재화나 서비스가 복잡하면 복잡할수록 더 발생할 가능성이 높아진다. 이러한 상황에서 과다공급하려는 생산자나 과소수요하려는 소비자의 유인을 억제함으로써, 정부는 시장에서의 정보의 불균형을 균형화하는 역할을 할 수 있다.

넷째로 규모의 경제가 존재할 때, 다시 말해 생산규모가 증가함에 따라서 단위당 생산비가 지속적으로 감소할 때 시장은 제 기능을 발휘하지 못한다. 규모의 경제는 수도, 가스, 전기의 경우처럼 서비스의 완전한 개발에 대규모 자본투자가 필요한 경우에 특히 나타날 가능성이 높다. 이런 상황에서는 독점이 나타나는 경향이 있는 바, 독점은 생산을 억제하고 비용을 초과하는 가격을 설정함으로써 기업이윤은 증가시키나 전체적인 공공후생은 감소시킨다. 독점의 경우에는 경쟁이 존재하지 않기 때문에 혁신과 변화에 대한 유인이 또한 줄어들고, 이에 따라 동태적 효율성이 결여되게 된다. 이에 대한 많은 나라에서의 대응은 이러한 산업을 공공소유로 하고, 공공선을 극대화하는 수준에서 생산량과 가격을 설정하는 것으로 나타났다.

---

1) 피구(Arthur C. Pigou)가 이런 제안을 처음 했기 때문에 공해세를 피구세(Pigouvian tax)라고 말하기도 한다.

2. 재정의 본원적 기능 – 자원배분기능

앞에서 살펴본 시장실패로 자원배분의 효율성이 확보되지 않을 때 정부가 개입하여 자원배분의 효율성을 담보하는 것을 공공재정에 의한 자원배분(resources allocation) 기능이라고 한다. 시장이 기본적으로 자원배분을 효율적으로 하지만 예외적으로 시장실패가 발생하는 경우에 정부가 개입하여 시장실패를 치유하는 것이기에, 고전적 자유주의자들은 이를 재정의 본원적 기능으로 규정하고 있다. 그런데 재정(공공재정)을 구성하는 부분은 중앙정부(국가)에 의한 중앙재정과 지방자치단체(지방정부)에 의한 지방재정으로 나뉘기 때문에, 지방재정도 시장실패를 치유하는 자원배분기능을 수행하고 있다.

3. 재정의 소득재분배기능과 효율성 저하

다음으로 시장메카니즘에 내맡겨두면 부익부 빈익빈 현상이 심화되는 바, 사회적 약자는 인간으로서의 최소한의 삶의 질을 누리지 못하게 된다. 이에 공공재정에서는 소득분배의 상태를 보다 더 공평한 상태로 이끌기 위한 소득재분배(income redistribution) 기능을 수행한다. 좀 더 구체적으로 살펴보면 첫째로 소득세의 누진세제는 세금 납부 이후의 소득분배를 평등화한다. 둘째로 재정지출 중의 사회보장관련 이전적 지출이 소득을 재분배하는 효과를 갖는다. 셋째로 소득의 불평등이 개인재산의 불평등한 소유관계에 기인하는 것이라면 재산세 · 상속세 등이 이를 어느 정도 완화시켜준다.

그런데 문제는 소득재분배기능을 너무 강화하면 자원배분의 효율성이 깨진다는 점이다. 이것을 단적으로 보여주는 것이 바로 래퍼 곡선(Laffer curve)이다. [그림 3-2]에서 수직축은 조세수입(R)을 나타내고 수평축은 세율(t)을 나타낸다. 래퍼(Arthur B. Laffer)는 소득재분배를 위하여 세율을 너무 올리다 보면(t_0 수준) 세율이 올라갔음에도 불구하고 조세수입은 오히려 감소하는 상황이 나올 수 있음을 간단한 곡선을 통해 함축적으로 보여주고 있다. $R=t*Y$(조세수입=세율*소득)인 바, t이 커져도 Y가 너무 작아지면 R은 감소하는 것이다.

래퍼 곡선은 세율이 너무 높아 효율성이 깨져 소득이 너무 줄어든 것이 현실이라면, 경제 의지를 되살려서 자원배분의 효율성을 올리고 소득을 높일 필요가 있다고 주장하였다. 그렇게 되면 세율을 낮춰도 역설적으로 조세수입이 증

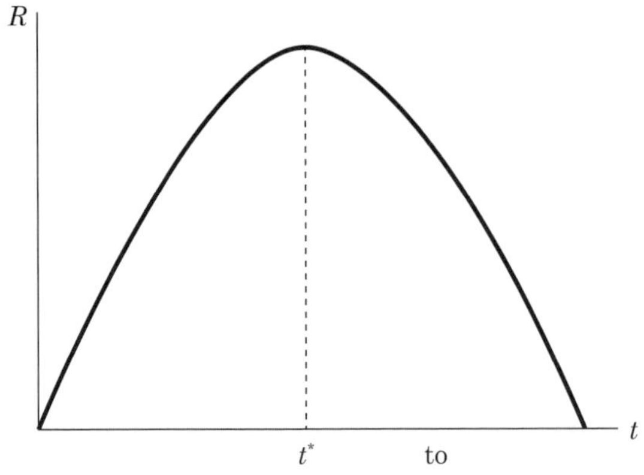

[그림 3-2] 래퍼 곡선

가하여 큰 정부의 골칫거리인 재정적자문제도 완화될 것이라는 주장이다. 이것이 바로 경제적 자유주의자들이 강조하는 감세정책의 본질이다.

4. 지방재정의 중심역할로서의 자원배분기능

이외에도 머스그레이브 부부(R. A. Musgrave and P. B. Musgrave)는 공공재정의 3대 기능이라 하여 경제안정화(economic stabilization) 기능을 추가로 제시하고 있다. 지나친 경기변동은 인플레이션과 실업이라는 경제문제이자 사회문제를 야기하는데, 공공재정이 유효수요(effective demand)를 조정함으로써 경제안정화를 가져올 수 있다는 것이다. 즉, 재정지출의 증가는 재정지출승수를 통하여 그의 몇 배가 되는 국민소득의 증가를 가져오며, 조세 등에 의한 재정수입증가는 재정수입승수의 작용에 따라 그의 몇 배가 되는 국민소득의 감소를 가져온다. 따라서 재정수입과 지출을 조정함으로써 지나친 호황 시에는 유효수요를 삭감하고 지나친 불황 시에는 이를 증대시킴으로써 경기변동을 어느 정도 제거하여 안정적인 경제상태를 유지할 수 있다는 것이다.

그러나 지방재정은 조세법률주의에 따라 조세정책을 정책수단으로 이용하는데 한계가 많다. 취득세 감면에서도 나타나듯이 중앙정부가 지방세를 정책수단으로 활용하는 것이 현실이다. 게다가 지방자치단체(지방정부)는 통화발권능력도 없고 금융기관을 유도할 정책수단도 갖고 있지 못하다. 따라서 지방재정에 의한 유효수요 조정은 중앙재정에 의한 유효수요 조정에 비해 효과가 아주 작게 나타난다.

또 소득재분배 기능을 특정 지방자치단체(지방정부)에서 열심히 추진하면, 담세능력이 있는 부유층은 주변의 지방자치단체로 떠나가고 정책수혜를 받고자 하는 빈곤층은 전국에서 몰려들어 중장기적으로 재정압박에 시달리게 된다. 따라서 주민들의 지역간 이동성 때문에, 특정 지방자치단체에서 소득재분배 기능에 특화하겠다는 정책은 지속가능성이 없다고 하겠다.

이에 비해 시장실패를 치유하는 자원배분기능은 지방자치단체도 잘할 수 있는 부분이 많다. 예를 들어 외부불경제가 나타나는 산업에 공해세나 배출부담금을 물린다든지, 외부경제가 있는 교육이나 의료산업에 보조금을 지급한다든지, 공공재 중에서도 편익의 파급범위가 지역적인 재화(서비스)를 공급한다든지 등등의 여러 업무를 지방자치단체가 잘 수행할 수 있다. 따라서 공공재정 중에서도 지방재정은 공공재정의 여러 기능 중에서 자원배분기능에 집중하는 것이 타당하다고 판단된다.

제 2 절 적정 정부규모의 결정 논리

1. 티부모형

티부가설(Tiebout hypothesis)로도 불리는 티부모형은 티부(Charles M. Tiebout)가 주장하였다.[2] 다양한 가격(조세) 하에 다양한 공공서비스 묶음을 제공하는 지방자치제가, 단일 가격(조세) 하의 균일한 공공서비스 묶음을 제공하는 단일정부체제보다 더 효율적이라는 것이 핵심 내용이다. 한정된 사회자원을 활용하여 전자가 후자보다 더 많은 소비자만족을 가져다주기 때문에 더 효율적이라고 볼 수 있다. 여기에서 개인들은 각 서비스들에 대한 개인적인 선호와 세금 지불 능력에 따라 자신의 효용을 극대화하기 위해 한 지역사회에서 다른 지역사회로 자유롭게 이동할 것이라고 가정된다. 다시 말해 자기 효용을 극대화해주는 지방자치단체를 찾아가 정착한다는 것인데, 이를 '발에 의한 투표'

2) Charles M. Tiebout, "A Pure Theory of Local Expenditures," *Journal of Political Economy*, 64(5), 1956, pp. 416-424.

(voting with the feet) 라고도 한다. 이 모형은 개인의 선택과정에 따라 각 지방자치단체가 최적의 인구를 구성함으로써 지역관할, 거주자들의 선호에 따라 지방공공서비스의 균형적인 분배가 이뤄질 것이라고 주장한다. 그리고 균형상태를 놓고 보면 단일의 전국적 정부가 존재하는 것이 아니라 수많은 지방자치단체(지방정부)가 존재한다는 것이다. 결국 티부모형은 공공서비스의 공급도 민간재와 마찬가지로 독점체제보다는 경쟁체제가 더 효율적이라는 주장으로 귀결된다.

2. 외부효과의 파급범위

공공서비스의 지리·공간적인 외부효과의 파급범위를 고려할 때, 자원배분의 효율성을 위해서는 편익의 파급범위와 해당 공공서비스를 제공하는 정부의 관할구역이 일치하여야 한다. 만약 외부효과의 파급범위가 전국으로 퍼져나가는 공공서비스를 기초자치단체가 공급을 담당한다면, 해당 기초자치단체는 자기 관할구역 안에 미치는 편익만을 고려할 것이기 때문에 사회적으로 적합한

〈표 3-1〉 공공서비스 유형별 외부효과의 파급범위

서비스종류	편익의 공간적 범위		
	지 방	지 역	국 가
소 방	×		
경 찰	×		
상수도배분	×		
가 로 등	×		
공공도서관	×	×	
공해제거		×	
상수도공급		×	
쓰레기수거		×	
대중교통		×	
간선도로·국도		×	
공 항		×	
도시계획·재개발		×	
교 육			×
빈곤층소득보조			×
연구개발			×
직업교육 및 노동시장정책			×
공원 및 오락시설	×	×	×

자료: G. F. Break, *Intergovernmental fiscal relations in the United States*, Washington, DC: Brookings institution, 1967.

양보다 과소공급될 것이다.

이에 따라 〈표 3-1〉에 나타나듯이 소방, 경찰, 상수도배분, 가로등 서비스 등은 기초자치단체가 제공하는 것이 효율적이다. 그리고 공해제거, 상수도공급, 쓰레기수거, 대중교통, 도시계획 서비스 등은 광역자치단체가 공급하는 것이 효율적이다. 또한 빈곤층소득보조, 연구개발, 직업교육 및 노동시장정책 서비스 등은 중앙정부가 제공하는 것이 효율적이다.

3. 규모의 경제

공공서비스 공급과 관련하여 티부의 경쟁의 효율성 논리와는 상반되는 것으로 규모의 경제(economies of scale)를 들 수 있다. 이것은 대량생산의 경우에서와 같이, 생산규모가 증가함에 따라 생산비에 비해 생산량이 보다 크게 증가함으로써 생기는 경제적 이익을 말하며 생산물의 평균비용이 하락하는 것으로 나타난다. 규모의 경제를 고려하면 공공서비스 공급주체는 관할구역이나 인구규모가 충분히 커서 규모의 경제를 누릴 수 있을 때 자원배분의 효율성이 보장된다.

제 3 절 국가재정과 지방재정간 관계

1. 전통적인 정부간 재정관계: 머스그레이브-오우츠 모형

중앙·지방간 재정관계는 점진적으로 형성되어 시대와 상황에 따라 다양한 형태로 형성된 역사적인 산물이다. 따라서 정부간 재정관계에서는 보편적인 이론이 정립되기 힘들다.[3] 하지만, 시대별로 사회적 합의를 형성하고 공식적인 제도를 설계할 때 사용하는 잠정적인 준거 틀은 있는데, 정부간 재정관계와 관련된 대부분의 국내 이론 논의들은 1960년대에 형성되었던 미국의 재정학과 분

3) 예를 들어 현재의 일반 관행으로 소득분배기능은 중앙정부가 담당한다는 관점이 지배적이지만 스웨덴과 같은 북유럽 국가에서는 공공부조의 재정지출을 모두 지방재정에서 부담하며 국세와 지방세의 세수 구조도 이와 상응하게 형성되어 있다. 우리나라에서는 보편적 사회서비스로서 보육료 지원 정책을 중앙정부가 결정하면서도 지방재정에는 중앙정부와 거의 동등한 수준으로 재원부담을 강제한다. 그런데, 일본에서는 정부 재원 보다는 기업의 보육료 부담이 더 많은 비중을 차지한다.

권이론에 기초하고 있다(제1세대 재정연방주의이론). 따라서, 정부간 재정관계를 새롭게 정립하기 위한 논의는 미국의 1960년대 관련 이론의 내용과 유효성에서 출발할 필요가 있다.

재정연방주의 이론에서는 다섯 사람의 핵심적인 미국 경제학자가 있다. 애로우의 공공부문과 민간부문의 역할에 대한 개념화(Arrow, 1970),[4] 머스그레이브의 재정학이론(Musgrave, 1959),[5] 사무엘슨의 공공재이론(Samuelson, 1954),[6] 오우츠의 분권이론(Oates, 1972),[7] 그리고 뷰케넌의 공공선택이론(Brennan & Buchanan, 1980)[8]이다. 이들의 학문적 업적들이 일관되게 연계된 것은 아니지만 서로 필요한 연결관계를 형성하면서 80년대까지 미국의 재정연방주의이론(Fiscal Federalism)이 정립되었다. 구체적으로는, 정부간 재정기능 분담관계, 정부간 조세관계, 그리고 지방재정조정기능의 세 가지의 하위 영역에 대한 것이다.[9]

정부간 재정관계론에서 핵심은 시장실패에 대응하기 위한 정부의 재정역할에 대한 것으로 파레토 최적과 공공서비스 공급의 효율성을 높이기 위한 재정기능 분담에 관한 것이다. 이 이론은 머스그레이브 재정학에서 시작하여 오우츠의 분권이론에서 완성된다. 오우츠의 분권이론(Decentralization Theorem)에서는 지방공공서비스가 창출하는 지리적 외부성에 따라 지방정부의 재정기능계층을 광역과 기초로 구분하고 서비스의 공간범위와 재정사업의 관리비용을 고려하여 중앙-광역-기초의 정부간 재정기능 분담구조를 형성했다. 이를 뒷받

---

4) K. Arrow, "The Organization of Economic Activity: Issues Pertinent to the Choice of Market Versus Non-Market Allocation," In Joint Economic Committee, *The Analysis and Evaluation of Public Expenditures: The PPB System*, Vol. I, Washington, D.C.: U.S. GPO, 1970.

5) R. A. Musgrave, *The Theory of Public Finance*, New York: McGraw-Hill, 1959.

6) P. A. Samuelson, "The Pure Theory of Public Expenditure," *Review of Economics and Statistics*, 36, 1954, pp. 387 - 389.

7) W. E. Oates, *Fiscal Federalism,* New York: Harcourt Brace Jovanovich, 1972.

8) G. Brennan & J. M. Buchanan, *The Power to Tax-Analytical Foundations of a Fiscal Constitution,* Cambridge: Cambridge University Press, 1980.

9) 80년대 이후 미국 연방정부의 재정적자에 대응하는 과정에서 주정부에 대한 복지재정 지원을 대폭 축소하면서 연방정부 복지프로그램에서 주 및 지방정부의 자율성을 높였던 정부간 재정관계 개편이 있었다. 이를 학자들은 신재정연방주의(new fiscal federalism)로 정리했다.

W. E. Oates, "Toward A Second-Generation Theory of Fiscal Federalism," *International Tax and Finance*, 12, 2005, p. 351; Duc Hong Vo, "The Economics of Fiscal Decentralization," *Journal of Economic Surveys*, 24(4), 2010, p. 660.

〈표 3-2〉 중앙 · 지방간 재정관계이론에서 주요 논의 영역

분 야		세부 내용	비 고
세입	과세권한의 배분	국세-지방세 세목배분 과세표준과 세율 결정	국세 중심 중앙정부 집권 관리
	재정조정(이전재정)	재정형평화 외부성의 내부화	보통교부세 형평화 기능 적정보조율 쟁점
세출	정부간 재정기능 분담	자원배분, 소득분배, 경제안정	지방재정=자원배분
	재정 책임	건전성, 성과, 효율성	중앙정부의 재정감독

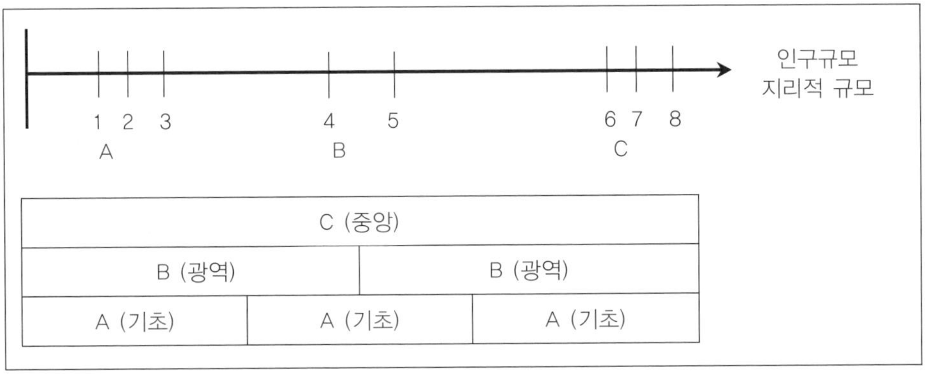

주: ① A - 1, 2, 3 공공재 공급; ② B - 4, 5 공공재 공급; ③ C - 6, 7, 8 공공재 공급.
자료: Oates(1972).

[그림 1-3] 오우츠의 분권이론에서 외부효과의 규모별 관할구역의 군집화 원리

침하기 위해 대응원칙, 외부효과, 선호다양성, 의사결정과 군집화 등의 원칙을 설정했다.[10]

1980년대부터는 공공선택론을 중심으로 작은 정부와 분권의 효율성을 강조했던 [티부-뷰케넌] 모형이 정부간 재정관계 이론의 핵심이 되었다. 작은 단위로 분권화된 지방정부가 많을수록 정부간 경쟁이 복지지출을 줄일 수 있다는 미국 중산층의 사회경제적 특성도 암묵적으로 전제되어 있다.[11] 시장실패에 대응해야 하는 정부가 오히려 정부실패로 더 비효율적이게 되었는데, 대안은 작은 정부이고 이를 위한 수단으로 재정분권이 필요하다는 것이다.

공공선택이론의 효율성 논리를 연장하면 사회복지 기능도 지방정부가 수행

10) W. E. Oates, *Fiscal Federalism,* New York: Harcourt Brace Jovanovich, 1972.

11) R. Boadway, "Inter-Governmental Fiscal Relations: The Facilitator of Fiscal Decentralization," *Constitutional Political Economy,* 12, 2001, p. 102.

〈표 3-3〉 기준보조율과 관련된 국내의 선행연구들

구 분	유형화기준	유형화단계	기준보조율	비 고
임성일 서정섭 (1991)	누출효과	전국적 지역적 국지적	100%, 75% 62.5% 50%	누출효과 측정 및 기준보조율에 대한 구체적 방안을 제시하지 않음
김정훈 (2000)	법률상 사무배분	고유사무 단체위임, 기관위임	-	사무배분과 사업성격 기준을 동시에 적용하여 613개 사업의 유형화. 유형별 기준보조율 제시하지 않음
	사업성격	지역사무, 개인사무 누출효과		
이창균 (2001)	보조사업 성격과 자치단체 사무성격	국가적사무 국가우선/정책사무 광역적/지역파급효과 지역적사무	100% 80% 60% 40%	유형별 대상사업 기준을 제시하였음. 적용 기준보조율에 대한 구체적인 논거를 제시하지 않음
권오성외 (2005)	법률상 사무배분과 외부효과	기관위임/고외부효과 기관위임/중외부효과 단체위임/고외부효과 단체위임·중외부효과 단체위임/저외부효과 기관위임/저외부효과	100% 70% 70% 50% 30% 정액	설문조사에 의해 외부성 평가. 설문조사결과와 소수 전문가에 의한 직관적인 외부효과 평가에 큰 차이가 없음. 적용 기준보조율에 대한 구체적인 논거를 제시하지 않음
문병기 (2008)	성격유형과 정책효과 (외부효과)	국가기본정책 정책유형 공공재적 성격 파급효과/예산규모	100% 80% 60% 40%	정률사업과 정액사업을 일차적으로 분류. 세부기준별 서열 가중치 부여 후 표준점수화하고 5개 지표의 단순평균치 도출

자료: 최병호 외, 「국고보조사업의 국가·지방간 재원분담체계 개선과제」, 행정안전부, 2012, 85쪽.

하는 것이 바람직하다는 결론으로 이어진다. 이를 통해 레이건 행정부시절 연방정부의 복지지출 축소와 주 및 지방정부로 재정부담 전가를 위한 포괄보조 프로그램을 이론적으로 정당화시킬 수 있다. 사회복지학에서는 공공선택론에 기초한 복지재정 분권에 대한 비판이 상당하다. 하지만 경제학이나 행정학에서는 정부실패의 원인을 규명하면서 관료들의 개인적인 인센티브 요소를 재정사업 관리정책에 실제적인 변수로 고려하는 영향이 있었다. 공공선택이론의 가정과 분석들은 2세대 정부간 재정관계론을 정립하는 초기 조건들을 제공했다.

정부간 재정관계이론의 두 번째 큰 주제는 이전재정에 대한 것으로 재정형평성을 위한 일반교부금과 재정사업의 지리적 외부성을 내부화하기 위한 개별보조금에 대한 논의이다. 전자와 관련된 지방재정조정제도들은 사회정의와 소득분배의 논리를 지리적으로 확장한 지리적 정의(territorial justice)와 국가최소수준의 표준적 공공서비스(national minimum) 공급을 위한 관점에서 설계·운영되었다. 후자는 외부성의 정도에 따라 적정 보조율 수준을 결정하는 제도에 활용되었다. 1세대 이론이 형성될 당시 미국의 정부간 이전재정에서는 보조금의 법칙(law of subsidiarity)이 있는 것으로 전제했고[12] 공공서비스가 최하위 단위의 지방정부에서 공급될수록 정부의 경제적 성과가 보다 생산적이고 효율적이라는 분석이 많았다.[13] 국내에서 국고보조금의 최적 보조율에 대한 논의들은 아직도 미국 재정학의 1세대 이론에 기초한다.[14] 서비스 전달에서 지방정부의 재정자율성이 경제적 효율성과 책임성에 핵심적인 요소가 되었다.

세 번째 주제는 정부간 조세권한의 분담에 대한 것이다. Musgrave(1983)에서는 조세기능분담에 대한 여섯 가지 원칙을 정했는데 현재까지 국세와 지방세를 구분하는 준거로 활용되고 있다. 즉, 첫째, 경제안정화에 적합한 조세는 국세로 한다. 둘째, 과표가 전국에 걸쳐 불균등하게 분포되면 국세로 한다. 셋째, 과세표준의 이동성이 있는 개인세(personal taxes)는 국세로 한다. 넷째, 경기변동에 관계없이 상대적으로 안정성이 있는 세입은 지방세로 한다. 다섯째, 관할구역간 이동성이 약한 세원은 지방세로 설정한다. 여섯째, 사용자 부담금은 중앙과 지방 모두 수입원으로 활용할 수 있다.[15]

2. 제2세대 정부간 재정관계: 와인거스트-오우츠 접근

(1) 전통적인 1세대 이론의 조건 변화

최소한 미국에서는 제1세대 정부간 재정관계론은 더 이상 작동하지 않는다. 우선, 복지국가 황금시대였던 1960년대와는 달리 완전고용 상태를 유지하지 못하며 사회 경제 문제가 계속 심각한 상태이고 연방정부는 복지재정지출을 감당하지 못하게 되었다. 연방정부의 재정위기가 누적되면서 레이건행정부의 포괄보조프로그램에서와 같이 주 및 지방정부에게 복지비용을 전가했다. 당시 아동복지, 정신보건, 지역사회개발에서 개별 보조사업들이 포괄보조로 전환되면서

12) 외부성에 기초한 최적보조율은 개념 논의에 그쳤으며 의미있는 진전은 없었다. 1980년대부터 포괄보조 프로그램이 전면 도입되면서 개별 보조사업이 대폭 축소되었고 1990년대 TANF에서는 연방정부와 주정부간 보조사업에서 성과계약체계가 만들어졌다. 보조사업 운영방식에서 이와 같은 구조변화들 속에서는 보편적인 보조율 법칙 보다 정부간 협상과 계약이 더 중요했다.

13) J. Martinez-Vazquez, *The assignment of expenditure responsibilities,* Andrew Young School of Policy Studies, Georgia State University, 2001, p. 12.

14) 최병호 외, 「국고보조사업의 국가·지방간 재원분담체계 개선과제」, (행정안전부, 2012).

15) R. A. Musgrave, "Who should tax, where, and what?" In C. E. McLure Jr. (ed), *Tax Assignment in Federal Countries,* Canberra: Australian National University Press, 1983.

25%의 재원이 축소되었다.[16] 이러한 상황들을 전통적인 1세대 이론은 설명하지 못했다.

주민들의 복지에 대한 욕구는 자원배분의 일상생활 영역뿐 아니라 사회안전망과 경제안전망 모두에 펼쳐져 있다. 중앙정부의 집권적인 표준화된 대응으로는 당면한 문제 자체를 해결하지 힘들게 되었고 정부의 예산 규모를 줄이는 작은 정부는 문제해결을 위한 대안이 되지 않는다. 더욱이 시장실패와 정부실패가 동시에 발생하는 상황에서는 분권과 집권의 양극에서 구상되는 대안은 정치권에서도 해법이 되지 못했다. 상황이 변한 만큼 새로운 문제해결 방식을 찾아야 했다.

논의의 핵심은 복지정책분야이다. 지역별로 사회서비스 선호가 달라지고 전자급부시스템과 같은 사회공학 기술들이 정책에 도입되었다. 또한 복지재원의 동원방식, 사회서비스의 공급방식, 그리고 공급주체가 다양화되는 복지혼합(welfare mix) 체제가 형성되었다. 사회지출에서 지방재정의 역할이 중요해지고 기술혁신과 규모경제에서 중앙정부의 자원배분 기능이 상대적으로 더 효율적인 영역도 발생하면서 소득분배＝중앙정부, 자원배분=지방정부의 과거 도식은 더 이상 유효하지 않게 되었다. 현실과 이론의 간격이 계속 확대되면서 정부간 재정관계에서 새로운 접근이 필요했다.

공간의 변화도 중요한 변수 가운데 하나이다. 전통적인 정부간 재정관계의 논리적 기초들은 기본적으로 상대적 구분이 가능한 동질적인 지방단위와 폐쇄형 국민국가체제를 전제로 설계된 것이다. 하지만 반세기가 지나면서 정보통신기술과 교통의 발달로 지방간 관할구역의 수평적 경계는 희석되었고 연속평면으로서 권역(region)이 아니라 기능중심의 점으로 연계되는 입지(site)가 되었다.[17] 이에 따라 공공서비스 파급효과의 지리적 연속성이 전제가 된 기존의 정부간 계층별 기능분담체계는 특별한 의미를 가지지 못한다. 외부성과 의사결정비용의 지리적 단위 자체가 달라졌기 때문이다. 공간의 기능 중심으로 점의 네트워크화된 '지방'은 글로벌 범위로 확산되는 개방형 체계가 되었지만 전통적인 정부간 재정관계의 이론과 제도는 폐쇄형 국민국가시대의 틀을 벗어나지 못하

16) T. J. Anton, "New Federalism and Intergovernmental Fiscal Relationships: The Implications for Health Policy," *Journal of Health Politics, Policy and Law,* 22(3), 1997, p. 704.

17) 예를 들어, 서울과 부산은 지리적으로는 별개의 독립적인 '지방'이지만 경제적 기능 단위로는 동시적으로 움직이는 대도시 네트워크 단위가 될 수 있다.

고 있다.[18]

전통적인 정부간 재정관계는 관할구역내에서 공공서비스 공급에서 지방정부의 독점을 보장한다. 이에 따라 지자체의 지대추구 행위에 따른 비효율성 문제가 발생했다. 또한 지리적 외부성을 내부화하기 위해 도입된 다양한 보조금 정책들은 '연성예산제약'(Soft Budget Constraint) 문제를 발생시켰다. 전통적으로 작은 단위의 재정분권화를 선호하면서 지리적 외부성에 대해 국고보조금을 통한 내부화 정책이 선호되었다. 하지만 결과적으로 비용을 동원하는 지리적 단위와 편익의 실질적인 단위가 일치하지 않게 되면서 중앙정부의 재원에서 '재정공유재'(fiscal commons)의 비극 문제가 발생했다. 지방재정에서 국고보조금 비중이 높아지면서 지방재정뿐 아니라 중앙정부 재정에서도 연성예산제약 문제가 나타났으며 중앙과 지방 모두에서 재정위기의 원인이 되었다. 작은 정부와 재정분권의 논리가 외부성과 결합하면서 당초 의도했던 경제적 효율성 가치와는 반대의 현실이 나타났다.

(2) 2세대 정부간 재정관계론의 정립

경제학의 관점에서 정부간 재정관계론에서 주된 관심은 효율적이고 작은 정부를 실현하기 위한 제도의 설계와 운영이고 결론은 재정분권이 필요하다는 것이었다. 그런데 1990년대 후반부터 미국의 재정학자들은 전통적인 정부간 재정관계이론은 정부실패 현상에 직면하여 문제를 해결할 수 있는 수단이 되지 못한다고 인식했다. 문제는 재정분권 자체가 아니라 분권의 형태였다.[19]

전통적인 정부간 재정관계 이론에서 정부간 기능분담과 국세-지방세 원칙에 대한 논의들은 결과적으로 중앙과 지방 모두에게 독점권력의 영역과 공간을 보장하여 경쟁할 필요없이 지대를 추구하도록 하는(rent seeking) 비효율성을 정당화시켰다. 분권은 효율성을 위한 필요조건에 그치며 충분조건은 아니었다. 관료의 행태에 대한 재정학의 기본 가정이 바뀌었는데 이 과정에서 공공선택이론의 영향이 상당하였다.

1990년대 다시 등장한 성과주의 혁신에서는, 주민들에게 중요한 것은 정부

18) 예를 들어 글로벌 자본을 유치하기 위한 세계도시들 경쟁에서 지방세 정책이 중요한 수단이 될 수 있다. 그런데, 지방세의 세목과 세율 결정이 모두 중앙정부 소관이기 때문에 세계도시간 경쟁에서 국내 대도시의 의사결정은 시기성과 적극성에서 불리한 위치에 있다.

19) W. E. Oates, "Toward A Second-Generation Theory of Fiscal Federalism," *International Tax and Finance*, 12, 2005, p. 335.

간 재정기능의 분담이 아니라 주민 스스로 최적의 공공서비스 공급하는 정부주체들을 선택하는 것이라고 했다. 재정기능의 유형 구분없이 중앙정부가 효율적으로 대응하면 자원배분 기능에 속하는 것들도 주민들이 중앙정부 산하의 지방특별행정기관을 통해 공공서비스를 공급받으면 된다. 분권 자체가 중요하다고 하는 접근은 일종의 지대추구의 비효율적인 편견이 되었다. 지방정부의 역할 증대가 경제적 혹은 재정적으로 정당성을 가지기 위해서는 공공서비스 자체가 가지는 경제적 특성뿐 아니라 실제 운영과정의 효율성(주인-대리인 문제)을 확보하여 주민들에게 선택(선호)을 받아야 한다. 이와 같이 주민 선택이 논의 중심이 되면 중앙과 지방의 역할 분담 논의는 의미가 없어진다. 선택은 주민이 하는 것이며 중앙과 지방은 서비스 경쟁 관계를 형성해야 한다. 이것이 정부간 재정관계에서 2세대 이론이 제기하는 근본적인 문제인식이다.

미국의 재정연방주의이론은 1990년대 후반부터 새로운 국면이 전개되었고 제2세대 재정연방주의[20]로 정립되고 있다. 2세대 이론은 기업이론(theory of firm), 정보경제학, 주인-대리인 문제, 계약이론 등에 기초하는데, 대표적 연구로는 Weingast(1995),[21] Seabright(1996),[22] Lockwood(2002),[23] Besley & Coate(2003)[24] 등이 있다.

여기서 핵심 주제는 두 가지이다.[25] 하나는 공공선택론의 전제와 같이 참여자들이 자기 자신의 목적함수를 가질 수 있는 정치대리인(political agents)으로서의 행태와 정치과정에 대한 것이다. 관료들은 1세대 이론의 가정과 같이 반드시 공익을 추구해야 하는 선한 행위자가 아니다. 공공경제 내에서 자신의 이익을 극대화하려는 이기적인 합리적 경제주체가 된다. 두 번째 관심은 정보비대칭과 정치대리인(political agents)에 대한 것이다. 공공서비스 공급과정에서

20) Second-Generation Theory of Fiscal Federalism

21) B. R. Weingast, "The economic role of political institutions: market-preserving federalism and economic development," *Journal of Law, Economics and Organisations*, 15(1), 1995, pp. 1-31.

22) P. Seabright, "Accountability and decentralisation in government: an incomplete contracts model," *European Economic Review*, 40, 1996, pp. 61-89.

23) B. Lockwood, "Distributive politics and the costs of centralisation," *Review of Economic Studies*, 69(2), 2002, pp. 313-337.

24) T. Besley and S. Coate, "Centralized versus decentralized provision of local public goods: a political economy approach," *Journal of Public Economics*, 87, 2003, pp. 2611-2637.

25) Duc Hong Vo, "The Economics of Fiscal Decentralization," *Journal of Economic Surveys*, 24(4), 2010, p. 673.

특정 참여자들은 지방선호와 비용구조에 대해 다른 사람들보다 더 많은 지식을 가지고 있다. 이것들의 영향을 조사하기 위해, 재정연방주의자들은 산업조직과 거시경제이론의 분석틀을 활용했다. 재정분권을 우선적으로 선호했던 1세대와 달리, 2세대 이론가들은 집권과 분권 사이의 '균형'에 관심을 많이 가졌다. 1세대 이론들은 재정분권화를 위한 논리적 기초를 정립했지만 2세대 이론가들은 잘못된 분권적 체제가 가진 위험 요소들을 인정했다.

2세대 이론에서는 인센티브와 지식(incentives and knowledge)에 대한 연구가 많다. 공공서비스의 효율적 공급을 위해서는 업무분장에서의 사무규정이나 관료로서 그리고 지방정부로서의 규범 이외에도 관료 개인 혹은 지방 자체의 인센티브가 있어야 한다. 그것은 지방재정의 인센티브와 양립할 수 있고 그렇지 않을 수도 있다. 지역주민들의 공공서비스에 대한 선호와 취향에 대한 지식은 지방정부가 지방공공서비스를 공급할 때 경제적 효율성을 확보하기 위한 필수 조건이다. 2세대 이론의 정부간 재정관계에서는 1세대와 달리 확정적인 것이 없다. 모든 것이 불완전한 상태에서 분권화의 인센티브와 분권을 감당할 수 있는 지식이 상대적으로 중앙과 지방 중 어디에 더 잘 갖추어져 있는지에 따라서 경제적 타당성이 결정된다. 형식적인 분권과 집권은 더 이상 중요한 것이 아니게 되었다.

(3) 2세대 정부간 재정관계론의 관점에서 해석과 대안

최적 정부간 기능분담구조와 적정보조율을 찾으려는 정태적인 머스그레이브-오우츠의 1세대 이론과 달리 2세대 이론을 적용하면, 정부간 재정관계에서 인센티브-정보비대칭-지식(혹은 문제해결 역량)의 조건들을 먼저 확인해야 한다. 우선, 국고보조사업에서 중앙 각 부처의 인센티브와 지방의 인센티브가 무엇인지 검토해야 한다. 국고사업의 성과들이 기대만큼 창출되지 않았다면 지역발전과 사업성과는 적절한 인센티브가 아니다. 보조금 총량 확보와 권력의 상징성 그리고 수직적인 관리 감독과 영향력이 인센티브가 되면 재정적인 비효율과 무책임성의 원인이 되는 것이다. 이것을 사업 성과에 대한 인센티브로 바꿀 수 있는 대안 모색이 필요해 진다.

제 4 장 지방재정의 법적 기초

제 1 절 각국의 지방재정법 개관

1. 영미의 지방재정관계법

영미제국은 단체자치아닌 주민자치를 채택하고 있다는 점에서 공통점을 지니고 있으나[1] 단일국가인 영국과 연방국가인 미국 간에 다른 점이 많은데 지방재정관계법의 경우도 그 한 예라 하겠다.

(1) 영국의 지방재정관계법

단일국가인 영국에서는 일본이나 한국의 경우와 같이 중앙정부가 지방재정에 관한 법률을 제정한다. 이미 19세기부터 지방자치와 관련된 법률이 많이 제정되었는데 1888년과 1894년의 지방자치법(Local Government Act)이 대표적인 예이다. 20세기에 들어와서도 1919년의 주택법(Housing Act)을 위시하여 수없이 많은 지방자치단체 관련법률이 제정되었다. 1982년에는 지방재정법(Local Government Finance Act)이 제정되어 중앙정부 보조금에 대한 통제가 강화되었다. 1984년의 레이트법(Rates Act)은 재산세인 레이트의 최고세율을 규정했으며 1988년의 레이트법은 인두세를 도입했다.[2] 이 논란이 많던 인두세가 폐지되고 1993년 4월부터 재산세와 주민세를 통합한 Council Tax가 도입되었다는 것은 주지의 사실이다.[3]

---

1) 이에 관해서는 본편 제1장「지방자치와 지방재정」참조.

2) J.A. Chandler, *Local Government Today*(Manchester: Manchester University Press, 1991), pp. 215-239.

3) Phil Cocker, *Contemporary British Politics and Government*(Merseyside: Tudor Business Publishing, 1993), p. 294.

(2) 미국의 지방재정관계법

연방국가인 미국에서는 지방자치단체에 대한 통제는 연방정부의 기능이 아니라 주정부의 기능이다.

이와 같이 지방자치단체는 주의 통제를 받으나 주 내의 모든 지방자치단체에 적용되는 지방세법이나 지방재정법을 제정하는 주정부는 없다. 따라서 지방재정관련법(조례)의 제정은 지방자치단체에 일임되어 있다고 하겠다.

근래에 와서 지방자치단체의 재정문제에 관한 주정부의 통제가 강화되어 ① 최고세율의 책정, ② 지방채 한도액의 설정, ③ 균형예산 등 지방재정에 대한 각종 제한을 가하고 있는 주가 늘어나고 있으나[4] 이러한 제한의 범위 내에서 아직도 지방자치단체가 비교적 광범위한 재량권을 누리고 있다고 하겠다.

2. 일본의 지방재정관계법

우리나라의 법제에 가장 많은 영향을 미치고 있는 일본의 경우를 본다면 지방세법·지방교부세법·지방공영기업법 등 많은 법률이 있으나 우리는 이곳에서 지방자치법 재무장과 지방재정법에 대해서만 언급하고자 한다.

우리나라에서는 후술하는 바와 같이 지방자치법 재무장에는 기본적인 규정만 수록하고 보다 구체적인 조문은 지방재정법에 두고 있는데 대하여 일본에서는 지방자치법 재무장에 구체적인 규정까지 모두 수록하고 지방재정법에는 국가재정과 지방재정의 관계에 초점을 두어 40여개 조문만 수록하고 있다.

3. 한국의 지방재정관계법

우리나라 지방재정의 법적 기초는 많은 법률에서 찾아볼 수 있다. 지방자치단체의 자체수입인 지방세에 관해서는 지방세법이 있으며, 국가재정과 지방재정의 관계에 관해서 규정하고 있는 법률로서는 지방교부세법·국세와 지방세의 조정에 관한 법률·지방자치단체 기금관리기본법·지방자치단체를 당사자로 하는 계약에 관한 법률·공유재산 및 물품관리법 등이 있다. 이 밖에도 지방직영기업과 지방공사·공단에 관해서는 지방공기업법이 있다.

그러나 이러한 법률에 관해서는 해당 장에서 검토하기로 하고 이곳에서는 지

---

4) Joseph F. Zimmerman, *State-Local Relations: A Partnership Approach*(New York: Praeger, 1983), pp. 51-56.

방자치법 재무장과 지방재정법에 관해서만 고찰하기로 한다.

제 2 절 지방자치법 재무장

1. 지방자치법의 제정과 개정

1949년에 제정된 지방자치법은 그 후 수차에 걸쳐 개정되었으나 재무장(財務章)은 1949년 이후 개정되지 않았다. 1961년에 제정된 「지방자치에 관한 임시조치법」이 예산의 확정 등에 있어서 중요한 역할을 담당했다는 것은 주지의 사실이다.

지방자치의 부활을 앞두고 지방재정에 관한 법률의 정비가 이루어져 1988년 4월 6일 신지방재정법과 함께 새로운 지방자치법도 공포되었다. 신지방자치법은 다른 장도 면모를 일신했으나 특별히 재무장은 여러 가지 면에서 구법과 다른 점이 많다고 하겠다.

2. 조문의 배열

구지방자치법 재무장은 「재산, 공공시설과 수입, 지출」과 「예산과 결산」의 2개절로 구성되어 있었으며 제9장 보칙 제160조에 가예산(준예산)에 관한 규정이 있었다.5) 신지방자치법 재무장은 다음과 같이 5개절로 세분되어 있다.

제1절 재정운영의 기본원칙
제2절 예산 및 결산
제3절 수입 및 지출
제4절 재산 및 공공시설
제5절 보 칙

3. 재정운영의 기본원칙

(1) 건전재정의 운영

지방자치는 자칫하면 지방자치단체의 무책임한 재정운영을 초래할 우려가

---

5) 구지방자치법은 제160조에 「가예산」이라는 제명을 부여했으나 이는 「준예산」 또는 「예산불성립시의 예산집행」이라고 했어야 옳을 것이다.

있다. 따라서 지방자치법 재무장은 첫머리에서 "지방자치단체는 그 재정을 수지균형의 원칙에 따라 건전하게 운영하여야 한다"고 규정하고 있다.[6]

이어서 제2항에서는 지방재정과 관련된 국가의 책임에 관해서 "국가는 지방재정의 자주성과 건전한 운영을 조장하여야 하며 국가의 부담을 지방자치단체에 넘겨서는 아니된다"고 규정하고 있다.[7]

(2) 국가시책의 구현과 경비분담

국가재정과 지방재정의 연계에 관한 구체적인 사항은 지방재정법에서 규정하고 지방자치법에서는 선언적인 규정만 두는 것이 바람직할 것이다.

이리하여 현행지방자치법 제123조는 구법 제131조의 규정을 수정하여 먼저 지방자치단체는 국가시책의 구현을 위하여 노력하여야 한다고 규정하고 이어서 제2항에서 "국가시책구현을 위하여 소요되는 경비에 대한 국고보조율과 지방비 분담률은 법령으로 정한다"고 하고 있다.

(3) 지방채

지방재정의 건전운영을 위한 제도적 장치의 하나로서 지방채 발행에 대한 통제를 들 수 있다. 이리하여 지방자치법 제124조는 구지방자치법 제134조를 다소 수정하여 규정하고 있다.

① 기채할 수 있는 경우: 어떤 경우에 지방채를 발행할 수 있도록 하느냐에 관해서는 두 가지 방안이 있을 수 있다. 첫째는 일본의 지방자치법과 같이 '별도로 법률이 정하는 경우'에 지방채를 발행할 수 있도록 하는 방안[8]과 둘째로 우리나라 구지방자치법과 같이 ⅰ) 부채상환, ⅱ) 자치단체에 항구적 이익이 되는 경우, ⅲ) 재해복구 등의 특별한 필요가 있을 때 등으로 열거하는 방안이 그것이다.[9]

2005년 전의 우리나라 지방자치법은 기채할 수 있는 경우를 열거하는 방법을 택했으나 2005년 개정 시에 일본의 경우와 같이 '따로 법률이 정하는 바에 따라' 지방채를 발행할 수 있도록 개정했다.[10]

---

6) 지방지치법 제113조 제1항.
7) 지방자치법 제113조 제2항.
8) 일본지방자치법 제230조.
9) 구지방자치법 제134조 제1항.
10) 지방자치법 제124조 제1항.

② 정부승인규정삭제: 과거에는 지방자치법에 정부승인제에 관한 규정을 두었으나 현행법에서는 이 규정을 삭제하고 지방재정법에 「지방채발행총액한도제」를 신설했다.[11)]

(4) 채무부담행위 및 보증채무

구지방자치법에는 명문의 규정이 없었으나 현행지방자치법 124조 제2항은 "지방자치단체장은 따로 법률이 정하는 바에 따라 지방자치단체의 채무부담의 원인이 될 계약의 체결이나 그 밖의 행위를 할 수 있다"고 규정하고 있다.

채무부담행위와 같은 예산 외에 지방자치단체의 부담이 될 계약의 체결은 지방재정의 기본적인 사항의 하나이므로 지방재정법뿐만 아니라 지방자치법에도 이에 관한 규정을 두어야 한다.

지방자치법은 채무부담행위에 관한 규정과는 별도로 제124조 제3항에 보증채무 부담행위에 관한 규정을 두고 있다. 헌법은 채무부담행위 속에 보증채무를 포함시키고 있으나 국가재정법은 양자를 분리하여 규정하고 있다. 지방자치법은 국가재정법과 같이 양자를 분리하고 있는 것이다.

(5) 채무이행지체금지 및 채무면제

① 채무이행지체금지: 구지방자치법에는 없던 규정인데 지방자치법 제124조 제4항은 "조례 또는 계약에 의하지 아니하고는 그 채무의 이행을 지체할 수 없다"는 규정을 신설하고 있다.

계약자가 계약의 목적물을 기일 내에 제공하거나 이행하지 아니하면 지체상금을 업자로부터 징수하도록 되어 있으나 기일 내에 계약을 이행한 업자에게 대가지급을 지체할 경우에는 하등의 제재조치가 없다. 지방자치단체의 이러한 채무이행의 지체를 방지하기 위하여 이 규정을 신설한 것이다.

② 채무면제: 지방자치단체가 보유하고 있는 채권에 관하여 함부로 채무를 면제하거나 그 효력을 변경하여 지방자치단체에 재산상의 손실을 초래하는 일을 방지하기 위하여 "법령 또는 조례의 규정에 의하거나 지방의회의 의결을 얻지 아니하고는" 채무를 면제하거나 효력을 변경할 수 없도록 하는 규정을 신설했다.

---

11) 본장 제3절 「지방재정법」 참조.

4. 예산 및 결산

(1) 회계연도

구지방자치법은 "지방자치단체의 회계연도는 정부의 회계연도에 의한다"고 규정하고 있다. 이 규정에는 두 가지 문제가 있다. 회계연도의 개시일과 종료일을 명시하지 않고 "정부의 회계연도에 의한다"고 규정한 점이다. 일본의 구지방자치법 제234조 제2항을 모방한 것으로 생각되는데 지방자치단체 회계연도의 개시일과 종료일을 명시할 필요가 있다.

회계연도를 어떻게 정할 것이냐 하는 문제가 있다. 현재 각국에서 비교적 많이 사용되는 회계연도는 다음과 같다.

1월~12월: 한국, 프랑스 등
3월~ 2월: 터키
4월~ 3월: 영국, 일본, 캐나다, 인도, 파키스탄 등
7월~ 6월: 과거의 미국
10월~ 9월: 미국
9월~ 8월: 미얀마, 스리랑카

이러한 많은 대안 중에서 고려의 가치가 있는 것은 정부와 같이 회계연도를 역년과 일치시키는 방안과 영연방제국이나 일본에서 사용하고 있는 4월에 시작하여 3월에 종료하는 회계연도를 채택하는 방안이다. 과거에 우리가 사용한 바 있는 4월에 시작하여 3월에 종료하는 회계연도로 돌아가자는 주장이 없는 것은 아니나 이 회계연도가 설사 편리하다 하더라도 지방자치단체가 정부의 회계연도와 다른 회계연도를 사용함으로써 발생하는 불편 등을 생각할 때 정부와 같이 회계연도를 역년과 일치시키는 방안이 합리적이라고 하겠다.

(2) 회계의 구분

구지방자치법 제140조는 특별회계에 관해서만 규정하고 있으나 지방자치법은 회계의 구분에 관해서 다음과 같은 조문을 두고 있다.

"① 지방자치단체의 회계는 일반회계와 특별회계로 구분한다. ② 특별회계는

법률이나 지방자치단체의 조례로 이를 설치할 수 있다".[12)]

① 특별회계에 관해서만 규정할 것이 아니라 일반회계와 특별회계의 구분에 관해서 명문의 규정을 둘 필요가 있다.

② 구지방자치법은 "지방의회의 의결을 경하여" 설치할 수 있다고 하였으나 특별회계는 조례에 의하여 설치하는 것이 바람직하다고 하겠다. 특별회계의 목적·사업을 위시하여 그 특별회계에 고유한 각종 규정을 조례에 포함시키는 것이 바람직할 것이다.

(3) 예산의 편성 및 의결

구지방자치법 제136조 제1항은 지방자치단체의 장은 예산을 편성하여 연도개시 전에 의회의 의결을 거쳐야 한다고 규정하고 있으나 예산안의 제출시기와 의결시한을 명시한 규정을 두는 것이 바람직하다고 하겠다.

① 예산안의 제출시한: 지방자치단체의 장이 예산안을 지방의회에 제출해야 할 시한에 관해서 명문의 규정을 두는 것이 바람직한데 예산안제출시한은 지방의회의 회기, 지방의회의 예산의결시한 등과 관련이 있다.

ⓐ 지방의회의 예산심의기간을 지방자치단체에 따라 달리할 것이냐 하는 문제가 있다. 지방자치법은 일본의 경우와 같이 자치단체에 따라 예산심의 기간을 달리하고 있다.

ⓑ 지방의회의 예산심의기간을 어느 정도로 할 것이냐 하는 문제가 있다. 일본에서는 도도부현(都道府縣)과 지정도시는 30일, 기타 지방자치단체는 20일로 하고 있는데, 우리나라 지방자치법은 시·도는 35일, 기타 자치단체는 30일로 하고 있다.

ⓒ 예산안의 제출시한은 지방의회의 예산의결시한과도 관련이 있다. 지방자치법은 시도는 회계연도개시 50일전까지 예산안을 지방의회에 제출하고 기타 자치단체는 40일전까지 제출하도록 하고 있다.[13)]

② 예산안의 의결시한: 지방의회의 예산안의 의결시한에 관해서 구지방자치법은 아무런 규정이 없었으며, 회계연도 개시 전까지만 의결하면 되는 것으로 상정하고 있으나 다음과 같은 이유로 회계연도 개시 15일 또는 10일전까지

12) 지방자치법 제117조.

13) 지방자치법 제118조.

의결하도록 하는 것이 바람직하다고 하겠다.

ⓐ 회계연도 개시 15일 또는 10일전까지 지방의회가 예산안을 의결토록 함으로써 지방자치단체가 예산이 의결된 다음 새로운 회계연도의 예산집행을 위한 준비를 갖출 수 있다.

ⓑ 여유기간을 보유함으로써 예산이 회계연도 개시일까지 통과되지 않아 준예산을 사용하게 되는 번거로움을 방지할 수 있다. 국가의 경우 과거에는 회계연도 개시일까지 예산이 의결되지 않은 일이 간혹 있었으나 국회가 회계연도 개시 30일전까지 예산을 의결하도록 규정하고 난 다음에는 그러한 폐단이 시정되었다.[14]

(4) 증액의 제한

구지방자치법 제120조에는 "지방의회의 의결이 예산상 집행할 수 없는 경비가 포함되어 있을 때" 재의를 요구할 수 있다는 규정이 있었으나 신법 제127조 3항은 "지방의회는 지방자치단체의 장의 동의없이 지방자치단체의 장이 제출한 지출예산 각항의 금액을 증가하거나 새 비목을 설치할 수 없다"는 규정을 신설하였다.

(5) 수정예산

지방자치단체의 장이 지방의회에 예산안을 제출한 후 예산이 의결되기 전에 지방자치단체의 장이 제출한 예산안을 수정할 수 있도록 하는 것이 수정예산제도이다. 수정예산과 추가경정예산은 예산안의 편성이 끝난 다음에 이를 변경하기 위한 제도라는 점에서 동일하나 추가경정예산은 예산이 지방의회를 통과하여 성립한 다음에 변경하는 것인데 대하여 수정예산은 예산이 지방의회를 통과하기 전에 수정하는 제도인 것이다.

수정예산제도가 없으면 예산이 지방의회를 통과하기 전에 예산안을 수정하고자 할 때에는 예산안을 지방의회로부터 반환받아 이를 수정하여 다시 제출하는 번거로운 절차를 밟아야 한다. 그럼에도 불구하고 구지방자치법이나 지방재정법에는 수정예산에 관한 규정이 없었다. 이번 기회에 예산회계법이 채택하고 있는 수정예산제도를 지방자치단체도 채택할 필요가 있다고 생각되어 지방자치법 제118조 제4항에 이를 규정하게 된 것이다.

14) 유훈·조택·김재훈, 〔신판〕재무행정론(서울: 법문사, 2012), pp. 223-224 참조.

(6) 계속비

구지방자치법 제138조에 있는 계속비제도를 자구만 수정하여 지방자치법은 “지방자치단체의 장은 한 회계연도를 넘어 계속하여 경비를 지출할 필요가 있을 때에는 그 총액과 연도별금액을 정하여 계속비로서 의회의 의결을 얻어야 한다”고 규정하고 있다.

지방자치법에 있는 “그 총액과 연도별 금액을 정하여”라는 구절을 둘 필요가 있느냐 하는 문제가 제기될 수 있다. 이러한 구절은 지방재정법에만 두고 지방자치법에서는 연부액까지 언급할 필요는 없지 않을까 생각한다.[15)]

(7) 예비비

구지방자치법 제139조 제1항은 “지방자치단체는 예산외의 지출 또는 예산초과의 지출에 충당하기 위하여 예비비를 설치하여야 한다”고 규정하고 있다. 여기에서 “예산외의 지출 또는 예산초과의 지출에 충당하기 위하여”라는 구절을 존치할 필요가 있느냐 하는 문제가 제기된다. “예산외의 지출”이라 함은 예산편성 당시에는 예측할 수 없었던 사건이 발생하여 경비지출을 요함을 말하는 것이고, “예산초과의 지출”이라 함은 예산에 일정한 금액을 계상하였으나 그 후에 사정의 변경으로 예산액에 부족이 생겨 경비의 초과지출을 요함을 말하는 것이다. 이 구절로 인하여 경기조정이나 지방경제활성화 등의 목적을 위해서 예비비를 사용할 수 있느냐는 문제가 제기될 수 있으며 예비비의 사용에 부당한 제한을 가할 우려가 있으므로 “예산외의 지출 또는 예산초과의 지출에 충당하기 위하여”라는 구절을 삭제하고 현행헌법의 예비비규정과 같이 “예비비는 총액으로 지방의회의 의결을 얻어야 한다”고 규정하는 것이 바람직하다고 생각하는데 신법은 이 구절을 존치했다.

구지방자치법 제139조 제2항은 “예비비는 의회에서 부결한 용도에 충당할 수 없다”고 규정하고 있다. 의회에서 부결한 용도를 위하여 예비비를 사용하는 것은 의회의 예산심의권에 대한 침해라 할 수 있으므로 이 조항은 필요한 조항이라 할 수 있을는지 모르나 의회에서 부결한 용도란 경우에 따라서는 논란의 여지가 많으며 지방의회에서 예비비의 사용에 관해서 불필요한 위법논의를 초래할 우려가 있다. 이리하여 지방자치법은 이 규정을 삭제했다.

---

15) 유훈·차병권, 지방재정제도에 관한 연구(서울: 한국지방행정연구소, 1985), p. 11.

(8) 추가경정예산

① 추가경정예산의 유형: 이미 성립한 예산에 변경을 가할 필요가 있을 때 사용하는 것이 추가경정예산제도이다. 넓은 의미의 추가경정예산제도는 보정예산과 협의의 추가경정예산으로 분류할 수 있겠다.

ⓐ 보정예산: 일본의 재정법은 우리나라의 추가경정예산에 해당되는 것을 보정예산이라고 부르고 보정예산을 제출할 수 있는 경우를 "ⅰ) 법률상 또는 계약상 국가의 의무에 속하는 경비의 부족을 보충하는 경우와 예산작성 후에 발생한 이유로 인하여 특히 긴급하게 된 경비의 지출과 ⅱ) 예산성립 후에 발생한 이유로 인하여 예산에 추가 이외의 변경을 가하는 경우"로 제한하고 있다.

일본의 지방자치법도 보정예산이라는 용어를 사용하고 있으나 "예산의 조제 후에 생긴 사유로 인하여"라는 제한 외에는 보정예산의 제출에 제한을 가하지 않고 있다.

ⓑ 추가경정예산: 주지하는 바와 같이 우리나라에서는 추가경정예산에 제한을 가하지 않고 있다. 1948년 헌법부터 1972년 헌법까지는 "예산성립 후에 생긴 사유로 인하여"라는 제한만을 두었으나 현행헌법 제92조는 이러한 제한마저 삭제하여 이미 성립된 예산에 변경을 가할 필요가 있을 때에는 추가경정예산을 제출할 수 있도록 되어 있다.[16]

② 추가경정예산제출에 대한 제한: 구지방자치법 제137조는 추가경정예산 제출에 대하여 아무런 제한을 가하지 않고 있으므로 지방자치법은 구법 규정의 자구만 수정하여 "지방자치단체의 장은 예산에 변경을 가할 필요가 있을 때에는 추가경정예산안을 편성하여 의회의 의결을 얻어야 한다"고 규정하고 있다.

"예산성립 후에 생긴 사유로 인하여"라는 구절을 삽입하자는 주장도 있을 수 있겠으나 추가경정예산은 "예산성립 전부터 존재하던 사유"를 위한 경비를 포함하는 경우가 많으므로 불필요한 위법논의를 피하기 위해서도 이러한 제한을 둘 필요가 없다고 생각한다.

(9) 예산불성립시의 예산집행

구지방자치법은 제9장 보칙에 '가예산'이라는 제목 하에 준예산에 관한 규정

---

16) 유훈・조택・김재훈, 전게서, p. 76 참조.

을 두고 있었다. 이것은 1960년 개정 시에 신설한 조문인데 이 보칙에 있는 조문에 수정을 가하여 재무장에 옮기고 제목도 "예산이 성립하지 아니할 때의 예산집행"으로 바꾼 것이 지방자치법 제131조의 규정이다.

현행 지방자치법의 규정은 구지방자치법 제160조의 규정과 다음과 같은 점이 다르다.

① '1개월 이내'라는 구절이 삭제되었다. 예산안이 1개월 이내에 의결되지 않을 때에는 예산의 집행에 차질이 발생한다. 이리하여 "지방의회에서 예산안이 의결될 때까지"로 수정되었다.

② "공무원의 봉급, 사무처리에 필요한 기본경비"는 "법령이나 조례에 의하여 설치된 기관 또는 시설물의 최소한의 유지" 속에 포함될 수 있는 것이므로 삭제되었다.

③ "전년도예산에서 승인된 계속사업비"라는 구절도 수정되었다. 예산으로 승인된 사업의 계속을 위한 경비는 반드시 전년도예산에서 승인된 것에 한정할 이유가 없을 것이다. 계속비는 지출기한이 5년으로 되어 있으므로 이 구절이 "이미 예산으로 승인된 사업의 계속"으로 수정되었다.[17]

(10) 예산을 수반하는 조례 등

재정의 계획적인 건전운영을 위한 제도적 장치의 하나로서 예산을 수반하는 조례나 안건의 의결을 제한할 필요가 있다. 이리하여 구지방자치법에서는 규정이 없었으나 지방자치법 제132조는 "지방의회가 새로운 재정부담을 수반하는 조례나 안건을 의결하고자 할 때에는 미리 지방자치단체의 장의 의견을 들어야 한다"고 규정하고 있는 것이다.

일본 지방자치법 제222조는 이 규정보다 일보 더 나아가서 지방자치단체의 장은 조례 기타 지방의회의 의결을 요하는 안건이 예산을 수반하는 것일 때에는 필요한 예산상의 조치가 강구될 전망이 설 때까지 이를 지방의회에 제출할 수 없다는 규정을 두고 있는데 우리나라 지방자치법은 지방자치단체의 장은 책임있는 행동을 할 것이라는 전제하에 지방의회가 지방자치단체의 장의 의견을 들어야 한다고만 하고 있는 것이다.

---

17) 유훈 · 차병권, 전게서, pp. 17-18.

(11) 지방의회의결의 재의요구

재무장에 있는 규정은 아니나 지방자치법 제108조에 의하면 지방자치단체의 장은 지방의회의 의결이 예산상 집행할 수 없는 경비가 포함되어 있다고 인정되는 때와 지방의회가 ① 법령에 의하여 지방자치단체에서 의무적으로 부담하여야 할 경비, ② 비상재해로 인한 시설의 응급복구를 위하여 필요한 경비를 삭감하는 의결을 한 때에는 재의를 요구할 수 있도록 되어 있다.

재의의 요구가 있을 때에는 재적의원과반수의 출석과 출석의원 3분의 2 이상의 찬성이 없는 한 폐기된다. 지방자치법 제107조 제2항의 이 규정은 구지방자치법 제119조 제2항을 다소 수정한 것으로서 구법은 "재적의원과반수의 찬성"으로 되어 있는 것을 현행법은 "재적의원과반수의 출석과 출석의원 3분의 2 이상"으로 하였다.

(12) 의결예산의 이송고시 등

예산이 의회를 통과하면 지방의회의장은 3일 이내에 이를 당해 지방자치단체의 장에게 이송해야 하며 지방자치단체의 장은 이를 정부 또는 상급지방자치단체에 보고하고 그 내용을 주민에게 고시하여야 한다. 이는 구지방자치법 제141조의 규정의 자구만을 수정한 것이다.

(13) 결 산

① 결산에 관한 규정의 위치: 결산에 관한 규정을 어디에다가 둘 것이냐에 관해서 두 가지 안을 생각할 수 있다. i) 재무장의 제2절에 예산과 함께 결산을 규정하는 방안이 있을 수 있는데 구예산회계법이 이 방안을 택하고 있다. ii) 수입 및 지출 다음에 제4절에서 결산을 다루는 방안이 있는데 일본의 지방자치법이 이를 택하고 있다. 논리상 수입 및 지출 다음에 결산에 관한 규정을 두는 것이 타당할 것이나 지방자치법은 예산과 함께 결산을 다루고 있다.

② 회계검사: 구지방자치법 제142조는 지방자치단체의 출납은 회계연도마다 2회 검사하여야 하며, 이 검사는 지방의회에서 2인 이상의 감사위원을 선정하여 행한다고 규정하고 있다.

이와 모순되는 규정이 감사원법에 있다. 감사원법 제22조 제1항 제2호는 지방자치단체의 회계를 감사원의 필요적 감사사항으로 규정하고 있다. 이 감사원법의 규정에 따라서 현재는 감사원이 지방자치단체의 회계검사를 담당하고 있다는 것은 주지의 사실이다. 앞으로의 방향에 관해서는 두 가지 방안을 생각할 수 있다. i) 현행과 같이 감사원이 지방자치단체의 회계검사를 담당하고 지방의회는 결산서와 감사원의 결산검사보고서를 가지고 결산심사만을 담당하는 방법이다. ii) 구지방자치법 제142조와 같이 지방의회에서 감사위원을 선정하여 회계검사를 실시하는 방법이다. 이 경우에도 실질적인 회계검사는 감사위원의 위촉에 의하여 공인회계사가 담당할 수 있을 것이다. 이 방안을 채택하는 경우에는 감사원법의 개정이 병행되어야 할 것이다.

③ 결산절차: 지방자치법 제134조는 구지방자치법 제142조와 제144조를 통합하여 결산절차에 관하여 다음과 같이 규정하고 있다.

ⓐ 출납폐쇄 후 80일 이내에 지방자치단체의 장은 결산서를 작성하여 지방의회에서 선정한 검사위원의 심사에 회부하여야 한다.

ⓑ 지방자치단체의 장은 검사위원의 심사를 받은 결산서와 증빙서류를 검사위원의 의견을 첨부하여 다음년도 지방의회에 제출하여 그 승인을 얻어야 한다.

ⓒ 지방자치단체의 장이 지방의회의 승인을 얻었을 때에는 이를 5일 이내에 정부 또는 상급지방자치단체에 보고하고 그 내용을 공고하여야 한다.

5. 수입 및 지출

(1) 지방세

구지방자치법 제124조의 규정을 수정하여 지방자치법 제135조는 "지방자치단체는 법률이 정하는 바에 의하여 지방세를 부과·징수할 수 있다"고 규정하고 있다.

① 조세법률주의: 조세의 부과·징수에는 법률의 근거가 필요하다는 조세법률주의의 원칙을 천명한다는 점에서 구법의 규정과 다를 바 없다. 지방세의 세목·세율 등 모든 구체적인 사항은 지방세법에서 규정한다는 것이다.

② 불필요한 구절의 삭제: 구법 제124조의 규정 중 "자치상 필요한 경비를 주민에게"라는 구절을 삭제했다는 것이다.

ⓐ "자치상 필요한 경비"라는 구절은 논란의 여지가 있을 뿐만 아니라 불필요하다. 지방자치단체의 지방세수입은 지방자치단체 소요재원의 일부에 지나지 않을 뿐만 아니라 지방세입은 반드시 고유사무의 수행만을 위하여

충당되어야 할 이유는 없을 것이다.

ⓑ "주민에게"도 불필요한 구절이다. 지방세는 개인뿐만 아니라 법인에게도 부과되며 지방세에는 대인세 뿐만 아니라 대물세도 있다.

(2) 사용료와 수수료

① 사용료: 구지방자치법 제126조 제1항은 "공공시설의 사용"에 관하여 사용료를 징수할 수 있다고 규정하고 있으나 현행법 제136조는 "공공시설의 이용" 뿐만 아니라 "재산의 사용"에 대하여도 사용료를 징수할 수 있다고 규정하고 있다.

② 수수료: 지방자치법 제137조 제1항은 구법 제126조 제2항을 거의 그대로 계승하고 있다. 다만 "개인을 위한 사무"를 "특정인을 위한 사무"로 수정했을 뿐이다.

이어서 제2항과 제3항에서는 일본 지방자치법 제227조 제2항과 제3항의 규정을 모방하고 있다. 위임사무가 특정인을 위한 사무일 경우에도 수수료를 징수할 수 있으며 법령에 다른 규정이 있는 경우를 제외하고는 이 수수료가 당해 지방자치단체의 수입이 될 수 있다는 것이다.

(3) 분담금

구지방자치법 제127조를 다소 수정하여 지방자치법 제138조는 분담금에 관해서 규정하고 있다. 분담금이란 일반적으로 국가 또는 지방자치단체가 특정한 사건에 소요되는 경비에 충당하기 위하여 그 사건과 특별한 관계가 있는 자들에게 부과하는 금전급부의무를 말한다.

현행지방자치법은 구법과 두 가지 점에서 다르다. 첫째로, 구법의 제1항과 제2항을 통합했다. 둘째로, 현행지방자치법은 "그 이익의 범위 안에서"라는 구절을 신설하고 있다. 분담금의 징수한도를 규정한 것으로서 일본 지방자치법 제224조에서도 찾아볼 수 있는 규정이다.

(4) 사용료의 징수조례 등

지방자치법 제139조는 구법 제128조의 규정을 거의 그대로 계승하여 사용료·수수료 또는 분담금의 징수에 관한 사항은 조례로 정하도록 하고 부정한 수단으로써 징수를 면한 자에 대한 과태료에 관해서도 규정하고 있다.

(5) 사용료 등의 부과 · 징수 및 이의신청

지방자치법 제140조는 구법 제130조를 거의 그대로 계승하여 사용료, 수수료, 분담금의 부과징수와 그에 대한 이의신청에 관해서 규정하고 있다. 그러나 현행법은 구법과 다음의 몇 가지 점에서 다르다.

① 이의신청사항: 구법 제130조 제3항은 수수료 등의 부과 · 징수에 대하여 "위법 또는 착오가 있는 것을 인정할 때"에는 이의신청을 할 수 있다고 하고 있으나 현행법은 논란의 여지가 많은 위법 또는 착오라는 용어 대신에 "이의가 있는 자"라는 용어를 사용했다.

② 이의신청기간: 구법은 이의신청기간을 10일로 하고 있으나 현행법은 "그 처분의 통지를 받은 날로부터 30일 이내"라고 규정함으로써 이의신청기간을 30일로 하고 있다. 이와 병행하여 구법은 이의신청에 대한 결정기간을 20일로 하고 있는데 대하여 현행법은 이것도 30일로 하고 있다.

③ 결정에 대한 불복: 구법은 이의신청에 대한 불복이 있을 때에는 법원에 출소할 수 있다고 규정하고 있으나 현행법은 이를 좀더 구체화하여 "결정통지를 받은 날로부터 30일 이내에" "관할 고등법원"에 출소할 수 있다고 규정하고 있다.

(6) 경비의 부담

지방자치법은 경비의 부담에 관한 상세한 규정은 구법과 같이 지방재정법에 두기로 하고 지방자치법에서는 구법 제131조의 규정을 다소 수정한 규정을 두고 있다.

구법에서는 위임사무에 필요한 경비는 이를 위임한 국가 또는 지방자치단체에서 "부담하여야 한다"고 규정하고 있는 데 대하여 현행법에서는 "필요한 경비의 재원에 관한 조치를 강구하여야 한다"고 규정하고 있다. 구법의 '부담'이라는 규정은 국가 또는 상급지방자치단체가 교부하는 보조금에는 알맞는 표현이겠으나 특정재원이 아닌 지방교부세에 대한 적정한 표현이라 하기 어려울 것이며 세원의 재배분 등의 방법과는 너무나 거리가 멀다고 하겠다. 그런 의미에서 "필요한 경비의 재원에 관한 조치"라는 현행법의 표현이 진일보한 것이라 할 수 있겠다.

6. 재산 및 공공시설

(1) 재산 및 기금의 설치

구법 제123조를 개편하여 현행법 제142조는 재산 · 기금의 설치를 규정하고 있다. 구법보다 많이 개선되었으나 아직도 다소 논란의 여지를 남기고 있다.

① 재산의 범위: 지방자치법 제133조 제3항은 여기서 말하는 "재산이란 현금 외의 모든 재산적 가치가 있는 물건 및 권리를 말한다"고 규정하고 있다. 따라서 여기서 말하는 재산은 공유재산, 물품 및 채권을 포함하는 것으로 추정된다. 일본의 지방자치법은 공유재산을 다시 행정재산과 보통재산으로 나누고 있는데 현행법은 이에 관한 명시적인 언급이 없으며 지방재정법에 규정을 두고 있다.[18]

② 자금과 기금: 지방자치법 제142조 제1항은 재산의 보유 외에 자금의 적립과 기금의 설치에 관해서 규정하고 있다. 그런데 이 자금과 기금의 개념상의 차이점이 불분명하며 양자가 운영상 어떻게 다른지도 확실치 않다.

(2) 재산의 관리 및 처분

지방자치법 제143조는 재산의 관리 및 처분에 관하여 구지방재정법 제12조와 같은 규정을 두고 있다.

지방자치단체의 재산은 법령 또는 지방의회의 의결을 거쳐 제정하는 조례에 의하지 아니하고는 이를 교환, 양도, 대여할 수 없을 뿐만 아니라 현물출자 등을 할 수 없으며 지급수단으로 삼을 수 없다고 할 것이다.

지방재정운영에 관한 지방의회와 지방자치단체장간의 권한배분과 관련이 있는 문제로서 재산의 관리처분을 지방자치단체의 장이 단독으로 할 수 없으며 반드시 법령 또는 조례에 의하여야 한다는 것이다.

(3) 공공시설

지방자치법은 구법 제125조에 수정을 가하여 공공시설의 설치에 관하여 규정하고 있다.

① 조례에 의한 설치 · 관리: 공공시설의 설치 · 관리도 법령에 특별한 규정이 있는 경우 외에는 조례로 정하는 것이 바람직하겠다.

---

18) 후술 본장 제3절 참조.

② 구역 외 설치: 구지방자치법 제125조 제2항에 있는 규정을 그대로 살려 구역 외에도 관계지방의회의 승인을 얻어 공공시설을 설치할 수 있도록 했다.

7. 보 칙

(1) 지방재정법의 제정근거

구지방자치법에는 규정이 없었으나 지방자치법 제145조는 지방재정법의 제정근거에 관하여 명문의 규정을 두고 있다.

(2) 지방공기업법 제정근거

지방자치법 제146조는 지방공기업법의 제정근거도 마련하고 있다. 주지하는 바와 같이 우리나라에서는 1969년에 지방공기업법이 제정되었으며 1980년 1월의 개정에 의하여 지방공사와 지방공단에 관한 장이 신설되었다.

(3) 지방공사의 설립

일본의 경우와는 달리 우리나라에서는 지방공사에 관한 규정을 지방공기업법에 두고 있다. 그러나 지방공기업법도 사업소의 형태로 운영되는 지방직영기업과 지방공사를 따로 취급하고 있으므로 구지방자치법 제138조는 지방공사의 설립에 관해서 별도의 규정을 두었으나 1994년의 개정에 의하여 삭제되었다.

지방공사를 설립하기 위해서는 행정자치부장관의 승인을 얻어야 한다는 규정이 지방공기업법 제49조 제3항에 있었으나 1999년의 개정에 의하여 이 규정이 삭제되었다.

제 3 절 지방재정법

1. 지방재정법의 제정과 개정

(1) 지방재정법의 제정

지방자치법이 제정된 것은 1949년이었으나 지방재정법은 1963년에 제정되었다. 예산회계법이 1961년 12월에 공포되자 구내무부도 1962년에 지방재정법안을 성안하였다. 그러나 경비의 분담 등을 둘러싸고 경제기획원 예산국(현 예산실)과 견해의 대립을 보여 예산회계제도심의회에서 장기간 그 심의가 보류되었다. 1963년 5월 법제처에의 재제출의 형식을 거쳐 차관회의에 상정되었으나 차관회의에서도 수차 심의가 보류되는 등 많은 우여곡절을 거쳐 국무회의와 최고회의를 통과하여 1963년 11월 11일에 공포되었다.[19]

전술한 바와 같이 일본의 지방재정법은 국가재정과 지방재정의 관계에 초점을 두어 40여개의 조문만을 두고 있는데 대하여 우리나라 지방재정법은 지방재정과 관련된 구체적인 조문을 모두 수록하고 있다.

(2) 1988년의 전문개정

1963년 제정 후에 지방재정법은 수차에 걸쳐 지엽적인 개정이 이루어졌으나 지방자치의 부활을 앞두고 1988년 지방자치법과 함께 지방재정법도 전문 개정되었다.

(3) 1994년의 개정

1988년에 전문개정된 지방재정법은 1994년에도 대폭적으로 개정되었다. 1995년에 실시될 자치단체장 선거를 앞두고 지방재정의 건전성 확보를 위한 수단을 강화하는데 주안점이 있었다고 하겠다. 개정의 주요골자는 다음과 같다.

① 연구개발의 시행: 행정자치부장관은 지방재정의 건전화와 효율화를 위하여 지방재정운영과 관련된 사항을 연구·개발하여 시행할 수 있도록 하였다.

② 재정투·융자사업의 사전심사: 재정투·융자사업의 효율성을 높이기 위하여 예산편성전에 그 필요성과 타당성을 심사하도록 하고 이를 기초로 예산을 편성하도록 하였다.

③ 재정진단: 지방재정의 건전한 운영을 위하여 행정자치부장관은 지방재정의 효율성과 건전성이 현저하게 저하된 지방자치단체에 대하여 재정진단을 실시할 수 있도록 하였다.

④ 낙후지역에 대한 재정지원계획수립: 행정자치부장관은 현저하게 낙후된 지역의 개발이나 각종 재해로 인하여 특별한 재정수요가 있다고 판단되는 지방자치단체에 대하여 재정지원계획을 수립하여 시행할 수 있도록 하였다.

⑤ 재정운영상황의 공개: 지방자치단체는 연 1회 이상 세입·세출예산의 집행상황, 지방채의 현재액 등 재정운영상황을 주민에게 공개하도록 하였다.

---

19) 장형태, 개정지방재정법해설(서울: 보문출판사, 1970), pp. 15-17.

(4) 2005년의 개정

지방재정혁신과 지방분권을 위하여 2005년 8월 지방재정법의 전문개정이 이루어졌으며 2006년 1월 1일부터 실시되었다.

① 지방채발행총액한도제 도입: 과거에는 지방채 발행을 위하여 사업별로 행정자치부 장관의 승인을 얻어야 했으나 신법은 대통령령이 정하는 지방채 발행한도액의 범위 내에서 지방의회의 의결만으로 발행이 가능하도록 되었다.

② 예산편성지침 시달제도의 개선: 과거의 행정자치부장관의 예산편성지침 시달제도를 폐지하고 회계연도별 재정운용업무편람을 작성하여 보급하고 예산편성과 관련한 최소한의 기준만 정하도록 하였다.

③ 예산편성과정에의 주민참여제도 도입: 대통령이 정하는 바에 따라 주민이 예산편성에 참여할 수 있는 절차를 마련했다.

④ 발생주의와 복식부기 회계제도 도입: 발생주의와 복식부기 회계제도를 2007년 1월 1일부터 도입·시행하도록 근거규정을 마련했다.

⑤ 재정분석 및 재정진단제도의 활성화: 그동안 소극적으로 운영되어 온 재정분석 및 재정진단제도를 활성화할 수 있는 근거규정을 마련했다.

⑥ 재정운영상황 공시제도 강화: 그동안 소극적이었던 재정운영공개제도를 공개내용과 방법면에서 강화하도록 하였다.

⑦ 재정의 통합지출: 지출원별로 분산되어 있던 과거의 자금지출방식을 통합지출이 가능하도록 하였다.[20]

(5) 2014년의 개정

2014년 5월 28일 지방재정법에 대폭적인 개정을 가했는데 개정이 광범위하여 2015년 1월 1일에 시행하기로 되어 있다. 개정의 주요 골자는 다음과 같다.

① 자치단체내의 자율적 관리체계 강화: 지방 의회의 예·결산 심의 관련 정보 제공을 확대하고 이양사무에 대한 국가 간여를 금지하며, 국고보조사업은 고유번호로 이력관리를 실시한다.

② 재정위험에 선제적·통합적 대처: 공기업, 출자출연기관의 부채와 우발부채까지 종합관리하며 중기지방재정계획의 재정위험 예방과 계획적 운용기능을 강화한다.

---

20) 안세경, 「지방재정법 전면개정의 의미와 내용」 지방재정 2005년 제4호, pp. 13-15.

③ 지방재정운용의 효율성·투명성제고: 성과주의예산을 제도화(전면 적용)하며, 재해관련 목적예비비를 도입하고 투자사업 타당성조사의 객관성·전문성을 제고하며 이력관리를 실시한다. 또한 지방민간보조사업 운영의 객관성·투명성을 제고하며 사후관리를 강화한다.

2. 총 칙

제1장 총칙에는 19개 조문이 있으나 예산·결산과 관련이 있는 규정이 많아 우리는 이곳에서 몇 가지만을 검토하고자 한다.

(1) 성과중심의 지방재정운용

국가재정법의 경우와 같이 지방재정법에서도 성과중심의 지방재정운용을 강조하고 있다. 자치단체장이 지출성과의 극대화를 위하여 노력하여야 할 뿐만 아니라 행정자치부장관도 성과중심의 지방재정운용을 위하여 필요한 사항을 행정자치부령으로 정한다.[21]

(2) 지방채 발행총액한도제

과거에는 자치단체가 지방채를 발행하기 위해서는 사안별로 행정자치부장관의 승인을 받아야 했으나 2005년의 지방재정법 개정에 의하여 지방채발행 총액한도제가 도입되었다.[22]

(3) 기부·보조·출자 등의 제한

지방자치단체가 기부·보조나 출자를 함부로 하는 경우에는 재정의 문란을 초래할 우려가 있으므로 지방재정법은 이에 대하여 엄격한 제한을 가하고 있다.[23]

① 기부·보조의 제한: 지방자치단체의 기부·보조 등에는 엄격한 제한이 있는데 지방자치단체가 기부·보조 등 공금의 지출을 할 수 있는 경우는 i) 법률에 규정이 있는 경우, ii) 국고보조재원에 의한 것으로서 국가가 지정한 경우, iii) 용도가 지정된 기부금의 경우, iv) 지방자치단체가 권장하는 사업을 위하여 필요하다고 인정하는 경우이다.

② 출자·출연의 제한: 지방재정법은 출자와 출연의 제한에 관하여 별도로

21) 지방재정법 제5조.

22) 제2편 제6장 「지방채」참조.

23) 지방재정법 제17조 및 제18조

규정하고 있다. 과거에는 지방공사·지방공단·민관공동출자사업에 대한 출자에 관하여 별도의 규정을 두었으나 2014년 개정 시에 공공기관을 엄격히 규정하고 법령에 규정이 있는 경우와 공공기관에 대한 출자·출현을 허용함으로서 지방공기업에 대한 출자·출연에 관하여 별도로 규정하지 않고 있다.

지방자치단체가 출자·출연을 할 수 있는 경우는 i) 법령에 근거가 있는 경우에만 출자를 할 수 있으며, ii) 법령에 근거가 있는 경우와 공공기관에 대하여 조례에 근거가 있는 경우에만 출연을 할 수 있다.

이와 같이 지방자치 단체의 출자·출연이 극히 제한되어 있을 뿐만 아니라 출자·출연을 하고자 할 때에는 지방의회의 의결을 얻어야 한다.

출자를 위해서는 예산이 확보되어 있어야 하므로 이 규정이 불필요한 것 같으나 현물출자는 예산총계주의원칙에 대한 예외로서 예산에 계상하지 않으므로 현물출자의 경우에 대비하기 위하여 이 규정이 필요할 것이다.

3. 경비의 부담

지방재정법은 제2장에서 경비의 부담에 관한 많은 조문을 두고 있으나 우리는 이를 다음의 몇 가지로 요약하고자 한다.[24)]

(1) 국가와 자치단체간의 경비분담

경비부담의 문제에 있어서 가장 중요한 것은 국가와 지방자치단체간의 경비의 분담이라 하겠다.

① 자치단체 자치사무에 관한 경비: 지방자치단체의 공공사무에 관하여 필요한 경비는 당해 지방자치단체가 전액을 부담한다.

② 상호 이해관계가 있는 사무의 경비: 국가와 지방자치단체 상호간에 이해관계가 있는 사무의 경비 중 그 사무의 원활한 처리를 위하여 국가에서 부담하지 않으면 안될 경비는 국가가 전부 또는 일부를 부담한다.

이러한 사무의 경비의 분담에 있어서 지방자치단체가 부담할 경비의 종목 및 부담비율은 지방재정법시행령에서 정하도록 되어 있으나 시행령은 이에 관해서 규정하지 못하고 있다.

③ 위임사무의 경비: 국가가 스스로 행하여야 할 사무를 지방자치단체 또는

---

24) 지방재정법 제20조 내지 제32조.

그 기관에 위임하여 수행하는 경우의 소요경비는 국가가 그 전부를 지방자치단체에 교부하여야 한다.

④ 보조금의 교부: 국가가 시책 상 필요하다고 인정될 때 또는 지방자치단체의 재정사정상 특히 필요하다고 인정될 때에는 예산의 범위 안에서 지방자치단체에 보조금을 교부할 수 있다.

그러나 중앙관서장이 그 소관에 속하는 예산 중에서 지방자치단체의 재정적 부담을 수반하는 보조금 등을 지방자치단체에 교부하기로 결정 · 통지한 때에는 기획예산처장관과 함께 행정자치부장관에게 통지하여야 한다.

⑤ 자치단체 부담을 수반하는 법령안 · 경비: 중앙관서장이 지방자치단체의 부담을 수반하는 법령을 제정 또는 개정하고자 할 때에는 미리 행정자치부장관의 의견을 들어야 한다.

또한 중앙관서장이 그 소관에 속하는 예산요구안 중에 지방자치단체의 부담을 수반하는 사항이 있을 때에는 기획예산처장관에게 예산요구서를 제출하기 전에 행정자치부장관의 의견을 들어야 한다.

(2) 각급지방자치단체간의 경비분담

다음으로 중요한 문제는 각급 지방자치단체간의 경비분담의 문제이다.

① 시 · 도의 사무위임에 수반하는 경비: 시 · 도가 시 · 군 · 구에 사무를 위임할 때에는 시 · 도가 그 사무집행에 소요되는 경비를 부담해야 한다.

② 시 · 도의 보조금: 시 · 도는 시책 상 필요하다고 인정할 때 또는 시 · 군 · 구의 재정사정상 필요하다고 인정될 때에는 예산의 범위 안에서 보조금을 교부할 수 있다.

③ 건설사업에 대한 시 · 군 · 구 부담: 시 · 도가 시행하는 토목 기타 건설사업으로서 산하 시 · 군 · 구의 이익이 되는 것에 대해서는 수익의 범위 안에서 시 · 군 · 구로 하여금 경비를 부담하게 할 수 있다.

(3) 공공시설에 관한 사용료

① 국가공공시설에 관한 사용료: 지방자치단체나 그 장이 관리하는 국가공공시설로서 지방자치단체가 관리비를 부담하는 시설에 대해서는 조례 또는 규칙에 정하는 바에 따라 사용료를 징수할 수 있으며 징수한 사용료는 지방자치단체의 수입이 된다.

② 국가가 사용하는 지방자치단체재산 등의 사용료: 국가가 지방자치단체의 재산 또는 공공시설을 사용할 때에는 지방의회의 사전 동의를 얻은 경우 외에는 국가가 사용료를 부담해야 한다.

(4) 사무위임에 따른 과태료 등의 수입

지방자치단체가 국가 또는 다른 지방자치단체의 위임사무와 관련하여 법령이 정하는 바에 따라 과태료나 과징금을 징수할 때에는 그 수입은 원칙적으로 사무위임을 받은 지방자치단체의 수입이 된다. 그러나 법령에 특별한 규정이 있거나 비송사건절차법이 정하는 바에 의하여 징수하는 과태료는 예외이다.

(5) 지방재정부담심의위원회

지방재정부담에 관한 사항 중 주요안건을 심의하기 위하여 국무총리 소속으로 지방재정부담심의위원회를 설치한다.

2013년 3월의 지방재정법 개정 시에 신설된 이 위원회는 국무총리를 위원장으로 하고 관계부처 장관과 민간인 위원을 포함한 15인 이내의 위원으로 구성되는데 연 1회 이상 개최하도록 되어있다.

4. 예산과 결산

전술한 바와 같이 구지방재정법은 예산과 결산을 한 장으로 통합했으나 신법은 제3장에서 예산에 관해서 규정하고 결산은 제4장에서 다루고 있다. 우리는 편의상 이곳에서 예산과 결산을 함께 다루기로 한다.

(1) 예산의 원칙

지방재정법은 제3장에서 예산의 원칙으로서 예산총계주의원칙만 들고 있으나 제1장 총칙에서 회계연도독립의 원칙을 규정하고 있다.

① 예산총계주의원칙: 예산완전성의 원칙이라고도 하는 예산총계주의원칙이란 "세입과 세출은 모두 예산에 편입하여야 한다"는 것이다.

예산총계주의원칙에 대한 예외로서 지방자치단체가 현물로서 출자하는 경우와 기금의 운영을 들 수 있다. 현물출자는 예산에 계상하지 않아도 되며 기금은 예산외로 운영한다는 것이다.[25]

---

25) 지방재정법 제34조.

② 회계연도독립의 원칙: "각 회계연도의 경비는 당해연도의 세입으로 충당해야 한다"는 원칙이다.[26] 연도 말까지 사용하지 못한 세출예산은 원칙적으로 불용액이라 하여 무효가 된다.

회계연도독립의 원칙에 대한 예외로서 지방재정법은 국가재정법에 없는 조상충용(繰上充用)이라는 제도를 과거에 인정하였으나 2014년 개정시에 폐지하였다. 조상충용이란 당해연도의 수입으로 경비를 충당함에 있어서 부족이 생긴 때에는 다음 연도의 수입을 앞당기어 충당 사용하는 것을 말한다.

이 밖에도 회계연도독립의 원칙에 대한 예외로서 예산의 이월, 계속비, 과년도수입, 과년도지출 등이 있는데 이에 관해서는 후술하겠다.

(2) 중기계획

국가의 경우에도 중기재정계획제도가 있어서 그동안 수립된 일이 있으나 지방재정법도 이에 관해 규정하고 있다(상세한 것은 제4편 제1장 참조).

① 자치단체별 중기재정계획: 각 지방자치단체는 계획성있는 재정운영을 위하여 행정자치부장관이 정하는 기준에 따라 중기 지방재정계획을 수립하고 이를 지방의회에 제출하여야 한다.

② 종합적 중기지방재정계획: 행정자치부장관은 각 지방자치단체에서 제출한 중기재정계획을 기초로 종합적인 중기지방재정계획을 수립한다.[27]

(3) 예산의 종류

지방재정법은 예산의 종류에 관해서 '예산'의 장뿐만 아니라 제1장 '총칙'에서도 규정하고 있는데 수정예산에 관한 규정만은 지방자치법에 두고 있다.

① 일반회계예산과 특별회계예산: "지방자치단체의 회계는 일반회계와 특별회계로 구분한다". 특별회계는 공영기업 기타 특정사업을 운영할 때 또는 특정자금이나 특정한 세입·세출로서 일반회계 세입·세출과 구분하여 경리할 필요가 있을 때에 한하여 법률 또는 조례로서 설치할 수 있다. 이리하여 지방자치단체에서는 특별회계를 공기업특별회계와 기타 특별회계로 구분한다.

② 본예산·수정예산 및 추가경정예산: 지방자치단체장이 본예산안을 제출한 후 부득이한 사유로 인하여 그 내용의 일부를 수정하고자 할 때에 지방의회

---

26) 지방재정법 제7조.

27) 지방재정법 제33조.

에 제출하는 것이 수정예산안인데 전술한 바와 같이 지방재정법은 이에 관한 규정을 두지 않고 있으며 지방자치법 재무장에만 수정예산에 관한 규정이 있다.

이 밖에도 이미 성립된 예산에 변경을 가할 필요가 있을 때에는 추가경정예산을 편성할 수 있다. 이것은 예산회계법에도 있는 규정이나 지방재정법은 지방자치단체의 특수성을 감안한 규정을 두고 있다. 시·도의 경우 국가로부터, 시·군·구의 경우 국가 또는 시·도로부터 그 용도가 지정되고 소요전액이 교부된 경비는 추가경정예산의 성립 이전에 이를 사용할 수 있다고 규정하고 있는 것이다. 그러나 이를 반드시 동일 회계연도 내의 차기 추경예산에 계상하여야 한다는 규정도 두고 있다.[28]

③ 준예산: 부득이한 사유로 회계연도 개시 전까지 예산안이 의결되지 못한 때에는 지방자치단체장은 지방자치법 제131조의 규정에 따라 i) 법령이나 조례에 의하여 설치된 기관 또는 시설의 유지운영, ii) 법령 또는 조례상 지출의무의 이행, iii) 이미 예산으로 승인된 사업의 계속을 위한 경비를 전년도예산에 준하여 지출할 수 있다.

(4) 예산의 편성

지방자치단체의 예산편성에 관해서 지방재정법에 규정이 많지 않다. 지방재정법에는 예산편성지침, 예산의 내용에 관한 규정과 추상적인 예산편성상의 유의사항에 관한 규정이 있다. 이 밖에도 지방자치법에 예산안의 지방의회에의 제출시한에 관한 규정이 있다.

① 예산편성지침 시달제도의 개선: 전술한 바와 같이 2005년의 지방재정법 개정 시에 과거의 행정자치부 장관의 예산편성지침 시달제도가 폐지되고 지방재정제도의 개요 등 지방자치단체의 재정운용에 필요한 정보로 구성된 회계연도별 지방자치단체 재정운용업무편람을 작성하여 지방자치단체에 보급하고, 자치단체예산편성과 관련한 최소한의 기준만 행정자치부령으로 정하도록 하였다.[29]

② 예산의 내용: 국가의 경우와 같이 지방자치단체의 경우에도 예산은 예산총칙, 세입·세출예산, 계속비, 채무부담행위 및 명시이월비를 총칭한다.

---

28) 지방재정법 제45조.

29) 안세경, 전게논문, p. 13.

③ 세입·세출의 산정: 세입의 경우 지방자치단체는 모든 자료에 의하여 엄정하게 그 재원을 포착하고 경제의 현실에 적응하도록 그 수입을 산정하여 이를 예산에 계상하여야 한다. 세출의 경우 법령 및 조례가 정하는 범위 안에서 합리적인 기준에 따라 그 경비를 산정하여 예산에 계상하여야 한다.

④ 예산안의 제출기한: 전술한 바와 같이 지방재정법에는 예산안의 제출시한에 관한 규정이 없는데 지방자치법에 의하여 시·도는 회계연도개시 50일 전까지 시·군·구는 회계연도개시 40일 전까지 예산안을 지방의회에 제출하도록 되어 있다.

(5) 예산의 의결

국가의 경우와 같이 지방자치단체의 경우에도 예산의 의결에 관한 규정은 지방재정법에 없고 지방자치법에 규정을 두고 있으며 이에 관해서는 본장 제2절에서 상술했으므로 생략한다.

(6) 예산의 집행

예산회계법의 경우와 같이 지방재정법도 예산의 집행에 관해서 많은 규정을 두고 있다. 그러나 한 가지 유감스러운 것은 예산의 배정에 관한 규정이 없으며 이에 관해서는 지방재정법시행령의 규정에 의존할 수밖에 없다는 사실이다.

① 예산의 배정: 예산이 성립되면 지방자치단체의 장은 세입·세출·계속비·채무부담행위와 명시이월비를 포함한 예산배정계획서를 작성하고 이에 의하여 예산을 월별 또는 분기별로 배정한다. 예산배정계획서를 작성할 때에는 세입예산 월별징수계획서와 세출예산 월별지출계획서를 근거로 하여야 한다.[30]

② 예산의 이용과 전용: 예산의 이용은 입법과목에 대한 조치이므로 원칙적으로 허용되지 않으나 예산집행 상 필요에 의하여 미리 지방의회의 의결을 얻었을 경우에 한하여 인정된다. 행정과목간의 융통을 의미하는 예산의 전용은 원칙적으로 지방자치단체장의 재량으로 할 수 있으나 ⅰ) 봉급, ⅱ) 시설비, ⅲ) 공공요금, ⅳ) 상환금은 다른 용도에 전용할 수 없다. 그러나 시설비의 경우에는 시설비에 부수되는 보상비에의 전용은 허용되며, 상환금의 경우 원금과 이자는 상호전용이 허용된다.

③ 예산의 이체: 지방자치단체의 기구·직제 또는 정원에 관한 법령이나 조

30) 지방재정법 시행령 제56조.

례의 제정 또는 개폐로 인하여 관계기관 사이에 직무권한 기타의 변동이 있을 때에는 그 예산을 상호이체할 수 있다.

④ 예산의 이월: 예산의 이월이란 예산을 다음년도에 넘겨서 다음년도의 예산으로 사용하는 것을 말한다. 예산의 이월은 명시이월과 사고이월로 나누어지는데 지방재정법은 예산회계법과 같이 양자를 다 인정하고 있다.

명시이월이란 세출예산 중 경비의 성질상 당해연도 내에 그 지출을 끝내지 못할 것이 예상되어 특히 그 취지를 세입·세출예산에 명시하여 미리 지방의회의 의결을 얻어 다음 연도에 이월하여 사용하는 것을 말한다.

사고이월은 지방의회의 의결없이 지방자치단체장의 재량으로 할 수 있는 이월인데 이에는 두 가지 요건이 있다. ⅰ) 당해연도 내에 지출원인행위를 하여야 하며, ⅱ) 불가피한 사유로 인하여 그 연도 내에 지출하지 못함을 요한다.

예산회계법의 경우와 같이 지방재정법도 부대경비의 이월에 관해서 명문의 규정을 두고 있다. 부대경비란 당해공사의 감독 또는 준공검사에 소요되는 경비 등을 말하는데 이러한 부대경비는 연도 내에 지출원인행위를 하지 않았다하더라도 공사비 등과 함께 사고이월의 대상이 된다.

⑤ 계속비: 공사나 제조 기타의 사업으로서 그 완성에 수년도를 요하는 것은 소요경비의 총액과 연도별 금액에 대하여 지방의회의 의결을 얻어 수년도에 걸쳐 지출할 수 있다.

국가재정법에도 있는 규정이나 국가재정법에서는 공사·제조·연구개발사업에 한정하여 계속비 제도를 인정하고 있는데 대하여 지방재정법은 공사·제조·“그밖의 사업”이라 하여 계속비의 적용범위를 넓게 잡고 있다.

둘째로 그러나 국가재정법은 계속비의 사용기간을 5년으로 하되 국회의 의결을 거쳐 연장할 수 있도록 규정하고 있는데 대하여 구지방재정법은 사용기간을 5년으로 하였으나 현행법은 지방의회의 의결을 거쳐 다시 그 연한을 연장할 수 있도록 하였다.[31]

⑥ 예비비: 예측할 수 없는 예산외의 지출 또는 예산초과 지출에 충당하기 위한 예비비로 상당하다고 인정되는 금액을 계상하여야 한다. 다만 교육비특별회계 이외의 특별회계는 예비비를 계상하지 아니할 수 있다.[32]

---

31) 유훈·조택·김재훈, 전게서, pp. 257-258 참조.

32) 예산회계법은 1989년의 전문개정 시에 일반회계예비비는 세출예산의 100분의 1 이상을 계

구지방재정법에는 지방의회에서 부결한 용도를 위하여 예비비를 사용할 수 없다는 규정이 있었으나 신지방재정법은 이 규정을 삭제했다. 국가의 경우와 같이 지방자치단체도 예비비를 지출하였을 때에는 다음 연도 지방의회의 승인을 얻어야 한다.

⑦ 수입대체경비: 지출이 직접 수입을 수반하는 경비로서 일정한 요건에 해당되는 경우 행정자치부장관이 지정하는 것을 수입대체경비라 한다. 이를 상술하면 다음과 같다.

ⓐ **수입의 직접사용금지에 대한 예외**: 지방재정법 제15조에 의하여 “지방자치단체의 장 또는 그 보조기관은 그 관할에 속하는 지방자치단체의 모든 수입을 지정된 수납기관에 납부하여야 하며 직접 사용하여서는 아니된다”. 그러나 수입대체경비는 이 원칙에 대한 예외를 이루는 것으로서 수입이 확보되는 범위 안에서 직접 지출할 수 있다.

ⓑ **행정자치부장관에 의한 지정**: 지출이 직접 수입을 수반하는 경비라 하여 전부 수입대체경비가 되는 것은 아니다. 지방재정법시행령은 ⅰ) 지방자치단체가 특별한 역무를 제공하고 그 제공을 받은 자로부터 그 비용을 징수하는 경우, ⅱ) 수입의 범위 안에서 관련경비총액을 지출할 수 있는 경우, ⅲ) 수입을 수반하는 실험·실습·연구비에 있어서 그 비용을 그 수입의 범위 안에서 지출하는 경우로서 행정자치부장관이 지정하는 경비만이 수입대체경비가 될 수 있다.

ⓒ **예산초과지출가능**: 수입대체경비의 또 하나의 특징은 수입이 예산을 초과하거나 예산을 초과할 것이 예상되는 경우에는 그 초과수입을 당해 초과수입에 직접 관련되는 경비에 초과지출할 수 있다는데 있다. 다만 이 경우에는 예산초과지출의 이유 및 금액을 명백히 하여야 한다.[33]

⑧ 채무부담행위: 지방자치단체장이 법령 또는 조례에 의한 것과 세출예산·명시이월비·계속비의 총액의 범위 안의 것 이외에 지방자치단체의 채무부담의 원인이 될 계약의 체결 기타의 행위를 하고자 할 때에는 미리 예산으로 지방의회의 의결을 얻어야 하는데 이 규정에 의하여 지방자치단체가 채무를 부담하는 행위를 채무부담행위라 한다.

상해야 한다는 규정을 삭제했다.

33) 지방재정법 제16조; 동법 시행령 제27조 및 제28조.

그러면 채무부담행위와 세출예산의 차이점이 어디에 있느냐 하는 문제가 여기에 제기된다.

ⓐ 첫째로 세출예산에 대한 지방의회의 의결은 많은 경우 예산의 범위 내에서 세출의무를 부담할 권한과 세출을 지출할 권한을 부여하는데 대하여 채무부담행위의 의결은 채무를 부담할 권한을 부여하는데 그친다. 따라서 현실적으로 세출의 지출이 필요할 때에는 예산으로서 의회의 의결을 얻어야 한다. 이 부분에 관하여 국가재정법은 명문의 규정을 두지 않고 있으나 지방재정법은 명문으로 규정하고 있다.

ⓑ 둘째로 세출예산은 원칙적으로 한 회계연도에 한해서 효력을 가지나 채무부담행위는 당해 연도와 다음 연도에 걸쳐 지출하여야 할 지출원인행위를 할 수 있다.

(7) 결 산

결산절차에 관해서는 지방자치법에 규정이 있으며 지방재정법에는 절차에 관한 규정이 없고 결산서 작성 상 명백히 하여야 할 사항과 잉여금의 처리에 관한 규정만 두고 있다.

① 세입결산서: 세입결산서는 ⅰ) 세입예산액, ⅱ) 징수결정액, ⅲ) 수납액, ⅳ) 불납결손액, ⅴ) 미수납액을 표시한다. 이들의 관계를 본다면

미수납액＝징수결정액－수납액－불납결손액

② 세출결산서: 세출결산서는 ⅰ) 세출예산액, ⅱ) 전년도이월액, ⅲ) 예비비사용액, ⅳ) 전용등증감액, ⅴ) 수입대체경비의 예산초과지출액, ⅵ) 예산현액, ⅶ) 지출액, ⅷ) 다음년도이월액, ⅸ) 불용액을 표시한다. 이들의 관계를 본다면

예산현액＝세출예산액＋전년도이월액＋예비비사용액＋전용등증감액＋수입대체경비예산초과지출액

불용액＝예산현액－지출액－익년도이월액

③ 결산상 잉여금의 처리: 세입세출결산상 잉여금이 있을 때에는 i) 다른 법률에 의한 것, ii) 다음년도 이월금을 공제한 잉여금은 그 잉여금이 생긴 연도의 다음 연도까지 세출예산에 구애됨이 없이 지방채의 원리금상환에 사용할 수 있다.[34]

5. 수입과 지출

지방재정법은 제6장에서 수입에 관해서 규정하고 제7장에 지출에 관한 규정을 두고 있으나 우리는 편의상 양자를 함께 고찰하도록 하겠다.[35]

(1) 수입사무기관

① 수입관리기관: 지방자치단체장은 그 소관에 속하는 세입의 징수와 출납사무를 관리한다.

② 징수관: 징수관이란 지방세 기타의 세입을 징수할 자격을 지닌 공무원을 말한다. 좀 더 구체적으로 말한다면 징수관은 지방세 기타의 세입을 조사결정하고 납세의무자 기타의 채무자에 대하여 세입의 고지를 하는 명령기관으로서 다음에 말하는 출납원과는 구별되어야 하는 것이다.

지방자치단체장은 그 소관에 속하는 수입사무를 관리하는 한편 세입징수사무를 스스로 행함을 원칙으로 한다. 그러나 지방자치단체장이 징수관이 된다는 것은 사실상 불가능한 까닭에 세입징수관은 특별한 경우를 제외하고는 지방자치단체장이 지정하는 공무원이 이를 담당하게 되어있다.

③ 수입금출납원: 수입금출납원이란 지방세 기타의 세입을 직접 수납하는 공무원을 말한다. 세입은 출납원이 아니면 수납할 수 없음을 원칙으로 하나 예외적으로 지방자치단체에서 설치한 금고 또는 체신관서로 하여금 수납사무를 담당케 할 수 있다.

④ 징수기관과 수납기관의 분립: 명령기관과 현금출납기관의 분립은 회계경리 상의 기본원칙으로서 지방재정법은 그 제45조에서 징수기관과 수납기관의 분립을 규정하고 있다. 구체적으로 말하면 동일인이 징수관과 출납원을 겸할 수 없다는 것이다. 그러나 예외적으로 노무직을 제외한 정원이 3인 이내의

---

34) 지방재정법 제51조 내지 제53조의 2.

35) 수입과 지출에 관해서는 유 훈, 재정법(서울: 서울대학교출판부, 1991), pp. 99-116 참조.

청·소에서는 세입의 징수와 현금출납의 직무를 서로 겸하게 할 수 있다.36)

(2) 수입절차

지방재정법은 국고금관리법의 경우와 같이 수입에 관한 정의를 내리지 않고 있으나 수입이란 지방자치단체의 제반수요를 충족하기 위한 지급의 재원이 되는 현금의 수납이라 정의할 수 있다. 이 수입에는 기간의 관념이 없으나 수입을 회계연도별로 구분한 경우 한 회계연도의 모든 수입을 '세입'이라고 부른다. 이러한 수입을 위한 절차로서 다음의 몇 가지를 들 수 있다.

① 세입의 조사결정: 지방자치단체가 세입을 징수하기 위해서는 먼저 개개의 경우에 있어서의 납입금액과 납기를 조사 결정해야 하며 다음에 채무자에게 납입고지를 하는 것이다.

② 납입고지: 징수관이 조사 결정한 후에는 채무자에게 납입의 고지를 해야 하는데 납입고지는 채무자에게 서면으로 알려야 한다.

③ 수 납: 수입의 다음 절차는 수납이다. 수납이란 납입고지에 의거하여 채무자가 납입하는 세입금을 수령하는 것을 말한다.

지방세 기타의 세입금은 현금으로 납입하는 것이 원칙이나 특정한 종목의 세입에 관해서 수표 등으로 납부하는 것이 허용되는 경우가 있으며, 지방세 중에는 반드시 인지로서 세액을 납입해야 하는 경우도 있다.

④ 지출금의 반납: 지출금의 반납이란 수표의 발행에 의하여 정상적인 절차를 거쳐 지출된 세출을 그 어떤 이유에 의하여 반납시키는 경우, 지급된 세출의 금액에 반납하는 제도를 말한다. 구재정법은 반납금의 여입(戻入)이란 용어를 사용했으나 개정된 재정법은 "반납금의 여입" 대신에 "지출금의 반납"이라는 표현을 사용하고 있다.37)

(3) 지출사무기관

① 지출관리기관: 수입의 경우와 마찬가지로 지출의 경우에 있어서도 지방자치단체장이 그 소관에 속하는 지출원인행위와 지출에 관한 업무를 관리한다.

② 경리관: 넓은 의미의 지출은 i) 현금지급의 원인이 되는 채무의 부담결정, ii) 수표를 발행하는 사무와, iii) 현금을 지급하는 사무로 나누어지는데,

---

36) 지방재정법 제61조 내지 제64조.

37) 지방재정법 제65조.

여기서 말하는 경리관은 첫째를, 다음에 말하고자 하는 지출원은 둘째를, 그리고 지급기관은 마지막 사무를 담당하는 것이다.

경리관은 지방자치단체장이 담당하는 것을 원칙으로 할 것이나 사실상 이것이 곤란하므로 소속공무원을 경리관으로 임명하고 있다.

③ 지출원: 전술한 바와 같이 지출원이란 경리관이 한 지출원인행위에 의하여 수표를 발행하는 공무원을 말한다. 지출은 현금을 교부하는 대신에 지방자치단체 금고를 지급인으로 하는 수표를 발행하는 것을 원칙으로 하는 것이다.

④ 지급기관: 현금의 지급은 원칙적으로 지방자치단체 금고가 담당한다. 그러나 경우에 따라서 체신관서와 출납원도 현금을 지급할 수 있다.

(4) 지출원인행위

지출원인행위란 지출의 원인이 되는 계약, 기타의 행위를 말한다. 지출원인행위는 전술한 바와 같이 지방자치단체장이 행하는 것을 원칙으로 하나 현실적으로 이것이 불가능에 가까우므로 지방자치단체장의 위임을 받은 경리관이 이를 행하는 것이다.

(5) 지출절차

지출이란 채무이행에 있어서의 최종행위인 현금의 지급을 말하는데 국가나 지방자치단체의 예산회계제도에 있어서는 수표(지급명령)의 발행과 현금의 지급으로 나누어진다. 전자, 즉 수표(지급명령)의 발행을 협의의 지출이라 하며, 후자, 즉 현금의 지급을 지급이라 한다. 보통의 민간거래에 있어서는 수표발행은, 즉 지급이며 지출과 지급을 구별할 필요가 없는데 지방재정법령은 양자를 각각 다른 기관에 맡기고 있는 것이다. 이미 말한 바와 같이 협의의 지출은 지출원의 소관이며 지급은 지방자치단체 금고, 체신관서 또는 출납원이 맡고 있다.

지출원이 경리관으로부터 지출원인행위관계서류를 송부받아 지출을 할 때에는 전술한 바와 같이 현금대신에 지방자치단체의 금고에 대하여 지급명령을 발하여야 한다. 출납원, 금고 및 체신관서에 자금을 교부할 때에는 예외이나 지출원은 채권자를 수취인으로 하는 경우 외에는 지급명령을 발할 수 없음을 원칙으로 한다.

(6) 지출의 특례

여기서 말하는 지출의 특례란 특수한 사정에 의하여 정당채권자를 수취인으로 하는 지급명령 발행이라는 지출방식을 택하지 않는 경우, 기타의 정상적인 지출절차를 밟지 않는 모든 지출을 총칭한다.

지방자치단체의 지출은 i) 채권자를 수취인으로 하는 지급명령 발행에 의하여야 하며, ii) 회계연도독립의 원칙에 의하여 당해연도의 세입예산으로부터 지출해야 한다. iii) 뿐만 아니라 예산은 회계연도의 개시에 의하여 비로소 사용할 수 있으므로 그 지출도 연도개시 후에 하여야 한다. iv) 마지막으로, 지방자치단체의 지출이 반대급부로써 행하여지는 경우에는 상대방의 급부가 전부 또는 일부 완료되어야 하며, 채무액이 확정되어 있어야 하는 것이다.

지출은 원칙적으로 이와 같은 요건을 구비해야 하나 경우에 따라서는 이러한 원칙을 획일적으로 적용하는 것이 도리어 행정의 원활한 운영을 저해하는 일이 적지 않다. 지출에 대한 특례를 인정하는 이유가 여기에 있는 것이다.[38]

지방재정법이 인정하는 지출의 특례로서 ① 자금의 전도, ② 회계연도개시 전자금전도, ③ 격지급자금과 지방채의 원리급자금 등, ④ 선금급과 개산급, ⑤ 도급경비, ⑥ 과년도지출이 있으나 구체적인 고찰은 생략한다.

6. 계약과 재산에 관한 규정삭제

구지방재정법은 제6장에서 계약에 관해서 규정했고 제7장에서 공유재산의 관리에 관해서 규정했다.

그러나 2005년에 개정된 신재정법은 국가의 경우와 같이 제6장과 제7장을 삭제하고 「지방자치단체를 당사자로 하는 계약에 관한 법률」과 「공유재산 및 물품관리법」을 제정공포했다.

---

38) 유훈·조택·김재훈, 전게서, pp. 276-280 참조.

제 5 장 지방자치단체 재정력 측정지표

제 1 절 지방자치단체 재정력과 측정지표

1. 지방자치단체 재정력의 의의

(1) 재정력의 개념

지방자치단체가 그 기능을 수행하는데 필요한 재원을 얼마나 가지고 있는가를 말하여 주는 개념으로서 재정능력(fiscal capacity)[1] 또는 재정력이 있다.[2]

(2) 재정력에 관한 논란

우리나라에서는 제5공화국 헌법에 "지방의회는 지방자치단체의 재정자립도를 감안하여 순차적으로 구성하되, 그 구성시기는 법률로 정한다"[3]는 규정이 있었기 때문에 지방자치단체의 재정력이 많은 사람들의 관심을 모았으며 많은 논란이 있었다.[4] 제5공화국 헌법은 재정력이나 재정능력이라는 용어대신에 재정자립도라는 용어를 사용했는데 이는 후술하는 바와 같이 재정자립도에 의하여 재정력의 측정이 가능하다고 생각했기 때문이라고 할 수 있겠다.

2. 재정력측정의 필요성

지방자치단체의 재정력은 지방의회 구성을 위한 전제조건, 즉 '지방자치능력'을 측정하기 위하여 필요할 뿐만 아니라 다음과 같은 여러가지 이유로 그 측정

1) fiscal capacity를 잠재세입한도로도 번역하나 우리는 재정능력이라고 번역하기로 하였다.

2) J. Richard Aronson and John L. Hilley, *Financing State and Local Governments*, fourth edition(Washington, D.C.: Brookings Institution, 1986), p. 37.

3) 제5공화국 헌법 부칙 제10조.

4) 유훈, 「지방재정력과 재정자립도」, 지방재정 1983년 7월호, pp. 19-32 참조.

이 절대로 필요하다고 하겠다.[5]

(1) 지방재정조정제도의 운영

후술하는 바와 같이 지방자치단체는 자체재원만으로는 부여된 임무를 제대로 수행할 수 없으며 중앙정부로부터 ① 지방교부세, ② 국고보조금, ③ 지방양여금 등을 교부받아야 한다.[6]

중앙정부로서는 이러한 지방재정조정제도를 운영함에 있어서 배분을 위한 기준이 필요하다. 특정재원인 국고보조금이나 지방양여금의 경우에는 그 필요성이 덜 하나 일반재원인 지방교부세의 경우에는 배분의 기준이 절실히 필요하다. 일본이나 우리나라에서 지방자치단체의 재정력을 측정하는 주된 이유가 여기에 있다고 하겠다.

(2) 투자대상 등의 평가

지방자치단체의 재정력은 지방재정조정제도의 운영을 위하여 측정할 필요가 있을 뿐만 아니라 지방자치단체로부터 지방채를 매입하는 개인이나 기관투자가와 증서차입의 형식으로 자치단체에 융자해 주는 금융기관도 과연 해당자치단체가 원리금상환능력이 있는가를 판단하기 위해서도 그 측정이 필요하다.

지방자치단체와 공사계약을 체결하거나 물품을 납품하는 업자의 경우에도 대금을 제대로 받을 수 있는가를 판단하기 위해서 해당자치단체의 재정력을 파악할 필요가 있을 것이다.

(3) 지방재정운영의 평가

주민이나 지방의회가 지방자치단체의 재정운영상황을 제대로 이해하기 위해서도 재정력을 파악할 필요가 있다. 1994년의 지방재정법 개정에 의하여 지방자치단체장은 매 회계연도마다 1회 이상 재정운영상황을 주민에게 공개하도록 되어 있는데[7] 주민들이 자치단체의 재정운영상황을 올바로 이해하기 위해서는 해당 자치단체의 재정력을 파악할 필요가 있다는 것이다.

뿐만 아니라 개정된 지방재정법에 의하여 행정자치부장관은 지방자치단체가

---

5) 강인재, 「지방정부의 재정력분석」, 강인재외 공저, 지방재정론(서울: 대영문화사, 1993), p. 81.

6) 지방재정조정제도에 관해서는 제2편 제5장 「지방재정조정제도」 참조.

7) 지방재정법 제118조의 3.

제출한 재정보고서를 분석하고 그 결과에 따라 재정의 건전성과 효율성이 현저히 떨어진 지방자치단체에 대하여 재정진단을 실시하며 필요에 따라 결과를 공개할 수 있는데[8] 이 경우의 "재정의 건전성과 효율성"이란 우리가 말하는 재정력과 관련이 깊다고 하겠다.

(4) 기획 및 정책결정

지방자치단체의 재정력측정은 기획이나 정책결정을 위한 자료를 위해서도 필요하다. 특히 앞으로 우리나라의 많은 지방자치단체가 직면할 것으로 예상되는 재정위기를 예측하거나 재정위기타개를 위한 대책수립을 위해서도 재정력의 측정이 필요하다.

3. 재정력측정지표의 개발

(1) 측정지표 개발의 필요성

위에서 살펴본 바와 같이 재정력의 측정은 여러 가지 이유로 여러 가지 용도를 위하여 필요한데 이를 측정하기 위해서는 측정지표가 개발되어야 한다.

그러나 우리가 여기서 유의해야 할 것은 이러한 지표가 그 용도에 따라 달라져야 한다는 사실이다. 중앙정부가 지방자치단체를 지원하기 위한 재원배분의 기준으로 사용할 지표와 투자자들이 투자대상으로서의 지방자치단체를 평가하기 위한 지표가 같을 수가 없을 것이다.

(2) 지표의 다양성

따라서 재정력측정지표는 다양할 수밖에 없는데 사람에 따라서는 재정력측정지표를 크게 세입지표, 세출지표, 운영상태지표, 부채지표 등으로 나누고 이를 다시 세분하기도 하나,[9] 우리는 다른 기회에 이를 재정규모에 관한 지표, 재정력일반에 관한 지표, 지방재정의 수입에 관한 지표, 지방재정의 지출에 관한 지표로 분류하고 이를 다시 세분하였는데 이러한 지표들을 간단히 소개한다면 〈표 5-1〉과 같다.[10]

---

8) 지방재정법 제118조 제2항.

9) Sanford M. Groves and Maureen Godsey Valente, *Evaluating Financial Condition: A Handbook for Local Government*(Washington, D.C.: International City Management Association, 1986).

10) 김영평, 「지방재정력 측정지표의 개발」, 유훈 · 김원 · 김영평, 지방자치단체 재정력측정지

〈표 5-1〉 재정력측정지표

		지표계산방법
재정규모에 관한 지표	재정규모	세입총계＝세출총계
	1인당재정규모	$\frac{\text{자치단체의 재정규모}}{\text{자치단체의 인구수}}$
	표준재정규모	자치단체의 독립지방세＋지방교부세
	1인당표준재정규모	$\frac{\text{자치단체의 표준재정규모}}{\text{자치단체의 인구수}}$
재정력일반에 관한 지표	재정력지수	$\left(\frac{t\text{년도의 기준재정수입액}}{t\text{년도의 기준재정수요액}} + \frac{t-1\text{년도의기준재정수입액}}{t-1\text{년도의 기준재정수요액}} + \frac{t-2\text{년도의 기준재정수입액}}{t-2\text{년도의 기준재정수요액}}\right) \div 3$
	당해연도건전성지수	(지방세수입＋지방세교부＋세외수입 중 지방채수입제외분)÷자치단체의 세출총액
	자치단체의 건전성 지수	(t년도의 건전성지수＋t-1년도건전성지수＋t-2년도건전성지수)÷3
	당해연도책임재정지수	$\frac{\text{지방세수입 + 지방채를 제외한 세외수입}}{\text{경상적 경비}}$
	책임재정지수	(t년도의 책임재정지수＋t-1년도의 책임재정지수＋t-2년도책임재정지수)÷3
수입에 관한 지표	1인당소득에 대한 지방세 비율	$\frac{\text{지역사회의1인당지방세부담액}}{\text{지역사회의1인당소득}}$
	지방세의 소득탄력성	$\frac{\text{지방세수증가율}}{GNP\text{또는 }GRP\text{의 증가율}}$
	담세노력계수	$\frac{\text{실제지방세수입}}{\text{지방세에 대한잠재세입한도}} \times 100$
	총수입에 대한 이전수입비율	$\frac{\text{지방교부세 + 보조금}}{\text{자치단체의총수입}} \times 100$
지출에 관한 지표	사업구조간예산비율	
	경상비의 대투자비율	경상비: 투자비
	지방세와 투자비의 평준	$\frac{\text{1인당투자적경비 − 1인당지방채부담액}}{\text{1인당투자적경비}}$

(3) 단일적 지표로서의 지방재정자립도

위에서 살펴본 바와 같이 재정력측정지표는 용도에 따라 다양할 수밖에 없으나 일반국민이나 정치인 등과 같은 비전문가들이 지방자치단체의 재정상태를 파악하는데 도움이 되는 단순하고 이해하기 쉬운 지표가 필요하다.

표개발에 관한 연구(인천: 인천시, 1984), pp. 43-97.

이러한 요구를 충족시키기 위한 지표가 '지방재정자립도'이다. 지방재정자립도는 우리 정부부처에서 오랫동안 사용해오던 지표이기는 하나 법률상의 개념은 아니였는데 제5공화국헌법 부칙에 지방의회 구성과 관련하여 '재정자립도'가 명문으로 규정됨에 따라 갑자기 많은 사람들의 관심을 모으게 되었으며 비판의 대상이 되었다. 우리는 다음 절에서 재정력 측정지표로서의 지방재정자립도에 관하여 검토하기로 한다.

제 2 절 지방재정자립도의 의의와 문제점

1. 지방재정자립도의 의의

(1) 지방재정자립도의 개념

지방재정자립도는 자빙자치단체의 세입에 있어서 자체수입이 차지하는 비중을 말한다. 자치단체의 세입을 ① 지방세수입, ② 세외수입, ③ 지방교부세, ④ 보조금, ⑤ 지방양여금으로 분류할 때 지방재정자립도란 자치단체 세입에 있어서 지방세수입과 세외수입의 합계가 차지하는 비중을 말하는 것이다.[11]

(2) 지방재정자립도의 추이

① 전국적 추이: 지방재정자립도가 어떻게 변하여 왔는가를 살펴본다면 1975년만 하더라도 45.4%에 지나지 않던 일반회계 재정자립도가 1980년에는 50%를 상회하여 54.3%에 달했으며 다소의 기복은 있었으나 서서히 상승하고 있다는 것을 알 수 있다. 그러나 2000년대에 와서 지방교부세의 법정교부율이 3차에 걸쳐 조정됨에 따라 재정자립도가 크게 하락하여 2013년도 최종예산 기준으로 일반회계 재정자립도가 50.1%로 떨어졌다.[12]

② 단체별 추이: 다음에 단체별 재정자립도의 추이를 본다면 서울의 경우에는 1975년에서 1985년에 이르는 기간 중에는 재정자립도가 다소 상승하였으나 1985년 이후 오늘날까지 큰 변화가 없다는 것을 알 수 있다.

---

11) 유훈, 「지방재정자립도의 의의와 문제점」, 유훈 · 김원 · 김영평, 전게서, p. 13 참조.

12) 안전행정부, 2014년도 지방자치단체 통합재정개요, 상권(서울: 안전행정부, 2014), p. 266.

〈표 5-2〉 지방재정자립도의 추이(일반회계)

(단위: %)

	1975	1980	1985	1990	1995	2010	2012	2013	2014
전국	45.4	54.3	58.3	58.5	70.7	52.2	52.3	51.1	50.3
서울	89.5	93.9	98.5	98.0	98.2	83.4	88.7	87.7	84.2
광역시	83.9	85.4	91.3	84.6	87.6	55.9	55.5	53.8	52.8
도	23.5	38.6	41.8	42.8	50.8	31.6	34.8	34.1	33.2
시	55.9	67.4	57.5	70.8	73.2	40.0	37.1	36.8	36.5
군	28.1	32.8	28.1	34.1	48.3	18.0	16.4	16.1	11.4
자치구				49.9	99.8	35.4	36.0	33.9	31.1

주: 1995년까지는 일반회계 결산임. 2010년 이후는 당초예산.
자료: 1995년까지는 지방재정연감. 2010년 이후는 2014년 지방자치단체 통합재정개요.

광역시의 통계에는 다소 문제가 있다. 1975년만 하더라도 부산만이 광역시(당시에는 직할시)였으나 그 후에 다른 광역시들이 추가되었으며 1988년부터는 자치구가 분리되었다. 이러한 사실을 감안하여 광역시의 재정자립도의 추이를 본다면 기복이 심하다는 것을 알 수 있다.

도는 재정자립도의 기복이 심한 자치단체이다. 1975년만 하더라도 23.5%에 지나지 않던 도의 재정자립도가 1980년에 38.6%에 달하게 되었으며 1985년부터는 40%를 상회하게 되었다. 그 후 1990년까지 큰 변동이 없다가 1995년에 50.8%로 크게 상승하였으나 2000년대에 와서 30%대로 하락했다.

시와 군의 경우 재정자립도에 기복이 심한 편이었으며 최근에 와서 재정자립도가 크게 하락하였다는 점에서 유사하다고 하겠다.

③ 단체간 격차: 재정자립도를 자치단체별로 본다면 자치단체 간에 많은 격차가 있다는 것을 알 수 있다. 1975년의 경우를 가지고 본다면 서울이 89.5%, 광역시(부산)가 83.9%의 재정자립도를 보인 반면 군의 재정자립도는 28.1%에 지나지 않았으며 도는 너욱 낮아 23.5%에 불과했다.

2000년대에 와서는 전술한 지방교부세 법정교부율의 조정으로 서울시를 제외한 모든 자치단체의 재정자립도가 크게 하락했다.

2. 지방재정자립도의 문제점

지방재정자립도라는 개념이 안고 있는 문제점에 관해서는 그 동안 많은 지적이 있었으며 저자도 다른 곳에서 이에 관해서 검토한 바 있는데[13] 우리는 이곳에서 문제점 중 비교적 중요하다고 생각되는 것 몇 가지만을 지적하고자 한다.

(1) 인구 1인당 재정규모

재정자립도가 안고 있는 큰 문제점은 그것이 지방자치단체의 재정력을 비교적 정확히 반영하는 지표의 하나라고 할 수 있는 인구 1인당 재정규모와 무관한 개념이라는 사실이다.

경기도의 27개시를 재정자립도가 높은 순위에 따라 나열해 보았더니 〈표 5-3〉과 같은 결과가 되었다. 시흥시는 재정자립도가 72.9%로서 1위인데 대하

〈표 5-3〉 경기도내 시의 재정자립도와 1인당재정규모(2014)

시·군·별	재정자립도(%)	통합재정재정규모 (100만원)	인구 1인당 통합재정규모 (1,000원)
시 흥	72.9(1)	1,173,256	2,790.5(4)
김 포	68.2(2)	863,349	2,886.3(3)
군 포	65.4(3)	621,951	2,125.9(13)
성 남	65.0(4)	2,231,042	2,243.8(12)
화 성	63.3(5)	1,250,967	2,2714(11)
용 인	61.7(6)	1,595,240	1,7152(19)
수 원	60.5(7)	1,961,638	1,708.8(20)
광 주	59.1(8)	601,974	2,1139.5(14)
고 양	56.6(9)	1,363,630	1,3873(27)
안 양	56.2(10)	893,805	1,4457(26)
하 남	54.2(11)	372,552	2,5191(8)
안 산	51.9(12)	1,216,270	1,6034(24)
부 천	49.7(13)	1,173,455	1,3245(28)
과 천	49.3(14)	194,240	2,7213(7)
의 왕	49.2(15)	271,849	1,7426(17)
광 명	48.8(16)	545,912	1,5164(25)
평 택	48.6(17)	941,885	2,1055(15)
오 산	47.5(18)	356,019	1,7346(18)
파 주	47.3(19)	776,753	1,9316(16)
구 리	43.8(20)	321,227	1,65798(21)
안 성	41.4(21)	520,584	2,7556(5)
이 천	40.4(22)	510,873	2,4404(9)
의정부	39.2(23)	709,505	1,6395(23)
양 주	38.6(24)	493,818	2,3819(10)
남양주	37.5(25)	994,242	1,6437(22)
여 주	35.4(26)	436,263	3,8977(1)
포 천	26.1(27)	556,571	3,3100(2)
동두천	24.7(28)	272,588	2,7350(6)

주: ( ) 내 수치는 순위임.
자료: ① 인구는 한국행정연구소, 2014 전국통계연감.
② 기타는 2014년도 지방자치단체통합재정개요.

13) 유훈, 「지방재정력과 재정자립도」, pp. 19-32 참조.

여 1인당 통합재정 재정규모는 4위이며 수원시는 재정자립도가 60.5%로서 7위이면서 1인당 재정규모는 19위이다.

반대로 동두천시는 재정자립도가 24.7%로서 27위이면서 1인당 재정규모는 6위를 차지하고 있으며 이천시도 재정자립도는 40.4%로서 22위이면서 1인당 재정규모는 9위이다.

(2) 지방채수입

재정자립도를 산출할 때 지방채수입을 자주재원에 포함시키고 있다는 점이 또하나의 문제점으로 지적될 수 있다. 후술하는 바와 같이 지방채를 자주재원으로 보느냐 의존재원으로 보느냐 하는 문제는 많은 논란을 거듭한 것으로서 일본학자들은 이를 의존재원으로 분류하고 있는데 대하여 우리나라 재정자립도의 산정에 있어서는 지방채를 자주 재원으로 분류하였던 것이다.

서울시와 같이 많은 부채로 심각한 재정난을 염려하는 자치단체의 재정자립도가 84.5%(2013)라는 사실만 보아도 지방채수입을 자체재원에 포함시켜 산출하는 재정자립도라는 개념에 문제가 있다는 것을 알 수 있다.

(3) 재정수요와 세출구조

지방재정자립도는 세출에 대한 고려가 거의 없다는 비판을 받았다. 첫째로 도시가 구비하여야 할 기본적인 시설을 전혀 갖추지 못하고 있을 뿐만 아니라 이러한 시설의 구비를 위한 예산의 계상이 여러 가지 이유로 허용되지 못하고 있는 상황 하에서 세입총액에서 자체재원이 차지하는 비중만 가지고 산출하여 나온 재정자립도란 무의미하다는 것이다.

둘째는 재정자립도는 자치단체 세출구조에 있어서의 투자비와 경상비의 비율이 전혀 고려되지 않고 있다. 투자비의 비율이 높을수록 그 자치단체의 재정이 건전하다는 가정이 타당한 것이라고 한다면 재정력을 측정하는 척도에 투자비의 비율이 반영되어야 한다는 것이다.

(4) 포괄성의 결여(과도한 단순성)

위에서도 검토한 바와 같이 재정자립도의 문제점은 한마디로 말해서 포괄성의 결여라고 하겠다. 비교적 산출이 용이하고 이해하기 쉽다는 장점을 지니는 것은 사실이나 세입하나만 가지고 지방자치단체의 재정력을 포괄적으로 측정하기는 어렵다고 하지 않을 수 없다. 지방재정의 모든 측면을 다 포괄하기는 어렵다고 하더라도 적어도 세입과 세출을 동시에 고려에 넣는 지표여야 한다는 것이며 재정자립도는 이런 의미에서 불충분한 지표라는 비판을 면하기 어렵다는 것이다.

제 3 절 새로운 재정력측정의 개발

1. 새로운 지표의 필요성

(1) 지방재정자립도의 부적격성

우리는 위에서 단순하고 이해하기 쉬운 재정력측정지표의 하나로서 지방재정자립도를 살펴보았다. 지방재정자립도가 비교적 단순하고 이해하기 쉬운 지표임에는 틀림이 없으나 지방재정자립도가 지니는 여러 가지 문제점으로 말미암아 지방재정자립도를 재정력측정지표로 사용하는 것이 적절하지 못하다는 것을 알았다.

(2) 새로운 지표가 구비해야 할 특성

지방재정자립도를 대신할 새로운 재정력측정지표가 지녀야할 특성으로서 여러 가지를 들 수 있겠으나 우리는 다음의 두 가지를 들고자 한다.

① 세출의 감안: 제2절에서 지적한 바와 같이 재정자립도의 가장 큰 문제점은 그것이 세출을 전혀 감안하지 않고 세입만 가지고 산출하는 지표라는데 있다. 따라서 재정자립도를 대신할 지표는 세입뿐만 아니라 세출도 고려에 넣는 지표여야 한다.

② 포괄성: 지방재정자립도를 대신할 지표는 포괄성을 지녀야 한다. 다시 말해서 세입만 가지고 산출하는 것이 바람직하지 않은 것처럼 세출이나 부채만 가지고 산출하는 지표도 지방재정의 어느 측면만을 반영하는 것이므로 바람직하다고 하기 어려울 것이다. 새로운 지표는 자치단체의 재정력을 포괄적으로 나타내는 지표여야 한다.

2. 재정력지수

(1) 재정력지수의 개념

이리하여 우리는 지방재정자립도를 대신할 지표로서 재정력지수라는 지표를 제시하고자 한다. 제1절의 〈표 5-1〉에서도 제시한 바 있는 재정력지수는 다음과 같은 공식에 따라 산출한다.[14]

$$재정력지수 = \left(\frac{t\text{년도의 기준재정수입액}}{t\text{년도의 기준재정수요액}} + \frac{t-1\text{년도의 기준재정수입액}}{t-1\text{년도의 기준재정수요액}} + \frac{t-2\text{년도의 기준재정수입액}}{t-2\text{년도의 기준재정수요액}}\right) \div 3$$

다시 말해서 재정력지수란 당해연도를 포함한 3개년도에 있어서의 기준재정수입액을 기준재정수요액으로 나눈 수치의 단순평균이다.

(2) 일본의 재정력지수

일본에서는 재정력측정지표로서 경상수지비율[15] · 공채비비율[16] · 재정력지수 등을 사용하는데 경상수지비율이나 공채비비율은 행정적으로 사용하고 있는 지표인데 대하여 '재정력지수'는 법률상의 개념이라고 할 수 있겠다. 1961년에 제정된 「후진지역의 개발에 관한 공공사업과 관련된 국가의 부담비율의 특례에 관한 법률」제3조와 1965년에 제정된 「신산업도시건설 및 공업특별지역정비를 위한 국가의 재정상의 특별조치에 관한 법률」 제4조에서 '재정력지수'라는 용어를 사용하고 있다. 이리하여 일본의 자치성은 매년 재정력지수에 관한 통계를 발표하고 있다.

〈표 5-4〉에 따라 일본의 지방자치단체를 재정력지수단계별로 분류하여 본다면 재정력지수가 0.30 미만의 단체가 538개로서 지방자치단체 총수의 30.5%에

---

14) 김영평, 전게논문, p. 52.

15) 경영수지비율은 $\frac{\text{경상경비충당일반재원}}{\text{경영일반재원}}$ ×100으로 산출.

16) 공채비비율은 세출결산액에 있어서 지방채원리상환금이 차지하는 비율 또는 일반재원(지방세, 지방양여세, 지방교부세의 합계)에 대한 지방채원리상환금의 비율로서 표시할 수 있다(유 훈, 「외국의 지방재정 및 재정력측정방법」, 유 훈 · 김 원 · 김영평, 전게서, pp. 144-147).

〈표 5-4〉 일본재정력지수 단계별 단체수 및 구성비(2012)

	0.30미만		0.30이상 0.50미만		0.50이상 1.00미만		1.00이상		합 계		재정력 지수 평균
		%		%		%		%		%	
도도부현 (都道府縣)	11	23.4	19	40.4	17	36.2	-	-	47	100.0	0.46
시 정 촌 (市 町 村)	527	30.7	448	26.1	674	39.2	70	4.1	1,719	100.0	0.49
대 도 시	-	-	-	-	19	98.0	1	5.0	20	100.0	0.84
중 핵 시	-	-	2	4.9	38	92.7	1	2.4	41	100.0	0.76
특 례 시	-	-	-	-	38	95.0	2	5.0	40	100.0	0.81
도 시	55	8.0	223	32.6	377	54.8	32	4.7	688	100.0	0.60
중 도 시	-	-	21	12.7	126	75.9	19	11.4	166	100.0	0.77
소 도 시	55	10.5	203	38.9	251	48.1	13	2.5	522	100.0	0.54
정 촌 (町 村)	472	50.8	222	23.9	202	21.7	34	3.7	930	100.0	0.38
합 계	538	30.5	467	26.4	691	39.1	70	4.0	1,766	100.0	0.49

주: 재정력지수는 2010, 2011, 2012의 평균임.
자료: 日本 總務省 編 , 2014년판 지방재정백서, 자료편 p. 8.

달하며 0.30 이상 0.50 미만의 자치단체가 467개로서 26.4%를 점하고 있다. 이리하여 재정력지수가 0.50 미만인 자치단체가 자치단체총수의 56.9%에 달한다는 계산이 나온다. 그러나 이것은 지방자치단체 총수의 52.7%에 달하는 정촌(町村)의 재정력지수가 나쁜데 그 원인이 있으며 자치단체별로 고찰한다면 상황이 다소 달라진다는 것을 알 수 있다.

우선 도도부현의 경우를 본다면 재정력지수가 0.30 미만의 단체가 11개(23.4%)이며 0.30 이상 0.50 미만의 단체가 19개(40.4%)이므로 재정력지수가 0.50 미만의 도도부현이 30개로서 63.8%에 달한다는 계산이 나온다.

그러나 도시의 경우에 있어서는 상황이 많이 다르다는 것을 알 수 있다. 대도시의 경우 19개 도시(95.0%)가 0.50 이상 1.00 미만이며 1개 도시(5.0%)는 1.00 이상이다. 중도시의 경우를 본다면 21개 도시(12.7%)가 0.30 이상 0.50 미만이며 126개 도시(75.9%)가 0.50 이상 1.00 미만이고 19개 도시(11.4%)는 1.00 이상이다. 소도시는 재정력이 다소 낮으나 재정력지수가 0.50 미만의 소도시는 522개 소도시 총수의 49.4%에 지나지 않는다.

일본에서도 정촌은 재정력이 많이 빈약하다. 930개 정촌 중 재정력지수가

0.30 미만인 정촌이 50.8%에 달하며 0.30 이상 0.50 미만의 정촌이 23.9%를 차지하고 있다. 따라서 0.50 미만의 정촌이 정촌총수의 74.7%에 달하고 있다.

(3) 한국의 재정력지수

재정력지수를 실정법상의 재정력측정지표로 채택하고 있는 일본의 경우와는 달리 우리나라에서는 아직 재정력지수를 공식적인 지표로 사용하지 않고 있다.

그러나 지방교부세의 배정을 위하여 매년 기준재정수입액과 기준재정수요액을 산출하고 있으므로 재정력지수를 산출하는 것은 어려운 문제가 아니다.

우리나라의 1999년도(1997년부터 1999년까지의 3개년 평균) 재정력지수를 자치단체별로 본다면 〈표 5-5〉와 같이 서울특별시와 광역시는 각각 1.26과 0.99이나 군의 재정력지수는 0.24에 지나지 않는 지극히 열악한 상황이라는 것을 알 수 있다. 전술한 일본의 정촌의 재정력지수 평균이 0.33이라는 사실에 비추어 볼 때 우리나라 농촌지역이 보다 열악하다는 것을 알 수 있다.

그러나 도의 재정력지수평균이 0.83이고 시는 0.68이라는 사실에 주목할 필요가 있다. 충분하다고 할 수 없겠지만 우리나라 도와 일본의 도도부현을 비교하고 우리나라 시와 일본의 도시를 비교하여 볼 때 결코 뒤지지 않는다는 사실을 알 수 있다.

일본과 우리나라의 재정력지수를 비교할 때 한 가지 유의할 사실은 기준재정수요액과 기준재정수입액의 산정방법이 일본과 우리나라가 많이 유사하나 완전히 동일하지는 않다는 사실이다. 특히 기준재정수요액의 산정에 있어서 '측정단위', '단위비용', '보정계수' 등이 한일 간에 차이가 있다는 사실에 유의할 필요가 있다.

〈표 5-5〉 한국의 자치단체별 재정력지수

	1997	1998	1999	3개년평균
서 울	1.20	1.24	1.34	1.26
광역시 평균	0.98	0.98	1.01	0.99
도 평균	0.83	0.83	0.84	0.83
시 평균	0.67	0.67	0.69	0.68
군 평균	0.22	0.24	0.25	0.24

자료: 행정자치부 교부세과 제공.

(4) 재정력지수 공식적 채택의 필요성

재정력측정지표로서의 재정자립도가 많은 비판의 대상이 되었을 뿐만 아니라 지방의회가 구성되었기 때문에 재정자립도라는 지표가 정치적 기능도 상실했다고 하겠다.

그런데 한 가지 유감스러운 것은 재정자립도를 대체할 새로운 지표가 등장하지 않고 있다는 사실이다. 이리하여 우리는 재정력지수를 새로운 재정력측정지표로서 제시하고자 하는 것이다.

제 2 편

지방세입론

제 1 장 지방세입 개관

제 1 절 지방세입의 의의와 종류

1. 지방세입의 의의

(1) 지방세입의 개념

지방세입이란 지방자치단체가 제반 수요를 충족하기 위하여 마련하는 지급의 재원을 말한다. 이 수입에는 기간의 관념이 없으나 수입을 회계연도별로 구분한 경우, 한 회계연도에 있어서의 모든 수입을 '세입'이라고 부른다.[1]

(2) 다양한 세입

국가의 경우에는 그 세입의 대부분을 조세에 의존하고 있으나[2] 지방자치단체의 세입은 다양하다. 국가의 경우에도 1950년대의 우리나라와 같이 의존수입이 무거운 비중을 차지할 때도 있으나[3] 일반적으로 조세이건 세외수입이건 간에 대부분이 자체수입이다. 그러나 지방자치단체의 경우에는 후술하는 바와 같이 자체수입 외에 의존수입이 무거운 비중을 차지하고 있다는 사실에 유의할 필요가 있으며 여기에 지방재정 운영의 어려움이 있는 것이다.

이러한 지방세입은 첫째로 자주재원(자체수입)과 의존재원(의존수입)으로 나눌 수 있으며, 둘째로 일반재원과 특정재원으로 분류할 수 있다.[4] 다음 항부

---

1) 유훈, 재무행정론〔제5정판〕(서울: 법문사, 1999), p. 297.

2) 2014년도 국가예산의 경우 일반회계 세입의 88.5%가 조세수입이다(기획재정부, 2014년도 예산개요, 서울: 기획재정부, 2014, p. 198).

3) 외국원조에 의한 대충자금수입이 1957년도에 54.1%, 1958년도에 54.0%를 차지했다(유 훈, 「경제재건과 재정」, 한국재정40년사편찬위원회편, 한국재정40년사 제6권, 서울: 한국개발연구원, 1991, p. 157).

터 이것을 개관하기로 한다.

2. 자주재원과 의존재원

지방세입의 분류에 있어서 가장 많이 사용되는 것이 지방세입을 자주재원과 의존재원으로 나누는 것이다. 각 지방자치단체의 세입총액에 있어서 자주재원이 차지하는 비중을 재정자립도라고 하는데 제5공화국 헌법에 지방의회는 자치단체의 재정자립도를 감안하여 순차적으로 구성한다는 규정[5]이 있었던 까닭에 이 분류가 많은 관심을 모았으며 재정자립도에 관해서 논란이 많았다.[6]

(1) 자주재원

자체수입이라고도 하는 자주재원은 지방자치단체가 직접 징수하는 수입을 말하는데 지방세와 세외수입으로 구성된다. 이에 관해서는 본편 제2장, 제3장 및 제4장에서 상술하기로 한다.

(2) 의존재원

의존수입이라고도 하는 의존재원은 국가 등으로부터 지방자치단체에 공급되는 수입을 말하는데 지방교부세, 보조금으로 구성된다. 우리는 이에 관해서 본편 제5장에서 다루기로 한다.

(3) 지방채

지방채수입을 자체수입에 포함시킬 것이냐 의존수입으로 취급할 것이냐 하는 문제가 제기된다. 의존수입을 지방재정조정제도와 연결시켜 국가나 상급 지방자치단체로부터 지원되는 수입만을 의존수입이라고 볼 때에는 지방채는 그 원리금상환을 지방자치단체가 부담한다는 점에서 자체수입에 포함시킬 수 있을 것이다. 이리하여 그 동안 우리나라에서는 지방채 수입을 자체수입에 포함시켜 왔다.

그러나 자체수입을 지방자치단체가 직접 그 관할구역 내에서 '징수'하는 수입이라고 볼 때에는 지방채수입은 자치단체가 징수하는 수입이 아니라는 점에서

---

4) 淺野大三郎, 財政運營(東京: 行政, 1985), pp. 24-26.

5) 제5공화국헌법 부칙 제10조.

6) 유훈 · 김원 · 김영평, 지방자치단체 재정력측정지표개발에 관한 연구(인천: 인천시, 1984), pp. 3-5.

의존수입이라 보아야 할 것이다. 이리하여 일본학자들은 이를 의존수입으로 분류하고 있는 것이다.[7] 우리나라에서도 최근에 와서 이를 자체수입으로 분류하던 관행을 폐기했다.

3. 일반재원과 특정재원

전술한 자주재원·의존재원 못지않게 중요한 분류가 지방세입을 일반재원과 특정재원으로 분류하는 것이다. 지방자치단체로서는 비도가 지정되지 않고 자주적으로 그 비도를 결정할 수 있는 일반재원의 비중이 높으면 높을수록 재량의 범위가 넓어질 것이다.

(1) 일반재원

그 비도가 정해져 있지 않고 지방자치단체가 그 예산과정을 통하여 비도를 결정할 수 있는 재원을 말한다. 지방세 수입 중 보통세수입과 일부 세외수입, 지방교부세가 이 범주에 포함된다. 지방교부세는 위의 분류에서 볼 때에는 의존재원이나 여기서 말하는 일반재원이라는 점에서 보조금과 구별된다.

(2) 특정재원

그 비도가 지정되어 있으며 지방자치단체가 예산과정을 통하여 그 비도를 결정할 수 없는 재원을 말한다. 지방세 수입 중 목적세 수입과 일부 세외수입, 보조금이 이 범주에 들어간다.

제 2 절 지방세입구조의 추이

1. 전회계세입순계구조의 추이

지방자치단체의 일반회계와 특별회계를 합친 모든 회계의 세입순계의 추이를 살펴볼 때 다음과 같은 두 가시를 늘 수 있겠다.

7) 渡邊精一, 入門地方財政論(東京: 有斐閣, 1993), pp. 83-85.

(1) 세외수입의 무거운 비중

일반회계뿐만 아니라 공기업특별회계와 기타 특별회계까지 합친 모든 회계의 세입인 까닭에 세외수입의 비중이 무거울 수밖에 없으나 최근에 와서 세외수입의 비중이 하락했다.

〈표 1-1〉 지방자치단체 전회계세입순계의 추이

(단위: %)

구 분	1975	1980	1985	1990	1995	2010	2013	2014
자체수입	65	71	76	78	78	63.8	59.4	57.7
지 방 세	28	29	25	28	29	30.1	29.8	33.3
세외수입	37	42	51	50	49	33.7	29.6	24.4
의존수입	35	29	24	22	22	36.2	40.6	42.3
지방교부세	21	16	15	12	11	16.9	19.8	19.3
보조금 등	14	13	9	10	11	19.3	20.8	23.0

주: ① 1995년도까지는 결산이며 그 후는 예산임.
② 통계의 일관성을 위하여 지방채는 세외수입에 포함시킴.
③ 1991년도 이후에는 지방양여금을 보조금 등에 포함시킴.
④ 사사오입으로 합계가 100% 안 되는 경우도 있음.

자료: 각 년도 지방재정연감과 지방자치단체 예산개요.
2010 이후는 2014 지방자치단체 통합개요.

(2) 자체수입 비중의 상승

후술하는 일반회계의 경우와 같이 전회계(일반회계+특별회계) 세입의 경우에도 자체수입의 비중이 서서히 상승하고 있다는 것을 알 수 있다. 1975년도에는 65%였던 자체수입의 비중이 1985년도에는 76%로 상승했으며 1995년도에는 78%에 달했다. 최근에 와서 다소 저조하나 예산인 까닭에 자체수입의 비중이 저조한 것으로 보일 뿐이다.

2. 일반회계세입구조의 추이

1970년도부터 오늘날에 이르기까지의 지방자치단체 일반회계 세입구조를 살펴볼 때 다음과 같은 몇 가지를 지적할 수 있겠다.

(1) 자체수입 비중의 점증

첫째로 지적할 것은 자체수입의 비중이 서서히 상승하고 있다는 사실이라 하겠다. 1970년만 하더라도 43%에 지나지 않던 일반회계 자체수입의 비중이 1975년에는 54%에 달했으며 1995년에는 71%에 달하고 있다.

〈표 1-2〉 지방자치단체 일반회계세입구조의 추이

(단위: %)

구 분	1970	1975	1980	1985	1990	1995	2010	2013	2014
자체수입	43	54	62	64	69	71	59.4	54.8	53.0
지 방 세	26	37	39	41	41	42	37.1	36.2	40.5
세외수입	17	17	23	28	28	29	22.3	18.6	12.5
의존수입	57	46	38	36	31	29	40.6	45.2	47.0
지방교부세	40	27	21	24	18	15	20.9	24.1	23.5
보조금 등	17	19	17	12	13	14	19.7	21.1	23.5

주: ① 1997년도까지는 결산이며 그 후는 예산임.
② 통계의 일관성을 위하여 지방채는 세외수입에 포함시킴.
③ 1991년도 이후에는 지방양여금을 보조금 등에 포함시킴.
자료: 〈표 1-1〉과 동일.

이것은 후술하는 바와 같이 지방세 수입의 비중이 높아진데 중요한 원인이 있다고 하겠으나 1972년의 8·3조치로 인하여 지방교부세의 법정교부율제도가 폐지됨으로써 의존수입인 지방교부세의 비중이 1973년부터 크게 떨어진 데에도 그 원인이 있다고 하겠다.[8] 최근에 와서 자체수입의 비중이 하락한 것은 지방교부세의 교부율이 높아졌기 때문이다.

(2) 지방세 비중의 상승

위에서 지적한 바와 같이 자체수입의 비중이 상승한 원인의 하나를 지방세 비중의 상승에서 찾아볼 수 있다. 1967년부터 국세부가세가 폐지되어 1970년만 하더라도 지방세수입의 비중이 26%에 지나지 않았으나 1973년에 주민세가 신설됨으로써 1975년에는 지방세의 비중이 37%에 달하게 되었다. 1985년에 담배판매세가 신설되어 지방세의 절대액은 늘어났으나 지방교부세 법정교부율제도의 부활로 지방교부세의 비중이 늘어났으므로 지방세의 비중은 1985년에도 39%를 유지했다. 그러나 1988년부터 담배판매세의 세율이 인상되고 1989년부터 담배판매세가 담배소비세로 전환되었을 뿐만 아니라, 1990년에는 종합토지세가 신설되고 1992년에 지역개발세의 신설, 등록세·사업소세 인상 등으로 지방세의 비중은 꾸준히 상승하고 있다.[9] 최근에는 지방소득세가 독립세로 전환되었다.

8) 이에 관해서는 본편 제5장 「지방재정조정제도」 참조.
9) 이에 관해서는 본편 제2장 「지방세의 비중과 지방세체계」 참조.

(3) 지방교부세 비중의 기복

지방세의 비중과 이를 근간으로 한 자체수입의 비중이 꾸준히 상승한 것과는 대조적으로 지방교부세의 비중은 기복이 심했다. 1970년만 하더라도 40%에 달했던 지방교부세가 8·3조치로 1975년에는 27%로 떨어졌으며 1980년에 21%로 하락했다. 다행히도 법정교부율제도의 부활로 1985년에는 24%로 회복했으나 자체수입 비중의 상승으로 지방교부세의 비중이 저조한 편이였으나 2000년대에 와서 수차에 걸친 지방교부세 교부율의 조정으로 지방교수세의 비율이 많이 높아졌다.

제 3 절 자치단체별 지방세입구조

1. 지방자치단체별 전회계세입총계구조

자치단체별로 일반회계와 특별회계를 합친 모든 회계(일반회계+특별회계)의 세입을 살펴본다면 비교적 재정기반이 튼튼한 자치단체와 취약한 자치단체를 식별할 수 있다.

(1) 서울특별시 세입

자치구를 제외한 소위 서울특별시 본청의 모든 회계의 세입을 살펴본다면 지방세와 세외수입을 합친 순수한 의미의 자체수입이 81.7%를 차지하고 있다.[10] 지방교부세는 0.7%에 지나지 않는 미미한 금액에 불과하고 보조금이 13.8%를 차지하고 있다. 이 밖에 지방채가 1.8%를 점하고 있다.

(2) 광역시 세입

6개 광역시의 세입을 본다면 지방교부세가 14.2%, 보조금이 26.9%를 각각 차지함으로써 지방채를 제외한 의존수입이 41.1%에 달하고 있으며 지방채가 2.8%를 점하고 있다. 지방세와 세외수입의 합계를 의미하는 순수한 자체수입은 50.8%에 이르고 있다.

---

10) 이러한 표현을 사용한 것은 전술한 바와 같이 과거에 우리나라에서는 지방채를 자체수입 중의 세외수입에 포함시켰기 때문이다.

(3) 특별자치시 세입

세종시를 지칭하는 특별자치시의 세입을 본다면 지방세가 47.3%, 세외수입이 1.9%로서 순수한 의미의 자체수입은 49.2%에 불과하다. 지방교부세가 28.8%, 보조금이 19.1%로서 지방채는 없으므로 의존수입이 47.9%이다.

〈표 1-3〉 자치단체별 전회계세입총계구조(2014)

(단위: %)

	서울	광역시	특별 자치시	도	특별 자치도	시	군	구
지 방 세	73.3	44.0	47.3	30.9	27.9	26.2	7.9	18.8
세 외 수 입	8.4	6.8	1.9	2.3	4.0	5.4	3.5	8.4
지방 교부세	0.7	14.2	28.8	11.5	34.9	23.3	45.0	1.4
조정교부금 및 재정보전금	-	-	-	-	-	6.3	2.0	15.6
보 조 금	13.8	26.9	19.1	49.9	27.7	33.4	36.3	51.7
지 방 채	1.8	2.8	-	0.2	-	0.5	0.1	0.1
보전수입금 등 및 내부거래	2.0	5.2	2.9	5.2	5.5	4.9	5.1	4.0
수 입 한 계	100.0	100.0	100.0	100.0	100.0	100.0	100.0	100.0

주: 총계규모임.
자료: 안전행정부, 2014년도 지방자치단체 통합재정개요〈상〉 p. 36에 산출.

(4) 도의 세입

위에서 살펴본 8개 도시의 경우와는 달리 도의 세입을 본다면 의존수입의 비중이 무겁다. 지방교부세가 11.5%, 보조금이 49.9%를 각각 차지함으로써 의존수입이 61.4%에 달하고 있으며 지방채가 0.2%를 점하고 있다. 지방세와 세외수입을 의미하는 순수한 자체수입은 33.2%에 지나지 않는다.

(5) 특별자치도의 세입

제주도를 지칭하는 특별자치도의 세입을 본다면 도의 경우와 같이 지방세와 세외수입의 합계를 의미하는 순수한 자체수입은 31.9%에 지나지 않으며 의존수입의 비중이 무거워 62.6%에 달하고 있다. 다만 도의 경우와는 달리 지방교부세가 보조금보다 비중이 무거워 34. %에 달하며 보조금이 27.7%를 차지하고 있다.

(6) 시의 세입

시의 재정자립도는 1990년대에 비하여 최근에는 많이 악화되었다. 순수한 자체수입은 31.6%에 지나지 않으며 의존수입의 비중이 많이 무거워졌다. 지방교부세가 23.3%, 보조금이 33.4%를 차지함으로써 의존수입이 자체수입보다 무거운 56.7%에 달하고 있다. 지방채는 0.5%에 지나지 않는다.

(7) 군의 세입

여러 지방자치 단체 중에서 가장 재정이 어려운 곳이 농촌지역인 군이라는 것은 주지의 사실이다. 지방세가 7.9%, 세외수입이 3.5%를 각각 차지함으로써 자체수입은 11.4%에 지나지 않는다. 의존수입이 무거운 비중을 차지하는데 지방교부세가 45.0%, 보조금이 36.3%를 차지하고 있다. 지방채는 0.1%에 지나지 않는다.

(8) 구의 세입

서울특별시와 광역시의 자치구도 재정자립도가 많이 낮다. 지방세가 18.8%, 세외수입이 8.4%를 차지함으로써 순수한 의미의 자체수입은 27.2%에 지나지 않는다. 대신 의존수입의 비중이 많이 높은데 지방교부세는 1.4%이나 보조금이 51.7%에 달하며 조정교부금 및 재정보전금이 15.6%를 차지하고 있다.

2. 단체별 비교

지방세와 세외수입의 합계를 의미하는 순수한 자체수입만 가지고 본다면 서울특별시가 가장 재정이 나으며, 다음이 광역시, 특별자치시의 순이다.

그러나 재정자립도에 관한 논란이 말해주듯이 이러한 자체수입의 비중만 가지고 각 자치단체의 재정을 평가하기는 어려울 것이다. 제3편 제5장 「과밀·대도시 지역과 지방재정」에서 검토하듯이 우리나라의 대도시는 다른 지방자치단체에 비하여 소위 재정자립도가 높으며 재정력이 튼튼하다는 평가를 받을는지 모르나 그것은 대도시의 세입만 가지고 논의하는데서 나오는 결론이며, 세출수요까지 감안할 때 대도시의 재정은 여유가 있다기보다는 궁핍하다는 것이 온당하다는 주장이 제기되고 있는 것이다.[11]

또 하나 이곳에서 지적할 것은 지방채이다. 우리나라는 과거에 지방채 허가

---

11) 유 훈·김 원·김영평, 전게서, p. 21.

제를 채택했으나 2006년에 지방채 발행총액한도제도로 전환했다. 그러나 기대와는 달리 지방자치단체의 지방채 발행이 오히려 소극적으로 바뀌었다. 그 결과 자치단체가 실제로 발행한 지방채 금액은 중앙정부가 승인해 준 지방채 발행총액한도액의 절반수준에 머무르는 현상을 보이고 있다는 것이다.[12)]

제 4 절 지방세입의 자치단체별 분포

1. 전회계세입의 자치단체별 분포

우리는 위에서 세입구조가 자치단체에 따라서 어떻게 다른가를 살펴보았는데 이곳에서는 항목별로 지방세입이 각 지방자치단체에 어떻게 분포되어 있는가를 검토하고자 한다. 일반회계와 특별회계를 합친 모든 회계의 세입이 각 자치단체에 어떻게 분포되어 있는가를 살펴보고자 한다.

(1) 세입합계

모든 회계(일반회계+특별회계)의 세입합계의 분포상황을 본다면 자치구를 포함한 8대 도시(서울과 6개 광역시 및 특별자치시)의 세입이 지방세입의 33.8%를 차지하고 있다. 우리나라의 인구의 50%가 8대 도시에 거주하고 있다는 사실에 비추어 본다면 무리도 아니라 생각한다.

(2) 지방세

지방세 수입의 분포를 살펴본다면 자치구를 포함한 8대 도시의 지방세 수입이 총지방세 수입의 49.3%를 차지하고 있다는 것을 알 수 있다. 세입합계의 경우에는 6개 광역시의 세입이 서울특별시의 세입을 능가하나 지방세 수입의 경우에는 서울특별시가 6개 광역시를 능가하고 있다.

(3) 세외수입

세외수입의 분포를 살펴본다면 8대 도시의 세외수입이 32.6%로서 지방세의 경우보다 지역적 편재가 덜 심한 편이다. 또한 시의 세외수입이 26.3%로서 자

12) 임성일, 「지방채 발행제도의 현실과 향후과제」 지방재정 2007년 제5호, p. 28.

〈표 1-4〉 전회계총계세입의 자치단체별 분포(2014)

(단위: %)

	서울	광역시	특별자치시	도	특별자치도	시	군	구	합계
지 방 세	22.4	18.6	0.5	24.8	1.4	21.5	3.5	7.8	100.0
세 외 수 입	15.3	17.2	0.1	11.1	1.2	26.3	9.3	19.5	100.0
지방 교부세	0.4	10.6	0.5	16.1	3.0	33.4	35.1	0.9	100.0
조정교부금 및 재정보전금	-	-	-	-	-	42.3	7.3	50.4	100.0
보 조 금	3.5	9.4	0.2	33.1	1.1	22.6	13.4	16.7	100.0
지 방 채	22.9	51.1	-	5.4	-	16.7	2.5	1.3	100.0
보전수입금 등 및 내부거래	4.0	14.6	0.2	27.6	1.8	26.4	15.1	10.2	100.0
세 입 한 계	9.4	12.1	0.3	24.7	1.5	25.2	13.7	12.0	100.0

자료: 안전행정부, 2014년도 지방자치단체통합재정개요(상).

치구를 포함한 서울시나 자치구를 포함한 광역시를 능가하고 있다는 것을 알 수 있다.

(4) 지방교부세

지방교부세의 분포를 본다면 군에 35.1%가 배분되고 있으며 다음이 시(33.4%), 도(16.1%)의 순이며 8대 도시는 거의 지방교부세의 혜택을 받지 못하고 있다는 것을 알 수 있다. 지방교부세의 성격상 당연한 현상이라 하겠다.

(5) 보조금

보조금은 특별자치도를 포함한 9개 도에 집중적으로 공급되고 있다. 보조금의 34.2%가 도에 교부되고 있으며 광역시(9.4%)와 서울특별시(3.5%)도 보조금의 혜택을 받고 있다. 국가의 정책구현의 도구라는 보조금의 성격에 비추어 보아 당연한 처사라 하겠다.[13] 기초자치단체도 보조금의 혜택을 적절히 받고 있다는 것을 알 수 있다.

(6) 지방채

지방채 수입은 다시 7대 도시에 편재되어 있다. 7대 도시가 지방채 수입의 74.0%를 차지하고 있다. 군은 2.5%에 지나지 않으며 자치구가 1.3%를 차지

13) 보조금의 성격에 관해서는 유 훈, 「지자제실시의 실효성제고를 위한 지방재정의 실태와 확충방안」, 행정논총 제30권 제1호(1992), pp. 81-82 참조.

하고 있다. 소요보다는 상환능력에 비중을 두고 있는 지방채발행제도에 그 원인이 있다고 하겠다.

2. 지방세입의 자치단체별 분포의 특이성

(1) 인구의 대도시 집중현상

우리나라에서는 인구 100만 이상의 대도시에 전체 인구의 50% 이상이 거주하는데 이와 같은 대도시를 특별시 또는 광역시라 하여 광역지방자치단체로서의 지위를 부여하고 있다. 이와 같이 몇 개 안되는 인구 100만 이상의 대도시에 전체 인구의 50% 이상이 거주하는 것은 특이한 현상이며[14] 미국은 더 말할 것도 없고 일본만 하더라도 인구 100만 이상의 대도시 거주 인구가 전체 인구의 20%를 좀 넘는데 불과하다.

(2) 지방세와 세외수입의 대도시 집중

위에서 언급한 인구의 특별시와 광역시에의 집중현상은 지방재정에도 그대로 반영되고 있다. 8대 도시가 지방세입의 33.8%를 차지하고 있을 뿐만 아니라 지방세 수입의 49.3%와 세외수입의 32.6%를 8대 도시가 점하고 있다.

(3) 중앙정부 지원으로부터의 대도시 소외

〈표 1-4〉에는 나타나 있지 않으나 특별시와 광역시는 국세의 49.2%(2012)를 납부하나[15] 중앙정부가 자치단체에 교부하는 지방교부세나 국고보조금의 혜택은 별로 받지 못하고 있다.

전술한 바와 같이 특별자치시를 포함하는 8대 도시는 지방교부세의 11.5%를 수령하고 있으며 국고보조금의 13.1%를 받고 있을 뿐이다. 지방재정지원제도 특히 지방교부세가 지방자치단체 간의 재정력 불균형을 시정하는 기능을 수행하는데 그 목적이 있으므로 부득이 하다 하겠으나 지방재정지원제도의 또 하나의 기능이 국가재정과 지방재정 간의 조정이므로 특별시와 광역시와 같은 대도시도 지금보다 더 많은 지원을 중앙정부로부터 받아야 한다는 주장이 나오게 되는 것이다.

---

14) The World Bank, *World Development Report 1992*(New York: Oxford University Press, 1992), pp. 278-279.

15) 제3편 제5장「과밀 · 대도시 지역과 지방재정」참조.

제 2 장 지방세의 비중과 지방세체계

제 1 절 지방세의 비중

중앙정부나 지방자치단체(지방정부)를 막론하고 모든 정부단위가 소요경비를 가능한 한 자체재원에 의하여 조달하는 것이 바람직하다 하겠으며, 그 주종을 이루는 것이 조세라는 것은 긴 설명을 요하지 않는다.

우리는 본절에서 먼저 지방재정에 있어서 지방세가 차지하는 비중을 검토한 다음 중앙정부와 지방자치단체 간의 세원배분 상황을 살펴보고자 한다.

1. 지방재정에서의 지방세 비중

일반회계 세입 구조의 변화 추이를 통해 지방재정의 분권 특성을 구체적으로 확인할 수 있다. 지방재정 세입에서 지방세가 차지하는 비중은 1995년의 41.8%에서 2005년에는 36.1%로 낮아졌다가, 2012년에는 44%까지 올라갔으며 2013년에는 다시 41.9%로 낮아진 상황이다. 여기에는 2010년에 국세인 부가가치세의 5%를 지방세로 전환하면서 지방소비세를 신설한 영향이 컸다.

그런데 지방자치제가 부활했던 1990년대 중반부터 최근까지 지방세입 구조의 대표적인 특성은 재정분권이 계속 악화되었고 중앙정부로부터의 일반재원 지원에 따른 지방재정 왜곡 문제가 잠재되어 있다는 점이다. 재정자립도는 1995년도 66.4%에서 2013년에는 51.1%로 낮아졌다. 국세의 지방세 이양을 위해 신설되었던 지방양여금의 주세 재원은 2005년도에 당시 균형발전특별회계를 신설하기 위해 국세 재원으로 환원되었다.

중앙정부에서는 2000년대 중반부터 재정자립도와 함께 지방교부세 재원을 포함한 일반재원의 비율인 재정자주도를 지방재정의 정책지표로 자주 활용한

〈표 2-1〉 지방자치단체 일반회계 세입 구조의 변화 추이

(단위: %)

	1995	2005	2010	2011	2012	2013
지방세	41.8	36.1	37.1	39.8	44.0	41.9
세외수입	24.6	29.2	21.0	13.1	10.3	11.1
지방교부세	15.5	20.1	20.9	23.8	23.9	24.5
조정교부금 및 재정보전금						
지방양여금	5.1	-	-	-	-	
보조금	8.8	13.8	19.7	20.8	21.4	21.9
지방채	4.2	0.8	1.3	2.4	0.4	0.5
합계	100.0	100.0	100.0	100.0	100.0	100.0
재정자립도	66.4	65.3	58.1	52.9	54.3	51.1
재정자주도	81.9	85.3	79.0	76.8	78.2	76.6

주: 일반회계 순계 기준. 순계기준에서는 조정교부금, 재정보전금이 계산되지 않음.
자료: 행정자치부 재정고.

다. 하지만 재정분권의 관점에서는 현상을 왜곡시킬 우려가 있다. 표면적으로 재정자립도는 낮아지는 반면 지방교부세 재원이 확대되면서 재정자주도는 비교적 일정 수준을 유지하고 있다. 하지만 총량적인 분권 수준은 유지되어도 지방자치단체 유형별 영향에서 차이가 있다.

지방교부세는 재정력이 취약한 자치단체의 재원을 보전하기 위한 것이며 상대적으로 재정력이 우수한 대도시들은 지방교부세의 비중이 크지 않다. 인구의 대부분이 집중되어 있는 대도시의 재정자립도가 계속 낮아지면서 재정 자율성이 위축되는 다른 한편으로 자주재원 규모가 영세한 지자체는 보통교부세의 지원이 적정 수준 이상으로 과다하게 지원된다는 비판도 있다.

결과적으로, 모든 지방자치단체에서 중앙정부로부터의 재정의존도가 높아지고 수직적인 재정관리 감독의 강도는 계속 높아졌다. 반면 지방의회와 지역사회를 중심으로 한 지자체 내부의 재정통제 기능은 상대적으로 약화되었다. 이러한 현상이 십수년 지속되면서 지방자치단체의 자치재정 역량과 잠재력에서 부정적인 영향이 발생하고 있다.

2. 국세와 지방세

최근 20년동안 국세와 지방세 신장 추세를 살펴보면, 총조세에서 상대적 비중은 약 8:2 수준으로 고정되어 있지만 절대적 규모 격차는 상당히 증가하였다. 1991년도의 규모 격차는 22.2조원에 불과하였는데 2011년도에는 140.1조원으로 6.3배 확대되었다. 국세와 비교할 때 지방세의 기능이 상대적으로 취약해지면서 중앙정부로부터의 이전재원인 지방교부세와 국고보조금의 역할과 비중이 증가하고 있다.

(단위: 조원)

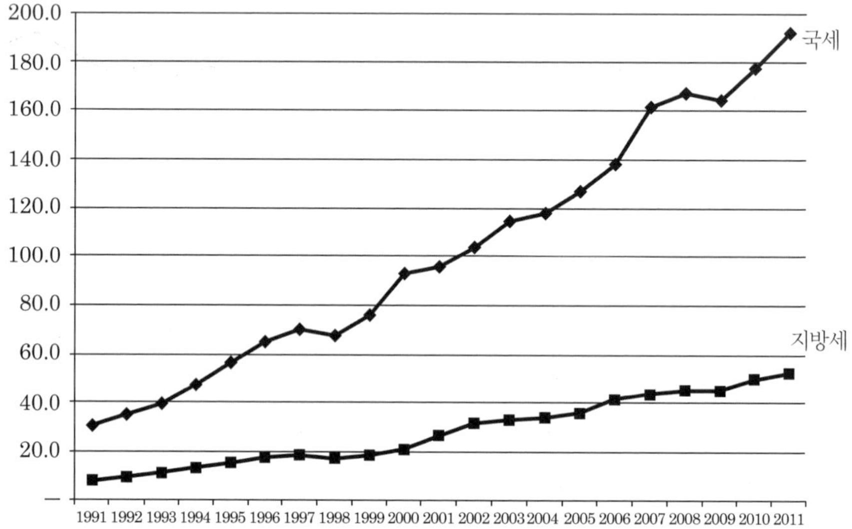

자료: 통계청, 국가통계포털 http://kosis.kr/; 국세청(각연도), 「국세통계연보」; 행정자치부 재정고.

[그림 2-1] 국세와 지방세 수입 신장 추이

2008년부터 5년간 우리나라 조세총액 중에서 지방세가 차지하는 비중을 구체적으로 살펴보면 2008년의 21.4%에서 2010년에는 21.7%까지 올라갔다가 2012년에는 다시 21%로 낮아지고 있다.

〈표 2-2〉 우리나라 조세총액 중 지방세 비중

(단위: 억원, %)

		2008년	2009년	2010년	2011년	2012년
조세총액		2,127,857	2,097,085	2,268,782	2,446,813	2,569,530
국세	금액	1,673,060	1,645,407	1,777,184	1,923,812	2,030,149
	비중	78.6	78.5	78.3	78.6	79.0
지방세	금액	454,797	451,678	491,598	523,001	539,381
	비중	21.4	21.5	21.7	21.4	21.0

※ 국세=내국세+관세+교통·에너지·환경세+방위세+교육세+농특세+종부세+특별회계
자료: 〔2013 지방세통계연감〕, 709쪽.

주요 외국과 비교해볼 때 우리나라의 지방세의 비중은 영국보다는 높은 편이고 프랑스와는 비슷한 편이나, 일본·미국·독일에 비해서는 매우 낮은 수준이라는 것을 알 수 있다.

〈표 2-3〉 외국의 국세와 지방세 비중

(단위: %)

	연도	국세	지방세
일본	2010	56.0	44.0
미국	2010	50.8	49.2
영국	2010	93.7	6.3
독일	2010	51.9	48.1
프랑스	2010	76.4	23.6

자료: OECD Revenue Statistics, 2012년판, 〔2013 지방세통계연감〕, 709쪽에서 재인용.

제 2 절 지방세체계의 실태와 특징

1. 현행 지방세체계

현행 지방세 체계를 지방자치단체 유형에 따라 도세와 시·군세로 나눠서 고찰할 수 있는데 특별시세와 광역시세는 도세와 시·군세의 전체 세목 중에서 구세를 제외한 세목이 된다.

(1) 도세(Province Tax)

도세는 보통세(Ordinary Tax)와 목적세(Objective Tax)로 대분된다. 보통세로는 취득세(Acquisition Tax), 등록면허세(Registration And License Tax), 레저세(Leisure Tax), 지방소비세(Local Consumption Tax)가 있다. 목적세로는 지역자원시설세(Regional Resources Facilities Tax)와 지방교육세(Local Education Tax)가 있다.

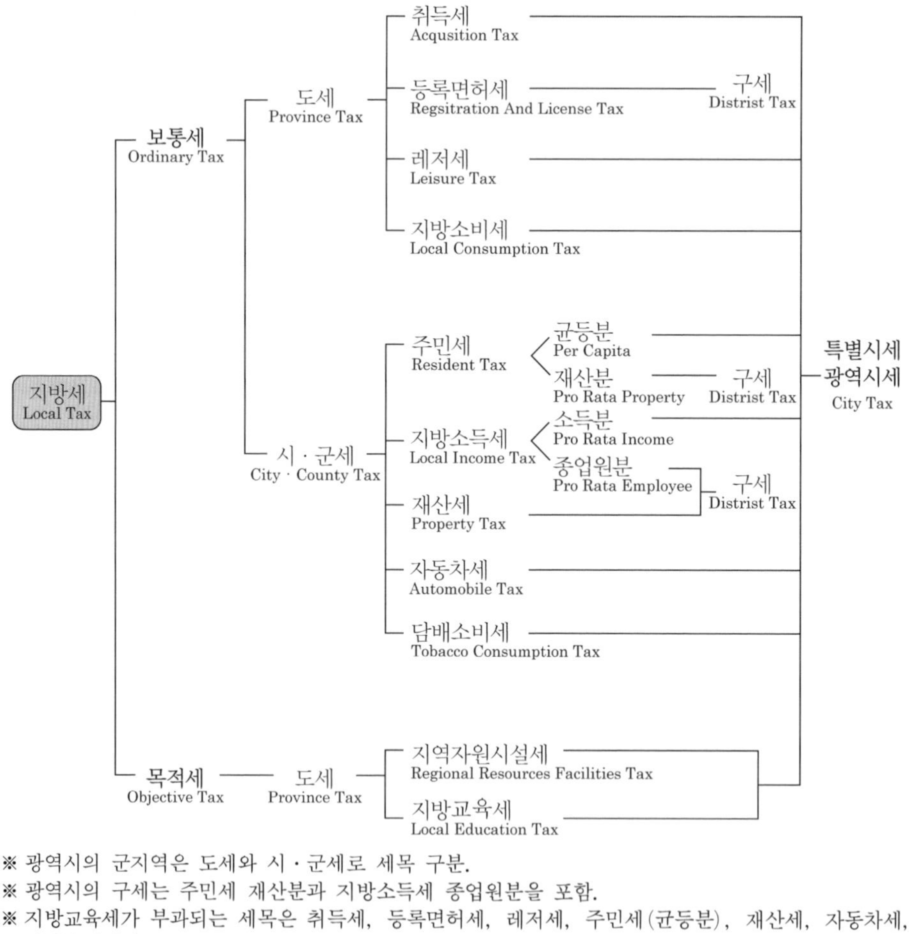

※ 광역시의 군지역은 도세와 시 · 군세로 세목 구분.
※ 광역시의 구세는 주민세 재산분과 지방소득세 종업원분을 포함.
※ 지방교육세가 부과되는 세목은 취득세, 등록면허세, 레저세, 주민세(균등분), 재산세, 자동차세, 담배소비세임.
※ 농어촌특별세가 부과되는 세목은 취득세, 등록면허세(감면세액), 레저세임.
자료: 〔2013 지방세통계연감〕, 3쪽.

[그림 2-2] 지방세 체계

(2) 시 · 군세(City · County Tax)

시 · 군세로는 보통세인 주민세(Resident Tax), 지방소득세(Local Income Tax), 재산세(Property Tax), 자동차세(Automobile Tax), 담배소비세(Tobacco Consumption Tax)가 있다.

(3) 구세(District Tax)

구세로는 등록면허세와 재산세가 있다. 그리고 여기에 추가하여 주민세 재산분과 지방소득세 종업원분이 있다.

(4) 특별시세 · 광역시세(City Tax)

특별시세와 광역시세는 도세와 시 · 군세 중 구세를 제외한 전체 세목이다. 따라서 보통세로 취득세, 레저세, 지방소비세, 주민세 균등분, 지방소득세 소득분, 자동차세, 담배소비세가 있다. 그리고 목적세로 지역자원시설세와 지방교육세가 있다.

2. 세목별 지방세 세수신장률

2007년부터 6년간 우리나라의 세목별 지방세 세수신장률을 보면 〈표 2-4〉와 같다. 표에서 알 수 있듯이 2009년에는 지방세 전체 세수신장률이 −0.7%이고, 2010년에는 8.8%로 상대적으로 높은 수치를 나타내고 있다. 이것은 2008년말의 세계적 금융위기의 여파로 2009년 국내 경기가 매우 나빴다가 2010년에 어느 정도 회복됐던 것의 반영이라고 판단된다.

세목별로 보면 조세구조가 자주 변함에 따라 해당 세목의 신장률에 극심한 변화가 나타나고 있다. 주행세가 자동차세로 흡수됨에 따라 2011년의 자동차세 세수신장률은 108%를 기록했다. 종합토지세의 폐지에 따른 변화도 심하게 나타났고, 주민세 소득할에서 지방소득세로 세목이 전환되면서 이들 세목의 변화도 심하게 나타났다. 이것은 등록면허세의 경우도 마찬가지이다. 새롭게 등장한 지방소비세의 변화도 눈여겨 봐야할 상황이다. 현행 부가가치세의 5%에서 조만간 10% 수준으로 상향될 예정이다.

그리고 부동산 경기와 정부의 부동산대책에 따라서 취득세의 변화도 극심한 것을 알 수 있다.

〈표 2-4〉 지방세 세수신장률

(단위: 억원, %)

	2007년		2008년		2009년		2010년		2011년		2012년	
	금액	신장률	금액	신장률	금액	신장률	금액	신장률	금액	신장률	금액	신장률
합 계	435,243	5.4	454,797	4.5	451,678	-0.7	491,598	8.8	523,001	6.4	539,381	3.1
취득세	72,615	-5.3	69,160	-4.8	66,439	-3.9	68,249	2.7	138,765	103.3	138,024	-0.5
등록면허세[3]	-	-	-	-	-	-	-	-	12,422	-	12,460	0.3
등록세	72,536	-8.8	71,429	-1.5	71,314	-0.2	73,701	3.3	-	-	-	-
면허세	765	2.0	726	-5.5	735	1.2	762	3.7	-	-	-	-
레저세[1]	8,643	25.7	9,890	14.4	10,023	1.3	10,675	6.5	10,722	0.4	11,293	5.3
지역자원시설세[3]	-	-	-	-	-	-	-	-	8,131	-	8,830	8.6
지방소비세	-	-	-	-	-	-	26,789	-	29,606	10.5	30,335	2.5
지역개발세	1,000	-42.7	926	7.4	908	-1.9	954	5.1	-	-	-	-
공동시설세	5,433	5.2	5,885	8.3	5,912	0.5	6,496	9.9	-	-	-	-
지방교육세	45,139	4.1	48,644	7.8	47,944	-1.4	48,710	1.6	49,666	2.0	50,814	2.3
주민세	74,115	19.3	81,630	10.1	75,519	-7.5	2,234	-97.0	2,618	17.2	2,966	13.3
지방소득세	-	-	-	-	-	-	81,454	-	94,775	16.4	102,603	8.3
재산세	37,551	20.8	44,113	17.5	44,233	0.3	48,173	8.9	76,167	58.1	80,492	5.7
자동차세	23,699	11.1	26,109	10.2	28,340	8.5	31,195	10.1	64,897	108.0	65,925	1.6
농업소득세	-	-	-	-	-	-	-	-	-	-	-	-
도축세	519	5.2	524	0.9	557	6.4	581	4.3	50	-91.3	-	-
담배소비세	27,610	2.2	29,204	5.8	30,107	3.1	28,749	-4.5	27,850	-3.1	28,812	3.5
종합토지세[2]	531	-61.8	-71	-99.9	885	-	-815	-192.1	-	-	-	-
주행세	32,702	20.7	30,812	-5.8	32,871	6.7	31,691	-3.6	-	-	-	-
도시계획세	18,828	17.2	21,828	15.9	22,692	4.0	24,653	8.6	50	-99.8	27	-45.8
사업소세	7,311	7.9	7,995	9.4	8,080	1.1	-815	-100.1	-	-	-	-
과년도수입	6,724	0.6	5,923	-12.0	5,996	1.2	6,547	9.2	7,282	11.2	6,799	-6.6

※ 1) 경주마권세가 2002년도 레저세로 개칭, 2) 종합토지세가 2005년도 재산세로 통합되어 폐지, 3) 2011년 등록면허세, 지역자원시설세 신설

자료: 〔2013 지방세통계연감〕, 5쪽.

3. 지방세체계의 특징

(1) 중앙정부 우위의 세원 배분

앞에서도 지적한 바와 같이 우리나라의 국세 대 지방세의 비중은 약 8:2를 유지하고 있는 바, 최근 수치도 조세총액에서 지방세가 차지하는 비중이 21% 수준을 나타내고 있다. 이 수치는 영국보다는 높은 편이고 프랑스와는 비슷한 편이나, 일본·미국·독일의 40%대에 비해서는 매우 낮은 수준이다.

(2) 재산과세 위주

많은 국가에서 중앙정부와 지방자치단체(지방정부) 간에 세원의 배분이 이

뤄지고 있다.[1] Buchanan의 지적을 빌릴 것도 없이 미국에서는 연방정부가 주로 소득세(개인소득세와 법인세)에 의존하고 있는데 대하여 주정부는 매상세(sales tax)에 의존하고 있으며, 지방자치단체는 재산세를 주된 세원으로 삼고 있다.[2]

우리나라에서도 중앙정부와 지방자치단체 간에 어느 정도 세원의 배분이 이뤄지고 있다. 중앙정부도 재산과세를 안하는 것은 아니나 재산관련 조세가 지방자치단체의 주된 세원이라 하겠다. 재산세·취득세·등록면허세·지역자원시설세·자동차세 등 재산관련 조세의 수입이 2012년 기준 지방세 수입총액의 55% 정도를 차지하고 있다.

(3) 세수신장률의 저조

앞서 언급한 바와 같이 지방세는 재산과세가 주종을 이루고 있는 까닭에 세수의 소득탄력성이 낮다. 최근에 와서 과표가 많이 현실화되고 있기는 하나 세목별 신장률을 본다면 저조한 편이라 하지 않을 수 없다.

(4) 세원의 지역적 편재

국세와 지방세를 막론하고 우리나라 조세체계의 특징으로서 세원이 대도시에 집중되어 있다는 사실을 들 수 있겠다. 국세의 경우에는 이것이 큰 문제가 아니나 지방세의 경우에는 지방자치단체 간의 재정력의 불균형이라는 심각한 문제를 초래하고 있다.

2012년도 지방세 징수액을 가지고 보면 서울과 부산 2개 도시의 징수액만 지방세 총액의 31.2%에 달하고 있는 상황이다.[3]

---

1) 이에 대한 예외의 하나로서 독일의 공동세를 들 수 있다. 소득세·법인세·부가가치세·영업세 등이 공동세인데, 이러한 조세는 세목에 따라 다르나 연방정부·주정부·지방자치단체가 그 수입을 배분한다(Arthur Gunlicks, *Local Government in the German Federal System*, Durham: Duke University Press, 1986, pp. 122-123). 우리나라의 현 지방소비세도 부가가치세가 공동세로 바뀌었고 이것에서 광역지방자치단체의 배분 몫에 해당하는 것으로 볼 수 있다.

2) James Buchanan and Marilyn Flowers, *The Public Finances*(Homewood: Richard Irwin, Inc., 1980), pp. 509-510.

3) 안전행정부, 지방세통계연감(2013), p. 7.

제 3 절 지방세의 과제

1. 과세자주권의 확대

우리나라와 같이 국회가 제정한 지방세법에 따라 광역이냐 기초자치단체이냐의 차이는 있으나 모든 지방자치단체가 동일한 세목의 조세를 동일한 세율에 따라 부과하는 것은 지방자치의 본질에 어긋난다고 할 수 있다.

따라서 우리나라 지방세제도에 있어서 해결되어야 할 선결과제는 건전재정의 테두리를 크게 벗어나지 않는 범위 내에서 지방자치단체의 과세자주권을 확대하는 문제라 하겠다. 그 구체적인 방안이 후술하는 바와 같은 법정외 세목의 설치나 세율에 있어서의 재량권의 부여라 하겠다.

2. 국세 세원의 지방이양

앞에서 살펴본 바와 같이 조세총액(국세와 지방세의 합계)에서 지방세가 차지하는 비중은 약 20% 수준이다. 지난 2010년에는 국세인 부가가치세를 공동세화 한 후 지방자치단체 몫으로 5%를 배분하여 지방소비세를 신설하기도 하였다. 그러나 아직도 지방세 수입의 비중이 낮으며 국세 세원의 일부를 지방으로 이양해야 한다는 주장이 꾸준히 제기되고 있다. 소득세 중 도소매, 음식, 숙박업 등의 사업소득이나 특별소비세 등은 세원이 지방자치단체에 고루 분포되어 있고 세수의 소득탄력성이 높으므로 지방으로 이양해야 한다는 주장 등이 그 대표적인 예이다.

3. 법정외 세목의 설치

우리나라에서도 일본에서와 같이 법정외 세목(법정외 보통세)을 인정해야 한다는 소리가 높다. 그러나 법정외 세목의 인정에는 헌법의 규정상 문제가 있다고 하지 않을 수 없다. 일본의 헌법 제84조는 "새로이 조세를 과하거나 현행의 조세를 변경하는 데에는 법률 또는 법률이 정하는 조건에 의함을 요한다"고 규정하고 있으나, 우리나라 헌법 제59조는 "조세의 세목과 세율은 법률로 정한다"고 규정하고 있다. 이에 1990년의 지방세법 개정 시에 법정외 세목의 설치에 관한 논의가 있었으나 채택하지 않기로 결정했다.

앞에서 언급한 것처럼 헌법의 규정상 일본과 같이 법정외 세목을 두기는 어렵지만, 우리나라에서도 법률로서 여러 가지 세목을 나열하고 세율도 표준세율을 정하도록 하고 이 테두리 안에서 지방자치단체가 조례로서 필요한 세목과 세율을 결정하도록 할 수는 있다. 현행 지방세기본법 제4조 제1항에 "지방자치단체는 지방세의 세목, 과세 객체, 과세표준, 세율, 기타 부과 징수에 관하여 필요한 사항을 정함에 있어서는 이 법 또는 지방세관계법에서 정하는 범위에서 조례로 정해야 한다"고 규정하고 있어 이를 뒷받침한다. 또 현행 11개 지방세목 중 지방세법에서 탄력세율의 적용이 보장된 세목으로 취득세, 등록에 대한 등록면허세, 지방소득세, 주민세, 재산세, 담배소비세, 자동차세, 지역자원시설세, 지방교육세 등 9개 세목이 있다. 이들 세목 중 탄력세율을 적용하기 위해 대통령령의 개정이 필요한 담배소비세와 자동차 주행을 위한 자동차세를 제외한 세목은, 지방자치단체가 지방세법에서 정하는 범위 안에서 조례로 자율적으로 탄력세율을 적용할 수 있다.

4. 지방세 비과세·감면의 조정

2009년부터 지방세 비과세·감면 현황을 보면 결산 기준으로 〈표 2-5〉에서처럼 2009년 약 15조원에서 2011년 약 17조 3천억원으로 대폭 늘었다가 2012년에 약 15조 4천억원 수준으로 낮아진 것을 알 수 있다. 2012년 결산 기준으로 지방세 총액(약 53조 9천억원) 대비 감면액(약 15조 4천억원)의 비중은 약 29%에 달하여 매우 큰 수치를 나타내고 있다. 따라서 지방세 비과세·감면의 조정을 통해서 지방세 재원 확충을 기할 여지가 매우 많다고 하겠다. 또한 여타 지방세 재원 확충방안에 비해 비교적 정치적 저항이 적은 것이 지방세 비과세·감면의 축소라 할 수 있다.

지방세 비과세·감면 현황을 조세 항목별로 보면, 취득세의 감면 비중이 제일 높고 변화폭도 큰 것을 알 수 있다. 2011년에는 전체 감면액 약 17조 3천억원 가운데 약 10조 6천억원을 차지하여 비율로 60%를 넘고 있다. 이것은 부동산 경기의 영향을 크게 받는데다가 동시에 정부의 부동산 대책의 영향을 크게 받는 결과이다. 지방자치단체들은 이렇게 중앙정부의 부동산 정책에 따라 지방세가 감면되는 것의 부당함을 주장하면서, 취득세 감축분 만큼을 정부에서 보전해줄 것을 지속적으로 요구해오고 있다. 이 결과 지방소비세의 재원이 되는 부가가치세 분배몫에 대한 비율이 기존의 5%에서 조만간 10% 이상으로 올라갈 예정이다.

〈표 2-5〉 지방세 세목별 비과세 · 감면 현황

(단위 : 억원)

	2009년	2010년	2011년	2012년
합 계	150,270	148,106	173,319	154,286
취 득 세	47,264	47,613	106,371	84,518
등 록 면 허 세	-	-	1,106	1,141
등 록 세	42,524	39,362	-	-
면 허 세	35	38	-	-
레 저 세	157	74	55	58
지역자원시설세	-	-	992	1,074
지 역 개 발 세	4	3	-	-
공 동 시 설 세	747	839	-	-
지 방 교 육 세	1	3	3	-
주 민 세	92	479	451	408
지 방 소 득 세	-	1,623	1,607	1,569
재 산 세	29,913	31,695	42,746	45,313
자 동 차 세	3,780	2,536	6,534	6,499
담 배 소 비 세	12,943	12,310	13,380	13,704
주 행 세	2,836	2,644	-	-
도 시 계 획 세	8,025	8,886	74	2
사 업 소 세	1,948	-	-	-

※ 지방세지출예산제도 시행에 따라 2009년 결산분부터 수록.
자료: 〔2013 지방세통계연감〕, 714쪽.

다음으로 등록세와 면허세가 등록면허세로 합쳐지면서 이들 세목의 감면 규모도 크게 변화하고 있다. 이또한 정부의 부동산 대책의 영향을 크게 받고 있는 상황이다.

제 3 장 세목별 지방세론

제 1 절 재산거래세

1. 취 득 세

(1) 연 혁

취득세는 가장 역사가 긴 지방세의 하나이다. 일제시대부터 있던 부동산취득세가 해방 후에도 도세의 한 세목으로 계승되었으며 1952년 9월 26일부의 지방세법개정에 의하여 취득세로 개편되었다.[1)]

(2) 의 의

취득세는 부동산·차량·기계장비·입목·항공기·선박·광업권·어업권·골프회원권·콘도미니엄회원권·종합체육시설이용회원권 또는 요트회원권의 취득에 대하여 당해 물건 소재지의 시·도에서 그 취득자에게 부과하는 보통세이다. 이러한 물건의 취득이라는 행위에는 일반적으로 그 배후에 담세력이 있다고 보고 이에 착안하여 부과하는 것이 취득세이다.

일본에서는 취득세를 부동산취득세와 자동차취득세로 나누어서 부과하고 있는데 대하여[2)] 우리나라에서는 양자를 통합하고 있을 뿐만 아니라 부동산·차량 외에 중기·입목·회원권 등의 취득에 관해서도 과세하고 있다.

(3) 과세대상

전술한 바와 같이 취득세의 과세대상은 부동산·차량·기계장비·입목·항

---

1) 내무부, 지방세정연감(서울: 내무부, 1993), pp. 678-682.

2) 北脇保之·武田文男, 地方稅法〔I〕(東京: 行政, 1992), pp. 107, 193.

공기 · 선박 · 회원권 등의 취득이다.

① 부동산의 취득: 취득세의 핵심은 부동산의 취득이라 해도 과언이 아니다. 여기서 부동산이라 함은 토지 · 건축물 · 선박 · 광업권 및 어업권을 총칭한다.[3]

부동산의 취득은 부동산 소유권의 취득을 말하는데 그 취득방법은 원시취득과 승계취득으로 나누어진다. 건축물의 경우에는 소유권의 승계취득도 중요하나 신축 · 증축 · 개축에 의하여 소유권이 원시적으로 발생한다. 건축물의 개축 · 증축의 경우에는 그 개축 · 증축에 의하여 건축물의 가격이 증가한 경우에만 취득으로 본다.

② 차량 · 기계장비 등의 취득: 차량 · 기계장비 · 입목 · 항공기 · 선박 · 광업권 · 어업권 · 골프회원권 · 콘도미니엄회원권 및 요트회원권 등의 경우에는 통상적인 방법에 의한 취득 외에 종류의 변경으로 그 가격이 증가한 경우에는 이를 취득으로 본다.

(4) 납세의무자

취득세의 납세의무자는 위에서 말한 물건의 취득자이다. 취득자란 소유권을 취득한 자를 말하는데 개인이건 법인이건을 불문한다. 공유도 소유의 한 형태이며 공유지분은 공유자 한사람 한사람이 목적물 위에 소유권을 보유하므로 공유지분의 취득자도 취득세의 납세의무자이다.

(5) 비과세

취득세의 비과세 대상은 다음과 같다.

① 국가 등에 대한 비과세

② 기부체납조건의 부동산 취득

③ 신탁등기된 신탁재산의 취득

④ 징발재산정리에 의한 환매

⑤ 임시용 건축물취득(1년 미만)

⑥ 주택법상의 공동주택의 개수로 인한 취득 중 시가표준액이 9억 원 이하인 주택과 관련한 개수로 인한 취득

---

3) 부동산의 범위가 국유재산법 등에 비하여 넓다는 사실에 유의할 필요가 있다(유 훈, 재정법, 서울: 서울대학교출판부, 1991, pp. 260-261 참조).

(6) 세 율

취득세의 표준세율은 취득물건의 가액 또는 연부금액의 1000분의 20이다. 이 밖에도 몇 가지 중과규정이 있다.

① 별장 등에 대한 중과: 별장·골프장·고급주택·고급오락장·법인의 비업무용토지·고급자동차·고급선박을 취득할 경우에는 위의 일반세율의 100분의 500을 적용한다.

② 특정권역에서의 취득에 대한 중과: 대도시 내에서 공장을 신설 또는 증설하기 위하여 사업용부동산을 취득할 경우와 수도권정비계획법 제6조의 규정에 의한 과밀억제권역에서 본점 또는 주사무소의 사업용 부동산을 취득할 경우에는 일반세율의 3배를 적용한다.

③ 별장 등에의 전환에 대한 중과: 토지나 건축물을 취득한 후 5년 이내에 위에서 말한 별장·골프장·고급주택으로 전환한 때에는 일반세율의 5배를 적용하여 취득세를 추징한다.[4)]

④ 조례에 의한 차등과세: 광역자치단체장은 조례가 정하는 바에 따라 표준세율의 100분의 50 범위 안에서 가감조정할 수 있다.

2. 등록면허세

(1) 연 혁

등록세는 재산권이나 기타 권리를 공부에 등기 또는 등록하는 경우에 부과하는 조세이다. 과거에 국세였던 등록세가 1976년 12월 26일의 지방세법 개정 시에 지방세로 이관되었다. 일본은 아직도 등록세를 국세로 하고 있다.[5)]

면허세는 면허·허가 등을 받은 자가 그 면허의 종류에 따라 납부하는 조세이다. 과거에는 등록세와 면허세가 별개의 세목이었으나 2010년 지방세법 개정 시에 등록세와 면허세가 통합되었다. 면허세 중에는 정기적으로 납부하는 면허세도 있으나 등기·등록 시에 1회에 한하여 납부하는 면허세가 많은 까닭에 양자를 통합하고 정기적으로 납부하는 면허세는 제3장 「등록·면허세」 내에서 「면허에 대한 등록면허세」 제명 하에 별개의 절로 규정하고 있다.

우리는 과거에 등록세를 재산거래세로 분류하고 면허세는 소비관련세로 분

---

4) 취득세에 관한 구체적인 규정은 지방세법 제6조 내지 제22조의 2 참조.

5) 北脇·武田, 전게서, p. 15.

류하였으나 등록면허세를 편의상 재산거래세에 포함시키기로 했다.

(2) 납세의무자

등록세의 납세의무자는 재산권 기타 권리의 취득・이전・변경 또는 소멸에 관한 사항을 공부에 등기 또는 등록하는 경우에 그 등기 또는 등록을 받는 자와 면허를 받는 자이다.

(3) 세 율

등록면허세의 세율은 지극히 복잡하다. i) 첫째로 등기와 등록을 구분하고, ii) 등기는 부동산・선박・신탁재산・항공기・법인・상호 등 기타로 세분하고 있다. iii) 등록도 광업권・어업권・저작권・특허권・상표・서비스업・무역업・군납업・건설업자면허 등으로 세분하여 세율을 달리하고 있다.[6]

(4) 면허에 대한 등록면허세율

전술한 바와 같이 정기적으로 등록면허세를 납부하는 자를 1회에 한하여 납부하는 납세의무자와 구별하여 지방세법은 면허의 종류를 제1종에서 제5종까지 구분하고 납세지 별로 〈표 3-1〉과 같이 세율을 정하고 있다.

〈표 3-1〉 면허에 대한 등록면허세율

구 분	인구 50만 이상 시	그 밖의 시	군
제 1 종	67,000원	43,000원	27,000원
제 2 종	54,000원	34,000원	18,000원
제 3 종	40,500원	22,500원	12,000원
제 4 종	27,000원	1,500원	9,000원
제 5 종	18,000원	7,500원	4,500원

자료: 지방세법 제34조.

6) 등록세・면허세에 관한 구체적인 규정은 지방세법 제29조 내지 제39조 참조.

제 2 절 재산보유세

1. 재 산 세

(1) 연 혁

재산세는 비교적 우여곡절을 많이 겪은 지방세의 하나이다. 일제시대에는 국세로서 지세가 있었으며 지방세로서는 도세로서 지세부가세와 가옥세가 있었다. 정부수립후인 1949년 12월 22일의 지방세법개정도 이러한 체제를 유지했으나 1951년에 와서 가옥세는 존속했으나 지세부가세가 폐지되었다. 재산세가 등장한 것은 5·16 후인 1961년 12월의 일이다.[7)]

시·군세로서의 재산세는 그 후 지방세의 핵심을 이루다시피 했는데 1986년 6월의 지방세법개정에 의하여 종합토지세가 신설됨으로써 토지분이 재산세에서 분리되어 재산세는 건축물과 선박·항공기 등에만 부과되게 되었으나 2005년 종합토지세가 국세로 전환함에 따라 지방세인 재산세의 과세대상으로 토지가 포함되게 되었다.

(2) 의 의

재산세는 시·군·구 내에 소재하는 토지·건축물·선박 및 항공기에 부과하는 시·군세이다. 전술한 바와 같이 과거에는 토지도 재산세의 과세대상이었으나 종합토지세의 신설로 토지는 재산세의 과세대상에서 제외되었으나 종합토지세가 국세로 전환함에 따라 지방세인 재산세의 과세대상에 토지가 추가되게 된 것이다.

(3) 재산세의 성격

재산세의 성격으로서 여러 가지를 들 수 있겠으나 우리는 다음의 네 가지를 들고자 한다.[8)]

---

7) 내무부, 전게서, pp. 678-685.

8) 일본에서는 우리나라 재산세와 유사한 세목을 고정자산세라고 하고 있으며 과세대상도 우리와 다소 차이가 있다(北脇保之·武田文男·今仲康之, 地方稅法〔II〕, 東京: 行政, 1992, pp. 130-133).

① 응익세: 재산세는 토지·건축물·선박·항공기 등이 그 소재하는 시·군·구로부터 받는 이익에 착안하여 부담시키는 응익원칙에 입각한 조세이다. 시·군·구는 도로정비·상하수도·진개처리 등 각종의 행정서비스를 제공하고 있는데 건축물 등이 이러한 행정서비스의 원인이 되고 있을 뿐만 아니라 이들이 행정서비스의 제공으로 그 자산가치가 높아지고 있다고 할 수 있다. 따라서 이들과 행정서비스 간에는 응익적 인과관계가 있다고 하겠다.

② 재산보유세: 재산세는 토지·건축물·선박·항공기 등에 대하여 그 가격(적정한 시가)에 따라 매년 부과하는 재산보유세이다. 재산세를 재산보유세로 보느냐 수익세로 보느냐에 관해서 견해의 대립이 있으나 재산세의 과세표준은 이들의 가격(적정한 시가)이며 임대가격이 아니다. 뿐만 아니라 거주용 주택이나 공가 등의 비수익적인 재산에 대해서도 과세되고 있다는 사실에 비추어 볼 때 재산세를 수익세로 보기는 어려울 것이다.

③ 대물세: 재산세는 대물세이다. 대물세란 납세자의 소득의 다과, 부양가족의 유무, 연령 등과 같은 인적 요건을 고려하지 않고 재산의 물적 요건만을 고려하는 조세이다. 따라서 납세자인 소유자의 소득의 다과 등과 관계없이 그 보유하는 재산이 동일한 가치의 것이면 동일한 금액의 재산세를 부과한다. 이 점이 재산세가 종합토지세와 다른 점이라 하겠다. 종합토지세는 전국의 토지를 소유자별로 합산하여 누진과세한다는 점에서 대물세를 대인세로 혼동한 조세라는 비판을 받고 있는데,[9] 재산세는 순수한 대물세이다.

④ 세원의 보편성과 세수의 안정성: 재산세의 과세대상은 보편적으로 존재한다. 선박·항공기는 몰라도 토지·건축물은 모든 시·군·구에서 보편적으로 찾아볼 수 있다. 또한 재산세는 가격을 과세표준으로 하는 까닭에 소득관련세와 같이 경기변동의 영향을 받지 않는 비교적 안정적인 조세이다.

(4) 납세의무자

재산세의 납세의무자에 관해서는 소유자과세의 원칙과 대장과세주의의 원칙이 적용되나 이에 대한 예외도 있다.

① 소유자과세의 원칙: 재산세의 납세의무자는 건축물 등의 소유자이다. 그

9) 유훈, 「지자제실시의 실효성제고를 위한 지방재정의 실태와 확충방안」, 행정논총 제30권 제1호(1992), p. 87.

러나 소유권의 귀속이 분명하지 아니하여 소유권자를 알 수 없는 경우에는 그 사용자가 납세의무자가 된다.

② 대장과세주의의 원칙: 위에서 말한 소유자란 재산세과세대장에 소유자로 등재된 자를 말한다. 따라서 가옥 등의 실질적인 소유자가 누구이냐를 불문하고 등기부에 등재되어 있는 소유자를 재산세과세대장에 등록하고 이 대장에 의거하여 과세하는 것이다.

③ 대장과세주의의 예외: 권리의 양도·도시계획사업의 시행 또는 기타 사유로 인하여 재산세과세대장에 등재된 자의 권리에 변동이 생겼거나 재산세과세대장에 등재가 되지 아니하였을 때에는 사실상의 소유자가 납세의무자가 된다.[10] 또한 국가·도·시·군·지방자치단체조합 등과 재산세과세대상물건을 연부로 매매계약을 체결하여 그 재산의 사용권을 무상으로 부여받은 경우에는 그 매수계약자가 납세의무자가 된다.[11]

(5) 비과세조치

취득세·등록면허세의 경우와 같이 재산세의 경우에도 각종의 비과세조치가 있다.

① 국가 등에 대한 비과세: 국가·도·군·지방자치단체조합 및 외국정부의 소유에 속하는 재산에 대해서는 원칙적으로 재산세를 부과하지 않는다.

② 용도구분에 의한 비과세: 공공적인 용도를 위하여 사용하는 부동산에 대해서는 재산세를 부과하지 않는다. 그러나 이러한 부동산을 수익사업에 사용하는 경우와 일부 부동산을 유료로 사용하거나 목적 외로 사용하는 경우에는 비과세혜택에서 제외된다. 용도구분에 의한 재산세의 비과세가 1989년과 1992년의 지방세법개정에 의하여 다소 축소되었다.

10) 지방세법 제107조 제1항 및 제2항.

11) 지방세법 제107조 제3항.

〈표 3-2〉 재산세의 세율

구 분	세 율
(1) 토 지	
종합합산과세 대상	
5000만원 이하	1,000분의 2
5000만원 초과 1억원 이하	10만원+5,000만원 초과금액의 1,000분의 3
1억원 초과	25만원+1억원 초과금액의 1,000분의 5
별도합산과세대상	
2억원 이하	1,000분의 2
2억원 초과 10억원 이하	40만원+2억원 초과금액의 1,000분의 3
(2) 건축물	
① 골프장 및 고급오락장용 건축물	과세표준액의 1,000분의 40
② 공장용 건축물	1,000분의 5
③ 기타건축물	1,000분의 2.5
(3) 주 택	
① 별장	과세표준액의 1,000분의 40
② 주택(별장 제외)	
6,000만원 이하	1,000분의 1
6,000만원 초과 1억 5천만원 이하	6만원 + 6,000만원 초과금액의 1,000분의 1.5
1억 5천만원 초과 3억원 이하	195,000원 + 1억 5,000만원 초과금액의 1,000분의 2.5
3억원 초과	570,000원 + 3억원 초과금액의 1,000분의 4
(4) 선 박	
① 고급선박	1,000분의 50
② 고급선박 이외의 선박	1,000분의 3
(5) 항공권	과세표준액의 1,000분의 3

자료: 지방세법 제111조.

(6) 과세면제와 세액감면

취득세 · 등록세의 과세면제와 세액감면을 받는 법인 등에 대해서는 재산세도 과세면제나 세액감면의 혜택이 있다.

① 과세면제: 취득세의 면제를 받는 법인 등이 재산세과세기준일 현재 그 고유의 업무에 직접 사용하는 부동산에 대해서는 재산세를 면제한다.

② 세액감면: 취득세의 세액감면을 받는 법인이 그 고유의 업무에 직접 사용하는 재산에 대해서는 세액의 100분의 50을 경감한다.[12]

12) 재산세의 구체적인 규정에 관해서는 지방세법 제104조 내지 제123조 참조.

(7) 과세표준 및 세율

① 과세표준: 재산세의 과세표준은 재산가액(과세시가표준액)으로 한다.

② 세율: 재산세의 세율은 〈표 3-2〉와 같다.

2. 자동차세

(1) 의 의

자동차세를 재화 및 용역세로 분류하는 사람이 있는가 하면[13] 자동차세는 도로사용에 대한 부담금, 공해와 혼잡에 대한 교정적 과세의 성격도 지니고 있으나 우리는 자동차세를 재산보유세의 범주에 포함시켰다.

자동차세는 자동차의 소유에 담세력이 있다고 보고 그 소유자에게 부과하는 것이므로 재산보유세의 일종이라고 보는 것이다.

(2) 과세대상

자동차세의 과세대상은 자동차관리법의 규정에 의하여 등록 또는 신고된 차량과 중기관리법의 규정에 의하여 등록된 덤프트럭과 콘크리트혼합물운반차(레미콘)를 말한다. 덤프트럭 및 레미콘 외의 중기는 제외된다.

(3) 납세의무자

자동차세의 납세의무자는 시·군내에서의 자동차를 소유하는 자이다.

이 자동차의 소유자는 보통의 경우 자동차등록대장에 소유자로 등록되어 있는 자를 말하나 등록된 소유자와 사실상의 소유자가 다른 것이 분명한 때에는 사실상의 소유자를 납세자로 하여야 할 것이다.

(4) 비과세의 범위

다음과 같은 자동차를 소유하는 자에 대해서는 자동차세를 부과하지 않는다.

① 국방과 경호·경비·교통순찰 및 소방에 사용하는 자동차

② 국가 또는 지방자치단체가 환자수송·청소·오물제거와 도로공사에 사용하는 자동차

③ 주한외교기관과 국제연합기관 및 민간원조기관을 포함하는 주한외국원조기관이 사용하는 자동차

---

13) 김경환, 「지방세 기능강화 방안」, 송대희·노기성편, 지방자치제 실시에 따른 중앙·지방재정기능의 재정립(서울: 한국개발연구원, 1992), p. 60.

(5) 과세표준과 세율

자동차세의 표준세율은 다음 구분에 의한다.

① 승용자동차: 배기량에 씨씨당 세액을 곱하여 산정한 세액을 자동차 1대당 연간 세액으로 하되 세액이 300만원을 초과하지 못한다.

영업용		비영업용	
배기량	씨씨당 세액	배기량	씨씨당 세액
1,000씨씨 이하	18원	1,000씨씨 이하	80원
1,500씨씨 이하	18원	1,600씨씨 이하	140원
2,000씨씨 이하	19원	1,600씨씨 초과	200원
2,500씨씨 이하	19원		
2,500씨씨 초과	24원		

② 기타 승용자동차: 다음의 세액을 자동차 1대당 연간 세액으로 한다.

영 업 용	비 영 업 용
20,000원	100,000원

③ 승합자동차: 다음의 세액을 자동차 1대당 연간 세액으로 한다.

구 분	영 업 용	비 영 업 용
고속버스	100,000원	
대형전세버스	70,000원	
소형전세버스	50,000원	
대형일반버스	42,000원	115,000원
소형일반버스	25,000원	65,000원

④ 화물자동차: 다음의 세액을 자동차 1대당 연세액으로 한다. 다만, 적재정량이 10,000킬로그램 초과 자동차에 대하여는 적재정량 10,000킬로그램 이하의 세액에 10,000킬로그램 초과시마다 영업용의 경우에는 10,000원, 비영업용의 경우에는 30,000원을 가산한 금액을 1대당 연세액으로 한다.

적 재 정 량	영 업 용	비 영 업 용
1,000킬로그램 이하	6,600원	28,500원
2,000킬로그램 이하	9,600원	34,500원
3,000킬로그램 이하	13,500원	48,000원
4,000킬로그램 이하	18,000원	63,000원
5,000킬로그램 이하	22,500원	79,500원
8,000킬로그램 이하	36,000원	130,500원
10,000킬로그램 이하	45,000원	157,500원

구 분	영 업 용	비 영 업 용
대형특수자동차 소형특수자동차	36,000원 13,500원	157,500원 585,000원

⑤ 특수자동차: 앞의 세액을 자동차 1대당 연간 세액으로 한다.

⑥ 삼륜 이하 소형자동차: 다음의 세액을 1대당 연간 세액으로 한다.

영 업 용	비 영 업 용
3,300원	18,000원

⑦ 대도시지역의 등차과세: 서울특별시와 광역시에 있어서는 자치단체장이 조례가 정하는 바에 의하여 위의 표준세율의 100분의 50까지 초과하여 정할 수 있다.

(6) 자동차관련세의 문제점

자동차관련세가 유류세로 일원화되다시피 한 미국 등에 비하여 우리나라의 자동차관련세는 세목이 과다하며 거기서 오는 문제점이 많다.

① 자동차관련세의 과다와 복잡성: 우리나라의 자동차관련세는 국세와 지방세로 나누어져 복잡다기하다. 자동차를 구입하여 운행하는 경우 납부해야 할 자동차관련세의 종류를 보면 국산차의 경우 국세 7가지와 지방세 4가지이며 공채매입까지 합치면 총 12가지이다. 수입차의 경우에는 여기에다가 두 가지가 첨부되어 14가지에 달한다.

② 과세대상의 통일성 결여: 자동차관련세의 과세대상을 본다면 세목마다 과세대상이 달라 납세자에게 혼돈을 주고 있다. 다행히 지방세의 경우에는 자동차면허세를 제외한 나머지 세목은 모든 자동차에 부과하고 있다.

③ 과세기준의 다양성: 자동차관련세의 과세기준을 보면 이 역시 세목에 따라 다양하다. 자동차세는 5단계로 나누어서 과세하고 있는가 하면 자동차면허세는 3단계로 나누고 있으며 공채의 경우에는 4단계, 자동차소비세는 3단계로 구분하고 있다.[14)]

3. 지방교육세

(1) 의 의

지방교육세는 교육의 질적향상에 필요한 지방교육재정의 확충에 소요되는

14) 손희준, 「자동차관련세제의 개혁방향」, 지방세 1993년 제3호, pp. 35-55.

재원의 확보를 위한 지방세이나 각종 재산거래세, 재산보유세, 소비관련세, 소득관련세에 부가되는 부가세적인 성격을 지니므로 어느 범주에 귀속시키기 어려우나 편의상 재산보유세에 포함시키기로 했다.

(2) 특 징

① 지방교육세는 도·특별시·광역시의 목적세이다.

② 지방교육세는 독립적인 세원을 갖추지 못하여 다른 조세에 부가하여 과세하는 부가세이다.

③ 지방자치단체장은 필요한 경우에는 조례에 정하는 바에 따라 표준세율의 50% 범위 안에서 가감조정할 수 있다.

(3) 납세의무자·과세표준 및 세율

지방교육세의 납세의무자·과세표준 및 세율은 〈표 3-3〉과 같다.

전술한 바와 같이 지방교육세는 다른 조세에 부가하여 과세하는 목적세이므로 납세의무자는 각 세목에 관한 조문을 참조해야 한다.

지방세의 결함의 하나라 할 수 있는 과세자주권의 부족을 보완하기 위하여 지방교육세의 경우에도 지방자치단체장이 조례가 정하는 바에 따라 표준세율의 50% 범위 내에서 가감할 수 있다는 사실에 유의할 필요가 있다.

〈표 3-3〉 지방교육세의 납세의무자와 세율

납 세 의 무 자		과세표준	세 율
취득세 납세의무자	주택 외 취득	취득가액×(취득세율-20/1,000)	20%
	주택의 유상취득	취득세율 × 50%	20%
등록면허세 납세의무자		등록세액	20%
재산세 납세의무자		재산세액	20%
주민세 균등분 납세의무자		균등할 주민세액	10%(인구 50만 이상 25%)
레저세 납세의무자		레저세액	40%
비영업용 자동차세 납세의무자		자동차세액	30%
담배소비세 납세의무자		담배소비세액	50%

주: ① 담배소비세에 대한 지방교육세는 2015년 12월 31일까지 과세한다.
② 국가·지방자치단체 및 초·중·고등학교를 경영하는 학교법인의 목적사업용 자동차비과세.
자료: 지방세법 제150조 및 제151조.

제 3 절 소비관련세

1. 레 저 세

(1) 연 혁

국세였던 마권세가 지방세로 전환된 것은 5.16 후인 1961년 12월 8일의 지방세법개정시이다. 그러나 그 후 경마의 폐지로 1976년 12월의 지방세법개정시에 폐지되었다가 1988년 12월의 개정시에 다시 부활되어 1989년부터 시행하기에 이르렀다.[15]

그러다가 2010년 지방세법 전면 개정시에 마권세를 레저세로 개편하고 과세대상에 경마 외에 경륜 및 경정과 승자투표권 등을 발매하고 투표적중자에게 환급금 등을 교부하는 행위를 추가하게 되었다.

(2) 과세대상

레저세의 과세대상은 다음과 같다.

① 경륜 및 경정

② 경마

③ 그 밖의 승자투표권 및 승마투표권 등을 발매하고 투표적중자에게 환급금 등을 교부하는 행위

국가나 지방자치단체에 따라서는 세수증대를 위하여 직접 도박행위를 영업하는 경우가 있는가 하면[16] 복권 등을 발행하는 경우도 있다.[17] 국가나 지방자치단체가 직접 영업하지 않더라도 민간부문의 도박행위를 허가하고 이에 과세하는 경우도 있는데 레저세가 이 범주에 속한다고 하겠다.

---

15) 내무부, 전게서, pp. 681-682.

16) 미국의 많은 주정부와 지방자치단체가 도박행위를 영위하고 있는데 주정부의 경우를 본다면 22개주에서 도박행위의 직영으로 주일반회계 세입의 평균 1.9%를 여기서 얻고 있다(Ronald C. Fisher, *State and Local Public Finance*, Glenview: Scott, Foreman and Co., 1987, pp. 272-273).

17) 우리나라에서도 주택복권 · 체육복권 등을 발행하고 있다는 것은 주지의 사실이다.

(3) 납세의무자

과세 대상에 해당되는 사업을 영위하는 자는 당해 과세대상사업장과 장외발매소가 소재하는 시도에 레저세를 납부할 의무가 있다.

(4) 과세표준과 세율

레저의 과세표준은 승자투표권·승마투표권 등의 발매금 총액이며 세율은 100분의 1이다.

2. 담배소비세

(1) 연 혁

담배전매사업이 시작된 것은 일제시대인 1926년의 일이나 우리나라에서 담배가 성행하기에 이른 것은 광해군 때였다고 한다. 조선총독부는 1914년 담배제조공장의 설치지역을 한정하고 제조담배 소비세를 신설하였다. 이어서 1926년 4월에는 조선전매령을 공포하고 7월 1일부터 이를 시행함으로써 담배전매사업이 시작되었다.

이러한 담배전매사업은 해방 후에도 이어졌다. 1946년 4월 미군정청재무부 전매국으로 출발한 전매사업담당기구가 1948년 대한민국 정부수립 후에도 계속해서 재무부 전매국으로 있다가 1951년 12월 전매청승격을 위한 정부조직법개정법률이 공포되고 1952년 4월 전매청이 발족하였다.[18]

〈표 3-4〉 담배판매세의 세율인상

(1988년 2월 1일부)

지 역 별	개 정 전	개 정 후
시 지 역	2%	22%
군 지 역	22%	55%

자료: 내무부, 1991년 지방세정연감, p. 691.

이러한 전매청을 통한 담배전매사업은 1987년 4월 전매청이 전매공사로 전환된 후에도 지속되었으나 1989년 4월 담배인삼공사가 발족함으로써 담배전매사업은 종지부를 찍게 되었다.

이보다 앞서 1984년 12월 24일의 지방세법개정시에 담배판매세가 신설되었

18) 유훈·배용수·이원희, 〔신판〕공기업론(서울: 법문사, 2010), pp. 239-242, 244-246.

다. 다시 말해서 국세와 같은 역할을 담당했던 전매익금이 폐지될 것에 대비하여 지방세로 담배판매세가 신설된 것이다. 1988년에는 담배판매세의 세율이 〈표 3-4〉와 같이 크게 인상되었고 1989년부터 담배판매세가 담배소비세로 전환되었다.

(2) 담배소비세의 비중

담배판매세 시절인 1988년까지만 하더라도 지방세수입의 10%에 지나지 않던 것이 담배소비세로 전환된 1989년에는 지방세수입의 28.5%를 차지하게 되었다(〈표 3-5〉 참조). 그 후 비중이 다소 하락하기는 했으나 지방세 여러 세목 중 등록세·취득세·주민세 다음으로 무거운 비중을 차지하는 세목이 되었다.

그러나 최근에 와서 지방소득세가 독립세가 되고 취득세의 비중이 크게 늘어남에 따라 2014년 당초 예산에서는 5.1%를 차지하는데 불과했다.[19]

(3) 의 의

담배소비세는 제조담배의 소비에 대하여 부과하는 소비세이며 그 법률상의 납세의무자는 제조담배의 제조자 또는 수입판매업자 등이나 그 실질적인 납세자는 담배소비자라 할 수 있다.

(4) 과세대상

담배소비세의 과세대상은 국내에서 제조하였거나 외국에서 반입하는 제조담배이다. 지방세법은 이 제조담배를 크게 ① 흡연용 제조담배, ② 씹는 제조담배, ③ 냄새맡는 제조담배로 분류하고 흡연용 제조담배를 다시 세분하고 있다.

(5) 납세의무자

담배소비세의 납세의무자는 다음과 같은 네 가지 유형으로 나누어서 생각할 수 있다.

① 제조자: 제조자는 제조장으로부터 반출한 제조담배에 대하여 담배소비세를 납부할 의무를 진다.

② 수입판매업자: 수입판매업자는 보세구역으로부터 반출한 제조담배에 대하여 담배소비세를 납부할 의무를 진다.

---

19) 안전행정부, 2014년도 지방자치단체통합재정개요, 상권(서울: 안전행정부, 2014), p. 58.

③ 외국으로부터의 반입자: 외국으로부터 입국하는 자의 휴대품 또는 탁송품·별송품으로 제조담배가 반입될 때에는 그 반입자가 납세의무자가 된다.

〈표 3-5〉 담배소비세의 비율

종 류	세 율
피우는 담배	
제1종 궐련	20개비당 641원
제2종 파이프담배	1그램당 23원
제3종 엽궐련	1그램당 65.4원
제4종 각련	1그램당 23원
제5종 전자담배	니코틴용액 1밀리리터당 400원
씹는 담배	1그램당 26.2원
냄새맡는 담배	1그램당 16.4원

자료: 지방세법 제52조.

④ 기타납세의무자: 정상적인 제조자나 수입판매업자·입국자가 아닐지라도 담배를 제조하거나 국내로 반입하는 경우에는 그 제조자와 반입자가 납세의무자가 된다.

(6) 과세단체

담배소비세는 전술한 바와 같이 시·군세이다. 구세가 아니므로 서울특별시와 광역시도 담배소비세를 과세한다.

납세지는 납세의무자가 누구이냐에 따라서 다소 다르다. 납세의무자가 제조자인 경우와 수입판매업자인 경우에는 제조담배가 매도된 소매인의 영업장 소재지를 관할하는 시(특별시와 광역시 포함)와 군으로 한다.

납세의무자가 외국으로부터의 반입자(입국자)인 경우에는 세관 소재지를 관할하는 시·군이 과세단체가 된다. 비정상적인 방법으로 담배를 제조하는 경우에는 담배제조장을 관할하는 시·군이 과세단체이며 비정상적인 방법으로 반입하는 경우에는 반입장소를 관할하는 시·군이 과세단체가 된다.

(7) 과세면제

제조자 또는 수입판매업자가 제조담배를 다음과 같은 용도에 제공하는 경우에는 담배소비세를 면제한다.

① 수출

② 국군 · 전투경찰 · 교정시설경비교도 및 주한 외국군에의 납품
③ 보세구역에서의 판매
④ 외항선 및 원양어선의 선원에 대한 판매
⑤ 국제선로에 취항하는 항공기 또는 여객선의 승객에 대한 판매
⑥ 시험분석 및 연구용
⑦ 국가원수가 행사용으로 사용하는 제조담배 등이다.

(8) 과세표준 및 세율

① 과세표준: 담배소비세의 과세표준은 제조담배의 개비수 또는 중량으로 한다.[20]

② 세율: 담배소비세의 세율은 앞의 〈표 3-5〉와 같다.

3. 지역자원시설세

(1) 연 혁

지역균형개발 등에 소요되는 재원을 확보하기 위하여 1991년 12월의 지방세법 개정시에 시 · 도의 목적세로 발전용수, 지하수, 지하자원, 컨테이너를 과세대상으로 삼는 지역개발세가 신설되었으나 이번에 여기에 원자력발전과 특정부동산을 과세대상에 추가하여 지역자원시설세가 등장했다.

(2) 납세의무자

지역자원시설세의 과세대상은 전술한 바와 같이 발전용수, 지하수, 지하자원, 컨테이너, 원자력발전, 특정부동산인데 납세의무자는 다음과 같다.

① 발전용수: 유수를 이용하여 직접 수력발전을 하는 자이다. 현시점에서는 한국전력공사이다.

② 지하수: 지하수를 개발하여 식용수로 판매하거나 목욕용수(온천수에 한함)로 활용하기 위하여 지하수를 채수하는 자이다.

③ 지하자원: 채광한 지하자원을 원료로 하여 직접 제품을 생산하는 채광자이다.

④ 컨테이너: 컨테이너를 취급하는 부두를 이용하여 컨테이너를 입출항하는 자이다.

---

20) 담배소비세의 구체적인 규정에 관해서는 지방세법 제47조 내지 제64조 참조.

⑤ 원자력발전: 원자력을 이용하여 발전하는 자이다.

⑥ 특정부동산: 특정부동산의 소유자이다.

(3) 과세단체

지역자원시설세는 시·도의 목적세이므로 시·도가 과세하나 납세지는 과세대상에 따라 다르다.

① 발전용수: 발전용수에 대한 지역자원시설세 과세단체는 발전소의 소재지를 관할하는 시·도이다.

② 지하수: 지하수에 대한 지역자원시설세 과세단체는 채수공의 소재지를 관할하는 시·도이다.

③ 지하자원: 지하자원의 경우에는 광업권이 등록된 토지의 소재지를 관할하는 시·도에서 부과하나 광업권이 등록된 토지가 2개 이상의 시·도에 걸쳐 있을 경우에는 등록된 토지의 면적에 따라 안분한다.

④ 컨테이너: 컨테이너의 경우에는 컨테이너부두를 관할하는 시·도가 과세단체가 된다.

⑤ 원자력발전: 발전소 소재시를 관할하는 시·도이다.

⑥ 특정부동산

i) 건축물: 건축물의 소재지

ii) 선박: 「선박법」에 따른 선적항의 소재지. 다만 선적항이 없는 경우에는 정계장 소재지

iii) 토지: 토지의 소재지

(4) 비과세조치

지역자원시설세에 대한 비과세조치는 다음과 같은 경우에 인정된다.

① 국가 등에 대한 비과세: 국가·도·시·군·지방자치단체조합이 과세대상 자원 등을 직접 개발하여 이용하는 경우에는 과세하지 않는다.

② 국가 등에 대한 제공분의 비과세: 생산된 전력 등을 국가·도·시·군·지방자치단체조합 또는 일정한 비영리사업자에게 무료로 제공하는 경우에는 그 부분에 대해서는 지역자원시설세를 부과하지 않는다.

(5) 과세표준과 세율

지역자원시설세의 과세표준과 세율은 다음과 같다.

① 발전용수: 발전에 이용된 물 10㎥당 1원

② 지하수

ⓐ 음용수 1㎥당 200원

ⓑ 온천수 1㎥당 100원

ⓒ 기 타 1㎥당 20원

③ 지하자원: 채광된 광물가액의 1,000분의 5

④ 컨테이너: 컨테이너 1TEU당 15,000원

⑤ 원자력발전: 발전량 킬로와트시(Kmh) 당 0.5원

⑥ 특정부동산에 대한 지역자원시설세의 과세표준과 표준세율은 다음 각 호에서 정하는 바에 따른다.

ⓐ 소방시설에 충당하는 지역자원시설세는 건축물(주택의 건축물 부분을 포함한다. 이하 이 장에서 같다) 또는 선박(소방선이 없는 지방자치단체는 제외한다)의 가액 또는 시가표준액을 과세표준으로 하여 다음 표의 표준세율을 적용하여 산출한 금액을 세액으로 한다.

〈표 3-6〉 건축물에 대한 지역자원시설세

과세표준	세 율
600만원 이하	10,000분의 4
600만원 초과 1,300만원 이하	2,400원+600만원 초과금액의 10,000분의 5
1,300만원 초과 2,600만원 이하	5,900원+1,300만원 초과금액의 10,000분의 6
2,600만원 초과 3,900만원 이하	13,700원+2,600만원 초과금액의 10,000분의 8
3,900만원 초과 6,400만원 이하	24,100원+3,900만원 초과금액의 10,000분의 10
6,400만원 초과	49,100원+6,400만원 초과금액의 10,000분의 12

ⓑ 저유장, 주유소, 정유소, 백화점, 호텔, 유흥장, 극장, 4층 이상의 건축물 등 대통령령으로 정하는 화재위험 건축물에 대하여는 제1호에 따라 산출한 금액의 100분의 200을 세액으로 한다.

ⓒ 오물처리시설, 수리시설, 그 밖의 공공시설에 충당하는 지역자원시설세는 토지 및 건축물의 전부 또는 일부에 대한 가액을 과세표준으로 하여

부과하되, 그 표준세율은 토지 또는 건축물 가액의 1만분의 2.3으로 한다.

ⓓ 화재위험 건축물에 대한 지역자원시설세 중과세율 적용

(6) 세율의 가감조정

위에서 제시한 세율은 표준세율이다. 시・도지사는 조례가 정하는 바에 의하여 지역개발세의 세율을 위에서 말한 표준세율의 100분의 50범위안에서 가감조정할 수 있다. 지방자치단체의 과세자주권을 존중하려는 의도에서 나온 규정이라 하겠다.[21]

4. 지방소비세

(1) 연 혁

일본은 1988년에 특별지방소비세의 이름으로 지방소비세가 도입되어 오늘날에 이르고 있으나[22] 우리나라에서는 오랫동안 지방소비세가 없다가 2013년 중앙정부가 부동산 경기의 부양을 위하여 취득세의 세율 인하를 단행하면서 지방자치단체의 세수감소에 대한 보상으로 국세인 부가가치세수입의 일부를 지방자치단체에 교부하기 위하여 신설한 것이 지방소비세이다.

(2) 납세의무자 및 과세대상

납세의무자는 부가가치세를 납부하여야 하는 자이며 과세 대상은 부가가치세법상의 과세 표준인 재화공급과 용역의 제공이다.

(3) 특 징

세무서장 또는 세관장은 지방소비세의 특수징수의무자가 된다. 그러나 특수징수의무자가 징수하였거나 징수할 세액을 납입하지 않았거나 부족하게 납부한 경우에는 가산세는 부과하지 않는다.

또한 지방소비세를 납세의무자가 별도로 신고 및 납부하는 것은 아니고 납부한 부가가치세의 11% 중에서 5%는 종전 안분율대로 배분하고 6%는 취득세의 세수감소에 대한 보상이므로 별도의 기준에 따라 안분하여 해당지방자치단체에 교부한다.

---

21) 지역자원시설세의 구체적인 규정에 관해서는 지방세법 제141조 내지 제148조 참조.

22) 北脇・武田, 전게서, p. 151.

제 4 절 소득관련세

1. 지방재정과 소득관련세

(1) 각국의 소득관련지방세

우리는 지방세수입은 주로 재산관련세에 의존해야 하는 것으로 생각해 왔으며 각국의 지방세도 재산관련세가 대종을 이루는 것으로 생각해 왔다.[23]

〈표 3-7〉 각국의 지방세의 구조

(단위: %)

유형별	국 가 별	소득관련세	재산관련세	소비관련세	기타②
연방국①	캐 나 다	-	85	2	13
	미 국	6	75	9	-
	독 일	80	19	1	-
단일국	벨 기 에	90	-	-	10
	덴 마 크	93	7	-	-
	핀 란 드	99	1	-	-
	이 탈 리 아	52	-	15	33
	일 본	64	23	12	1
	네 덜 란 드	-	73	27	-
	노 르 웨 이	88	9	1	2
	스 페 인	18	41	41	-
	스 웨 덴	100	-	-	-
	영국(1989이전)	-	100	-	-
	영국(1990~93)	-	-	-	100
	영국(1993~)	-	100	-	-

주: ① 연방국의 주세는 불포함.
② 기타는 영국의 인두세 등임.
자료: David Wilson and Chris Game, *Local Government in the United Kingdom*(London: Macmillan, 1994), p. 163.

그러나 〈표 3-7〉과 같이 이것은 영미제국의 현상이며 대부분의 유럽제국이나 일본의 경우에는 소득관련세의 비중이 압도적으로 높다는 것을 알 수 있다.[24] 같은 연방국가이지만 미국이나 캐나다의 지방세수입은 재산관련세가 무

23) James Buchanan and Marilyn Flowers, *The Public Finances*, fifth edition(Homewood: Richard Irwin, Inc., 1980), pp. 509-510.

거운 비중을 차지하나 공동세제도를 채택하고 있는 독일의 경우에는 소득관련세의 비중이 80%에 달하고 있다는 것을 알 수 있다.

(2) 한국의 소득관련세

우리나라의 소득관련세는 한 때 지방세수입의 27%를 상회한 일도 있으나 농지세 수입의 격감으로 그 비중이 급격히 하락하기 시작하여 1991년에는 10.9%까지 떨어졌다. 그러나 주민세율의 조정으로 1992년부터 주민세수입이 늘어나게 되어 소득관련세의 비중이 다시 상승하고 있다.

거기에다가 부가세의 형태로 지방소득세가 도입되고 2014년부터는 지방소득세가 독립세로 전환됨에 따라 소득관련세의 비중은 크게 늘어나 2014년 당초 예산의 소득관련세 수입의 비중은 지방세 수입 총액의 19.1%에 달하게 되었다.[25]

2. 주 민 세

(1) 연 혁

일제시대부터 있었던 호별세는 해방 후에도 계속되었으나 5·16후인 1961년 12월의 지방세법개정에 의하여 폐지되었다. 이리하여 지방자치단체 주민인 까닭에 납부하는 조세는 없어졌다. 모든 지방세가 특정한 자치단체 내에 재산을 보유하거나 사업을 영위하는 까닭에 납부하는 조세가 되어 버렸다.

주민의 참여의식을 제고하기 위해서 주민인 것을 과세요건으로 하는 세목이 신설되어야 한다는 요구가 제기되어 1973년 3월의 지방세법개정시에 주민세가 신설되었다. 주민세 신설 후 세율의 조정이 별로 없다가 1991년 12월의 지방세법개정에 의하여 주민세 세율이 조정된 것을 필두로 하여[26] 1993년, 1994년, 1995년, 1998년에도 조정되었는데 법인균등분뿐만 아니라 개인균등분도 조정되었다.

2014년 1월에는 지방세법이 개정되어 종전의 주민세 균등분·재산분 외에 '종업원분'이 신설되었다. 매월 종업원에게 급여를 지급하는 사업주는 월급여총

---

24) David Wilson and Chris Game, *Local Government in the United Kingdom*(London: Macmillan, 1994), pp. 162-164.

25) 안전행정부, 전게서, p. 58.

26) 유훈, 「지방자치와 지방세」, 지방세 1993년 제2호, p. 11.

액의 5/1,000를 주민세로 납부하게 된 것이다.

(2) 의 의

시·군 보통세인 주민세는 시·군이 행정서비스를 제공하는데 필요한 경비에 관해서 그 주민에게 부담을 분임시키는 것을 목적으로 하는 조세이다. 따라서 시·군내에 주소가 있는 자는 일반적으로 당해 시·군과 응익관계가 있다고 보고 주민세 균등분과 재산분의 납세의무자로 하고 있다. 시·군내에 주소가 없는 자라도 시·군내에 사무소 또는 사업소를 둔 법인에 대해서도 당해 시·군과 응익관계에 있다고 보고 균등분을 부담시키고 있다. 균등분은 소득의 다과를 불문하고 비과세에 해당되는 경우를 제외하고 모든 납세의무자에게 균등한 금액을 부담시키는 것으로서 주민세의 부담분임의 성격을 나타내는 것이라 하겠다.

재산분은 소득을 과세표준으로 하는 것이기는 하나 주민의 입장에서 부담하는 조세라는데 의미가 있다. 따라서 소득세·법인세 등과는 달리 그 세율의 누진도도 강하지 않으며 납세의무자의 범위도 넓다.[27]

(3) 소득관련세로서의 주민세

주민세를 소득관련세의 범주에 포함시킬 수 있느냐에 관해서 논란이 있을 수 있다. 전술한 바와 같이 주민세는 균등분과 재산분으로 나누어지는데 재산분은 소득관련세라고 할 수 있겠으나 균등분은 소득관련세라고 보기 어려울 것이다.

그러나 주민세징수액의 구성을 본다면 90% 이상을 재산분·종업원분이 차지하고 있으므로 다소 논란이 있을 수 있으나 우리는 주민세를 소득관련세에 포함시키기로 했다.

(4) 납세의무자

주민세의 납세의무자는 균등분과 재산분·종업원분으로 나누어서 생각할 수 있다.

① 균등분: 주민세의 개인균등분의 납세의무자는 i) 시·군 내에 주소를 둔 개인과 ii) 시·군 내에 사업소를 둔 직전년도 부가가치세 과세표준이 4,800만원 이상인 자이다. 법인 균등분 납세의무자는 시·군 내에 사업소를 둔

27) 北脇保之·武田文男·今仲康之, 전게서, p. 3.

법인이다.

② 재산분: 매년 7월 1일 현재 과세 대장에 등재된 사업주이다. 다만 사업 소용 건축물의 소유주와 사업주가 다른 경우에는 건축물의 소유주에게 제2차 납세의무를 지울 수 있다.

③ 종업원분: 매월 종업원에게 급여를 지급하는 사업주이다.

(5) 세 율

전술한 바와 같이 주민세의 세율은 균등분과 재산분으로 나누어서 생각할 수 있다.

① 균등분 개인: 다음과 같이 나누어서 과세한다.

구 분	세 액
시·군의 관할구역 안에 주소를 둔 개인	시장·군수가 10,000원을 초과하지 아니하는 범위 안에서 초례로 정하는 세액
시·군 내에 사업장을 둔 개인의 표준세율	50,000원

② 균등분 법인: 균등분 법인의 주민세는 i) 자본액 또는 출자액과 ii) 종업원수에 따라 5단계로 구분하여 최하 5만원에서부터 최고 50만원까지 부과하고 있다.

③ 재산분: 과세기준일 현재 사업소 면적 ㎡당 250원

④ 종업원분: 종업원에게 지급할 월급여총액이 과세표준이며 표준세율 5/1,000

(6) 면세점

① 재산분 면세점: 사업소의 연 면적이 330㎡이하인 경우

② 종업원분 면세점: 사업소의 종업원수 50인 이하인 경우

⑤ 자치단체장의 가감조정: 위에서 살펴본 세율(세액)은 표준세율이다. 시장·군수는 조례가 정하는 바에 의하여 당해연도분의 주민세 균등분과 재산분의 세율을 표준세율의 50% 범위 안에서 가감조정하여 정할 수 있다.

이 규정은 자치단체의 과세자치권을 존중한다는데 그 취지가 있는데 1988년 4월 6일의 지방세법개정에 의하여 도입되었다. 그러나 당시에는 이러한 가감조정을 하기 위해서는 미리 도지사를 거쳐 행정자치부장관의 승인을 얻도록 되어 있었으나 1991년 12월 14일의 개정에 의하여 승인조항이 삭제되었다. 따라서 이제는 시장·군수가 지방의회의 의결을 거친 조례만으로서 가감조정이 가능하

게 된 것이다.[28]

3. 지방소득세

(1) 연 혁

재산관련세에 크게 의존하던 우리나라의 지방세 체계가 국세인 소득세·법인세의 부가세 형태(결정세액의 10%)이기는 하나 지방소득세가 도입됨에 따라 소득관련 세입이 크게 늘어나게 되었으며 2013년에는 지방소득세 수입이 지방세 수입총액의 18.8%를 차지하기에 이르렀다.

그러던 지방소득세가 2014년부터 독립세로 전환되어[29] 앞으로 소득관련 지방세 수입이 지방세 총액에 있어서 차지할 비중이 더욱 늘어날 것으로 전망된다.

(2) 납세의무자

지방소득세가 독립세로 전환되었다고 하나 납세의무자는 소득세법과 법인세법의 규정에 의존한다. 다시 말해서 지방소득세의 납세의무자는

① 소득세법상 소득세납세의무가 있는 자이다.

② 법인세법상 법인세 납세의무가 있는 자이다.[30]

(3) 비과세

「소득세법」, 「법인세법」 및 「조세특례제한법」에 따라 소득세 또는 법인세가 비과세되는 소득에 대하여는 지방소득세를 과세하지 아니한다.

① 국가·지방자치단체 및 지방자치단체조합

② 주한외국정부기관·주한 국제기구 및 주한외국원조단체. 다만, 대한민국 정부기관·국제기구 및 원조단체에 대하여 종업원분과 같은 조세를 부과하는 외국정부 또는 원조단체에 대해서는 종업원분을 과세한다.

③ 제사·종요·자선·학술·기예. 그 밖에 공익사업을 목적으로 하는 비영리사업자. 다만, 수익사업에 관계되는 종업원분은 제외한다.

④ 마을주민으로만 이루어진 마을회 등 주민공동체

⑤ 별정우체국법에 따라 설립된 별정우체국

---

28) 주민세의 구체적인 규정에 관해서는 지방세법, 제74조 내지 제84조의 7 참조.

29) 안전행정부, 2013년도 지방자치단체 통합재정개요, 상권(서울: 안전행정부, 2013), p. 51.

30) 지방세법 제86조.

⑥ 서울대학병원 · 서울대학교 치과병원 및 국립대학교병원, 의과대학(한의과대학 · 치과대학 · 수의과대학 포함)의 부속병원

⑦ 국립암센타, 대한민국상이군경회 등 국가유공자 단체

⑧ 재단법인 산재의료관리원

(4) 세 율

국내 거주자의 종합소득에 대한 지방소득세의 표준세율은 〈표 3-8〉과 같다. 지방자치단체장은 조례로 정하는 바에 따라 종합소득에 대한 개인소득세의 세율을 표준세율의 100분의 50 범위에서 가감할 수 있다.

〈표 3-8〉 거주자의 종합소득에 대한 지방소득세의 표준세율

구 분	세 율	누진공제
1천 200만원 이하	0.6%	-
1천 200만원 초과 4천 600만원 이하	1.5%	108,000
4천 600만원 초과 8천 800만원 이하	2.4%	522,000
8천 800만원 초과 1억 5천만원 이하	3.5%	1,490,000
1억 5천만원 초과	3.8%	1,940,000

이러한 규정은 우리나라 지방세가 안고 있는 문제점의 하나인 과세자주권의 부족을 보완하는 방안으로 활용할 수 있을 것이다.

내국법인의 각 사업연도 소득에 대한 법인 지방소득세 세율은 〈표 3-9〉와 같다.

〈표 3-9〉 내국법인의 각 사업연도 소득에 대한 지방소득세 세율

과세 표준 구간	세 율	누진공제
2억원 이하	1%	-
2억원 초과 200억원 이하	2%	2,000,000
200억원 초과	2.2%	42,000,000

제 4 장 지방세외수입

제 1 절 지방세외수입의 의의

1. 지방세외수입의 개념과 중요성

(1) 세외수입의 개념

지방세외수입이란 광의로 정의하면 지방세 이외의 모든 자체수입을 말한다. 그러나 이러한 광의의 세외수입에는 임시적 수입과 사업적 수입을 포함하는 명목적인 세외수입까지 포함되므로 우리는 이곳에서 세외수입은 이러한 명목적 세외수입을 제외한 실질적 세외수입만을 의미하는 것으로 하겠다([그림 4-1] 참조).

(2) 세외수입의 중요성

이러한 세외수입은 nontax revenue라 하여 미국을 위시한 각국에서 지방자치단체뿐만 아니라 중앙정부에서도 그 중요성이 크게 부각되고 있다.[1] 최근에 와서 국민들의 조세저항이 높아져 증세에 어려움이 뒤따름에 따라 큰 저항없이 징수할 수 있는 세외수입에 눈을 돌리게 된 것이다.

세외수입, 그 중에서도 사용자부담(user charges)은 보수적인 성향을 지니는 사람들과 공공서비스의 민영화를 주장하는 사람들이 선호하고 있는데 이들은 이를 조세에 대신하는 세입증대방안으로 환영하고 있다.[2]

---

1) J. Richard Aronson and L. Hilley, *Financing State and Local Governments*, fourth edition (Washington, D.C.: Brookings Institution, 1986), p. 151

2) Gary M. Anderson, "The Fiscal Significance of User Charges and Earmarked Taxes: A Survey, in Richard E. Wagner(ed.), *Charging for Government: User Charges and Earmarked Taxes in Principle and Practice* (London: Routledge, 1991), pp. 13-14.

(3) 한국지방재정에서의 중요성

이와 같이 세외수입은 최근에 와서 각국에서 지방자치단체뿐만 아니라 중앙정부에서도 그에 대한 관심이 높아지고 있으나 우리나라 지방재정에서는 세외수입이 더욱 중요시되고 있다.

지방세는 국회가 제정한 지방세법에 의하여 모든 기초자치단체는 동일한 세목의 지방세를 동일한 세율에 따라 부과하고 광역자치단체는 동일한 시·도세를 동일한 세율에 따라 부과하고 있다. 최근의 지방세법개정에 의하여 세율에 다소 신축성이 부여되기는 했으나 자치단체의 과세자주권은 극히 제한되어 있다.

이러한 실정 하에서 자치단체의 자체수입을 늘릴 수 있는 실질적인 방법은 세외수입에 의존하는 길밖에 없다는 결론이 나오며 우리나라 지방재정에 있어서 세외수입이 중요시되는 이유도 여기에 있다.

2. 세외수입의 종류

세외수입은 여러 가지로 분류할 수 있는데 우리는 ① 경상적 수입과 임시적 수입, ② 일반회계수입과 특별회계수입, ③ 공기업수입과 비공기업수입으로 나누어서 고찰하고자 한다.[3]

(1) 경상적 세외수입과 임시적 세외수입

경상적 세외수입이란 사용료, 수수료, 재산임대수입 등과 같이 매년 정기적으로 징수되는 세외수입을 말하는데 대하여 임시적 세외수입은 재산매각수입, 융자금 회수, 기부금 등과 같이 특정한 회계연도에 일회적으로 발생하는 수입이다.

(2) 일반회계 세외수입과 특별회계 세외수입

세외수입은 회계별로 분류하여 일반회계 수입과 특별회계 수입으로 나눌 수 있다. 특별회계 수입은 다시 공기업특별회계 수입과 기타 특별회계 수입으로 세분할 수 있다. 후술하는 바와 같이 지방공기업법 제2조 제1항 사업과 제2항 사업은 반드시 특별회계를 설치하도록 되어 있다.[4]

---

3) 송대희, 「세외수입의 현황과 발전방향」, 송대희·노기성편, 지방자치제실시에 따른 중앙·지방재정기능의 재정립(서울: 한국개발연구원, 1992), pp. 108-113.

4) 지방공기업법 제14조.

(3) 공기업수입과 비공기업수입

세외수입은 공기업수입과 비공기업수입으로 나눌 수 있는데 엄밀한 의미의 공기업수입이란 ① 상수도사업, ② 하수도사업, ③ 지역개발기금, ④ 공영개발, ⑤ 지하철건설사업의 5개 유형 공기업특별회계의 수입을 말한다.[5)]

비공기업수입이란 공기업수입 외의 모든 세외수입을 말하는데 일반회계의 세외수입과 특별회계의 세외수입을 총칭하는 개념이라 하겠다.

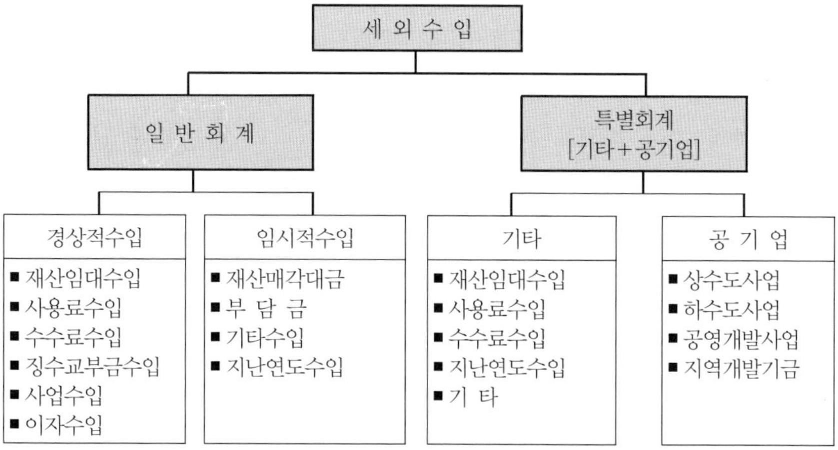

[그림 4-1] 지방세외수입의 분류

(4) 본장의 고찰대상

우리는 위에서 세외수입을 여러 가지 관점에서 분류하였는데 본장에서 고찰하는 세외수입은 주로 실질적 세외수입 중 공기업수입을 제외한 부분이다. 우리는 제5편에서 지방공기업에 관해서 별도로 상세히 고찰하므로 공기업수입은 제5편에 미루기로 한다.

3. 세외수입의 특징

세외수입의 중요성에서 언급했으나 지방세외수입은 같은 자체수입이라도 지방세수입과 구별되는 여러 가지 특징을 지니고 있을 뿐만 아니라, 자체수입인 까닭에 지방교부세·국고보조금과 같은 의존수입과도 다른 특징을 지니고 있다.[6)]

5) 예산청, 1999년도 예산개요(서울: 예산청, 1999), p. 253.

(1) 자주재원

지방세외수입은 자주재원(자체수입)이라는 점에서 의존수입과 구별될 뿐만 아니라 전술한 바와 같이 지방세법에 의하여 세목과 세율이 정해져 있는 지방세수입과는 달리 자치단체의 노력여하에 따라 증수가 가능하다는 점에서 그 특징을 찾아볼 수 있겠다.

(2) 낮은 저항

지방세외수입은 지방자치단체의 서비스에 대한 반대급부로서 징수하는 까닭에 지방자치단체의 구체적이고 개별적인 급부제공없이 강제적으로 징수하는 지방세와 구별되며 주민들의 저항도 조세보다 많이 적다고 하겠다.

전술한 바와 같이 미국의 지방자치단체뿐만 아니라 주정부나 연방정부에서도 최근에 와서 세외수입을 선호하는 이유가 여기에 있다고 하겠다. 증세에 대한 저항이 점차 강화됨에 따라 재정적자를 해소하고 필요한 재원을 조달하는 데에는 세외수입에 의존할 수밖에 없다는 것이다.

(3) 다양한 형태와 종류

영국과 같이 지방자치단체가 단일 세목에 의존하는 국가에 비하여[7] 우리나라의 지방세는 너무나 세목이 많고 복잡하여 세무비리의 원인이 되고 있다는 지적도 있으나 지방세보다 더 형태와 종류가 다양한 것이 세외수입이다.

세외수입의 근거로는 법률·대통령령·부령·조례·사법상의 계약 등 다양하며 그 종류에 있어서도 사용료·수수료 등 행정서비스에 대한 반대급부, 재산임대수입 등 경제활동에 수반되는 수입, 과징금·과태료 등과 같은 행정벌적인 성격의 수입 등 다양하다.

(4) 불균형적·불규칙적 세입구조

지방세는 세목과 세율이 정해져 있으나 세외수입은 지방자치단체의 자연적·경제적·사회적인 여건에 따라 그 형태와 종류가 천차만별이다. 관광지와 기지촌간에는 세외수입의 형태·종류에 있어서 큰 차이가 있다.

재산매각수입이나 융자금회수·기부금 등과 같은 임시적 수입은 제외한다

---

6) 강운태, 「세외수입의 운영실태와 문제점」, 지방재정 1983년 4월호, p. 108.

7) David Wilson and Chris Game, *Local Government in the United Kingdom*(London: Macmillan, 1994), p. 163.

하더라도 세외수입은 회계연도에 따라 기복이 심하고 불규칙인 수입임에는 틀림이 없다.

(5) 특정재원

세외수입은 흔히 일반재원으로 분류하나 세외수입 중에는 그 비도가 정해져 있는 수입이 많다는 사실에 유의할 필요가 있다. 예를 들면 하천의 점용과 사용에 따른 수입은 하천에 관한 경비에 사용하여야 하며[8] 공원사용료는 공원의 개발·관리를 위한 경비에 충당하여야 한다.[9]

미국에서는 최근에 와서 세외수입뿐만 아니라 조세수입도 특정재원으로 하는 earmarked taxes(목적세)가 크게 유행하고 있다.[10]

(6) 증지에 의한 징수

세외수입 중에는 현금으로 징수하는 것도 있으나 수입증지에 의한 징수도 적지 않다. 건당 수입금액이 영세한 사용료와 수수료 등의 징수에 많이 활용되고 있는데 호적등·초본, 주민등록등·초본, 인감증명 등의 수수료가 대표적인 예이다.

제 2 절 세외수입의 실태

1. 세외수입의 주요항목

세외수입의 구조를 살펴본다면 2013년 일반회계 세외수입이 51.0%를 차지하며, 공기업특별회계와 기타 특별회계를 합친 특별회계의 세외수입이 49.0%를 차지한다.

일반회계 세외수입 중 경상적 세외수입이 49.4%, 임시적 세외수입이 50.6%를 각각 차지하며, 특별회계 세외수입은 사업수입이 19.6%, 사업외수

---

8) 하천법 제65조.

9) 자연공원법 제33조.

10) Lee와 Wagner에 의하면 미국의 주정부나 지방자치단체에 따라서 다르나 조세수입의 3분의 1 내지 3분의 2가 earmark되어 있다고 한다(Dwight R. Lee and Richard E. Wagner, "The Political Economy of Tax Earmarking," in Richard E. Wagner(ed.), Charging for Government, London: Routledge, 1991, pp. 110-111).

입이 54.8%를 점하고 있다. 이러한 세외수입을 몇 가지 항목으로 나누어서 고찰하고자 한다.

(1) 재산임대수입

〈표 4-1〉에서 보는 바와 같이 재산임대수입은 세외수입의 2.3%에 지나지 않는 미미한 실정이다. 지방자치단체의 공유재산 특히 토지 등을 국가기관이나 정부투자기관이 무상으로 사용하는 경우가 허다하다.

(2) 사용료

사용료는 시설의 이용에 관련하여 이용자로부터 징수하는 것으로서 시설의 유지·관리비와 시설의 건설비를 회수하는데 그 목적이 있다고 하겠다. 사용료의 요율은 조례로 정하도록 되어 있다.[11]

〈표 4-1〉 전회계 세외수입명세(2014)

구분	항목별	금 액 (억원)	구성비 (%)
경상적 세외수입	재산임대수입	5,068	2.3
	사용료 수입	70,864	32.7
	수수료 수입	10,475	4.8
	사 업 수 입	30,868	14.2
	징수교부금수입	10,009	4.6
	이 자 수 입	10,520	4.9
	소 계	137,804	63.5
임시적 세외수입	재산매각수입	23,130	10.7
	부담금	26,396	12.2
	기 타 수 입	23,565	10.9
	지난연도수입	5,744	2.7
	소 계	78,835	36.5
	총 계	216,639	100.0

자료: 안전행정부, 2014년도 지방자치단체 통합재정 개요(상)

사용료의 대표적인 예로서 문화시설의 입장료, 사회교육시설·사회체육시설의 사용료, 하천의 점용료 등이 있다. 〈표 4-1〉에서 보는 바와 같이 사용료도 세외수입의 32.7%를 차지하고 있다.

11) 지방자치법 제131조.

(3) 수수료

수수료는 특정한 자에게 제공하는 행정서비스, 주로 인적 서비스에 소요되는 경비를 징수하는 외에 지방자치단체의 사무나 국가 및 타자치단체로부터 위임된 사무에 관해서도 징수할 수 있다. 호적·주민등록등·초본, 인감증명, 납세필증, 각종의 허가·등록·검사·시험에 관한 수수료 등이 대표적인 예이다.

(4) 기타 경상적 세외수입

이 밖에도 경상적 세외수입으로서 사업장수입·징수교부금·이자 등이 있는데 국가나 타자치단체의 세입징수 대행업무에 대한 반대급부로 교부되는 징수교부금이 세외수입의 4.6%를 차지하고 있다.

(5) 수익자부담금

수익자부담금은 건설사업 등의 실시와 관련하여 수익자로부터 수익의 한도 내에서 징수하는 것으로서 건설사업과 관련된 것이 많으나 건설사업에 한정되지 않는다. 지방자치법은 "지방자치단체는 그 재산 또는 공공시설의 설치로 인하여 주민의 일부가 특히 이익을 받는 경우에는 이익을 받는 자로부터 그 이익의 범위 안에서 분담금을 징수할 수 있다"고 규정하고 있다.[12] 수익자부담금은 임시적 세외수입으로서 회계연도에 따라 기복이 심한데 2014년 예산에 의하면 세외수입의 12.2%를 차지했다.

(6) 기타 임시적 세외수입

이 밖에도 임시적 세외수입으로서 재산매각수입·이월금·기부금·융자회수금·전입금·잡수입·과년도수입이 있다.

(7) 공기업수입

특별회계 세외수입 중 무거운 비중을 차지하는 것이 공기업수입이다. 서울특별시의 지하철사업과 같이 공기업을 별도의 법인으로 운영하는 경우에는 그러한 공기업의 수입은 지방자치단체의 세외수입에 산입(算入)하지 않는다.

(8) 기타 특별회계수입

이 밖의 특별회계 세외수입으로서 공기업수입 외의 사업수입과 사업외수입

12) 지방자치법 제138조.

이 있다.

2. 세외수입의 추이

세외수입을 전회계(일반회계+특별회계)와 일반회계로 나누어서 고찰하고자 한다.

(1) 전회계 세외수입의 추이

전회계의 세외수입의 추이를 본다면 〈표 4-2〉와 같이 1975년 이래 오늘날까지 세외수입이 다른 세입항목보다 무거운 비중을 차지해 왔다는 것을 알 수 있다. 1975년의 37%에서 서서히 상승하여 한 때(1992년) 53%에 달했으나 그 후 다소의 기복을 보이면서 2010년대에 와서는 많이 하락했다. 최근에 와서 의존수입(지방교부세+국고보조금)의 비중이 많이 상승함에 따라 세외수입의 비중이 상대적으로 하락했다.

(2) 일반회계 세외수입의 추이

일반회계의 경우에는 세외수입의 비중이 과히 높지 않다.

〈표 4-2〉 지방자치단체 전회계 세외수입의 추이

(단위:%)

구 분	1975	1980	1985	1990	1995	2010	2013	2014
세외수입	37	42	51	50	49	33.7	29.6	24.4
지 방 세	28	29	25	28	29	30.1	29.8	33.3
의존수입	35	29	24	22	22	26.2	40.6	42.3

주: ① 자치단체간·회계간 중복계상분을 공제한 순계기준임.
② 2010년까지는 결산, 2013년은 최종예산, 2014년은 당초예산.
자료: 각 연도 지방재정연감; 2010년 이후는 2014년 지방자치단체통합재정 개요.

〈표 4-3〉 지방자치단체 일반회계 세외수입의 추이

(단위:%)

구 분	1970	1975	1980	1985	1990	1995	2010	2013	2014
세외수입	17	17	23	25	28	25	22.3	18.6	12.5
지 방 세	26	37	39	39	41	46	37.1	36.2	40.5
의존수입	57	46	38	36	31	29	40.6	45.4	47.0

주: ① 순계기준임.
② 2010년까지는 결산, 2013년은 최종예산, 2014년은 당초예산.
자료: 각 연도 지방재정연감; 2010년 이후는 지방자치단체통합개정 개요.

그러나 1990년대에 들어와서 그 비중이 상승하고 있다. 1990년에는 28%를 차지했다가 1995년에 25%로 떨어졌으며 최근에 와서는 일반회계의 경우에도 의존수입의 비중이 크게 상승함에 따라 상대적으로 세외수입의 비중도 낮은 수준을 유지하고 있다.

제 3 절 세외수입의 문제점과 증대방안

1. 세외수입의 문제점

앞에서 살펴본 바와 같이 세외수입의 형태와 종류는 지극히 다양하며 그 문제점도 세외수입의 종류에 따라 다른데 우리는 중요하다고 생각되는 다음의 몇 가지를 들고자 한다.[13]

(1) 요율운영상의 경직성

세외수입의 상징이라 할 수 있는 사용료·수수료의 경우 그 요율운영이 절차상의 이유 등으로 지나치게 경직적이라는 비판이 제기되고 있다. 물가상승이나 여건변동을 적기에 반영하지 못하고 장기간 방치되는 사례가 많다.

예를 들면 상·하수도 사용료나 지하철운임 등은 물가안정 및 공정거래에 관한 법률에 의하여 재정경제부장관과 협의하도록 되어 있으며[14] 공무원채용시험 응시수수료와 호적관계 수수료 등의 요율은 대통령령으로 규정되어 있어 쉽사리 조정하기가 어려운 실정이다.

(2) 종합적 시책추진의 곤란

〈표 4-1〉에서 보는 바와 같이 세외수입은 지극히 종류가 많으며 그 성질과 기능이 복잡하고 다양하여 종합적인 세외수입에 관한 시책을 추진하기 어렵다. 사용료·수수료의 문제점과 재산수입의 문제점이 다르고 수익자부담금의 문제점과 공기업수입의 문제점이 다르다. 따라서 세외수입 전반에 걸친 시책이란 있을 수도 없으며 그 추진이란 더욱 어려운 실정이다.

---

13) 송대희, 전게논문, pp. 124-127.

14) 물가안정 및 공정거래에 관한 법률 제4조 제3항.

(3) 요율의 불균형 · 저렴

유사한 서비스에 대한 요율이 각각 다른 법령의 적용을 받기 때문에 균형이 맞지 않는 경우가 많으며 전반적으로 요율이 저렴하다고 하겠다. 예를 들면 탁구장 · 당구장 · 기원 등에 대한 허가수수료는 유기장영업법의 적용을 받는데 대하여 골프장의 영업허가수수료는 관광사업법의 적용을 받기 때문에 양자 간에 균형이 맞지 않을 뿐만 아니라 일반적으로 이러한 수수료 등이 저렴하다는 것이다.

(4) 재산수입의 부진

〈표 4-1〉에서 보는 바와 같이 재산임대수입이 세외수입의 2.3%에 지나지 않는다. 지방자치단체의 공유재산 중에는 국가기관 등이 무상으로 장기간 사용하고 있는 경우가 많으며 미관리상태에 있는 재산도 허다하다.

(5) 부담금 · 분담금제도의 활용미흡

각종 부담금 특히 수익자부담금의 경우 이익의 수익범위와 이익의 정도를 객관적으로 산출하기 어려운 경우가 많다. 주민의 입장에서 보면 화폐소득으로 실현되지 않은 단계에서 일시에 부과될 때 큰 부담이 되는 까닭에 반발이 심한 경우가 많다. 이러한 여러 가지 이유로 부담금 · 분담금제도의 활용이 미흡한 실정이다.

2. 세외수입의 증대방안

전술한 바와 같이 오늘날 각국에서 세외수입의 중요성이 점증하고 있으며 우리나라 지방자치단체에서는 과세자주권의 제한으로 세외수입의 중요성이 크게 부각되고 있다.

그럼에도 불구하고 명목적 세외수입을 제외한 실질적 세외수입의 비중이 높지 못하므로 세외수입의 증대방안이 적극적으로 모색되어야 한다. 세외수입의 증대방안은 한 마디로 말해서 앞에서 말한 문제점을 제거하는 것이라 하겠다.[15]

(1) 경직적 요율제도의 시정

세외수입의 경직적 요율제도를 시정하는 것이 무엇보다 중요하다고 하겠다.

15) 강운태, 전게논문, p. 33.

이를 위해서는 물가안정 및 공정거래에 관한 법률의 적용을 받는 상·하수도 사용료나 지하철운임 등을 이 법률의 적용에서 제외하는 조치가 필요하다. 대통령령의 적용을 받는 수수료·사용료 등도 대통령령 등에서는 표준요율을 정하고 일정한 범위 내에서 자치단체장에게 재량권을 부여하는 방향으로 나가야 할 것이다.

(2) 요율의 합리적 정비

유사한 서비스에 대한 요율이 적용법령의 차이로 균형을 이루지 못하고 있는 점도 시정되어야 한다. 이를 위해서 사용료·수수료조정위원회를 구성하여 유사업종간의 불균형을 시정하려는 노력을 경주해야 한다.

(3) 재산수입의 증대

세외수입의 2.3%에 지나지 않는 재산수입을 증대하려는 노력도 있어야 한다. 공유재산을 무료로 사용하는 국가기관 등으로부터 임대료를 징수해야 하며 미관리상태에 있는 공유재산도 적극 활용해야 한다.

(4) 부담금·분담금제도의 적극적 활용

부담금·분담금제도를 적극 활용하는 것은 공공개발이익의 사유화를 막는다는 의미에서 사회적 형평성 제고에 이바지할 뿐만 아니라 지방재정수입의 확충에도 공헌하고 부동산가격 안정에도 도움이 된다는 여러 가지 장점을 지니고 있다. 따라서 이익의 수익범위와 이익정도를 객관적으로 산출하기 위한 노력을 기울여야 하며 화폐소득으로 실현되지 않은 단계에서 부과되는데 따른 부담자들의 반발을 완화하는 노력도 경주해야 한다.

(5) 잠재수입원의 활용과 경영수익사업의 활성화

지방자치단체 중에는 이용 가능한 모래, 자갈, 돌, 천연수, 동굴, 폐천, 늪지, 임야 등 잠재수입원을 개발하지 않은 상태로 방치하고 있는 경우가 많다. 이러한 부존자원의 개발·이용에 깊은 관심을 가지고 경영수익사업을 적극적으로 전개할 필요가 있다.[16]

---

16) 박수영, 「경영수익사업의 방향」, 지방재정 1988년 가을호, pp. 14-27; 김수원, 「경영수익사업의 활성화방안」, 지방재정 1993년 제5호, pp. 59-72.

제 5 장 지방재정조정제도

제 1 절 지방재정조정제도의 의의

1. 지방재정조정제도의 개념과 기능

자치재정의 관점에서 지방자치단체의 재정지출에 필요한 재원들은 지방세와 세외수입을 비롯한 자주재원을 중심으로 구성되어야 한다. 하지만 지방의 재정여건과 재정사업의 경제적 특성에 따라 중앙정부 혹은 상위자치단체에서 지방재정을 지원하는 경우가 많다. 지방자치단체 차원에서 해결하기 힘든 사회 경제적 문제들이 지속되면서 중앙정부의 재정지원과 재정사업 개입이 지속적으로 확대되고 있다. 이와 관련된 각종 재원지원 수단들을 지방재정조정제도라고 하며, 단일제와 연방제의 국가별 정치체제와 지방분권의 역사적 맥락에 따라 다양하게 운영된다.

지방재정조정제도의 전통적인 기능은 재정격차 조정과 재원보장이다. 즉, 국세와 지방세의 불균형에 따른 중앙과 지방의 재정격차를 수직적으로 조정하고 지방자치단체들간 재정력 격차를 수평적으로 조정한다. 또한 지방재정 여건에 상관없이 일정 수준의 공공서비스들이 국가내 모든 지역에서 균등하게 공급될 수 있도록 지방자치단체의 지출 수요를 고려하여 재정력을 보장한다.

정부간 재정관계에서는 일반적인 재정조정뿐 아니라 특정한 공공서비스에 대한 재정지출을 보장하기 위한 제도들도 운영되는데 각종 보조금이 이러한 기능을 수행한다. 분권의 전통이 강한 국가에서는 보충성원칙에 따라 중앙정부는 국방과 외교와 같이 지방이 수행하지 못하는 예외적인 사업만 담당하였다. 하지만 복지국가의 등장과 함께 전국단위로 시행하는 복지정책에서는 보조금을 통해 중앙정부가 설계한 재정사업들이 추진될 수 있게 했다. 중앙집권적 국가에서는 지방자치단체의 재원을 중앙정부의 재정정책 목적에 따라 지출하도록 유도하기 위해 국고보조사업을 설계·운영하기도 한다.

최근에는 중앙정부에서 지방재정을 관리 감독하고 특정 사업에 대해 재정지출 총량을 통제하기 위한 수단으로서 지방재정조정제도를 활용하기도 한다. 정부간 재정관계에서 중앙정부에 대한 지방재정의 의존도가 계속 높아지면서 중앙정부 차원에서의 각종 재정 평가를 통해 건전재정 관련 준칙과 규율들을 지방자치단체가 순응하도록 유도하는 인센티브 수단들이 정부간 재정관계에서 운영되고 있다. 특정 사업에 대해서는 특정 세입원의 수입 범위 내에서만 보조금을 지출하여 중앙정부의 국고보조사업에서 지방재정 지원의 총량을 일정 수준으로 억제·관리하기도 한다.

마지막으로 중앙과 지방간 성과파트너십의 매개 재원으로 기능한다. 지방공모형 사업에서와 같이 일반적인 국고보조금의 형태를 가지고 있지만 중앙정부의 포괄적인 지침의 범위 내에서 사업의 내용과 운영방식을 지방자치단체가 자율적으로 설계하여 중앙정부에 재원지원을 신청하는 경우가 대표적이다. 이러한 형태의 국고보조금은 지방의 자율적인 혁신을 유도하여 중앙정부가 달성하는 성과를 높이려는 성과파트너십 구축을 위한 핵심 수단이 된다.

2. 지방재정조정제도의 유형

중앙정부가 지방자치단체로 재원을 이전하는 대표적인 제도로서 지방교부세와 국고보조금이 있다. 지방자치단체들 간에 재원을 조정하는 제도로서는 조정교부금, 시도비보조금, 상생발전기금 등이 있다. 지방재정 사업의 사회 경제적 지출 특성과 외부 환경변화에 따라 지방재정조정제도의 유형과 특성이 다양해지고 있다.

첫째, 중앙정부에서 국세로 징수하는 내국세와 같이 특정 조세 수입원의 일정부분을 지방자치단체에 배분하는 제도가 있다. 지자체의 일반재원인 지방교부세가 대표적인 제도이다. 중앙정부 세입의 일부를 지방과 공유하도록 법적으로 규정되어 있으며, 지방자치단체는 중앙정부에 지출 용도를 보고하거나 재원지출 내역을 정산할 필요가 없다. 광역자치단체가 기초자치단체의 재정을 조정하기 위해 운영하는 조정교부금도 동일한 특성을 가지고 있다.

둘째, 재원을 지원하면서 용도를 지정하는 재정조정제도가 있다. 용도지정 정도에 따라 특정 사업 수행을 위해 구체적인 조건을 부과하여 재원을 지원하는 개별보조와 포괄적인 재정기능(예, 지역개발, 문화 등)에 대해 지방자치단체의 재량을 인정하는 포괄보조로 구분된다. 두 가지 보조금 모두 지방비를 의무적으로 부담해야 하는 경우와 재량적으로 부담 수준을 결정할 수 있는 경우로 다시 구분된다.

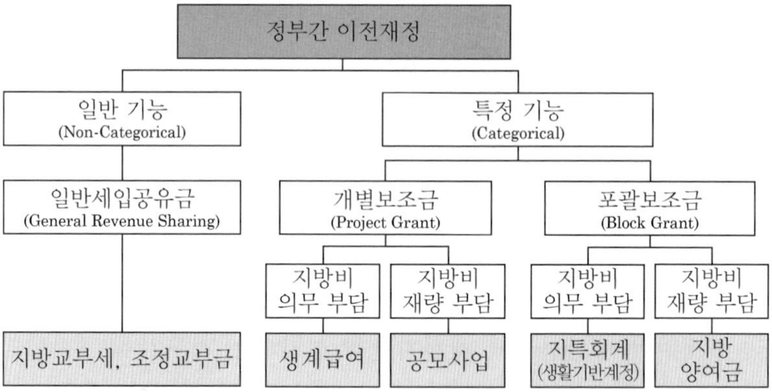

[그림 5-1] 지방재정조정을 위한 정부간 이전재정의 유형

셋째, 보조금의 경우 사업에 지원금을 산정하는 방식에 따라 정률보조금과 정액보조금이 있다. 전자는 사업에 소요되는 전체 재원규모에서 일정 비율만 지원하는 것이며 후자에서는 총사업규모와 상관없이 일정 금액만 지원하는 것이다. 보조금을 지원받을 수 있는 조건을 충족하면 의무적으로 지원해야 하는 개방형 보조금이 있는 반면 예산한도 범위 내에서만 지원하는 폐쇄형 보조금도 있다. 정률-정액 그리고 개방형-폐쇄형 등의 요소들을 혼합하면 다양한 보조금 형태들을 설계할 수 있다.

3. 지방재정조정제도의 정치경제: 갈등과 동향

지방재정조정제도에는 한정된 공공재원의 배분을 둘러싸고 중앙과 지방간 그리고 지방자치단체들간의 이해관계에 따른 관련 주체들간 갈등 요소들이 많다. 또한 국가의 재정지출을 통해 해결해야할 문제 환경들이 글로벌 수준에서

로컬단위까지 복합적으로 얽혀 있어 중앙·지방간 협력적 거버넌스가 중요해졌다. 이러한 가운데 최근 중앙정부와 지방자치단체 모두 재원 부족 문제를 겪고 있어 정부간 재정관계에서 협력과 갈등 구조들이 복잡하게 형성되고 있다.

첫째, 경기침체와 재정건전성 위기 상황이 지속되면서 공공서비스에 대한 정부간 재정책임 분담을 둘러싼 쟁점들이 확대되고 있다. 중앙정부에서 복지지출의 지방이양을 추진하면서 지방의 사회서비스 책임 분담 확대를 추진하고 있다. 이 과정에서 형식의 상징으로는 재정분권화를 강조하지만 현실에서는 지방자치단체의 복지재원 징발의 문제가 발생한다. 중앙정부 재정기능의 지방이양은 확대되지만 관련 재원은 충분히 이전되지 않고 지방재정의 추가적 부담이 발생하기 때문이다.

둘째, 지방재정조정제도에서 양립하기 힘든 구조적인 갈등은 이전재정 지원수단 선택에 대한 것이다. 지방자치단체 입장에서 지출재량이 큰 일반세입공유방식의 지방교부세 확대를 주장하지만 중앙정부는 재원배분의 경직성과 지방재정의 비효율성을 우려하여 개별사업 통제가 가능한 국고보조방식을 선호한다. 최근 글로벌 차원에서도 주요국가에서는 국고보조금이 계속 확대되면서 재정분권이 약화되는 경향이 있다.

셋째, 재정여건에 따른 지방자치단체들간에도 갈등이 있다. 재정력이 우수한 지자체는 국세의 지방세 이전이나 추가적인 지방세 신설을 선호하지만 그렇지 못한 경우에는 지방교부세와 같은 일반재원주의를 강조하고 국고보조금에서도 재정력을 고려한 차등보조 적용을 요구한다.

넷째, 지방재정조정제도의 쟁점은 국민국가의 범위를 넘어 초국가적으로 발생하기도 한다. 국제무역에서 국경의 장벽을 해체하는 자유무역이 확대되고 환경과 보건부문에서 글로벌 정책공조가 강화되고 있다. 이와 관련된 환경변화들은 중앙정부의 각종 보조금 지원이나 국고보조사업의 집행방식에 직접적으로 영향을 미치고 있다. 또한 성과주의 정부혁신이 글로벌 표준으로 확산되면서 전통적인 정부간 재정관계에서도 많은 변화들이 발생하였다.

제2절 지방교부세

1. 지방교부세의 의의

지방교부세(local share tax)는 중앙정부가 재정 결함이 있는 지방자치단체에 교부하는 금액으로 지방재정조정제도의 핵심이다. 「지방교부세법」에 기초하여 운영되는데, 원칙적으로 중앙정부의 간섭없이 지방자치단체가 재량을 사용할 수 있는 일반재원이다. 2014년 당초예산기준으로 31.6조원 규모이며 일반회계 지방세입 순계인 134.6조원의 23.5%를 차지한다.

지방교부세제도는 1951년 4월 1일에 공포 실시된 「임시지방분여세제도」에서 출발했는데 당시 지세 및 영업세액의 34.68% 이내의 재원을 지방자치단체에 배분하였다. 몇 차례의 제도 개편 이후 1961년 12월 31일에 현재와 같은 「지방교부세법」이 제정되었다.

〈표 5-1〉 지방교부세제도의 개편과정

연도	주요 제도 개편 내용
1951	임시지방분여세법으로 출발
1961	지방교부세법 제정(1962년부터 시행, 국세중 특정세목의 일정률 교부)
1968	법정교부율 방식 채택(내국세의 17.6%, 보통교부세 16%, 특별교부세 1.6%)
1973	법정교부율제도 폐지(국가예산으로 재원규모 결정, 통상 11% 내외에서 교부)
1982	법정교부율방식 부활(1982년 교부세의 내국세대비 비율 12.88%+내무국소관 국고보조금 221억원(내국세의 0.39%)을 더하여 13.27%로 결정
1991	내국세 범위의 조정(내국세에서 지방양여금재원 감액: 주세, 전화세, 토초세)
1995	농어촌특별세관리특별회계에서 전입되는 금액으로 증액교부금제도 운영
1999	법정교부율 인상(내국세 15.0%, 2000년부터 시행)
2004	법정교부율 인상(내국세 19.13%, 증액교부금, 지방양여금 폐지; 분권교부세 신설, 2005년부터 시행)
2005	법정교부율 인상(내국세 19.24%, 분권교부세 재원인상 0.94%, 2006년부터 시행) 부동산교부세 신설
2010	분권교부세의 기한연장, 부동산교부세 전액을 기초지자체에 배분
2011	보통교부세 산정시 지자체 재정, 건전화 노력 반영
2015	분권교부세 폐지, 소방안전교부세 신설

〈표 5-2〉 지방교부세의 종류

종류	기초 재원[1)]	배분방식
① 보통교부세	(내국세 19.24%-③)×97%	재정부족분 배분
② 특별교부세	(내국세 19.24%-③)×3%	재난 등 특별배분
③ 부동산교부세	종합부동산세 총액	재정여건, 지방세 상황
④ 소방안전교부세	담배에 부과하는 개별소비세의 20%	소방안전 투자수요, 재정여건

주: 1) 내국세에서 목적세, 종합부동산세, 담배분 개별소비세의 20%, 특별회계 재원으로 사용되는 세목의 해당 금액은 제외.

〈표 5-3〉 지방교부세 종류별 재원배분 추이

(단위: 억원)

	보통교부세	특별교부세	분권교부세	부동산교부세	증액교부금	합계
1995	49,857	4,986	-	-	-	54,842
2000	74,687	7,469	-	-	510	82,665
2005	179,276	7,116	8,454	3,930	-	198,775
2010	246,791	9,929	13,187	10,221	-	280,128
2011	272,747	11,010	14,575	10,620	-	308,952
2012	301,914	12,580	16,154	11,214	-	341,862
2013	315,581	13,149	16,886	11,630	-	357,246
2014	318,845	9,861	16,884	11,391	-	356,982

자료: 안전행정부(2014:85).

지방교부세제도는 재원의 법정화 여부와 법정 비율의 인상 그리고 재원배분 규모 산정방식 등을 중심으로 자주 개편되었다. 2006년도부터 보통교부세, 특별교부세, 분권교부세 재원으로 내국세의 19.24%가 법정 재원으로 규정되었다. 2015년 현재 특별교부세, 보통교부세, 부동산교부세, 소방안전교부세 등 네 가지 유형의 재원이 배분된다. 재원의 성격과 배분 방식은 다르지만 일단 지방자치단체에 교부되면 중앙정부에 대한 사업별 정산없이 지자체가 자율적으로 재원을 사용한다. 분권교부세는 2014년말까지 한시적으로 운영되었으며 2015년부터는 소방안전교부세가 신설되었다.

지방자치단체에서는 중앙정부가 일방적으로 결정한 사회복지보조사업에 대한 지방비 부담이 급증하면서 지자체의 기본적인 재정지출 수요 증대에 대응하기 위해 지방교부세의 재원비율을 인상해야 한다고 요구하고 있다. 하지만 중앙정부에서는 사회복지 책임에 대한 지방재정의 분담 필요성을 강조하고 정부

재정여건이 악화된 상황과 예산재원 배분의 재정경직성 문제를 우려하여 지자체의 요구를 수용하지 않고 있다.

2. 지방교부세의 기능

지방교부세에 포함되어 있는 네 가지 재원들의 기능은 모두 다르다. 첫째, 지방교부세의 전형적인 기능인 격차조정과 재정보장은 보통교부세를 중심으로 수행된다. 즉, 내국세의 일정 비율을 법정화하여 중앙과 지방간 재정 격차를 조정하고, 기준재정수입과 기준재정수요를 근간으로 한 재원배분 산식을 통해 지방자치단체간 재정격차 조정과 기본 재정지출을 보장한다.

둘째, 중앙정부에서 지방자치단체의 재정지출을 관리 감독한다. 이와 관련하여 우선 건전재정운영을 위한 지자체의 자체노력 정도를 지방교부세 배분과정에 반영한다. 또한 법령을 위반하여 많은 경비를 지출하였거나 수입확보 노력이 미흡한 경우에는 교부세 감액 혹은 교부세 일부를 반환조치한다. 2014년도의 경우, 감사원 및 정부합동 감사 지적사항을 중심으로 지방교부세 감액심의위원회 심의를 거쳐 98개 지자체에 대해 180억원을 감액했다.

셋째, 특별교부세를 통해 지방재정에서 예측하지 못한 특별한 상황에 대한 재정적인 지원 기능을 수행한다. 내국세의 3%를 재원으로 지방자치단체가 당면할 수 있는 특별한 재정 상황에 대해 중앙정부 차원에서 별도로 지자체를 지원하는 예비비 성격의 재원이다.

넷째, 2000년대 중반에는 재정분권화와 지방세 정책의 개편을 지원하는 재정수단으로서 기능이 추가되었다. 2005년도에 149개 국고보조사업이 지방으로 이양되었는데, 이와 관련된 재원 지원 조치로서 분권교부세가 신설되었다. 재정력이 취약한 지자체에서는 지방세 보다 지방교부세 방식을 선호했기 때문이다. 또한 지방세목 가운데 부동산세제를 개편하면서 2005년도에 종합부동산세를 도입했고 해당 재원은 지방교부세에서 부동산교부세를 신설하여 지자체에 배분하였다.

3. 지방교부세의 특징

(1) 재원의 성격

지방교부세의 재원은 국세의 대부분을 차지하는 내국세의 일정 부분이며 지자체는 지방세와 동일하게 자주재원으로 사용한다. 지방재정의 입장에서는 내국세를 중앙과 지방이 공유하는 세원으로 지방의 몫을 배분받는 고유재원(稅)으로 인식한다. 반면 중앙정부는 국고보조금과 같이 중앙의 재원을 지방으로 이전재원한다는 의미에서 '지방재정교부금(金)'의 명칭을 사용한다.

(2) 규모의 법정화

지방교부세는 국가가 징수하는 내국세 수입의 일정 비율을 기본 재원으로 설정한다는 점에서 지방자치단체가 직접 징수하는 지방세와 성격이 다르다. 또한 규모가 법정화되어 있어 매년 국가의 예산과정을 통해 배분규모가 결정되는 국고보조금과 구분된다.

(3) 배분공식을 통한 재원배분

지방교부세 종류별로 지자체에 배분하는 방식은 지방교부세법 시행령을 통해 법정화되어 있다. 지자체가 예측가능할 수 있게 계량화된 공식을 사용하며 특정 세출 사업과 직접적으로 연결시키지는 않는다. 다만 재정기능별 분야에 지출수요와 세입여건을 포괄적으로 반영한다. 이에 따라 배분공식에서 사용하고 있는 측정항목과 단위비용이 지자체의 현실을 적절히 반영하는지 여부에 대한 쟁점들이 제기될 수 있다. 배분공식이 법정화되어 있으면 중앙정부의 인위적인 개입을 최소화할 수 있어 지방재정의 세입자율성을 높이는 장점이 있다.

(4) 지방자치단체간 재정격차의 조정

지역간 세원 편재 문제와 재정지출 여건의 다양성에 대한 대응과제들은 지방교부세의 배분공식에 직접적으로 반영되어 있다. 보통교부세를 통해 지자체의 기준재정수요와 기준재정수입의 차액인 재정부족분을 지원하는데, 재정력이 취약한 지역일수록 재정부족분이 크기 때문에 상대적으로 많은 재원이 배분되도록 배분공식이 설계되어 있다. 부동산교부세와 소방안전교부세의 배분방식에서도 지자체의 재정여건을 중요하게 고려한다.

(5) 지방자치단체에 대한 재정 통제

지방교부세의 핵심인 보통교부세의 배분 산식에서 중앙정부의 수직적인 재정관리 감독 요소가 반영되면서 재정분권화 관점에서 쟁점이 제기되고 있다. 대표적으로 기준재정수요액과 기준재정수입액을 산정할 때 지자체의 자체 노력

요소를 직접적으로 반영한다. 보정수요액 산정을 위한 객관적 기준을 구체적으로 설정하기 힘들어 중앙정부의 인위적인 판단이 개입할 여지가 있다는 점에서 지자체에 대한 간접적인 재정통제 효과가 있다. 감사원 지적 사항 등을 고려하여 지방교부세를 감액하는 규정 역시 지방자치단체의 재정활동을 중앙정부의 시각에서 표준화시킬 수 있다는 점에서 쟁점이 될 수 있다.

4. 보통교부세의 배분방식

(1) 기본원칙

보통교부세는 지방자치단체별로 기준재정수요액과 기준재정수입액을 산정하여 수입액을 초과하는 수요액인 재정부족액을 보전한다. 재원의 총량이 내국세의 일정 비율로 고정되어 있어 전국 지자체의 재정부족액이 배분가능한 재원규모를 상회하면 조정률을 적용하여 지자체별 보통교부세의 배분액을 결정한다. 조정률은 지방자치단체의 재정여건과 관계없이 모두 동일하게 적용한다. 2014년도 조정률은 87.3%였는데, 내국세의 수입이 경제 상황에 따라 가변적이기 때문에 조정률은 매년 달라진다. 따라서 보통교부세를 통해 지방자치단체의 기준재정수요액을 모두 보장받지는 못한다.

자치구에는 보통교부세를 배분하지 않는다. 기준재정수요액과 기준재정수입

〈표 5-4〉 보통교부세 배분 추이

(단위: 억원, %)

	불교부단체 포함			불교부단체 제외					
	기준재정 수요액	기준재정 수입액	재정력 지수	기준재정 수요액	기준재정 수입액	재정 부족분	보통[1] 교부세	제주도[2]	조정률[3]
2007	565,774	357,456	0.63	395,017	177,296	217,721	198,421	5,953	88.4
2008	645,249	408,899	0.63	463,583	216,430	247,153	227,234	6,817	89.2
2009	672,938	409,742	0.61	544,834	271,791	273,043	240,925	7,228	85.6
2010	677,540	411,426	0.61	549,139	275,674	273,465	232,403	6,972	82.4
2011	707,040	434,121	0.61	578,381	295,019	283,362	257,755	7,733	88.2
2012	711,477	414,936	0.58	592,626	286,545	306,081	291,884	8,757	92.5
2013	764,583	428,695	0.56	634,091	291,454	342,637	314,479	9,434	89.0
2014	828,946	479,847	0.58	693,310	338,930	354,380	318,845	9,565	87.3

주: 1) 해당연도 보통교부세 배분 총액. 2) 보통교부세 총액에서 3%를 우선 배정.
3) 조정률=(보통교부세−제주도 3%)×100/재정부족분.

기준재정수요액 − 기준재정수입액 = 재원부족액 × 조정률 = 보통교부세 배분액

[그림 5-2] 보통교부세 배분산식의 기본 구조

액을 해당 특별시 또는 광역시의 기준재정수요액 및 기준재정수입액과 합산하여 산정하고 특별시 또는 광역시에 교부한다. 기준재정수요액 대비 기준재정수입액의 비율을 재정력지수라고 하며 지방재정 여건을 판단하는 주요한 재정지표이다. 재정부족액이 발생하지 않아 재정력지수가 1이 넘는 지방자치단체에 대해서는 보통교부세를 배분하지 않는다. 이를 보통교부세 불교부단체라고 하는데 최근 지방재정 여건이 계속 악화되어 불교부단체의 숫자가 줄어들고 있다. 제주특별자치도는 재정부족액을 별도로 산정하지 않고 보통교부세의 3%를 정액으로 교부받는다.

(2) 기준재정수요액 산정방법

기준재정수요액은 지방자치단체가 대응해야할 기본적인 재정수요를 합리적으로 측정하기 위해 측정항목별로 측정단위의 수치를 해당 단위비용과 보정계수를 곱하여 얻은 값을 합산한 금액이다. 여기에서 기초수요액이 가장 중요하다. 이는 각 행정항목별로 측정단위의 수치에 단위비용과 보정계수를 곱하여 산출하는 측정항목별 재정수요액을 합산한 금액이다.

① 측정항목: 각 지방자치단체의 기준재정수요액을 측정하기 위하여 기능별·성질별로 분류하여 설정한 표준적 경비의 종류를 말한다. 측정항목은 시기별로 약간씩 개편되는데 2014년 현재 기준으로 4개 항목에 16개 세항목으로 구성되어 있다. 기준재정수요액에서 일반행정비의 비중이 30% 정도로 높은 편으로 행정관리 수요가 상대적으로 많이 반영되어 있다. 기능별 분포에서는 특별시·광역시의 경우 사회복지비 비중이 가장 높아 도·시·군 자치단체와는 대조적이다.

② 측정단위: 기준재정수요액을 측정하기 위한 측정항목의 단위를 의미하며 측성세항목들의 기준재정수요를 정확하게 반영할 수 있는 단위이다.

③ 단위비용: 기준재정수요액을 산정하기 위한 측정단위의 단위당 금액을 말한다. 단위비용은 대통령령으로 정하는 기준 이내에서 물가변동 등을 고려하여 행정자치부령으로 정하는데 서울특별시·광역시·세종특별자치시·도·제

주특별자치도·시·군별로 구분한다. 지방자치단체의 직전연도 예산을 기준으로 기준세율을 고려하고, 물가상승 및 재정여건 등 단위비용 결정요인의 변동요인을 반영한다.

④ 보정계수: 기준재정수요액을 산정할 때 단위비용을 표준적으로 적용하면서 기준재정수요액 산정에서 현저히 불합리한 상황이 발생하는 경우를 예방하기 위해 측정단위의 수치를 수정하는 계수이다.

〈표 5-5〉 보통교부세 기준재정수요액 산정방식

기준재정수요액=기초수요액+보정수요액±수요자체노력
기초수요액=각 측정항목별 재정수요액의 합산액=Σ(측정단위×단위비용×보정계수)

〈표 5-6〉 보통교부세 기준재정수요액 산정을 위한 측정항목과 측정단위

측정항목		측정단위	표시단위
1. 일반행정비	가. 인건비	공무원수	명
	나. 일반관리비	공무원수	명
	다. 안전관리비	인구수	명
2. 문화환경비	가. 문화관광비	인구수	명
	나. 환경보호비	인구수	명
	다. 보건비	인구수	명
3. 사회복지비	가. 기초생활보장비	국민기초생활보장수급권자수	명
	나. 노인복지비	노령인구수	명
	다. 아동복지비	아동수	명
	라. 장애인복지비	등록장애인수	명
	마. 일반사회복지비	인구수	명
4. 지역경제비	가. 농업비	경지면적	1,000㎡
	나. 임수산비	산림·이장·갯벌면적	1,000㎡
	다. 산업경제비	사업체종사자수	명
	라. 도로관리비	도로면적	1,000㎡
	마. 교통관리비	자동차대수	대
	바. 지역관리비	행정구역면적	1,000㎡

자료: 지방교부세법 시행령 별표1.

⑤ 보정수요액: 측정항목으로는 적절히 반영되지 못하는 경비 가운데 추가적으로 반영할 필요가 있다고 인정되는 재정수요이다. 지방교부세법 시행규칙

제5조에 규정한 보정수요액은 네 가지가 있다. 첫째, 시군 조정교부금(특별조정교부금 제외), 시도세징수교부금, 대도시재정특례보전금, 그리고 금액의 전전년도 결산액 정산분의 80%에 해당하는 금액. 둘째, '지방분권 및 지방행정체제개편에 관한 특별법'에 따른 통합지방자치단체에 대한 보정수요. 셋째, '공직선거법'에 따라 지방자치단체가 부담하는 지방선거 관련 경비 및 정산분의 80%에 해당하는 금액. 그리고 넷째, 낙후지역 개발 등 지역의 특성을 반영하고 사회복지 · 문화 수준을 향상시키기 위해 별도로 산정한 금액 등이다.

⑥ 수요자체노력: 지방교부세의 배분 산식의 특성상 수요액이 많고 수입액이 적으면 자동적으로 많은 재원을 배분하기 때문에 지방자치단체의 도덕적 해이 문제가 발생할 수 있다. 이에 따라 지방재정의 건전운영을 위한 자체 노력을 보통교부세 배분산식에 직접 반영하고 있다.

지방교부세법 시행규칙 별표6에서 세출 항목으로 인건비 절감, 지방의회경비 절감, 업무추진비 절감, 행사 · 축제성경비 절감, 지방보조금 절감, 지방청사관리 · 운영 등 여섯 가지 항목을 규정하고 있다.

(3) 기준재정수입액 산정방법

기준재정수입액이란 지방자치단체의 재정수입을 합리적으로 측정하기 위하여 보통세 수입액을 중심으로 산정한 금액이다. 구체적으로는 기초수입액과 보정수입액을 합한 금액에서 수입 확보를 위한 지자체의 자체 노력 요소를 반영하여 산정한다.

기초수입액은 지방자치단체별로 지방세법에서 규정하는 지방세 가운데 보통세를 추계한 금액에서 적용기준율인 80%에 해당하는 금액이다. 보정수입액은 기초수입액 산정대상에서 제외되어 있지만 안정적인 세입원으로 운용되고 있는 항목들의 추계 금액이다. 여기에는 목적세 수입, 지방세 결산 정산분, 경상세외수입, 부동산교부세 수입, 지역상생발전기금 배분액, 지방세 등 감면에 따른 세입 감소분에 대한 보전액, 조정교부금, 징수교부금, 대도시재정특례보전금, 화력발전에 대한 지역자원시설세의 배분 금액 등의 80%에 해당하는 금액이 반영된다.

기준재정수요액 산정에서도 지방자치단체의 자체세입 확대 노력 요소가 반영된다. 지방교부세법 시행규칙에서는 지방세 징수율 제고, 지방세 체납액 축소, 경상세외수입 확충, 세외수입 체납액 축소, 탄력세율 적용, 지방세 감면액 축소, 적극적 세원발굴 및 관리 등 일곱 가지 요소를 규정하고 있다.

〈표 5-7〉 보통교부세 기준재정수입액 산정방식

기준재정수입액 = 기초수입액 + 보정수입액 ± 수입자체노력

〈표 5-8〉 보통교부세 기준재정수입액 산정요소

<table>
<tr><th colspan="2">구분</th><th>산정항목</th><th>산정방법</th><th>비고</th></tr>
<tr><td colspan="2">기초수입액</td><td>지방세중 보통세</td><td>당해연도 보통세 추계액×80%</td><td>주행세 중 운수업체 보조금 제외</td></tr>
<tr><td rowspan="10">보정수입액</td><td rowspan="7">당해연도추계액</td><td>지방세중 목적세</td><td>당해연도 목적세 추계액×80%</td><td>지방교육세, 원전지역자원시설세 등 제외</td></tr>
<tr><td>경상세외수입</td><td>당해연도 경상세외수입 추계액 ×80%</td><td></td></tr>
<tr><td>시군조정교부금
(과거 재정보전금)</td><td>{(A×50%X인구비율)+(A×40%×징수실적)+(A×10%×재정력역지수)}×80%
A(조정교부금재원)=해당연도시도세추계액×27%(47%)×90%</td><td>시책추진 보전금 제외</td></tr>
<tr><td>시도세 징수교부금</td><td>(당해연도 시도세 추계액×3%)×80%</td><td></td></tr>
<tr><td>지역상생발전기금</td><td>당해연도 지역상생발전기금 추계액×80%</td><td></td></tr>
<tr><td>재정특례보전금</td><td>재정특례보전금 재원 추계액×80%</td><td></td></tr>
<tr><td>부동산교부세 수입</td><td>당해연도 부동산교부세 수입 추계액 ×80%</td><td></td></tr>
<tr><td rowspan="3">전전년도정산분</td><td>지방세, 경상세외수입, 부동산교부세</td><td>{전전년도 당해수입(결산액-추계액)} ×80%</td><td></td></tr>
<tr><td>시군조정교부금, 시도세 징수교부금, 지역상생발전기금, 재정특례보전금</td><td>{전전년도 당해수입(결산액-추계액)} ×80%</td><td></td></tr>
<tr><td>지방세감면 보전액</td><td>지방세 감면 보전액×80%</td><td></td></tr>
<tr><td colspan="2">수입자체노력산정금액</td><td>지방세징수율제고, 탄력세율적용, 경상세외수입확충, 지방세체납액 축소, 세외수입체납액 축소, 지방세감면액 축소, 적극적 세원발굴 및 관리</td><td>지방교부세법 시행규칙 별표6의 계산방식에 따라 산정</td><td></td></tr>
</table>

자료: 안전행정부(2014:88)

5. 특정 목적의 지방교부세

(1) 특별교부세

특별교부세는 보통교부세의 산정 획일성과 산정시기의 특성으로 인해 재정수요의 증감 등이 기준재정수요액 또는 기준재정수입액 산정에 반영되지 못했던 특별한 사정을 고려하여 교부되는 재원이다. 보통교부세의 기능을 보완하는 것으로 불교부단체도 특별교부세를 교부받을 수 있다.

지방교부세법 제9조에 특별교부세를 지원하는 세 가지 부문의 규정이 있다. 첫째, 기준재정수요액 산정방법으로 파악할 수 없는 지역현안에 대한 특별한 재정수요가 있는 경우로서 특별교부세 재원의 40%를 배분할 수 있다.

둘째, 보통교부세의 산정기일 후에 발생한 재난을 복구하거나 재난 및 안전관리를 위한 특별한 재정수요가 생기거나 재정수입이 감소한 경우로서 특별교부세 재원의 50%를 배정한다.

셋째, 국가적 장려사업, 국가와 지방자치단체 간에 시급한 협력이 필요한 사업, 지역역점시책 또는 지방행정 및 재정운용 실적이 우수한 지방자치단체에 재정지원 등 특별한 재정수요가 있을 경우로서 특별교부세 재원의 10%를 배분할 수 있다.

특별교부세 교부에서는 객관성과 투명성이 높지 않다는 비판이 많이 제기되었다. 이에 따라 특별교부세의 교부 금액을 과거에 비해 감축하고 관련 기준들을 보다 구체적으로 명시하는 등의 개편이 있었다. 하지만 기본적으로 '특별'한 상황을 고려하여 배분하는 재원이기 때문에 중앙정부의 임의적 혹은 재량적 판단에 따른 관련 쟁점들은 계속되고 있다.

(2) 부동산교부세

부동산세제 개편과정에서 지방세인 종합토지세를 폐지하고 대신 2006년도에 국세로 종합부동산세가 신설되었다. 지방분권이 핵심 국정과제였던 2000년대 중반에 종합부동산세 수입의 전액을 지방자치단체 교부하기 위한 새로운 제도로서 지방교부세에 부동산교부세를 신설하였다.

부동산교부세는 특별자치시 · 시 · 군 · 구에 배분한다. 제도 도입 당시의 재원배분에서는 부동산세제 개편에 따른 지자체 세수손실분을 우선적으로 보전하였는데, 2010년에 지방소비세가 도입되어 세수손실 보전 필요성이 감소되었다. 이후부터 지자체의 재정여건(50%), 사회복지(25%), 지역교육(20%), 재산세 부과액(5%) 기준으로 배분된다. 제주특별자치도는 부동산교부세 총액의 1.8%를 교부받는다.

종합부동산의 세입규모는 2007년도에 2.8조원 정도로 상속세와 증여세보다 많았다. 하지만 과세표준의 부부합산 산정에 대한 헌법불일치 판정과 세율인하 조치에 따라 2013년도에는 1조 3천억 수준으로 감소되었다.

(3) 소방안전교부세

정부에서 2014년말에 담배관련 제세공과금을 대폭 인상하는 가운데 기존에 담배과세에 부과하지 않았던 개별소비세를 새로 도입했다. 이에 따라 담배소비와 관련하여 담배소비세, 지방교육세, 국민건강증진부담금, 폐기물부담금, 부가가치세 그리고 개별소비세 등 여섯 가지 세금 및 공과금이 부과된다. 당시 세제개편의 핵심은 지방세인 담배소비세 인상보다 국세인 개별소비세의 신설이었다. 이에 따른 다양한 논란들이 발생했는데, 절충방안의 하나로 개별소비세의 20%를 재원으로 지방교부세에 소방안전교부세를 신설하였다.

담배소비가 주요 화재의 원인이라는 점을 강조하면서 소방안전 재원마련을 위해 담배소비를 세원으로 하는 목적세 신설 주장이 제기되었지만 논의가 활성화되지는 않았다. 그런데, 개별소비세 논란에서 지방세목보다는 지방교부세의 일반재원으로 전격 도입되었다. 소방안전교부세의 재원은 지방자치단체의 소방 및 안전시설 확충, 안전관리 강화 등에 지출된다.

(4) 분권교부세

분권교부세는 2005년도에 149개 국고보조사업의 지방이양에 따른 재원지원을 위해 지방교부세제도에 설치한 제도로서 재원규모는 내국세의 0.94%이다. 2015년도부터는 폐지되어 보통교부세에 흡수되었다. 행정자치부에서는 지방 이양사업과 관련된 인구 등의 통계자료와 종전의 국고보조금 지원수준 등을 고려하여 배분산식을 시행령에서 정했다. 지방이양 사업의 성격에 따라 '경상적 수요'와 '비경상적 수요'로 구분하여 지자체별 재원 배분산식을 설계하여 운영했다.

당초 5년 한시적으로 운영하는 제도로 신설되었는데 복지재정 부담의 지방전가 논란과 보통교부세 불교부단체에 대한 교부 방식을 개발하지 못하여 2014

년말까지 시한이 연기되었다. 2015년부터는 양로시설운영, 장애인 거주시설 운영, 정신요양시설 운영 등은 국고보조사업으로 환원하고 나머지는 보통교부세와 통합되었다.

분권교부세제도는 재정분권을 위한 혁신조치로 도입되었지만 69개 사회복지사업의 추가적인 지출수요에 대한 재원을 중앙정부가 충분히 지원하지 못하여 지자체의 복지재정 징발 문제가 심각하게 제기되었다. 이와 관련하여 지방이양사업에 대한 지자체와의 갈등이 계속되면서 당초 의도했던 지방분권의 혁신 효과가 창출되지 못했다.

제 3 절 지방자치단체간 재정조정제도

1. 자치구 조정교부금

(1) 조정교부금제도의 의의

자치구 조정교부금은 자치구의 재원조정을 위하여 시본청에서 자치구에 교부하는 금액이다. 서울특별시와 6대 광역시에서 자치구의 재정을 조정하는 제도로서 보통교부세와 같은 맥락에서 시본청과 자치구간 그리고 자치구들 상호간의 재정격차를 조정하고 자치구의 재정력을 보장한다. 보통교부세의 경우와 유사하게 보통교부금과 특별교부금이 있다. 1988년도 지방자치법 개정에 따라 도입되었으며 1995년 광역시체제 도입 이후 현재와 같은 재정조정제도로 운영되고 있다.

자치구의 지방세는 등록면허세, 재산세, 주민세(재산분), 지방소득세(종업원분) 뿐이며 재정자립도는 30% 정도로 낮다. 따라서 국시비보조금과 시본청에서 교부하는 조정교부금의 비중이 높다. 전국 자치구의 조정교부금은 자치구 일반회계에서 평균 16% 정도 비중을 차지한다.

조정교부금의 운영근거는 지방자치법 제173조에 있으며 교부재원과 배분방식 등은 특별시와 광역시의 '자치구의 재원조정에 관한 조례'에 규정하고 있다. 기본 운영방식은 동일하지만 구체적인 내용은 지자체별로 다양하다. 자치구의 사회복지비 지출이 급증하면서 조정교부금의 재원을 추가로 배정하여 교부율을 높여야 한다는 주장이 제기되고 있으며 교부금 산정 방식에 대한 지속적인 개선 요구도 있다.

(2) 조정교부금의 재원과 배분방식

조정교부금의 재원은 보통세[1]의 일정 비율인데 지자체별로 교부비율이 다르다. 보통교부금은 자치구별로 매년 기준재정수입액이 기준재정수요액에 미달되는 재정부족액에 기초로 하여 교부한다. 기준재정수입액과 기준재정수요액을 산정하는 방식은 지방교부세의 경우와 유사하다. 보통교부금의 총액이 재정부족액이 있는 각 자치구의 재정부족액 합산액보다 적으면 조정률을 곱하여 자치구별로 재원을 배분한다.

특별시 · 광역시에서 조정교부금을 운영하는 기본 방식은 동일하지만 약간씩 차별적인 특징이 있다. 예를 들어 서울특별시는 보통교부금의 총액이 재정부족액이 있는 자치구의 재정부족액을 충당하고도 잔여액이 있는 경우에는 전체 자치구에 대하여 가산교부할 수 있게 '보통교부금 가산교부' 조항을 마련하였다.

부산 · 인천 · 대전 · 울산의 경우는 자치구의 재정진단을 실시할 수 있는 근거조항이 있다. 대전 · 광주는 자치구의 건전재정 운영을 유도 · 촉진하기 위한 자체 노력 정도를 반영하도록 했다. 대전의 경우는 법령 위반 또는 자치구간 형평에 어긋나는 지출 등을 하거나 확보해야 할 수입의 징수를 태만히 하면 조정교부금을 감액할 수 있는 조항도 추가했다.

〈표 5-9〉 자치구 조정교부금의 재원 및 보통교부금 교부방식

	자치구 수	기본재원	특별교부금 비중
서울	25	보통세의 21.0%	총액의 10%
부산	15	보통세의 19.8%	총액의 10% 이내
대구	7	보통세의 20.65%	총액의 10%
인천	8	보통세의 20.0%	총액의 10%
대전	5	보통세의 21.5%	총액의 10%
광주	5	보통세의 23.0%	총액의 10%
울산	4	보통세의 18.1%	총액의 10%

자료: 각 지자체별 '자치구 재원조정에 관한 조례'. 2014년 10월 기준.

1) 시본청세에서 보통세는 취득세, 레저세, 담배소비세, 지방소비세, 주민세, 지방소득세, 자동차세이다. 목적세인 지역자원개발세와 지방교육세는 포함되지 않는다.

2. 시군 조정교부금

시군 조정교부금은 광역자치단체가 지역내 시군간 재정격차 해소를 위해 기초지자체인 시군이 징수한 도세를 일정 비율로 배분하는 재정조정제도이다. 시군조정교부금의 연원은 도세징수교부금제도까지 거슬러 올라간다.

시군이 징수하는 도세징수액의 30%(인구 50만명 이상은 50%)를 징수실적에 따라 해당 시군에 배분하였는데 2001년도부터 징수교부금은 징수액의 3%만 인정하고 나머지를 재정보전금제도로 전환했다. 이후 2015년도부터는 시군조정교부금으로 명칭이 바뀌었다. 지방재정법 제29조와 각 시도의 「조정교부금 배분조례」에 기초하고 있는데, 부산, 대구, 인천과 같이 기초자치단체인 군이 있는 경우에는 광역시이지만 시군조정교부금 제도를 운영한다.

시군조정교부금은 시도와 시군의 수직적 재정조정 기능을 수행한다는 의미에서 자치구 조정교부금과 유사하다. 하지만 재원배분방식에서 시군의 재정수입이나 지출 수요를 구체적으로 측정하는 배분공식을 사용하지 않는다는 차이가 있다.

시군조정교부금의 재원은 시군에서 징수하는 시도세[2] 총액과 시도 지방소비세액을 전년도 말 시도의 인구로 나눈 금액에 전년도 말 시군의 인구를 곱한 금액을 합한 총액의 27%(구가 설치된 경우 47%)이다. 또한 시도에서는 화력발전·원자력발전에 대한 지역자원시설세의 65%를 해당 시설이 입지해 있는 시군에 조정교부금으로 교부해야 한다.

시군조정교부금은 일반조정교부금과 특별조정교부금으로 구분된다. 일반조정교부금은 시군의 행정운영에 필요한 재원을 보전하기 위한 것이고 특별조정교부금은 시군의 지역개발사업 등 시책추진을 지원하기 위한 재원인데 보조사업의 재원으로는 사용할 수 없다. 기존에 경기도에 대해 보통교부세가 교부되지 않는 시군의 재정 결함을 보전하기 위해 특별재정교부금을 운영했는데 2015년도부터 폐지하였다.[3] 일반조정교부금의 재원은 조정교부금 총액의 90%이며

2) 화력발전·원자력발전에 대한 지역자원시설세, 특정부동산에 대한 지역자원시설세 및 지방교육세는 제외.

3) 대신, 보통교부세 불교부단체에 대한 일반조정교부금이 해당 자치단체의 조정교부금 재원조성 기여액보다 적을 경우 일반조정교부금의 재원에서 경기도 조례가 정하는 금액을 해당 자치단체에 우선적으로 배분할 수 있다.

특별조정교부금은 10%이다.

시군조정교부금은 인구, 징수실적, 시군의 재정사정 등 지방재정법 시행령에서 정한 기준에 따라 배분한다. 우선, 일반조정교부금의 50%는 인구수에 따라 배분하고 30%는 징수실적, 그리고 20%는 재정력지수를 기준으로 배분한다. 제도도입 초기에는 인구수를 기준으로 60%, 도세 징수실적을 40% 반영하여 재원을 배분했는데 제도가 개편되는 과정에서 인구수와 징수실적의 반영 비중을 축소하고 재정여건을 측정하는 재정력지수의 비중을 높여 시군간 재정형평화 기능을 강화하고 있다.

재정력지수를 반영하는 산식에서는 재정력지수가 1 미만인 시군을 대상으로 1에 해당하는 시군의 재정력지수를 뺀 값을 기준으로 배분한다. 재정력 지수가 1 이상으로 보통교부세 불교부단체에 대해서는 재정력지수 기준에 따른 일반조

〈표 5-10〉 지역별 자치구 및 시군 조정교부금 배분 현황

(단위: 억원)

	자치구		시군	
	2013최종	2014당초	2013최종	2014당초
서울	18,363	17,787	748	396
부산	4,688	4,215	487	424
대구	2,550	2,566	323	263
인천	3,459	3,384	62	90
광주	2,082	1,889	136	57
대전	2,055	1,722	-	-
울산	1,770	1,509	334	290
경기	-	-	19,836	17,132
강원	-	-	1,498	1,229
충북	-	-	1,927	1,739
충남	-	-	2,729	2,503
전북	-	-	2,037	1,666
전남	-	-	1,413	1,317
경북	-	-	2,896	2,586
경남	-	-	5,275	4,793
합계	34,967	33,072	39,701	34,485

자료: 안전행정부(2014:102).

정교부금은 배분되지 않는다.

시도조정교부금의 배분방식에서 재정력지수의 반영 비중을 높이면 지방교부세의 보통교부세 배분에 영향을 미친다. 즉 조정교부금에 따라 재정력이 취약한 시군의 기준재정수입액이 증대하면 재정력지수가 높아져서 보통교부세 배분에 불리하게 된다. 이와 같은 현상이 전국 지자체에 영향을 미치기 때문에 광역자치단체에서는 시도조정교부금을 배분할 때 보통교부세 추가배정을 위한 게임 전략을 모색할 수 있다.

3. 지역상생발전기금

지역경제 활성화와 지방재정 확충을 위해 국세인 부가가치세의 5%를 지방세로 전환하는 지방소비세가 2010년도에 신설되었다. 이는 서울을 비롯한 수도권에 상대적으로 유리한 세제이기 때문에, 지역간 재정격차가 심화된다는 우려가 많았다. 당시 지방세수에서 수도권의 비중이 58% 정도로 절반을 상회하였다.

이에 대해 서울, 경기, 인천의 수도권 광역자치단체가 징수하는 지방소비세의 35%를 2010년부터 10년간 지역상생발전기금으로 조성하여 비수도권 광역자치단체에 배분하는 재정조정제도를 도입했다. 10년 동안 전체 재원 규모는 3조 5,000억원 정도로 추산되었는데 지방자치단체간 수평적 형평화 수단의 성격이 있다.

지역상생발전기금은「지방자치단체기금관리기본법」제17조에 근거하고 있으며 기금의 운영을 위해 16개 광역자치단체가 조합원이 되는 지방자치단체조합으로서 지역상상발전기금이 만들어졌다. 기금의 재원은 수도권 광역단체가 출연하는 지방소비세 35%뿐 아니라 자치단체의 통합관리기금, 지역개발기금, 기타 기금, '조합채' 발행을 통해 조성한 자금, 지방자치단체 출연금, 지방자치단체를 회원으로 하는 공인법인의 출연금, 발전기금 운용 수익 등과 같이 다양하다(양영철, 2011).

기금은 지방자치단체에 대한 재정지원과 융자 재원으로 사용되어 두 가지 계정으로 분리 운영된다. 지방자치단체기금관리기본법 제18조에서는 기금의 용도로 지방채 인수, 공사채 인수, 자치단체기금 예치에 따른 원리금 상환, 지역발전을 위한 지방자치단체 재정지원 및 보조사업 지원, 그밖에 발전기금의 관리·

운용을 위하여 필요한 경비의 지출 등으로 규정하고 있다.

실제 조성된 기금은 융자보다는 지자체의 재정지원계정으로 운영되어 수도권을 비롯한 모든 지자체에 배분된다. 행정자치부에서는 기금재원을 일자리창출사업에 집중적으로 사용하도록 유도하고 있다. 기금의 재원조성과 배분방식 그리고 지출 용도 등에 대한 쟁점들이 지속되고 있다.

제 4 절 국고보조금

1. 국고보조금의 의의

국고보조금은 중앙정부의 각 부처에서 지출용도를 지정하여 지방자치단체에 이전하는 재원이다. 행정자치부에서는 "국가위임사무와 시책사업 등에 대한 사용범위를 정하여 그 경비의 전부 또는 일부를 보조하거나 재정상의 원조를 하기 위해 교부하는 제도"로 규정한다(안전행정부, 2014:93).

국고보조금은 세 가지로 구분된다. 첫째, '교부금'으로서 국가의 사무를 자치단체 위임했을 경우 부담하는 경비이다. 둘째, '국고부담금'은 지방자치단체의 사업 가운데 국가의 책임정도에 따라 경비의 전부 또는 일부를 부담하는 재원이다. 셋째, '협의의 국고보조금'은 지방자치단체에 대해 특정 사업의 실시를 권장하거나 지방자치단체의 재정을 지원하는 재원이다.

기획재정부에서 관리하는 「보조금 관리에 관한 법」과 행정자치부 소관의 「지방재정법」에서 보조금, 부담금, 교부금 등의 용어를 사용하고 있다. 하지만 실제 사업별로 재원의 특성 분류가 명확하지 않기 때문에 엄격하게 개념을 구분하고 유형화하는 실질적인 이득은 크지 않다.

「보조금관리에 관한 법」 제4조에서 국고보조금은 지방자치단체가 신청을 해야 지원되는 '신청주의'가 규정되어 있다. 하지만 제5조에 예외적으로 지자체의 신청없이 중앙정부가 보조금을 교부할 수 있는 근거 조항도 있다. 이에 따라 국고보조금에서 중앙과 지방의 관계는 수직적인 상하 관계가 형성되어 지방재정에 불리한 측면이 있다. 이에 따른 쟁점들을 관리하기 위해 중앙정부의 각 부처에서는 지방비 부담이 수반되는 보조금 예산을 운영할 때는 행정자치부와 협의를 거쳐야 하는 지방재정법 제27조의 규정이 있다. 지방재정 부담에 대한 사항을 심의하기 위해 국무총리 소속으로 지방재정부담심의위원회가 구성·운영되고 있다.

기획재정부는 국가재정법에 근거를 두고 국고보조사업에 대해 매년 존치 타당성을 평가하며 행정자치부에서는 정부업무평가기본법에 근거하여 매년 정부합동평가를 실시하여 지자체가 수행하고 있는 국고보조사업의 효율적 운영을 관리한다.

2. 국고보조금과 정부간 재정관계 변화

근대복지국가의 정부간 재정관계에서는 정부간 재정분담에 대한 잠정적인 원칙이 있었다. 이에 따라 중앙정부가 담당하는 사무 혹은 기능을 지방자치단체가 대신 수행할 때 중앙정부는 국고보조금 형태로 관련 경비의 전부 혹은 일부를 부담했다.

그런데, 중앙정부의 복지지출 압박과 지방재정에 대한 복지비 전가 그리고 글로벌 표준으로서 분권화 물결 속에서 전통적인 정부간 재정관계에 대한 원칙을 유지하기 힘들게 되었다. 국세-지방세 배분과 관련한 세입분권의 특성과 국가별 혹은 시대별 상황과 맥락에 따라 정부간 재정관계는 다양하게 형성되었다. 예를 들어, 기초생활보장을 위한 생계급여프로그램에서 영국은 중앙정부가 100% 재원을 보조하지만 스웨덴과 독일은 지방정부가 모두 지출한다. 한국과 일본은 중앙정부가 80%의 경비를 보조한다. 지방세-지방교부세-국고보조금을 패키지로 한 삼위일체 분권개혁 이후 일본에서는 노인요양서비스 지출도 지방재정에서 모두 부담한다.

글로벌화-로컬화가 동시에 연계·진행되면서 정부간 재정관계는 보다 복잡하게 되었다. 교통통신의 발달과 서비스산업 중심의 대도시 경제 활동이 심화되면서 서로 거리가 멀리 떨어져 있는 대도시들간의 사회 경제적 활동이 실시간으로 연계되면서 재정사업에서 고려하는 지리적 범위가 면(space)에서 점(site)으로 바뀌었다. 이에 따라 국고보조금 배분 규모를 결정하는 기준이 되었던 지리적 외부성(파급효과)에 대한 논의도 유용한 정책수단이 되지 못하고 있다.

최근에는 '중앙정부=사회복지, 지방정부=지역·도시개발'의 전통적인 기본 도식은 유효하지 않게 되었다. 지방정부에서 복지재정부담이 급증하고 있다.

이론이 잘못되었거나 현실이 비합리적이거나 두 가지 가운데 하나가 되면서 전통적인 국고보조금 관련 이론 및 정책체계에서 대폭적인 변화들이 발생하고 있다.

중앙정부가 표준화된 사업지침을 수립하여 국고보조금을 확대하는 방식으로 지방재정조정제도가 개편될 경우 분권 재정의 관점에서는 불리한 상황이 발생한다. 지방의 재정사업에서 다양성이 약화되는 가운데 국가적 차원에서 설계한 성과관리체계가 지방자치단체의 자체 성과목표와 상충되면 중앙정부의 성과목적을 달성하기 위해 지방비가 징발되는 결과도 발생한다.

국고보조금은 지방의 재정자율성을 약화시킨다. 중앙정부의 지침을 수용하여 지방비 부담과 사업 추진이 이루어지면 지방의 자체 계획과 사업관리 역량이 낮아지고 주민들에 대한 재정책임이 약화되는 자치위기 현상이 나타난다. 또한 지자체의 주요 전략사업들에 대해 중앙정부의 보조금 지원을 과다하게 의존하면서 성과책임은 회피하는 도덕적 해이 현상도 쟁점이 된다.

3. 국고보조금의 현황과 특성

국고보조금사업은 중앙정부 전 부서에서 운용하고 있지만 재정규모를 고려하면 보건복지부, 농림수산식품부, 환경부 등 특정 부처에 집중되어 있다. 2014년 예산기준으로 국고보조금은 40조원 정도인데 상위 6개 부처의 비중이 90% 정도를 차지한다. 국고보조사업 수는 1,000여개 정도인데 2005년도에 보

〈표 5-11〉 중앙정부 부처별 국고보조사업 분포(2014)

(단위: %, 억원)

	합계	일반회계	광특회계	기타특회	기금
보건복지부	55.0	86.5	-	0.9	22.9
농림축산식품부	10.1	0.0	22.8	30.3	24.1
환경부	9.5	-	12.7	45.2	-
국토교통부	8.9	4.6	25.5	11.5	6.5
문화체육관광부	3.3	0.4	11.4	0.1	18.7
산림청	2.3	1.2	4.5	5.5	-
기타(21개부처)	10.9	7.2	23.2	6.6	27.8
합계	100.0	100.0	100.0	100.0	100.0
(규모)	400,097	246,017	58,668	67,199	28,212

자료: 안전행정부(2014:95).

조사업의 지방이양 이후 359개에 불과했던 점을 고려하면 최근 10여년 동안 3배 정도 확대되었다.

사업 수가 많아지면 중앙부처의 사업담당자들의 관리 역량에도 한계가 발생하여 중앙과 지방 모두 사업관리에서 비효율성 문제를 가지게 된다. 경기침체기에는 국고보조금 규모가 전년도와 비슷한 수준으로 정체되는 가운데 사업수가 증가하면 개별 보조사업들이 영세화되거나 지방비의 추가 부담문제가 발생할 수 있다. 국고보조사업 예산의 국고보조율은 2006년 69.8%에서 2013년에는 60%로 감소되었다. 사업수 확대와 보조율 감소는 중앙정부 사업에 지방재원이 부담해야 하는 비율이 계속 높아져 재정분권과는 반대방향으로 제도가 운영되었다.

지방세출 기능별로 보조금의 비중이 다양한데 지자체의 사회복지와 농림해

〈표 5-12〉 지방세출 기능별 국고보조금 현황(2014)

(단위: %, 억원)

	합계(A)	재원구성					보조사업	
		합계	국비	시도비	시군구비	기타	규모(B)	비중 (B/A)
일반공공행정	138,381	100.0	1.1	55.9	43.0	0.0	8,143	5.9
공공질서및안전	26,831	100.0	30.8	38.7	30.4	-	15,242	56.8
교육	96,849	100.0	0.2	84.4	15.4	-	5,847	6.0
문화및관광	79,981	100.0	17.5	34.6	47.9	0.0	36,520	45.7
환경보호	162,636	100.0	18.1	26.1	55.7	0.1	58,783	36.1
사회복지	400,832	100.0	54.5	27.5	17.9	0.1	366,019	91.3
보건	24,139	100.0	28.6	27.3	44.1	-	16,140	66.9
농림해양수산	111,931	100.0	40.8	16.1	43.0	0.0	83,925	75.0
산업.중소기업	30,120	100.0	20.2	46.7	33.0	0.0	12,404	41.2
수송및교통	151,833	100.0	14.3	47.7	38.0	0.0	45,701	30.1
국토및지역개발	114,703	100.0	19.6	27.0	53.5	0.0	43,374	37.8
과학기술	6,316	100.0	5.2	93.6	1.3	-	695	11.0
예비비	30,468	100.0	0.1	30.4	69.5		136	0.4
인력운영비	218,098	100.0	0.9	31.2	67.9	-	0	-
기본경비등	42,675	100.0	0.3	11.7	30.9	-	0	-
합계	1,635,793	100.0	23.1	35.5	40.0	1.5	1	0.0

주: 보조사업은 지자체 정책사업 가운데 보조사업에 해당하는 사업의 총액.
자료: 안전행정부(2014:45).

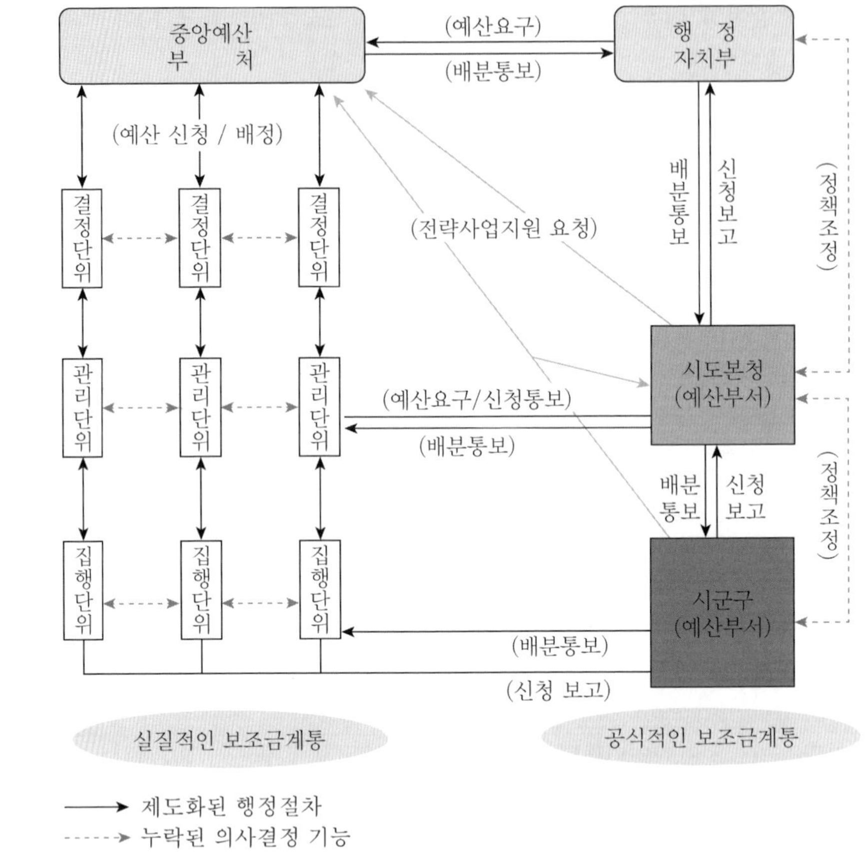

자료: 이재원 외(2003:48).

[그림 5-3] 3단계 중층구조의 현행 보조금제도 운영방식

양수산 분야의 지출은 각각 91.3%와 75.0%가 국고보조금을 지원받아 추진된다. 따라서 이들 분야에서 지방자치단체의 재량적인 정책역량을 강화하기는 쉽지 않다. 복지보조금은 기초생활보장급여, 보육료지원, 기초연금 등에 집중되어 있어 사업별로 재원이 편중되어 있다. 이들은 대부분 현금급여의 의무지출로서 지방자치단체의 재량적 관리가 쉽지 않은 사업들이다.

최근 자치구의 복지비 부담 문제가 특히 쟁점이 되고 있다. 서울과 울산의 자치구는 평균 40%대이며 나머지 자치단체는 50%를 상회한다. 다만 복지비에서 자체재원의 비중은 15% 정도이기 때문에 사회복지비의 규모 뿐 아니라 자치구 세입 자체의 취약성 때문에 문제가 발생한 측면도 있다.

국고보조사업들은 프로그램 단위 보다는 개별 프로젝트 단위로 운용되기 때문에 결과지향적인 성과를 분석·평가하기 힘든 특징이 있다. 따라서 보육료지원과 같이 개별 사업의 집행실적이 양호해도 해당 사업이 추구하는 출산률 회복과 같은 성과를 확인하는데 한계가 있다. 개별보조사업들이 하나의 회계단위로 묶여지지 않고 일반회계, 특별회계, 기금 등으로 분산되어 있어 유사 중복사업이 발생할 가능성이 있다. 부처들 그리고 회계들간 사업과 성과관리 연계에 애로를 겪고 있다.

국고보조금에서는 중앙-광역-기초의 중첩된 사업관리 구조를 유지한 가운데 사업의 종류와 규모가 확대되었다. 현재와 같은 수직적인 사업관리구조에서 기초지자체가 보조사업을 추진하면 사업 자체의 계획과 환류 보다는 광역과 중앙부처의 예산 및 사업부서에 대한 협의와 보고 그리고 지불정산 업무 등의 행정관리 부담이 많아진다. 중앙정부의 보조금 사업관리방식이 획일적으로 표준화되어 있는데, 차등보조율과 같은 부분 개편이 있었지만 전체 보조금 재정관리체계를 복잡하게 만들었으며 실질적인 관리의 효율성 효과는 확보하지 못하였다.

4. 기준보조율과 차등보조율

국고보조금제도의 근간은 법정 기준보조율이다. 사업별로 중앙과 지방간 재정분담비율을 국가가 법률로 지정하고 있다. 복지보조금 분야에서 기준보조율에 대한 쟁점들이 많이 제기되고 있는데 다섯 가지로 정리할 수 있다.

첫째, 기준보조율의 적정 수준의 문제가 있다. 부랑인보호시설이나 한센환자 보호시설과 같이 순수 국가 목적 사업에도 지방비 부담이 강제되어 있다. 100% 보조사업이 많은 농업분야 기준보조율과는 대조적이다. 전체적으로 복지사업의 기준보조율은 사회안전망에 속하는 기초복지서비스를 중심으로 50% 이상의 수준에서 설정되고 있는데, 80년대의 잔여적 복지 정책 기조가 기준보조율 구조에서 그대로 지속되고 있다. 기초적인 복지프로그램에서 높은 수준의 복지보조율이 적용되지만 지자체의 의사와 관계없이 국가가 법률로 지정한 의무적 지출 부문에 지방비 부담을 의무화하는 것은 타당하지 않을 수 있다.

둘째, 국고보조금 신청주의와 전국 표준의 기준보조율이 적용되어 지역사회 양극화와 지자체 재정격차 상황을 적절히 반영하지 못하고 있다. 또한 지역간 복지수급자의 생활여건도 고려되지 않고 있다. 기초적인 복지서비스는 주민들의 지역 거주에 상관없이 표준적인 서비스 혜택을 받아야 한다. 하지만 복지 수급권자의 지리적 분포를 국고보조율에서 고려하지 못하면서 지방재정 여건에 따라 불리하게 혜택이 부여될 위험요소가 잠재되어 있다.

셋째, 기준보조율에 대한 지방비 매칭이 의무화되어 있고 중앙의 표준적 관점에서 복지지출이 확대되면서 지방자치 부활 이후 자율적인 주민복지프로그램 개발 운영 여지가 협소해지고 있다. 정부간 복지재정관계에서는 지방자치의 부활과 같은 정치적 가치들이 제대로 고려되지 않고 지자체는 수직적인 복지전달체계의 일선기관으로 인식되고 있다.

넷째, 사회복지사업에서는 기초자치단체 중심으로 복지사업을 수행하도록 규정하고 있으며 국고보조율 관리에서도 광역자치단체의 사업 조정 기능을 인정하지 않고 있어 광역화에 따른 관리적 효율성을 창출하기 힘든 구조가 형성되어 있다. 사회복지서비스의 지리적 외부성과 광역지자체의 재정여건이 제대로 반영되지 않고 있다.

한편, 기존의 「보조금 관리에 관한 법」에서도 차등보조율을 인정하는 조항이 있었지만 실제 적극적으로 활용되지는 않았다. 하지만 2000년대 중반부터 지방재정에서 복지보조금 부담이 급증하면서 재정력이 취약한 자치구를 중심으로 정부간 복지재정관계에서 적지 않은 갈등이 발생하였다. 이에 따라 정부는 생계급여, 자활급여, 영유아보육료지원, 기초연금 등에 대해 차등보조율제도를 설계·실시하였다. 차등보조의 기준은 재정자주도와 분야별 재정지출지수이다.

차등보조율체계를 도입한 것 자체는 의미있는 개선 조치이다. 하지만 체계적인 공론화 과정을 거치지 않고 임의적으로 설계되면서 적지 않은 쟁점들이 잠재되어 있다. 결과적으로 대부분 자치구에 인상 보조 혜택이 있어 차등보조 대상 단체 선정에서 쟁점이 있으며 차등화 기준지표의 적절성 문제와 차등보조율 대상 사업의 포괄성 등에서 쟁점이 제기되고 있다.

5. 국고보조금과 지방재정부담 관리

(1) 지방재정부담심의위원회

지방재정 부담에 관한 사항 중 주요 안건을 심의하기 위하여 국무총리 소속으로 지방재정부담심의위원회가 설치되어 있다. 여기에서는 지방자치단체의 부담을 수반하는 주요 경비에 관한 사항, 국가와 지방자치단체 간 세목 조정 중 지방재정상 부담이 되는 중요 사항, 국고보조사업의 국가와 지방자치단체 간, 시·도와 시·군·자치구간 재원분담 비율 조정에 관한 사항, 지방자치단체 재원분담에 관련된 법령 또는 정책 입안 사항 중 행정자치부장관의 요청에 따라 국무총리가 부의하는 사항, 지방세 특례 및 세율조정 등 지방세 수입에 중대한 영향을 미치는 지방세 관계 법령의 제정·개정에 관한 사항 중 행정자치부장관의 요청에 따라 국무총리가 부의하는 사항 등이 논의된다. 위원장은 국무총리가 되고, 부위원장은 행정자치부장관과 민간위원으로 구성한다.

(2) 국고보조사업의 이력관리

행정자치부에서는 지방자치단체 국고보조사업의 신청 및 수행 상황을 점검하고 사업별로 이력을 관리한다. 지방자치단체와 중앙부처들은 국고보조사업의 효율적인 관리를 위해 행정자치부가 정하는 분류체계에 따른 정보시스템을 이용해야 한다.

(3) 지방재정영향평가제도

지방자치단체는 대규모의 재정적 부담을 수반하는 국내·국제경기대회, 축제·행사, 공모사업 등의 유치를 신청 혹은 응모하기 위해서는 미리 해당 지방자치단체의 재정에 미칠 영향을 평가하고 그 평가결과를 토대로 지방재정투자심사위원회의 심사를 거쳐야 한다. 중앙 각 부처에서는 대규모 지방재정 부담을 수반하는 사항이 지방재정에 미치는 영향을 평가한 결과를 행정자치부와 기획재정부에 제출해야 한다.

제 5 절 포괄보조

1. 포괄보조의 의의

포괄보조에 대한 개념을 체계화한 초기의 시도는 ACIR(1977)이다. 여기서 "포괄보조란 중앙정부의 지방이전재원 중 하나로 재정 지원을 받는 지방정부가 사업운용에 재량을 가지고 포괄적 기능 영역에 사용될 수 있게 법적 공식에 따라 배분되는 재원"으로 정의한 바 있다.

포괄보조는 미국 연방정부가 주 및 지방정부에 대한 국고보조금을 지원할 때 많이 활용하는 방식으로 과거 지방교부세와 같은 일반세입분여 방식과 개별보조방식에 대한 대안으로 개발되었다. 포괄보조는 논리적으로 설계된 제도라기보다는 현실 정책에서 운용하는 실용적인 제도 용어인데, 대체적으로 네 가지의 공통적인 특징이 있다.

첫째, 지방정부에 대해 포괄적으로 규정된 기능 영역 내에서 폭넓은 활동범위에 대해 권한을 부여한다. 이에 따라 일반재원으로 운영되는 보통교부세와 단순히 일부 유사 보조 사업단위를 통합하는 통합보조와 구분된다.

〈표 5-13〉 포괄보조의 유형 예시

	세입법정화		재정수요 산정방식		지출대상 지정여부		지방비 부담	
	법정	임의	포괄 지표	세부 지표	부문 한정	개별 한정	매칭 없음	매칭 의무
지특회계 생활기반계정 (기획재정부)	○		일반 행정		○			개별 매칭
미국 TANF (한시적 요보호가족지원)	AFDC 기준	부분 증감	산식없음 총액교부		○			총액 매칭
미국 CDBG (지역개발포괄보조)		○	정책 지표			△	○	
미국 SSBG (사회서비스포괄보조)		○		인구수		△	○	

주: △은 법적으로 구속되지 않으나 실질적으로 구속 효과가 있는 경우.
자료: 이재원(2009).

둘째, 지방정부는 구체적인 프로그램의 내용을 규정·설계하고 사업별 재원배분에서 실질적인 재량권을 가진다. 필요성이 인정되는 경우에는 일정 비율의 재원은 상대적으로 제한된 포괄적 기능영역을 넘어 지출하는 것도 허용할 수 있다.

셋째, 국가 목적이 달성되었는지를 확인하기 위해 중앙 부처에서는 행정관리, 재정보고, 기획 및 기타 조건들을 설정할 수 있다. 보통교부세와 달리 기초적인 지방재정 지원 재원이 아니며, 중앙정부의 정책 목적에 따라 보다 성과계약방식을 강화할 수 있다.

넷째, 중앙의 재정 지원은 개별 사업단위로 산정되지 않는다. 대신 해당 프로그램의 재정 수요 특성을 반영하는 공식에 따라 총량적으로 배분된다. 이는 중앙정부의 재량을 제한하고 지방에 재정적 확실성을 제공하기 위해서이다.

지자체에 이전재원을 지원할 때 포괄보조를 활용하는 목적은 세 가지이다. 우선, 행정효율화 목적으로 개별 보조에 수반되는 지불·정산관련 행정업무를 대폭 축소시키기 위해 포괄보조를 활용할 수 있다. 개인서비스가 많은 사회복지분야에 특히 효과적이다(ACIR, 1977). 지방정부에 대한 재정지원 규모를 축소하기 위한 감축관리 수단으로서 포괄보조가 활용되기도 한다. 재정자율과 총액감축을 교환하는 것이다(예, 레이건행정부의 포괄보조; O′Connor, 1998). 마지막으로 결과지향적 정책운영을 위해 중앙·지방간 성과계약 방식을 도입한 재정 수단 중 하나로 포괄보조를 활용할 수 있다(예, 클린터 행정부의 TANF; Chernick, 1998).

2. 포괄보조와 재정분권

중앙정부의 국고보조사업들을 분권적인 방식으로 관리하기 위한 재정정책 수단은 총량적인 지방재정 규모의 확충과 개별 사업에서의 집행재량권 혹은 행정관리 편리성 제고에 이르기까지 분권 정도의 연속선으로 접근할 필요가 있다. 이러한 연속선의 관점에서 세 가지 형태의 재정분권 방식들이 구분될 수 있으며 해당 유형에 따라 사업의 성과관리 특징도 달리 설계될 수 있다.

첫째, 사업에 대한 권한과 책임을 일괄적으로 지방에 이양하는 방식이 있다. 중앙정부의 국고보조사업에 대해 적정 수준의 관련 재원들을 지방의 자주재원 혹은 일반재원으로 전환하고 해당 사업의 기능을 지방의 업무로 전환하는 것이다. 관련 공공서비스에 대한 성과책임은 지방자치단체에 귀속된다. 국가 차원에서 표준화된 공공서비스를 공급할 필요성이 높지 않고 지방단위에서 다양한 내용과 수준의 공급이 바람직한 경우에 타당성이 높다.

둘째, 중앙정부와 지방정부가 사업에 대한 권한과 책임을 공유하면서 사업에 대한 전략기획과 집행재량의 확대를 위해 활용하는 포괄보조 형식이 있다. 중범위 수준의 특정 정책 영역에 국한되도록 지출을 제한하지만 구체적인 지출방식과 재원배분 규모에 대한 재량을 대폭 확대한다. 재원 확보의 책임은 중앙에 있지만 사업의 성과 책임은 지방이 더 많이 부담하게 된다. 포괄적인 정책지침은 중앙에서 설계하지만 구체적인 집행계획은 지방이 담당한다. 집권과 분

〈표 5-14〉 재정분권화의 유형별 특징 비교

강 ← 분권의 강도 → 약

		지방이양	포괄보조	개별보조
분권화수단	분권형식	기능과 재원의 완전이양	기능의 공유 재원의 포괄이양	집권방식 유지 집행재량 확대
	분권내용	지방의 자주적인 재정운용	포괄분야 범위 내에서 자율운영	불용액 인정, 실질적 신청주의, 보조율의 합리화
	성과책임	지방자치단체	중앙·지방 공유	중앙정부
		자체 성과평가	중앙 성과관리, 정부간 성과계약 의무적 지출규정	중앙의 표준 지침관리 지방의 집행 과정 책임
재정책임 분담		지방정부 (+중앙정부)	중앙정부 / 중앙정부+지방정부	중앙정부+지방정부
지방재정 유형		자주재원+지방교부세 (분권교부세)	국고보조금 (포괄보조금)	국고보조금 (개별보조금)
수혜의 성격		자치 서비스	국민의 권리 / 자치 서비스	국민의 권리
개편의 지향가치		재정분권과 정부간 기능 분담의 재설계		행·재정 관리의 효율성

자료: 이재원 외(2003:67).

권의 중간에서 수평적이고 협력인 정부간 재정파트너십의 구축이라는 새로운 형태의 정부간 재정거버넌스가 형성된다. 성과책임을 공유하기 때문에 재정재량과 결과지향적 성과를 매개로하는 정부간 성과계약 방식이 적용되기도 한다.

마지막으로 기존의 국고보조사업의 기본 구조를 유지하면서 부분적으로 지방자치단체의 재량을 확대할 수 있다. 이는 재정집권적인 사업운용이며 분권화와는 거리가 있다. 다만 기존 보조금 체제의 기본 골격을 유지하지만, 결과지향적 관점에서 분권화 요소(연도말 불용액 재량, 실질적 신청주의 등)를 활용하여 보조금운용의 관리적 효율성을 제고할 수는 있다. 개별 보조 방식에서도 재정분권을 위해 포괄보조의 성격을 반영하여 중범위 수준에서 재원을 통합적으로 지원하는 방식도 가능하다. 특히 보조금 규모가 영세한 유사 사업들을 동일한 보조사업 단위로 통합·운영하여 행정 및 재정관리 효율성을 제고할 때 효과적이다.

3. 포괄보조의 정치경제

정부간 재정관계에서 포괄보조가 가지는 장점은 집행재량과 성과책임의 교환 구조를 만든다는 것이다. 중앙정부의 관리 감독으로부터 지방정부 수준에서 관할하는 포괄보조로 전환되면 집행단위에서 많은 재량이 인정되고 우선순위 설정에 대한 중앙정부의 책임성을 줄일 수 있다. 또한 보고와 행정관리 요건들도 대폭 축소되는 관리효율성 장점이 부각된다.

이익집단 정치 병리가 사전적으로 억제된다는 점 역시 재정효율성의 관점에서는 의미있는 요소이다. 특정 개별 보조에서는 프로그램 수급자를 대표하는 의회, 관료, 그리고 이익단체의 역할이 상당하지만 포괄보조로 전환하면 이들의 영향력이 감소한다. 이에 따라 정치적 이해관계와 거리를 두면서 합리적인 프로그램 운영이 가능해 진다.

미국 사례에서, 일부 정책들은 초기에는 재원 증대가 수반되었지만 제도가 정착되면서 총량적인 재원증가보다는 프로그램 내실화가 강조되었다. 많은 주정부들이 관련 프로그램에서 재정지원 감소와 프로그램의 재량 확대를 상호 교환하였다. 기획과 예산운영체계의 혁신도 강화되었다. 새로운 포괄보조제도는 주정부가 특정 분야에서 관리 역량이 있을 때 특히 효과적으로 작동하였다고 한다(Waller, 2005).

그런데, 포괄보조가 재정분권과 거버넌스에 적합하다는 장점에도 불구하고 현실에서는 비판도 적지 않다. 포괄보조를 많이 활용하는 미국에서는 다음과 같이 정리된 바 있다(King, 1999). 우선, 점차적으로 재원이 감소되었다. 포괄보조의 초기 재원 수준은 기존 보다 높거나 낮았지만 일관적이지는 않았다. 80년대 이전에 도입된 포괄보조의 5개중 4개는 재원이 증가하였다. 하지만 레이건 행정부에서는 점차 관련 재원이 축소되었다. 미국 연방정부의 재정적자 및 경기 침체와 직접적으로 관련된 것이다. 포괄보조의 총량이 명목가격으로 산정되어 물가상승분이 제대로 반영되지 않았기 때문에 실질적으로 재원총량은 점차 감소되는 경향이 있었다.

둘째, 재량축소와 점차적인 범주화 문제도 심각하였다. 포괄보조가 정착되면 특정 보조에서와 같은 의회의 규제가 작동하였다. 의회는 예산을 심의하면서 추가 제약을 부여하여 포괄보조의 재량을 억제하고 동일한 혹은 관련 목적을 가진 새로운 보조금을 신설하기도 하였다.

셋째, 행정효율화에 대한 회의적 비판도 있다. 포괄보조 도입 이후 행정관리의 효율성이 창출되었는지에 대한 평가는 명확하지 않았다. 연방정부의 요구조건이 완화되고 행정부담이 줄어든 것은 사실이지만 주정부의 경우 종전에 없었던 새로운 프로그램 관리부담이 증대되었다. 미국의회회계국(GAO) 연구에서는 제도 변화에 따른 행정비용 축소 효과에 대해서는 부정적인 것으로 평가하였다(GAO, 1995).

제6절 지역발전특별회계

1. 지역발전특별회계의 의의

지역별 특성과 비교우위에 따른 지역의 특화 발전을 지원하고, 지역 주민의 삶의 질 향상 및 지역경쟁력 강화를 위한 사업을 효율적으로 추진하기 위해 지역발전특별회계(지특회계)가 설치·운용되고 있다. 2014년 예산기준으로 9.4조원 규모이며 관련 사업의 예산은 모두 국고보조금으로 분류되어 16개의 중앙정부 부·처·청에 분산 관리된다.

일반적인 국고보조금과 달리 중앙 예산부처인 기획재정부 지방예산과에서 직접 운영하는데 세부 계정별로 포괄보조와 개별보조가 혼합되어 있으며 재원총량관리(기획재정부)와 계정내 사업관리(각 부처)가 분리·운영되는 독특한 형태의 지방재정조정제도이다.

지역균형발전특별법 제30조에 근거하는 지특회계의 의미는 법률 조항에 규정된 설치 목적보다는 회계의 신설 배경과 변천과정을 확인해야 이해할 수 있다. 지특회계의 출발은 2005년도의 '국가균형발전특별회계'부터 시작된다. 이후 2010년도에 광역·지역발전특별회계로 개편되었다가 2015년도부터 대상사업을 확대하면서 현재의 지역발전특별회계로 바뀌었다.

2000년대 중반에 국가균형발전을 위한 사업들이 국고보조금, 지방양여금, 토지관리 및 지역균형발전특별회계 등으로 분산되어 있었는데 관련 사업들을 통합·운영할 수 있게 단일 특별회계로 묶었다. 또한 다수 중앙부처가 관할하고 있어 통합 조정을 위해 기획재정부와 대통령자문기구인 지역발전위원회가 예산배분과 사업관리과정에 직접 개입했다.

당초 예산규모는 5.5조원이었는데, 균형발전의 상징과 함께 각 부처에서 관리하던 100여개의 소규모 영세보조금을 통합하여 지자체별로 총액으로 배정하고 개별 사업을 지자체가 자율로 선정하는 포괄보조 전환의 의미도 있었다.

2. 지역발전특별회계의 계정과 재원배분방식

지특회계에는 네 개의 계정이 있고 각각 세입과 세출 방식이 다르며 예산편성은 일반 및 특별회계의 재정사업과 구분된다. 포괄보조로 운영되는 생활기반계정은 시도와 시군구 자율편성예산사업으로 구분하여 지자체별로 총액을 배분하면 지자체가 자율적으로 사업부문별 하위 블록내에서 구체적인 보조금 사업을 선택한다.

하위블록내 사업에 대한 재원배분이나 우선순위 설정은 지자체가 재량으로 결정한다. 이후 개별사업을 관리하는 중앙정부의 관련 주무 부처의 검토를 받아 기획재정부에 예산을 신청한다. 기획재정부는 지역발전위원회의 검토의견을 참고하여 사업별·지자체별로 예산을 배정한다.

경제발전계정에서는 국가균형발전특별법 제35조에 규정한 각종 지역개발 사업들을 관리한다. 개별 사업의 추진계획과 집행과정 그리고 예산편성은 중앙정부의 소관 부처에서 담당한다. 기획재정부는 계정사업별로 예산의 총액을 관리한다. 일반적인 국고보조사업과 비교할 때 소관 부처 이외에도 기획재정부와 지역발전위원회가 추가적으로 개입하기 때문에 지자체 입장에서는 사업 및 예산통제를 상대적으로 강하게 받는 편이다.

〈표 5-15〉 지역발전특별회계의 계정구조

계 정	세 입	세 출
① 생활기반계정 - 시도자율편성 - 시군구자율편성	주세 40% 과밀·개발부담금 일반회계 전입금 등	〔지자체 재량확대 포괄보조〕 기초생활권, 생활기반확충, 지역사회기반시설확충, 문화·예술·체육·관광·복지 등
② 경제발전계정	주세 60% 개발제한구역보전·광역교통시설부담금, 일반회계 전입금 등	〔부처직접편성사업〕 균특법 제35조 제2항에서 정한 대상사업(교통·물류망 확충, 지역선도산업 및 전략산업육성, 지방대학 경쟁력향상 등)
③ 제주특별자치도계정	일반회계 전입금 등	제주도 해당되는 ①, ② 사업, 특별지방행정기관 지원 등
④ 세종특별자치시계정		세종특별자치시에 해당되는 ①, ② 사업 등

제주계정과 세종계정은 각각 특별자치단체에 대한 국고보조사업을 통합적으로 지원하기 위한 계정으로 지특회계의 생활기반계정과 경제발전계정사업 그리고 기타 관련 사업들을 모두 포괄 관리한다.

지특회계의 상당 규모가 포괄보조로 운영되면서 지방자치단체의 재정 재량이 확대되었는데, 기획재정부에서는 지자체의 도덕적 해이를 관리하기 위해 포괄보조 성과에 대한 인센티브 수단을 마련하였다. 예를 들어 시군구 자율사업에 대해서는 지출한도 총액의 5%를 인센티브 재원으로 운용한다.

3. 지역발전특별회계의 특징과 과제

지역균형발전과 국고보조금제도 개편을 목적으로 도입된 지특회계는 지방교부세와 국고보조금의 중간 단계에 속하는 '포괄보조' 방식을 도입하여 새로운 지방재정조정제도로서 운영되고 있다. 하지만 2005년도 제도 도입 당시부터 계속 적지 않은 쟁점들이 지속되고 있다.

무엇보다 행정자치부가 총괄하는 지방재정조정제도의 체계에서 새로운 재정수단으로 인정되지 않고 있으며 재정 통계분류에서는 국고보조금에 속한다. 지특회계는 기획재정부가 직접 관리하지만 개별 사업관리가 중앙 각 부처로 분산되어 있다. 이에 따라 중앙정부 각 부처의 예산서에 지특회계가 별도 항목으로 계리되고 있다. 지특회계 사업에 대해 행정자치부는 부처별 국고보조금 통계에 포함하여 관리하고 있다.

둘째, 지특회계 생활기반계정은 포괄보조 방식을 도입했지만 실제 사업별 운영은 과거의 국고보조금체계와 유사하다. 사업별 재원배분이나 사업선택의 재량은 있지만 사업별 기준보조율은 과거 국고보조사업인 경우와 동일한 수준으로 적용되고 있다. 최근에는 계정에 배정된 재원총량이 계속 축소되는 가운데 관련 사업의 수는 그대로 유지되면서 추가적인 지방비가 부담되는 현상도 나타났다.

셋째, 지특회계의 사업관리 방식이 기존의 국고보조금 보다 좀더 복잡하게 이루어지고 기획재정부, 중앙정부 각부처, 지역발전위원회 등 중앙정부 차원의 세 가지 조직에서 직접 개입하면서 중앙 집권성이 강화되었다. 지특회계의 주된 재원인 주세는 과거 지방양여금 재원으로 실제 지방으로 이양되었지만 국고보조금 재원으로 환원되면서 세입 측면에서도 실제 재정집권이 강화되었다.

넷째, 지특회계는 중앙정부의 예산부처가 직접 사업을 관리하는 독특한 회계이다. 기획재정부에서는 사업관리 수단이 없어 중앙 각부처에 위임하고 있다. 이에 따라 재정사업의 성과책임 소재가 불분명한 문제점이 발생한다. 재원배분과정을 투명하게 공개하지 않아서 재정민주주의에서 한계도 있다.

다섯째, 생활기반계정에서는 지역사회서비스투자사업(보건복지부)이나 사회적기업지원(고용노동부)과 같은 사회복지분야의 보조사업을 포함하고 있다. 이에 따라 사회복지사업에서 재정총량 통제 문제와 지역개발사업과 사회복지사업이 혼재에 따른 사업들간 재원 할당 경쟁 쟁점이 잠재되어 있다.

제 6 장 지 방 채

제 1 절 지방채의 의의와 종류

1. 지방채의 의의

(1) 지방채의 개념

지방자치단체의 경비는 원칙적으로 지방세, 세외수입, 지방교부세, 지방양여금 및 보조금 등에 의하여 충당되어야 한다.[1] 그러나 대규모적인 건설사업, 지방공기업의 설비투자, 재해복구 등의 경우에는 경상적인 수입으로서 필요한 경비를 조달할 수 없는 경우가 많다. 이러한 경우 지방자치단체는 차입에 의하여 필요한 자금을 조달하지 않을 수 없게 되며 지방채의 필요성이 여기에 있다.

한 마디로 말해서 "지방채는 일시차입금을 제외한 지방자치단체의 차입금"이라고 할 수 있다. 이것을 좀 더 상세하게 정의하면 "지방채란 지방자치단체가 재정수입의 부족을 보충하기 위한 자금조달에 의하여 부담하는 채무로서 그 이행이 복수회계연도에 걸쳐서 이루어지는 것이며 증서차입 또는 증권발행의 형식을 취하는 것"이라고 할 수 있다.[2]

우리나라 지방재정법 제11조와 제12조는 지방채와 차입금을 구분하여 증권발행의 경우만을 지방채라고 부르고 있으나 우리는 여기에서 지방자치단체의 공채와 차입금을 포괄하는 넓은 뜻으로 지방채라는 용어를 사용하기로 한다.

이제 이와 같은 정의에 따라 이를 좀 더 상세히 고찰해 보기로 한다.

① 재정수입의 부족을 보완하는 자금조달을 위하여 부담하는 채무이다. 지

1) 구지방재정법 제7조.

2) 유훈, 지방자치단체의 공채발행제도 개선에 관한 연구(서울: 한국행정문제연구소, 1971), p. 3.

방채는 기채에 의하여 얻는 자금을 수입으로 하여 이것을 지출의 재원에 충당하기 위하여 부담하는 채무이다. 따라서 기채는 광의로 보면 채무부담행위의 일종이라고 할 수 있으나 자금을 조달하여 지출의 재원으로 삼는다는 뜻에서 자금이 이동하지 않는 다른 채무부담행위(예를 들면 대금의 연부계약, 손실보상계약)와는 다르다.

② 그 이행이 복수회계연도에 걸쳐서 이루어진다. 지방채는 지방자치단체의 차입금이기는 하나 모든 차입금이 지방채가 되는 것은 아니다. 예산내의 지출을 하기 위하여 일시적으로 차입하였다가 그 회계연도의 세입금으로 상환하는 일시차입금(지방재정법 제14조)은 우리가 여기서 말하는 지방채가 아니다.

③ 지방채의 발행형식으로서 증서차입과 증권발행이 있다. 국가의 경우 국채는 증권발행형식에 의하는 것을 말하며 증서차입에 의한 것은 장기차입금이라고 하고 있으며 지방재정법도 전술한 바와 같이 증권발행형식에 의하는 것을 지방채라고 하고 증서차입에 의한 것을 차입금이라고 하고 있으나 통상적인 용법에 의하면 지방채는 증권발행형식에 의한 것(지방자치단체 공채)과 증서차입에 의한 것(차입금)을 포괄한다.[3]

(2) 지방채의 특징

지방채는 국채와 비교하여 다음과 같은 특색을 지닌다.

① 지방채는 지방재정의 재원부족을 보충하는 것을 직접적인 목적으로 삼고 있으며 한국은행의 인수에 의한 통화신용조출기능 등을 생각할 수 없고 재정정책의 수단으로서 생각되는 일은 거의 없다. 이러한 점에서 지방채는 사채나 회사의 장기차입금에 가까운 성격을 지니고 있다고 하겠다.

② 지방자치단체는 일정한 행정구역을 지닌 지역적 행정주체이므로 지방채를 재원으로 하여 행하여지는 공공투자는 모두 그 지역주민의 생활 또는 지역경제와 직접 관련이 있는 투자이다. 따라서 지방채는 연고채의 색채가 짙다고 하겠다.[4]

---

3) 유훈, 「지방재정과 지방채」, 지방재정 1993년 제6호, pp. 4-5.

4) 유훈, 「지방채제도의 발전과제」, 지방재정 1989년 겨울호, pp. 44-45.

2. 지방채의 종류

지방채는 여러 가지 관점에서 여러 가지로 분류할 수 있으나 여기서는 다음과 같은 종류로 나누어서 고찰하고자 한다.

(1) 일반회계채 · 공기업특별회계채 · 기타특별회계채

지방채는 발행하는 회계에 따라 일반회계채 · 공기업특별회계채 및 기타 특별회계채로 나누어서 고찰할 수 있다.

일반회계채는 ① 사회복지사업, ② 도로 · 교량, ③ 하천정비, ④ 교통시설, ⑤ 공원, ⑥ 주택 · 택지, ⑦ 농업시설, ⑧ 상업시설, ⑨ 공단조성, ⑩ 관광단지조성, ⑪ 문화시설 등을 위하여 발행되고 있으며, 공기업특별회계채는 ① 상하수도, ② 지하철, ③ 주택 · 택지, ④ 기타 공영개발 등을 위하여 발행되고 있다.

그리고 지방채 중에서 가장 큰 비중을 차지하는 기타 특별회계채는 ① 상하수도, ② 주택 · 택지, ③ 공단조성, ④ 관광단지 등을 위하여 발행되고 있다.

(2) 단기채와 장기채

지방채는 상환기간에 따라 단기채와 장기채로 나누어서 고찰할 수 있다. 우리나라에서는 상환기간이 6년 이상인 장기채가 59.1%를 차지하고 있으며 상환기간이 3년 이하인 단기채가 4.7%를 차지하고 있고 36.2%의 지방채가 상환기간 4년 내지 5년으로 되어 있다. 과거에 비해서 단기채의 비중이 많이 저하되었으나 5년 이하의 지방채가 40.9%에 달한다는 것은 바람직하지 못하다고 하겠다.

미국의 경우를 본다면 주와 지방자치단체의 채무잔액 중 장기채가 96%를 차지하고 있으며 단기채는 4%에 지나지 않는다.[5] 일본의 경우에 있어서도 정부자금이 커다란 비중을 차지하고 있으며, 금융기관으로부터의 차입도 대부분 채권발행의 방법에 의존하고 있으므로 단기채의 비중이 낮다.

---

5) J. Richard Aronson and John L. Hilley, *Financing State and Local Governments*, fourth edition (Washington, D.C.: Brookings Institution, 1986), p. 174.

제 2 절 지방채의 실태

1. 지방재정에 있어서 지방채가 점하는 비중

지방자치단체세입에 있어서 지방채가 차지하는 비중을 본다면 〈표 6-1〉과 같이 우리나라 지방채 의존도가 1980년대에 들어와서 많이 상승하였다가 최근에는 많이 하락하였다. 특별회계에 있어서의 지방채의 비중이 다소 높은 편이나 전반적인 지방채의 비중은 일본의 경우보다 낮은 것으로 나타나 있다.

〈표 6-1〉 지방자치단체세입 중 지방채가 점하는 비율

(단위: %)

연 도	일반회계	특별회계	총 계
1975	0.8	16.0	4.3
1980	2.2	16.2	5.7
1985	2.2	19.4	8.2
1990	1.8	24.5	9.0
1995	1.7	14.6	5.6
1996	1.8	17.6	6.3
2007	0.7	9.9	2.8
2008	0.7	10.1	2.6
2009	4.6	13.0	6.2
2010	1.7	12.9	3.8
2011	2.4	11.7	4.1
2012	0.5	11.2	2.4
2013	3	11.2	4.5
2014	0.8	13	3

자료: 행정자치부 지방재정세제국 제공.

〈표 6-2〉 일본지방자치단체세입 중 지방채가 점하는 비율

(단위 : %)

연 도	市町村	都道府縣	全自治團體
1970	9.5	4.2	6.4
1980	11.3	8.4	10.1
1990	7.8	7.3	7.8
1995	15.1	16.9	16.8
2001	10.1	12.1	11.8
2005	9.3	11.7	11.2
2006	8.7	11.1	10.5
2007	8.0	11.7	10.5
2008	7.9	12.4	10.8
2009	8.7	15.2	12.6
2010	9.6	15.6	13.3
2011	8.7	13.5	11.8
2012	9.3	14.1	12.4

자료: 일본 총무성편, 2014년도 지방재정백서, p. 50.

2. 지방채의 자금원

우리나라 지방채의 자금원을 본다면 과거에는 금융기관으로부터의 차입과 외국으로부터의 차관이 높은 비중을 차지하고 있었으나 최근에 와서 정부공공자금의 비중이 상승하고 있다는 것이 그 특징이라 하겠다.

일본의 경우를 본다면 정부자금과 지방공공자금을 포함하는 정부관계기관의 자금이 35.9%를 차지하고 있다. 시중은행 · 보험회사 등과 같은 금융기관자금도 31.4%를 차지하고 있으나 우리나라와 같이 일반금융자금의 차입이 아니라 상환기간이 10년 정도인 채권인수방식에 의존하고 있다. 일부 지방자치단체의 경우 지방채가 소화에 어려움이 있는 것이 사실이며 이를 해소하기 위하여 공영기업금융공고의 지방단체금융공고로의 전환 등 여러 가지 방안이 제기되고 있는 것이 사실이나[6] 단기채의 비중이 높은 우리나라의 실정과는 많이 다르다고 하겠다.

주로 채권발행방식에 의존하는 미국의 경우를 본다면 고소득층에 속하는 개인이 주공채나 지방채의 37.6%를 소유하고 있으며, 시중은행, 보험회사와 같은 금융기관이 50.3%를 보유하고 있다. 주지하는 바와 같이 미국연방정부가 주공채와 지방채의 이자에 대해서 과세하지 않는 까닭에 고소득층에 속하는 개

6) 일본 총무성, 2014년판 지방재정백서(東京: 日經印刷株式會社, 2014), pp. 201-203.

인과 금융기관 등이 이들 공채를 많이 보유하고 있는 것이다.

〈표 6-3〉 한국지방채의 자금원(2007)

구 분	금액(억원)	비율(%)
정 부 자 금	93,967	53.9
지방공공자금	66,837	38.3
해 외 차 관	1,701	1.0
민 간 자 금	3,277	1.9
모 집 공 채	255	0.1
매 출 공 채	8,344	4.8

자료: 라휘문, "지방채의 기능 및 역할제고를 위한 쟁점과 방향" 지방재정 2007년 제5호, p. 43.

〈표 6-4〉 일본지방채 현재고의 자금원(2013년 3월말)

구 분	비율(%)
정 부 융 자 금	24.4
구 우정공사자금	5.1
지방자치단체금융기구자금	6.4
시 중 은 행	25.1
기타 금융 기관	6.3
시 장 공 모 채	29.9
기 타	2.8

자료: 일본총무성, 2014년판 지방재정백서, p. 106.

3. 지방채발행 한도제 도입

(1) 지방채발행 한도제의 개념

우리나라는 오랫동안 사용하던 지방채 발행 승인제도를 2006년도부터 지방채발행한도제로 전환했다.

지방채발행하도제란 한도액의 범위내에서는 중앙정부의 승인없이 지방의회의 의결을 거쳐 지방채를 발행할 수 있는 제도이다. 그러나 한도액을 초과하는 경우에는 행정자치부 장관의 승인을 얻은 범위 안에서 지방의회의 의결을 거쳐 지방채를 발행할 수 있다. 다만 외채의 경우에는 한도액의 범위 내라도 지방의회의 의결을 얻기 전에 행정자치부장관의 승인을 얻어야한다.

(2) 자치단체 유형구분 기준

지방채와 관련한 자치단체의 유형은 자치단체의 채무상환 비율과 예산대비 채무비율에 따라 구분된다.

〈표 6-5〉와 같이 제1유형은 채무상환비율이 10%이하이고 예산대비 채무비율이 30%이하인 경우이며 제2유형은 채무상환비율이 10%이하이면서 예산대비 채무비율이 30%초과 40%이하인 경우이다. 제3유형은 채무상환 비율이 10% 초과 20%이하이고 예산대비 채무비율이 40%초과 80%이하인 경우이며 제4유형은 채무상환비율이 20%를 초과하고 예산대비 채무비율이 80%를 초과하는 경우이다.[7)]

〈표 6-5〉 지방채관련 자치단체 유형구분기준

구 분	1유형	2유형	3유형	4유형
채무상환비 비율	10%이하	10%이하	10%초과~ 20%이하	20%초과
예산대비 채무비율	30%이하	30%초과~ 40%이하	40%초과~ 80%이하	80%초과

(3) 유형별 지방채 한도액

전술한 유형에 따라서 지방채발행 한도액이 정해진다. 〈표 6-6〉과 같이 제1유형은 지방채발행 한도액이 일반재원 대비 10%이하이며, 제2유형은 일반재원 대시 5%이다. 제3유형은 일반재원대비 3%이하이며, 제4유형은 지방채 발행이 불허된다.

〈표 6-6〉 유형별 한도액 및 유형별 단체수

	일반재원대비 지방채 발행한도액	해당단체수(2006)	
		광역	기초
제1유형	10%이하	11	224
제2유형	5%이하	1	6
제3유형	3%이하	4	4
제4유형	0	0	0

자료: 박의식, "지방채제도 개요 및 운용방향", 지방재정 2006년 제3호, p. 57.

지방채 발행 한도액 제도가 도입된 2006년도의 경우를 가지고 본다면 제1유형에 해당되는 지방자치단체는 광역이 11개이며 기초자치단체는 224개이다. 제2유형 해당단체는 광역단체는 1개이며, 기초자치단체는 6개이다. 제3유형은 광

7) 박의식, 「지방채제도 개요 및 운용방향」, 지방재정 2006년 제3호, p. 56.

역단체가 4개이며 기초단체가 4개이고 제4유형은 해당단체가 없다.[8]

제 3 절 지방채의 문제점

우리나라 지방채제도가 안고 있는 제도상 및 운영면의 문제점으로서 여러 가지를 지적할 수 있겠으나 지방채 실태에서 고찰한 바에 따라 다음의 몇 가지를 들고자 한다.

1. 지방채의 억제

우리나라의 구 지방재정법 제7조는 "지방자치단체의 세입은 지방채 또는 차입금 이외의 세입을 그 재원으로 하여야 한다"고 규정하고 지방채 발행 승인제도를 통하여[9] 지방채 발행을 억제해왔다고 하겠다.

전술한 바와 같이 2006년부터 지방채 발행한도액제도를 도입하고 승인제를 폐지하였으나 한도액제도의 문제점으로 지방채의 발행이 여전히 억제되어있다는 점이라 하겠다.

2. 지방채 발행의 지역적 편중

현재 우리나라에서 발행되는 지방채가 특정지역에 편중되는 경향이 있다. 좀 더 구체적으로 말해서 우리나라 지방채의 63.2%가 서울시와 6개 광역시 및 경기도에 편중되어 있다는 것이다.[10] 이들 지역은 지하철 건설, 택지개발 등 대규모 투자사업을 추진하는 재정수단으로서 지방채 발행이 적극적으로 활용되고 있으며 채무가 없는 단체도 상당수 있다는 것이다.

3. 지방채의 자금원

우리나라 지방채의 자금원을 본다면 〈표 6-3〉과 같이 과거에 비하여 정부자금이 많이 늘어나 53.9%에 달하나 아직도 이율이 높은 자금에 많이 의존하고

---

8) 상게문, p. 57.

9) 구 지방재정법 제5조.

10) 안전행정부, 2014년도 지방자치단체통합재정개요상권(서울: 안전행정부, 2014), p. 105.

있으며 서울시의 지하철과 같이 과중한 이자부담에 허덕이는 지방자치단체가 많이 있다.

4. 과중한 이자부담

전반적으로 우리나라의 이자율이 높고 정부자금의 비중이 낮은데 그 원인이 있겠으나 97년 12월말 현재 연 6% 이하인 지방채는 58.2%를 차지하고 있으며 연 7% 이상인 지방채가 41.8%에 달하고 있다.

그러나 이것은 IMF체제 이전의 상황이며 IMF체제하에서는 지방자치단체가 더욱 무거운 이자부담을 지지 않을 수 없다는 것은 주지의 사실이다.

최근에 금리가 많이 인하되어 지방자치단체의 이자부담이 많이 낮아졌으나 아직도 지방자치단체에 따라서는 이자부담에 신음하는 곳이 다수 있다.

제4절 지방채의 발전과제

1. 지방채의 적극적 활용

지방자치단체가 건전재정의 테두리 안에서 지방채나 차입금 없이 지방재정을 운용하는 것이 이상적이지만 현실적으로 이것은 불가능하다. 낙후되어 있는 상하수도, 폐기물처리시설, 주택 등의 생활관련시설을 위시하여 각종 복지재정 수요는 앞으로도 더욱 늘어날 것으로 생각되나 빈약한 지방재정에 비추어 보아 공공투자재원으로서의 지방채의 중요성은 앞으로 더욱 증대될 것으로 생각된다.

따라서 지방채를 금기시하는 종래의 관념을 버리고 건전재정을 크게 손상하지 않는 범위 내에서 지방채를 적극적으로 활용하는 방향으로 나아가야 할 것이다. 이를 위해서는 지방자치단체가 중장기계획에 따라 지방채를 발행해야 할 뿐만 아니라 중앙정부도 지방채 발행계획을 수립하여 계획적으로 지방채를 승인해야 하며 양질의 자금을 공급하기 위한 각종의 제도적 장치도 마련되어야 한다.[11]

---

11) 유훈, 「지방재정과 지방채」 지방재정 1998년 제4호, p. 9.

2. 중장기계획과의 연계

지방자치단체가 지방채를 적극적으로 활용하는 경우 불황이 닥쳐오면 1930년대 미국의 지방자치단체와 같이 곤경에 처할 수 있다. 따라서 지방채의 활용은 현재 많은 미국의 지방자치단체들이 사용하고 있는 자본투자계획(Capital Improvement Program)과 같은 중장기계획의 뒷받침을 받아야 한다고 생각한다.

자본투자계획을 수립하기 위해서는 먼저, 10년 내지 15년 앞을 내다보고 지방자치단체의 장기적인 업무계획을 수립해야 한다. 둘째 단계는 이 장기계획의 테두리 안에서 5년 정도를 대상기간으로 하는 종합적인 시설개발계획을 수립하는 것이다. 다음 단계에 있어서는 자치단체의 현재의 수입과 지출에 대한 재정분석을 실시하여 장기재정계획을 작성하고 이 계획에 따라서 지방기채사업을 추진하고 지방채를 발행한다.[12]

지금 우리나라에서 자본투자계획을 수립하고 이에 따라 지방채를 발행하기 어렵다면 국가와 지방자치단체에서 정기적으로 수립하고 있는 중기재정계획을 활용하여 그 테두리 안에서 지방채를 발행하는 것이 바람직하다고 하겠다.

3. 정부자금에 의한 인수확대

지방채의 활용을 위해서 무엇보다 저리자금의 안정적 공급이 이루어져야 한다. 이를 위해서는 재정융자특별회계로부터의 자금공급이 대폭적으로 증대되어야 하며 국민투자기금, 국민주택기금, 중소기업진흥기금을 위시한 각종 기금에 의한 인수도 더욱 확대되어야 한다. 정부자금의 공급확대야말로 지방자치단체의 과중한 이자부담을 경감시킬 수 있는 확실한 방안이라 하겠다.

4. 지방자치단체 전담 금융기관의 설립

양질의 자금의 안정적 공급을 위한 방안의 하나로서 지방금융공고와 같은 금융기관의 설립이 오랫동안 주장되어 왔다.

일본에서는 지방자치단체의 공영기업(지방직영기업)에 안정된 자금을 공급하기 위하여 1957년에 공영기업금융공고가 설립되어 매우 중요한 기능을 수행하고 있다. 1997년 3월말 현재 일본의 지방채 잔액(현재고)의 6.5%를 공영기

---

12) 유훈 · 조택 · 김재훈, 〔신판〕재무행정론(서울: 법문사, 2012), pp. 387-388.

업금융공고가 보유하고 있다.

최근 일본에서는 여기서 더 나아가서 구 자치성(현 총무성)이 주동이 되어 공영기업금융공고를 '지방단체금융공고'로 전환하려는 움직임이 전개되고 있다. 지방공기업 뿐만 아니라 지방자치단체의 모든 투자사업에 안정된 저리자금을 공급하고자 하는 것이다.

미국에서도 지방자치단체의 재정난을 덜어 주고 투자재원의 원활한 조달을 지원하기 위하여 전국개발은행(National Development Bank)을 설립하고자 하는 방안이 의회에 제출된 바 있다.[13]

우리나라에서도 지방채의 활용을 위해서는 지방금융공고와 같은 특수금융기관의 설립이 요청된다고 하겠다. 당장 지방자치단체의 모든 투자사업을 위한 저리융자가 어려우면 원리금 상환이 비교적 확실한 지방공기업을 위한 저리융자만이라도 먼저 이루어져야 한다.

이러한 특수금융기관의 설립에 있어서는 항상 재원이 문제인데 일차적으로는 정부출자가 있어야 할 것이다. 이 밖에도 세계은행이나 아시아개발은행과 같은 국제금융기관 등으로부터의 차관을 얻어 전대하고 정부가 이차보전을 할 수도 있을 것이다.

---

13) L. Kenneth Hubbell(ed.), *Fiscal Crisis in American Cities: The Federal Response* (Cambridge: Ballinger, 1979), pp. 292-294.

제 3 편

지방세출론

제 1 장 지방세출의 의의

제 1 절 지방세출의 개념과 특징

1. 지방세출의 개념과 중요성

(1) 지방세출의 개념

지방세출이란 지방자치단체의 수요를 충족시키기 위한 지출을 말한다. 수입의 경우와 같이 지출의 경우에도 기간의 관념이 없으나 지출을 회계연도별로 구분한 경우, 한 회계연도에 있어서의 모든 지출을 '세출'이라고 부른다.

지방세출이라는 용어대신에 지방경비라는 용어를 사용하는 사람들이 있으나[1] 우리는 세입과 대비시키는 의미에서 지방세출이라는 용어를 사용하고자 한다.

(2) 지방세출의 중요성

국가재정의 경우에도 세출보다 세입에 역점을 두고 보다 많은 지면을 할애하는 경향을 재정학의 저서에서 많이 찾아볼 수 있는데 지방재정의 경우에는 이러한 경향이 더욱 두드러지게 나타나고 있다. 이것은 지방재정이 주로 자주재원(자체수입)의 확충이라고 하는 숙원의 달성에 집착해 온 데에도 중요한 원인이 있다고 하겠다. 이리하여 지방재정의 역사는 세입론의 역사라고 해도 좋을 정도로 지방재정문제는 세입의 문제와 밀착되어 있다고 할 수 있다.[2] 우리도 본서에서 세입론(제2편)을 먼저 다루고 세출론을 고찰하고 있는 것이다.

그러나 우리가 여기에서 강조하고자 하는 것은 국가재정의 경우는 더 말할

1) 이상희, 지방재정론〔개정판〕(서울: 계명사, 1985), p. 64.

2) 紫田 護, 地方財政のしくみと運營〔新版〕(東京: 良書普及會, 1979), p. 200.

것도 없고 지방재정에 있어서도 세출론을 소홀히 하지 말아야 한다는 것이다. 세입의 확보란 세출을 위한 전제조건에 불과하며 중앙정부의 각 부처나 지방자치단체 각 기관의 관심의 초점은 어떻게 하면 세출을 보다 많이 확보하느냐에 있다는 사실을 잊어서는 안되겠다.

2. 지방세출의 특징

제1편에서 언급한 지방재정의 특징이 지방세출에도 적용되겠으나[3] 우리는 지방세출의 특징으로서 다음의 네 가지를 들고자 한다.

(1) 지방세출의 다양성

지방재정은 250개 지방자치단체의 재정으로 구성되어 있다. 각 지방자치단체의 기능이나 규모가 다를 뿐만 아니라 자연적·사회적·경제적 조건도 지극히 다양하다. 따라서 지방세출도 다양할 수밖에 없다. 지방자치단체의 규모나 재정력에 따라서 세출의 규모가 다를 뿐만 아니라 자연적·사회적·경제적 조건에 따라 세출의 구조도 달라진다.

(2) 지방세출의 높은 경직성

국가재정에서도 경직성이 중요한 문제로 제기되고 있으나[4] 지방재정에 있어서는 높은 경직성이 더욱 두드러지게 나타난다고 하겠다.

세출의 경직성이 높은 이유로서 여러 가지를 들 수 있겠으나 우리는 다음의 두 가지를 들고자 한다.

첫째로 지방재정에 있어서는 특정재원의 비중이 높으므로 세출의 경직성이 높을 수밖에 없다. 지방세수입에도 목적세수입이 있는가 하면 흔히 일반재원으로 생각하기 쉬운 세외수입에 있어서도 비도가 정해져 있는 경우가 많다.[5] 의존수입의 경우에는 국고보조금과 같은 특정재원의 비중이 높다는 것은 전술한 바와 같다.[6] 최근에 와서 미국 등에 있어서는 조세수입도 특정재원으로 하는 earmarked taxes가 크게 유행하고 있다는 것도 전술하였는데 이러한 경향이 장점이 없는 것은 아니나 지방세출의 경직성을 더욱 높여주고 있다는 사실은 긴

3) 제1편 제2장 「지방재정의 의의」 참조.
4) 유 훈, 재무행정론〔제5정판〕(서울: 법문사, 1999), pp. 208-210 참조.
5) 제2편 제4장 「지방세외수입」 참조.
6) 제2편 제5장 「지방재정조정제도」 참조.

설명을 요하지 않는다.[7)]

둘째는 앞에서도 언급한 국고보조금과 관련이 있는 것인데 국고보조금에 수반되는 지방비부담이 지방세출의 경직성을 높이는 요인의 하나로 작용하고 있다는 사실에 유의할 필요가 있다. 국고보조율이 100%되는 보조사업은 비교적 적으며 대부분의 국고보조사업이 지방비부담을 수반하기 마련인 까닭에 지방자치단체가 자유롭게 사용할 수 있는 세출의 규모가 줄어들고 경직성이 높아진다는 것이다.

(3) 지방세출의 한계성

국가세출과 달라 지방자치단체의 세출은 지역적 한계성을 지닌다. 국가세출이 전국적인 성격을 지니는데 대하여 지방자치단체의 세출은 그 지역의 주민생활과 직결되는 것이기 때문에 지역적 한계성을 지닐 수밖에 없다.

그러나 근래에 와서 지방세출의 지역적 한계성이 점차 희박해지고 있다는 사실에도 유의하여야 하겠다. 지방자치단체가 중앙정부의 위임을 받아 중앙정부를 대행하는 부분이 많을 뿐만 아니라 지방행정도 지역적인 색채가 희박해지고 전국적인 성격이 강화되고 있는 것이다.[8)]

(4) 지방세출의 중앙의존성

지방세출의 효과가 지역적 한계성을 탈피하는 경향이 있다는 것은 앞에서도 언급했지만 지방세출은 지방재정의 성격상 그 규모나 구조에 있어서 중앙정부의 영향을 크게 받지 않을 수 없으며 중앙정부에의 의존도가 높다.

첫째로 지방세출의 규모는 중앙정부의 영향을 크게 받지 않을 수 없다. '세입의 집권화와 세출의 분권화'라는 오늘날의 경향에 따라 지방자치단체의 자체수입이란 한계가 있기 마련이며 중앙정부로부터의 지원에 크게 의존할 수밖에 없다.[9)] 지방세출의 총규모가 중앙정부의 영향을 받을 뿐만 아니라 개별적 지방자치단체의 세출규모가 지방교부세·국고보조금 등의 배정방법이나 배정기준에 따라 좌우되기 마련이다. 한국이나 일본과 같이 중앙정부가 제정하는 지방세법에 의하여 지방자치단체가 지방세수입을 징수하는 국가에서는 지방세수입의 규

---

7) Dwight R. Lee and Richard E. Wagner, "The Political Economy of Tax Earmarking," in Richard E. Wagner(ed.), *Charging for Government*(London: Routledge, 1991), pp. 110-111.

8) 이상희, 전게서, pp. 65-66.

9) 重森 曉, 現代地方自治の財政理論(東京: 有斐閣, 1988), p. 67.

모도 중앙정부가 결정한다고 할 수 있다.[10]

둘째로, 지방세출의 구조도 중앙정부의 영향을 크게 받는다. 특정재원인 국고보조금의 용도를 중앙정부가 어떻게 정하느냐에 따라서 지방세출의 구조가 큰 영향을 받을 뿐만 아니라 국고보조금의 보조율의 결정에 따라 지방비부담이 달라지며 세출의 구조에도 변동이 일어난다.

지방세출의 구조에 영향을 미치는 중앙정부의 장치는 이 밖에도 많이 있다. ① 예산편성지침이나 ② 지방채한도액제도 등이 지방세출의 구조에 영향을 미치는 중앙정부의 대표적인 장치라 하겠다.[11]

제 2 절 지방세출론의 주요과제

지방세출의 효과성과 능률성을 높이기 위하여 지방세출론에서 다루어야 할 문제가 많으나 우리는 다음의 두 가지를 고찰하고자 한다.

1. 인건비의 합리화

지방세출론에서 다루어야 할 첫째 문제가 인건비의 합리화이다. 인건비가 재정에서 차지하는 비중이 높아(〈표 3-2〉 참조) 지방세수입, 심지어는 자체수입(지방세수입+세외수입)을 가지고 인건비도 충당하지 못하는 자치단체가 전체 자치단체의 32%에 달하고 있는 실정이다.[12] 따라서 이러한 인건비를 합리화하는 문제가 지방세출론의 가장 중요하고도 어려운 문제의 하나이다. 인건비와 관련하여 다음의 몇 가지를 지적하고자 한다.

(1) 관리업무종사자의 억제

관리업무에 종사하는 지방공무원의 수를 가급적 억제하는 것이 필요하다. 지금까지는 정원을 더 많이 확보하는 데에만 관심을 두었으나 앞으로는 자체적인 노력으로 사무간소화·공공서비스의 민영화 등의 방법으로 관리업무종사자

---

10) 유훈, 「지방자치와 지방세」, 지방세 1993년 제2호, pp. 14-15.

11) 유훈, 「지방자치시대의 중앙과 지방간재정관계」, 지방재정 1994년 제6호, p. 7.

12) 안전행정부, 2014년도 지방자치단체 통합재정개요, 상권(서울: 안전행정부, 2014), p. 361.

의 수를 가급적 억제하여야 할 것이다.

〈표 1-1〉 일반회계 인건비(2013-2014)

구분	2013		2014	
	최종예산액 (백만원)	구 성 비 (%)	당초예산액 (백만원)	구 성 비 (%)
보수	13,689,257	77.3	14,080,900	76.9
기타직보수	618,855	3.5	680,632	3.7
무기계약근로자 보수	1,703,786	9.6	1,778,061	9.7
기간제근로자 등 보수	1,693,593	9.6	1.767,890	9.7
합계	17,705,491	100.0	18,307,483	100.0

자료: 안전행정부, 2014년도 지방자치단체 통합재정개요(하).

〈표 1-2〉 자체수입으로 인건비 미해결 단체

구 분	시·도	시	군	자치구	합 계
해 결	17(100.0%)	68(90.7%)	22(26.5%)	59(85.5%)	166(68.0%)
미 해 결	0(0.0%)	7(9.3%)	61(73.5%)	10(14.5%)	78(32.0%)
합 계	17	75	83	69	244

주: 2014년도 일반회계
자료: 안전행정부, 2014년도 지방자치단체 통합재정개요.

〈표 1-3〉 자체수입 대 인건비 비율(2014)

(단위: 억원, %)

단 체 별	예산액 (A)	자체수입 (B)	지방세 (C)	인건비 (D)	각 수입에서 차지하는 인건비 비율		
					총예산 (D/A)	자체수입 (D/B)	지방세 (D/C)
특 별 시	169,269	138,324	124,083	8,617	5.1	6.2	6.9
광 역 시	234,954	119,431	103,345	14,022	6.0	11.7	13.6
특별자치시	5,355	2,636	2,534	651	12.2	24.7	25.7
도	444,166	147,865	137,479	22,038	5.0	14.9	16.0
특별자치도	27,091	8,620	7,545	3,586	13.2	41.6	47.5
시	452,925	143,499	118,923	51,906	11.5	36.2	43.6
군	246,324	28,106	19,460	28,296	11.5	100.7	145.4
자 치 구	216,230	58,842	40,596	36,280	16.8	61.7	89.4
합계	1,796,314	647,324	553,956	165,396	9.2	25.6	29.9

주: 1. 일반회계 당초 예산임.
2. 인건비에는 기간제근로자 보수 포함하지 않음.
자료: 안전행정부 2014년도 지방자치단체 종합재정개요.

(2) 급여수준

지방공무원보수규정에 의하여 지방공무원의 보수에 관하여 국가공무원의 보수규정이 준용되고 있으나[13] 어떻게 국가공무원에 준하느냐 하는 것이 앞으로 논란의 대상이 될 수 있다. 일본에도 우리와 유사한 규정이 있으나[14] 실제에 있어서 다소간의 격차가 있다고 한다. 일본의 정・촌(町・村) 공무원의 보수수준은 국가공무원 보수수준보다 3.3% 높으며, 도도부현(都道府縣) 공무원은 7.5% 높다고 한다.[15]

(3) 보수인상의 결정방법

지금까지 우리나라에서는 지방공무원의 보수에도 국가공무원의 보수인상률을 매년 적용해 왔는데 민선지방자치 하에서도 이러한 방법이 그대로 유지되는 것은 바람직하지 않다고 하겠다. 그렇다면 각 지방자치단체 공무원의 보수인상은 어떠한 방법으로 결정할 것인가도 우리의 관심을 모으는 문제라 하지 않을 수 없다.

2. 국고보조금사업

국고보조금에 의하여 수행되는 사업은 ① 국민생활에 가장 기본적이라고 생각되는 행정에 대하여 전국적으로 일정한 수준을 유지하고, ② 산업의 발전이나 국민생활수준의 향상을 위하여 필요한 사회간접자본의 정비를 계획적・중점적으로 실시하며, ③ 주민복지향상의 관점에서 지방자치단체에 그 실시를 장려하며 조장하고자 하는 사무・사업의 보급・향상을 원활히 행하게 하는 등의 장점이 있는 것이 사실이다.[16]

그러나 국고보조사업이 많은 문제를 야기하고 있는 것도 부인할 수 없는 사실이다. 우리는 국고보조금제도의 문제점에 관해서 제2편에서 이미 언급하였으므로 이곳에서는 주로 지방세출의 관점에서 국고보조사업과 관련된 문제를 고찰하고자 한다.

---

13) 지방공무원보수규정 제4조.

14) 일본의 지방공무원법 제24조 제1항.

15) 總務省 編, 2014年度 地方財政白書(東京: 日経印刷株式會社, 2014), p. 68.

16) 김철, 지방재정론(서울: 교문사, 1974), p. 148.

(1) 국가 · 지방 간 경비부담기준의 표준화

우선 지방자치단체가 담당하는 사업을 ① 국가가 전담할 사업, ② 지방자치단체가 전담할 사업, ③ 국가와 지방자치단체가 공동으로 수행할 사업으로 명확히 구분하여야 한다. 구지방자치법에는 없던 규정이 신지방자치법 제9조에 신설됨에 따라 국가와 지방간의 업무한계를 명확히 하는 데 도움이 될 것이다.[17)]

지방자치단체가 수행하는 사업에 관한 분류가 이루어지면 다음 단계는 국가와 지방자치단체가 공동으로 수행하는 사업, 다시 말해서 국고와 지방비의 공동부담사업에 대한 국고보조율과 지방비부담비율의 표준화가 이루어져야 한다.

현행과 같이 국고보조사업종목을 중앙정부가 예산과정을 통하여 일방적으로 결정하고 지방비부담비율 역시 국고보조금의 내시(內示)과정에서 중앙정부 각 부처가 일방적으로 정하여 지방자치단체에 시달하는 실정 하에서는 지방자치단체가 계획성 있는 재정운영을 한다는 것이 불가능하다.

특히 사업에 따라서 지방비부담비율의 기복이 심하고 동일한 사업이라 할지라도 회계연도에 따라서 지방비부담비율의 변동이 심한 현행 국고보조사업의 문제점이 시정되지 않는 한 국고보조사업의 합리적 운영을 기대하기는 어려울 것이다.[18)]

(2) 과중한 지방비부담의 지양

국가와 지방자치단체 간 경비부담기준의 표준화도 중요하지만 그보다 더 중요한 문제가 과중한 지방비부담을 줄이는 문제라 하겠다.

〈표 1-4〉와 같이 2010년부터 2014년까지의 국고보조사업 지방비 부담비율을 본다면 37.5% 내지 40%에 이르고 있다는 것을 알 수 있다.

1995년도에 실시된 국고보조사업에 관한 제도 개선 이후 국고보조사업의 문제점들이 많이 시정되었다. 특히 지적할 것은 '신청주의'가 제도적으로 정착됨에 따라 지방자치단체가 희망하는 사업에 지원한다는 원칙이 준수되고 있을 뿐만 아니라 기준보조율을 준수토록하여 연도간 지방비 부담의 균형유지에 힘쓰고 있다.[19)]

---

17) 유훈, 「지방자치실시와 재원대책」, 지방재정 1988년 여름호, pp. 9-10.

18) 김주봉, 우리나라 국고보조금제도에 관한 연구(서울대학교 행정대학원 석사학위논문, 1976), pp. 74-89.

〈표 1-4〉에 나타나 있는 국고보조사업에 대한 지방비 부담률이 높은 것이 아니라고 볼 수도 있겠으나 앞의 〈표 1-2〉에서 볼 수 있는 바와 같이 자체수입으로 인건비도 해결할 수 없는 자치단체가 전체의 32%에 달하는 상황 하에서 사업에 따라서 국고보조사업의 지방비 부담이 과중하다고 느끼는 단체가 많이 있을 수 있다. 특히 자체수입으로 인건비도 해결할 수 없는 단체가 73.5%에 달하는 군의 경우에는 사업에 따라서 지방비 부담이 과중하다고 느끼는 단체가 많이 있을 수 있다고 생각된다.

더욱이 국고보조사업 중에는 해당 지방자치단체의 관점에서 볼 때 우선순위가 낮은 사업도 많이 있으나 보조금이 있으면 사업에 대한 평가는 하지 않고 보조금을 받아들이는 경우가 허다하다. 이러한 사업을 위하여 과중한 지방비부담을 한다는 것은 지극히 불합리한 일이라 하지 않을 수 없다.

〈표 1-4〉 연도별 국고보조금 및 지방비부담 추이

구 분	2010		2011		2012		2013		2014	
	금액 (억원)	구성비 (%)	금액 (억원)	구성비 (%)	금액 (억원)	구성비 (%)	금액 (억원)	구성비 (%)	금액 (억원)	구성비 (%)
국고보조금	292,186	62.5	300,883	61.9	320,606	60.9	340,347	60.0	377,463	61.8
지방비부담	175,224	37.5	185,299	38.1	205,519	39.1	226,817	40.0	233,323	38.2
국고보조사업합계	467,410	100.0	486,182	100.0	526,125	100.0	567,164	100.0	610,786	100.0

자료: 안전행정부, 지방자치단체 통합재정개요(2014).

(3) 국고보조금의 일반재원화

다행하게도 최근 우리나라에서 국고보조금의 비중이 저하하고 있으나 국고보조금의 일반재정화를 과감히 추진해야 한다는 주장이 제기되고 있다.[20] 특히 영세보조금의 경우에는 일반재원화가 조속히 실현되어야 하겠으나 과도기적인 조치로서 영세보조금의 통합이 이루어져야 한다.

19) 안전행정부, 전게서, p. 96.

20) 紫田, 전게서, pp. 268-269.

제 2 장 지방세출의 분류

제 1 절 세출의 회계별 분류

1. 회계의 구분

(1) 일반회계와 특별회계

지방자치단체의 회계는 일반회계와 특별회계로 구분하고 특별회계는 지방자치단체의 조례로 설치할 수 있다는 지방자치법의 규정에 따라[1] 지방자치단체의 회계는 일반회계와 특별회계로 구분된다.

여기서 유의할 것은 회계의 구분을 지방자치단체가 조례로 정하는 까닭에 회계의 범위가 지방자치단체에 따라서 다르다는 사실이다. 동일한 사업이지만 일반회계에 포함시키는 지방자치단체가 있는가 하면 특별회계로 운영하는 지방자치단체도 있다.

(2) 공기업특별회계와 기타 특별회계

우리나라 지방자치단체의 특별회계는 크게 공기업특별회계와 기타 특별회계로 나누어진다.

① 공기업특별회계: 지방자치단체가 운영하는 지방직영기업을 위한 특별회계이다. 같은 지방공기업이지만 지방공사·공단이나 민관공동출자사업은 지방자치단체와는 별개의 법인체이므로 회계도 완전히 독립하여 처리한다.

현재 우리나라에는 i) 상수도사업, ii) 하수도사업, iii) 지역개발기금, iv) 공영개발, v) 지하철운수사업의 5개 공기업특별회계가 있는데[2] 이들 공기

---

1) 지방자치법 제117조.

업특별회계는 지방공기업법의 적용을 받는다.

② 기타 특별회계: 공기업특별회계 외의 모든 특별회계를 지칭하는 것인데 동일한 상수도사업이나 하수도사업이지만 공기업특별회계로 운영하는 자치단체가 있는가 하면 기타 특별회계로 운영하는 지방자치단체도 있다. 이것은 상수도사업이나 하수도사업이 지방공기업법 및 지방공기업법시행령이 정하는 요건을 충족시키지 못하므로 지방공기업법의 적용을 받지 못하기 때문이다.[3]

2. 회계별 세출의 추이

(1) 일반회계

1975년만 하더라도 지방자치단체 총세출(일반회계+특별회계)의 73.3%를 차지하던 일반회계세출의 비중이 서서히 하락하여 1990년에는 63.9%에 달하게 되었다. 1990년대에도 계속해서 하락하여 1993년에는 58.8%로 떨어졌다. 그러나 1994년부터 다시 상승하기 시작하여 1997년에는 73.4%에 달하게 되었으며 2002년에는 79.6%, 2011년에는 83.0%로 상승하게 되었다.

(2) 공기업특별회계

공기업특별회계는 기타 특별회계에 비하여 수적으로 많이 적어서 1975년에는 총세출의 9.3%에 지나지 않았다. 그러나 경제규모의 팽창과 생활수준의 향상에 따라 상수도사업·하수도사업을 위시하여 지방직영기업이 늘어남에 따라 그 비중이 서서히 상승하기 시작하여 1990년에는 18.3%에 달하게 되었으며 기타 특별회계를 능가하게 되었다. 그러나 1990년대에 들어와서 기타 특별회계의 세출규모가 급증함에 따라 다시 기타 특별회계에 뒤지게 되었다. 이리하여 2002년에는 8.4%, 2011년에는 6.9%로 하락하였다.

(3) 기타 특별회계

기타 특별회계 세출의 비중에는 다소 기복이 있었다. 1975년에 총세출의 17.4%였던 것이 1980년에는 16.3%로 하락했다. 1985년에는 다시 20.3%로

---

2) 과거에는 7개의 공기업특별회계가 있었으나 통합공과금특별회계와 병원사업 특별회계가 폐지됨에 따라 5개가 되었다.

3) 지방공기업법 제2조와 동시행령 제2조에 의하여 예를 들면 상수도사업의 경우 직원수가 50인 이상이든지 1일생산능력이 2만톤 이상인 경우에만 지방공기업법의 적용을 받을 수 있도록 되어있다.

상승했다가 1990년에는 17.3%로 하락하여 공기업특별회계에 2위의 자리를 물려주게 되었다. 그러나 1990년대에 들어와서 그 비중에 다소 기복이 있었으나 공기업 특별회계를 능가하고 있다. 이리하여 2002년에는 12.0%, 2011년에는 10.1%를 각각 차지하게 되었다.

〈표 2-1〉 회계별 세출의 추이

(단위: 백만원, %)

	일반회계		공기업특별회계		기타 특별회계		합 계	
	세출액	구성비	세출액	구성비	세출액	구성비	세출액	구성비
1975	370,365	73.3	46,964	9.3	88,262	17.4	505,591	100.0
1980	1,720,307	72.4	267,107	11.2	387,907	16.3	2,375,321	100.0
1985	3,775,628	65.0	849,220	14.6	1,180,089	20.3	5,804,937	100.0
1990	10,327,281	63.9	2,966,761	18.3	2,872,237	17.8	16,166,279	100.0
1991	13,852,388	63.4	4,084,460	18.7	3,913,328	17.9	21,850,176	100.0
1992	15,926,614	59.7	4,819,597	18.1	5,913,598	22.2	26,659,809	100.0
1993	16,969,564	58.8	5,689,914	19.7	6,215,067	21.5	28,874,545	100.0
1994	21,902,088	67.3	4,537,846	14.0	6,096,444	18.7	32,536,378	100.0
1995	24,815,945	67.7	5,676,909	15.5	6,171,429	16.8	36,664,283	100.0
1996	31,249,980	70.3	6,009,194	13.5	7,185,520	16.2	44,444,694	100.0
1997	37,407,047	73.4	6,301,399	12.4	7,250,524	14.2	50,958,970	100.0
2002	80,315,676	79.6	8,429,527	8.4	12,111,095	12.0	100,855,797	100.0
2011	159,270,452	83.0	13,281,493	6.9	19,371,988	10.1	191,923,934	100.0

주: ① 순계기준임.
② 모든 수치는 결산임.
자료: 각년도 지방재정연감.

제 2 절 세출의 기능별 분류

1. 기능별 분류의 의의

(1) 기능별 분류의 중요성

중앙정부나 지방자치단체의 주요기능에 따라 세출을 분류하는 기능별 분류는 예산정책의 수립을 용이하게 하며 의회의 예산심의를 돕는데 그 주 목적이 있다고 하겠다. 기능별 분류는 「시민을 위한 분류」라고 불리우는데, 그 이유는 이것이 지방자치단체의 활동에 관한 개략적인 정보를 일반시민에게 제공하는 까닭이다.[4)]

일본에서는 이것을 목적별 분류라고 하고 있으며[5] 우리나라에서도 목적별 분류라는 용어를 사용하는 사람들이 있으나[6] 우리는 UN의 용어를 빌어 기능별 분류라고 부르기로 한다.

(2) 기능별 분류의 변천

우리나라에 기능별 분류가 도입된 것은 1950년대의 일이다. 예산국(현 예산실)에 의하면 우리나라에서는 1955년에 개최된 「예산재분류에 관한 제1차 전문가회의」를 계기로 하여 우선 시안적으로 한국은행으로 하여금 기능별 분류에 착수케하고 예산국에서는 1957년도 예산부터 기능별 분류를 적용했다.[7]

이리하여 우리나라 중앙정부에서는 1962년도까지 세출예산을 ① 일반적 경비, ② 사회적 경비, ③ 경제적 경비, ④ 기타로 대분하다가 1963년도부터는 「UN편람」에 보다 충실하여 ① 일반사업비, ② 공익사업비, ③ 사회복지사업비, ④ 경제사업비, ⑤ 기타 경비로 대분하였다.

그러다가 1971년에 와서 예산국은 소위 「UN 분류」를 폐기하고 새로운 기능별 분류를 채택했으나 IMF 등 국제기구의 권고로 1979년부터 2년 동안 새로운 분류와 「UN 분류」를 병용하다가 「UN 분류」를 폐기했다.[8]

우리나라의 지방자치단체가 기능별 분류를 도입한 것은 1960년대의 일이다. 〈표 2-2〉와 같이 처음에는 ① 일반행정비, ② 공익사업비, ③ 산업경제비, ④ 사회복리비, ⑤ 지원제비로 분류했으나 1975년에 와서 「민방위운영비」 항목이 추가되었다. 1986년에 이르러 「문화체육비」 항목이 추가되고 사회복리비가 사회복지비로, 공익사업비가 지역개발비로, 지원제비가 지원및기타경비로 개칭되어 기능별 분류는 ① 일반행정비, ② 사회복지비, ③ 산업경제비, ④ 지역개발비, ⑤ 문화체육비, ⑥ 민방위비, ⑦ 지원및기타경비로 조정되었다. 1990년에 와서 지방의회 의원선거가 실시되고 지방의회가 구성됨에 따라 「의회비」 항목이 추가되었다.

그러나 1996년에 와서 「의회비」 항목이 삭제되어 ① 일반행정비, ② 사회개

---

4) Jesse Burkhead, *Government Budgeting*(New York: Wiley, 1956), p. 113.
5) 日本自治省編, 1998年 地方財政白書(東京: 大藏省印刷局, 1998), pp. 316-317.
6) 이상희, 지방재정론〔개정판〕(서울: 계명사, 1985), pp. 68-69.
7) 재무부 예산국, 한국예산재분류에 관한 설명(서울: 재무부, 1960), p. 3.
8) 유훈·조택·김재훈, 〔신판〕재무행정론(서울: 법문사, 2012), pp. 109-110.

발비, ③ 경제개발비, ④ 민방위비, ⑤ 지원기타경비로 개편되어 2006년까지 이 체제가 유지되었으나 2007년에 중앙정부가 기능별 분류의 분류체제를 변경함에 따라 지방자치단체도 이에 따르게 되었다.

〈표 2-2〉 지방자치단체 기능별분류의 변천

1970	1975	1986	1990	1996	2006
			①의회비		
①일반행정비	①일반행정비	①일반행정비	②일반행정비	①일반행정비	①일반행정비
④사회복리비	④사회복리비	②사회복지비	③사회복지비	②사회개발비	②사회개발비
③산업경제비	③산업경제비	③산업경제비	④산업경제비	③경제개발비	③경제개발비
②공익사업비	②공익사업비	④지역개발비	⑤지역개발비		
		⑤문화체육비	⑥문화 및		
⑤지원제비	⑤민방위운영비	⑥민방위비	체육비	④민방위비	④민방위비
	⑥지원제비	⑦지원 및	⑦민방위비	⑤지원 및	⑤지원 및
		기타경비	⑧지원 및	기타경비	기타경비
			기타경비		

주: 수치는 순서를 의미함.
자료: 해당연도 지방재정연감.

2. 기능별 세출의 추이

지방자치단체 기능별 세출의 추이를 고찰함에 있어서 분류방법의 빈번한 변경으로 1970년대나 1980년대까지 소급해 올라가기에는 어려움이 있어서 1995년부터 2006년까지 검토하고자 한다.

(1) 일반행정비

선거비와 의회운영비, 일반행정을 포함하는 일반행정비는 점차 그 비중이 감소하고 있다. 1995년에 19.7%였던 것이 2006년에는 16.7%로 하락했다.

(2) 사회개발비

과거의 사회복지비를 중심으로 지역개발비의 일부를 포함하는 사회개발비는 교육 및 문화, 보건 및 생활환경개선, 사회보장, 주택 및 지역사회개발로 세분된다. 1995년에 32%였던 것이 2006년에는 43.4%에 달하고 있다.

〈표 2-3〉 전회계 기능별 세출의 추이

(단위: 백만원, %)

	1995	1996	1997	2006
일반행정비	7,218,671 (19.7)	8,329,023 (18.7)	8,984,652 (17.6)	18,547,478 (16.7)
사회개발비	11,715,287 (32.0)	16,235,794 (36.5)	20,029,348 (39.3)	48,088,274 (43.4)
경제개발비	16,621,555 (45.3)	18,478,806 (41.6)	20,277,149 (39.8)	33,501,242 (30.2)
민방위비	632,908 (1.7)	844,149 (1.9)	1,129,479 (2.2)	2,179,571 (2.0)
지원 및 기타경비	475,682 (1.3)	556,922 (1.3)	538,342 (1.1)	8,631,376 (7.7)
합계	36,664,283 (100.0)	44,444,694 (100.0)	50,958,970 (100.0)	110,947,941 (100.0)

주: ① 순계기준임.
② 모든 수치는 결산임.
③ ( )내 수치는 구성비임.
자료: 당해연도 지방재정연감.

(3) 경제개발비

과거의 산업경제비를 중심으로 지역개발비의 일부를 포함하는 경제개발비는 점차 그 비중이 하락하고 있다. 1995년의 45.3%에서 1996년에는 41.6%로 하락했으며 2006년에는 30.2%로 떨어졌다. 경제개발비는 농수산개발, 지역경제개발, 국토자원보존개발, 교통관리로 세분된다.

(4) 민방위비

1970년대 중반에 신설된 민방위비라는 항목은 2006년까지 지속되었다. 그 비중도 근소하나마 상승하고 있다. 1995년의 1.7%에서 2006년에는 2.2%에 이르고 있다.

(5) 지원 및 기타경비

1970년대에는 지원제비라고 하던 지원 및 기타경비는 지방채상환, 제지출금, 교부금 예비비를 포함한다. 1995년과 1996년에 각각 1.3%를 차지하던 것이 2006년에는 7.7%를 점하고 있다.

3. 최근의 기능별 분류

소위 UN분류에 기초를 둔 기능별 분류는 2006년까지 존속했으며 중앙정부가 2007년부터 기능별 분류의 체제를 변경함에 따라 지방자치단체도 이에 따랐다는 것은 전술한 바와 같은데 새로운 기능별 분류는 대체로 과거의 기능별 분류의 세 항목을 부각시킨 것이라 하겠으나 다소간 어긋남이 있다고 하겠다.

(1) 일반행정

이에 해당되는 것으로서 일반공공행정(8.5%), 공공질서 및 안전(1.6%) 등을 들 수 있겠다. 과거의 일반행정비(16.7%)보다는 다소 비중이 낮다.

(2) 사회적 경비

과거의 사회개발비에 해당되는 것으로서 교육(5.9%), 문화 및 관광(4.9%), 환경보호(9.9%), 사회복지(24.5%), 보건(1.5%) 등이 이에 포함된다고 하겠다.

이들의 비중은 46.7%에 달하는데 2006년의 사회개발비 43.4%보다 다소 무거운 비중을 차지한다.

〈표 2-4〉 전 회계예산의 기능별 분류(2014)

(단위: 억원, %)

구 분	세출예산	구성비
일반공공행정	138,381	8.5
공공질서 및 안전	26,831	1.6
교육	96,849	5.9
문화관광	79,981	4.9
환경보호	162,636	9.9
사회복지	400,832	24.5
보건	24,139	1.5
농림해양수산	111,931	6.8
산업 · 중소기업	30,120	1.8
수송 및 교통	151,833	9.3
국토 및 지역개발	114,703	7.0
과학기술	6,316	0.4
예비비	30,468	1.9
인력운영비	218,098	13.3
기본경비 등	42,675	2.6
합 계	1,635,793	100.0

자료: 안전행정부, 지방자치단체 통합재정개요.

(3) 경제적 경비

과거의 경제개발비에 해당되는 것으로서 농림해양수산(6.8%), 산업중소기업(1.8%), 수송 및 교통(9.3%), 국토 및 지역개발(7.0%), 과학기술(0.4%) 등이 이에 포함된다고 하겠다. 2006년의 경제개발비 30.2%보다 다소 비중이 낮다.

(4) 기타경비

이에 포함될 수 있는 것으로서 예비비(1.9%), 인력운영비(13.3%), 기본경비(2.6%) 등을 들 수 있겠다.

제 3 절 세출의 품목성질별 분류

1. 품목성질별 분류의 의의

(1) 품목성질별 분류의 개념

품목별 분류라고도 하는 것으로서 지출의 대상에 의한 분류방법이다. 우리나라 지방자치단체에서는 이를 품목성질별 분류라고 하고 있다.

품목별 분류는 예산의 집행을 감독하며 경비사용의 적정을 기하기 위하여 필요한 분류방법인데[9] 우리나라 예산과목 중 「목」이 품목별 분류에 해당된다.

(2) 지방자치단체의 품목별 분류

우리나라 지방자치단체에서는 세출을 크게 ① 인건비, ② 물건비, ③ 이전경비, ④ 자본지출, ⑤ 융자 및 출자, ⑥ 보전재원, ⑦ 내부거래, ⑧ 예비비 및 기타로 나누고 이것을 다시 세분하고 있다. 예를 들면 인건비는 다시 ⅰ) 기본급, ⅱ) 수당, ⅲ) 기타직보수, ⅳ) 일용인부임으로 나누어지고, 기본급은 봉급과 상여금으로, 수당은 초과근무수당, 정액수당, 기타 수당으로 각각 세분된다.

2. 품목별 세출구조

1997년 결산에 의거하여 지방자치단체의 품목별 세출구조를 전회계(일반회

---

9) Burkhead, *op. cit.*, pp. 127-128.

계+특별회계)와 일반회계로 나누어서 고찰하고자 한다.

(1) 전회계 품목별 세출구조

모든 회계의 1997년 세출을 품목별로 분류하여 본다면 〈표 2-5〉와 같이 인건비가 11.6%를 차지하고 자본지출이 55.1%에 달하고 있다. 후술하는 일반회계의 경우보다 자본지출의 비중이 높은 것은 공기업특별회계나 기타 특별회계는 일반회계보다 자본지출의 비중이 높은 까닭이다. 여비·일반수용비·판공비·공공요금 및 제세·이용료·장비및시설유지비 등을 포함하는 물건비가 11.9%를 점하고 있으며, 민간에 대한 경상이전과 자치단체에 대한 경상이전을 포함하는 이전경비도 12.4%를 차지하고 있다. 국내외 차입금의 상환을 위한 보전재원이 3.2%를 점하며, 전출금·예수금상환·이자를 포함하는 내부거래도 3.1%를 차지하고 있다.

2011년도의 전회계 품목별 분류를 살펴본다면 1997년에 비하여 자본지출의 비중이 많이 하락하고 경상 이전의 비중이 크게 상승한 것이 눈에 띤다. 자본지출의 비중이 하락했다고 하나 여전히 33.2%를 차지하고 있으며 경상이전의 비중이 39.8%를 차지하고 있는 까닭에 인건비나 불건비의 비중이 1997년에 비하여 하락한 것이 특징이라 하겠다.

〈표 2-5〉 전회계 품목별 세출구조(1997년 및 2011년)

구 분	1997		2011	
	세출액(백만원)	구성비(%)	세출액(백만원)	구성비(%)
인건비	5,916,763	11.6	16,507,271	8.6
물건비	6,037,429	11.9	10,058,730	5.2
경상이전	6,319,215	12.4	76,355,120	39.8
자본지출	28,101,971	55.1	63,705,380	33.2
융자 및 출자	1,054,624	2.1	3,166,542	1.6
보전재원	1,641,741	3.2	4,720,979	2.5
내부거래	1,598,648	3.1	16,457,381	8.6
예비비 및 기타	288,579	0.6	949,530	0.5
합 계	50,958,970	100.0	191,923,934	100.0

주: 각년도 결산기준임.
자료: 해당연도 지방재정연감.

(2) 일반회계 품목별 세출구조

일반회계의 세출구조를 모든 회계(일반회계+특별회계)의 경우와 대비하여 본다면 인건비의 비중이 다소 높으며 자본지출의 비중이 다소 낮다는 것을 알 수 있다. 대부분의 공무원의 인건비는 일반회계에서 지출되며 특별회계가 부담하는 인건비가 과히 많지 않다. 기업적 운영을 하는 특별회계에 비하여 일반회계는 자본지출의 비중이 낮을 수밖에 없다(〈표 2-6〉 참조).

2011년도 일반회폐 품목별 분류를 살펴본다면 1977년에 비하여 경상이전의 비중이 크게 상승했으며 자본지출은 많이 하락했다. 따라서 인건비는 14.7%에서 9.7%로 하락했으며 물건비는 11.9%에서 4.9%로 크게 하락했다.

〈표 2-6〉 일반회계 품목별 세출구조(1997년 및 2011년)

구 분	1997		2011	
	세출액(백만원)	구성비(%)	세출액(백만원)	구성비(%)
인 건 비	5,481,360	14.7	15,508,317	9.7
물 건 비	4,470,004	11.9	7,838,958	4.9
경 상 이 전	4,903,416	13.1	68,226,657	42.8
자 본 지 출	20,260,657	54.2	49,626,944	31.2
융자 및 출자	544,311	1.5	327,950	0.2
보 전 재 원	241,117	0.6	2,124,982	1.3
내 부 거 래	1,431,959	3.8	14,940,488	9.4
예비비 및 기타	74,223	0.2	775,147	0.5
합 계	37,407,047	100.0	159,270,452	100.0

자료: 해당연도 지방재정연감.

제4절 인건비의 비중

1. 단체별 자체수입과 인건비

우리는 위에서 자치단체 세출의 품목별 분류를 통하여 인건비의 규모를 파악했는데 이러한 인건비와 제2편에서 검토한 자체수입을 대비하여 봄으로써 우리나라 자치단체의 재정상태를 파악하는데 이바지하고자 한다.

(1) 광역자치단체의 인건비 비중

지방재정에 있어서의 인건비의 비중은 단체에 따라 상당한 격차를 보이고 있다. 먼저 광역자치단체에서의 인건비의 비중을 본다면 〈표 2-7〉과 같이 서울특별시에 있어서는 인건비의 비중이 대단치 않다.

서울시의 인건비는 일반회계 총예산의 5.1%를 차지하며, 자체수입의 6.2%, 지방세수입의 6.9%를 차지하는데 지나지 않는다.

6개 광역시와 도의 경우에는 서울시보다 인건비의 비중이 다소 무거우나 크게 무겁다 할 수는 없다. 자체수입에 있어서 인건비가 차지하는 비중이 광역시에서는 11.7%, 도에서는 14.9%를 차지하고 있으며 지방세 수입에 있어서 인건비가 차지하는 비중이 광역시가 13.6%, 도가 16.0%를 차지하는데 지나지 않는다.

그러나 세종시를 지칭하는 특별자치시나 특별자치도(제주도)에서는 인건비의 비중이 많이 높은데 특히 특별자치도의 경우에는 인건비의 비중이 시의 경우보다도 높다는 것을 알 수 있다.

〈표 2-7〉 자체수입 대 인건비 비율(2014)

(단위: 억원, %)

단체별	예산액(A)(일반회계총계)	자체수입(B)	지방세(C)	인건비(D)	각 수입에서 차지하는 인건비 비율		
					총예산(D/A)	자체수입(D/B)	지방세(D/C)
특별시	169,269	138,324	124,073	8,617	5.1	6.2	6.9
광역시	234,954	119,431	103,345	14,022	6.0	11.7	13.6
특별자치시	5,355	2,636	2,534	651	12.2	24.7	25.7
도	444,166	147,865	137,479	22,038	5.0	14.9	16.0
특별자치도	27,091	8,620	7,545	3,586	13.2	41.6	47.5
시	452,925	143,499	119,923	51,906	11.5	36.2	43.6
군	246,324	28,106	19,460	28,296	11.5	100.7	145.4
자치구	216,230	58,842	40,596	36,280	16.8	61.7	89.4
합 계	1,796,314	647,324	553,956	165,396	9.2	25.6	29.9

주: ① 인건비에는 기간제근로자 보수 포함하지 않음. ② 2014년도 당초예산기준임.
자료: 안전행정부, 2014년도 지방자치단체통합재정개요.

(2) 시의 인건비 비중

기초자치단체인 시의 경우 인건비의 비중이 위에서 고찰한 광역시나 도에 비하여 많이 높다는 것을 알 수 있다. 시의 인건비 비중이 자체수입의 36.2%, 제방세수입의 43.6%를 차지하는 상황 하에서 국가의 지원없이는 제대로 된 정책사업을 수행하기 어렵다는 것을 쉽게 알 수 있다.

(3) 자치구의 인건비 비중

서울특별시나 광역시의 자치구에서는 인건비의 비중이 시의 경우보다 많이 높다. 자치구의 인건비는 자체수입의 61.7%, 지방세수입의 89.4%를 차지하고 있으나 총 예산의 16.8%를 차지하는데 지나지 않으므로 광역자치단체나 국가로부터의 지원이 많이 이루어지고 있다는 것을 알 수 있다.

(4) 군의 인건비 비중

지방자치단체 중 자체수입의 비중이 가장 취약한 단체가 군이라는 것은 널리 알려진 사실이다. 군의 인건비는 자체수입대비 100.7%이며, 지방세수수입 대비 145.4%에 달하고 있다. 그러나 일반회계 총예산의 11.5%를 차지하는데 지나지 않는다. 다시 말해서 광역자치단체나 국가로부터 많은 지원을 받고 있다는 것을 알 수 있다.

2. 자체수입의 취약과 인건비

우리는 위에서 단체유형별로 자체수입과 인건비의 비중을 살펴보았는데 이곳에서는 개별적인 자치단체 중 자체수입이나 지방세수입으로 인건비를 해결할 수 없는 단체가 얼마나 되는지 검토하고자 한다.[10] 〈표 2-7〉과 같이 광역자치단체 중에서는 자체수입으로 인건비를 해결할 수 없는 단체는 없으나 기초자치단체 중에는 자체수입으로 인건비조차 해결할 수 없는 단체가 다수 있다.

(1) 인건비 미해결 시

시의 경우 자체수입으로 인건비를 해결할 수 없는 단체가 7개(9.3%)에 달하며, 지방세수입으로 인건비를 해결할 수 없는 시는 19개(25.3%)에 이르고 있다. 자체수입으로 인건비를 해결할 수 없는 시는 충청남도에 1개시, 전라북도에 3개시, 경상북도에 3개시가 있다. 지방세로 인건비를 해결할 수 없는 시는 7개도에 산재해 있다.[11]

10) 안전행정부, 2014년도 지방자치단체 통합재정개요, 상권(서울: 안전행정부, 2014), p. 361.

11) 상게서, p. 363.

〈표 2-8〉 자체수입 또는 지방세수입으로 인건비 미해결단체(2014)

	시·도	시	군	자치구	계
전체 단체수	17	75	83	69	244
자체수입으로 인건비 미해결단체	0	7 (9.3%)	61 (73.5%)	10 (14.5%)	78 (32.0%)
지방세수입으로 인건비 미해결단체	0	19 (25.3%)	69 (83.1%)	39 (56.5%)	127 (52.0%)

주: 2014년 일반회계 당초예산기준임.
자료: 안전행정부, 지방자치단체 통합재정개요(상)

(2) 인건비 미해결 자치구

군보다는 다소 나으나 자치구의 자체수입도 취약하다. 자체수입으로 인건비를 해결하지 못하는 자치구가 10개(14.5%)에 달하며, 지방세수입으로 인건비를 해결하지 못하는 자치구는 39개(56.5%)에 달하고 있다. 자체수입으로 인건비를 해결하지 못하는 자치구는 6개 광역시에 산재해 있으며 지방세수입으로 인건비를 해결하지 못하는 39개 자치구는 서울시의 15개 자치구를 위시하여 6개 광역시에 고루 퍼져있다.

(3) 인건비 미해결 군

앞에서 여러 번 지적한 바와 같이 군은 자체수입이 가장 취약한 자치단체이다. 자체수입으로 인건비를 해결하지 못하는 군은 61개(73.5%)에 달하며 지방세수입으로 인건비를 해결하지 못하는 군은 69개(83.1%)나 된다.

3. 자체수입대 인건비의 구성추이

끝으로 일반회계 예산총액이나 자체수입·지방세수입에 있어서 인건비가 차지하는 비율의 추이를 2009년부터 2014년까지의 통계를 가지고 검토하고자 한다.

(1) 예산총액에서 인건비가 점하는 비중

일반회계 예산총액에 있어서 인건비가 차지하는 비중을 살펴본다면 〈표 2-9〉와 같이 2009년에는 7.6%를 차지했으나 다소 상승하여 2014년 당초예산에서는 9.2%를 차지하고 있다.

(2) 자체수입 대비 인건비의 비중

지방세수입과 세외수입을 합산한 자체수입에 있어서 인건비가 차지하는 비중을 본다면 2009년에는 17.2%를 차지했으나 서서히 상승하여 2014년에는 25.6%에 달하고 있다. 공무원 보수의 인상에 자체수입의 증대가 따라가지 못한데도 이유가 있을는지 모른다.

〈표 2-9〉 연도별 자체수입 대 인건비 구성추이

(단위: 억원, %)

연도별	예산액(A) (일반회계총계)	자체수입 (B)	지방세 (C)	인건비 (D)	각 수입에서 차지하는 인건비 비율		
					총예산 (D/A)	자체수입 (D/B)	지방세 (D/C)
2009	1,406,077	618,339	470,670	106,409	7.6	17.2	22.6
2010	1,466,618	622,013	478,785	133,785	9.1	21.5	27.9
2011	1,495,965	627,162	497,434	140,624	9.4	22.4	28.3
2012	1,593,028	671,953	537,953	149,492	9.4	22.2	27.8
2013	1,688,802	695,169	546,544	158,810	9.4	22.8	29.1
2014	1796,314	647,324	553,956	165,396	9.2	25.6	29.9

주: 2013년까지는 최종예산이며 2014년은 당초예산.
자료: 〈표 2-8〉과 동일.

(3) 지방세 수입 대비 인건비의 비중

지방세 수입 대비 인건비의 비중을 본다면 2009년에는 22.6%를 차지했으나 서서히 상승하여 2013년에는 29.1%에 달했으며 2014년 당초 예산에서는 29.9%를 차지하고 있다.

이것은 어디까지나 모든 자치단체를 포괄한 통계에 지나지 않으며 전술한 바와 같이 군의 경우에는 인건비가 지방세 수입을 크게 상회하고 있다는 사실에 유의할 필요가 있다.

(4) 일본 자치 단체의 인건비 비중

일본 지방자치단체의 세출예산총액에 있어서 인건비가 차지하는 비중을 살펴본다면 〈표 2-10〉과 같이 도도부현(都道府縣)의 경우 2002년에는 30.9%를 차지했으나 다소의 기복을 보이면서 2012년 28.1%로 하락했다.

〈표 2-10〉 일본자치단체 세출총액에서 인건비가 점하는 비율

연 도 별	도도부현 (都道府縣)	시 정 촌 (市 町 村)
2002	30.9%	21.3%
2003	31.4	21.3
2004	31.6	21.1
2005	31.4	20.9
2006	31.6	21.1
2007	31.8	21.1
2008	31.1	20.4
2009	28.4	18.6
2010	28.8	18.1
2011	27.6	17.7
2012	28.1	16.8

주: ① 도도부현의 인건비에는 의무교육학교 직원급여 포함.
　　② 인건비는 임시직원 급여, 퇴직금, 공무원공제조합 부담금 등 포함.
자료: 總務省 編, 2014年版 地方財政白書.

광역자치단체인 도도부현의 인건비 비중이 기초자치단체보다 높은 것은 시정촌(市町村)의 의무교육실시학교 교원의 봉급을 도도부현이 부담하는 까닭이다.

기초자치단체인 시정촌의 인건비의 비중을 본다면 2002년에는 21.3%를 차지했으나 서서히 하락하여 2012년에는 16.8%를 차지하고 있다.[12]

일본자치단체 세출에 있어서 인건비가 차지하는 비중이 한국보다 높은 것은 인건비 속에 임시직원급여, 퇴직금, 공무원공제조합부담금 등까지 포함되어 있는 까닭이라 하겠다.[13]

지방세수입이나 자체수입 대비 인건비의 비중을 제시하지 않아서 확실하게 알 수 없으나 2012년도 일본자치단체 세입결산 통계를 보면 인구 1만명 이상의 정촌의 경우 세입총액에 있어서 지방세 수입이 차지하는 비중이 47.0%를 차지하나 인구 1만명 미만의 정촌의 경우 세입총액에 있어서 지방세가 차지하는 비중이 13.2%에 지나지 않는다.[14] 이와 같은 통계에 비추어 볼 때 인구 1만명 미만의 정촌에서는 지방세 수입으로 인건비를 해결할 수 없는 정촌이 많이 있을 것으로 추정된다.

12) 日本 總務省 編, 2014年版 地方財政白書(東京: 日経印刷株式會社, 2014), p. 69.
13) 상게서, p. 70.
14) 상게서, 자료편 p. 24.

제 3 장 지방자치단체의 세출기능과 재정관리

제 1 절 중앙정부와 지방자치단체간 사무 및 세출기능 배분

1. 중앙정부와 지방자치단체의 사무배분

(1) 사무배분의 다양성

행정사무는 특성에 따라 중앙정부와 지방자치단체에 의해 분담되고 집행된다. 정부간 사무배분방식은 국가별로 다르며 동일국가에서도 시대에 따라 다르다. 예를 들어 교육의 경우 많은 국가에서 중앙정부가 지방자치단체와 함께 중요한 기능을 담당하지만 미국에서는 오랫동안 주정부와 지방정부만이 담당했고 연방정부의 개입은 크지 않았다. 미국연방정부에서는 1979년도에 교육부를 신설하였다(Office of Federal Register, 1991: 265). 경찰사무의 경우 미국과 일본을 포함한 많은 국가에서 지방자치단체가 치안유지에서 중요한 기능을 담당하지만 한국은 중앙정부가 주로 담당한다.

(2) 중앙정부 전담사무

중앙정부와 지방자치단체가 사무를 배분할 때 중앙정부가 전담하고 지방의 역할분담을 배제하는 분야가 있다. 국방·외교·화폐발행·관세 등이 대표적인 예이다. 국가별로 다르지만 한국과 일본은 사법(법원·검찰)과 형벌(교도소) 분야는 중앙정부가 전담한다(大石利雄·岡本全勝, 1993: 43-44). 지방자치법 제11조에서는 법률에 다른 규정이 없으면 지방자치단체가 담당하지 못하는 일곱 가지의 국가사무를 열거하고 있다.

〈표 3-1〉 국가사무 처리제한의 중앙 전담사무

① 외교, 국방, 사법, 국세 등 국가의 존립에 필요한 사무
② 물가정책, 금융정책, 수출입정책 등 전국적으로 통일적 처리를 요하는 사무
③ 농산물·임산물·축산물·수산물 및 양곡의 수급조절과 수출입 등 전국적 규모의 사무
④ 국가종합경제개발계획, 국가하천, 국유림, 국토종합개발계획, 지정항만, 고속국도·일반국도, 국립공원 등 전국적 규모나 이와 비슷한 규모의 사무
⑤ 근로기준, 측량단위 등 전국적으로 기준을 통일하고 조정하여야 할 필요가 있는 사무
⑥ 우편, 철도 등 전국적 규모나 이와 비슷한 규모의 사무
⑦ 고도의 기술을 요하는 검사·시험·연구, 항공관리, 기상행정, 원자력개발 등 지방자치단체의 기술과 재정능력으로 감당하기 어려운 사무

자료: 지방자치법 제11조.

(3) 공동담당사무

중앙정부가 전담하고 지방자치단체의 처리를 배제하는 분야는 많지 않으며 많은 부문에서 중앙과 지방이 공동으로 사무를 수행한다. 예를 들어 사회간접자본에서 도로의 경우는 고속도로·일반국도·특별시도·지방도·시군도 등과 같이 종류에 따라 정부간에 관리 역할을 구분하여 담당한다. 교육에서도 대학이나 초중고등학교 여부에 따라 정부간 분담 기능이 다르다.

2. 지방자치단체의 사무배분

지방자치법 제9조에서 "지방자치단체는 관할 구역의 자치사무와 법령에 따라 지방자치단체에 속하는 사무를 처리한다."라고 규정하고 사무범위를 예시적으로 나열하고 있다. 지방자치단체의 사무는 예시적으로 규정한 경우에 국한되지 않고 이와 동일하거나 유사해도 지방사무로 간주한다. 다만 제9조 2항에 따라 법률에 다른 규정이 있으면 지방사무에서 제외될 수 있다.

지방자치단체의 사무는 구역·조직·행정관리 사무를 제외하고 지자체 종류별로 배분하는 기준이 있다. 이는 광역과 기초자치단체간 배분에 대한 것으로 지방자치법 제10조에 있다. 시도의 사무기준으로는 광역적 사무, 동일한 기준, 통일성 유지, 연락·조정사무, 대규모 시설 등 여섯 가지이다.

시군구는 시도 사무를 제외한 사무를 담당하는데, 인구 50만 이상의 시는 도가 처리하는 사무의 일부를 직접 처리할 수 있다. 시·도와 시·군 및 자치구는 사무를 처리할 때 서로 경합해서는 안되는데, 사무가 경합하는 경우에는 '기초자치단체 우선의 원칙'에 따라 시·군 및 자치구에서 먼저 처리한다.

〈표 3-2〉 지방자치단체 사무의 예시

부문별	사무예시
구역, 조직, 행정관리	① 관할 구역 안 행정구역의 명칭·위치 및 구역의 조정 ② 조례·규칙의 제정·개정·폐지 및 그 운영·관리 ③ 산하 행정기관의 조직관리 ④ 산하 행정기관 및 단체의 지도·감독 ⑤ 소속 공무원의 인사·후생복지 및 교육 ⑥ 지방세 및 지방세 외 수입의 부과 및 징수 ⑦ 예산의 편성·집행 및 회계감사와 재산관리 ⑧ 행정장비관리, 행정전산화 및 행정관리개선 ⑨ 공유재산관리 ⑩ 가족관계등록 및 주민등록 관리 ⑪ 지방자치단체에 필요한 각종 조사 및 통계의 작성
주민의 복지증진	① 주민복지에 관한 사업 ② 사회복지시설의 설치·운영 및 관리 ③ 생활이 곤궁한 자의 보호 및 지원 ④ 노인·아동·심신장애인·청소년 및 여성의 보호와 복지증진 ⑤ 보건진료기관의 설치·운영 ⑥ 감염병과 그 밖의 질병의 예방과 방역 ⑦ 묘지·화장장 및 납골당의 운영·관리 ⑧ 공중접객업소의 위생을 개선하기 위한 지도 ⑨ 청소, 오물의 수거 및 처리 ⑩ 지방공기업의 설치 및 운영
농림·상공업 등 산업 진흥	① 소류지·보 등 농업용수시설의 설치 및 관리 ② 농산물·임산물·축산물·수산물의 생산 및 유통지원 ③ 농업자재의 관리 ④ 복합영농의 운영·지도 ⑤ 농업 외 소득사업의 육성·지도 ⑥ 농가 부업의 장려 ⑦ 공유림 관리 ⑧ 소규모 축산 개발사업 및 낙농 진흥사업 ⑨ 가축전염병 예방 ⑩ 지역산업의 육성·지원 ⑪ 소비자 보호 및 저축 장려 ⑫ 중소기업의 육성 ⑬ 지역특화산업의 개발과 육성·지원 ⑭ 우수토산품 개발과 관광민예품 개발
지역개발과 주민의 생활환경시설의 설치·관리	① 지역개발사업 ② 지방 토목·건설사업의 시행 ③ 도시계획사업의 시행 ④ 지방도, 시군도의 신설·개수 및 유지 ⑤ 주거생활환경 개선의 장려 및 지원 ⑥ 농촌주택 개량 및 취락구조 개선 ⑦ 자연보호활동 ⑧ 지방하천 및 소하천의 관리

	⑨ 상수도 · 하수도의 설치 및 관리 ⑩ 간이급수시설의 설치 및 관리 ⑪ 도립공원 · 군립공원 및 도시공원, 녹지 등 관광 · 휴양시설의 설치 및 관리 ⑫ 지방 궤도사업의 경영 ⑬ 주차장 · 교통표지 등 교통편의시설의 설치 및 관리 ⑭ 재해대책의 수립 및 집행 ⑮ 지역경제의 육성 및 지원
교육 · 체육 · 문화 · 예술의 진흥	① 유아원 · 유치원 · 초등학교 · 중학교 · 고등학교 및 이에 준하는 각종 학교의 설치 · 운영 · 지도 ② 도서관 · 운동장 · 광장 · 체육관 · 박물관 · 공연장 · 미술관 · 음악당 등 공공교육 · 체육 · 문화시설의 설치 및 관리 ③ 지방문화재의 지정 · 보존 및 관리 ④ 지방문화 · 예술의 진흥 ⑤ 지방문화 · 예술단체의 육성
지역민방위 및 지방소방	① 지역 및 직장 민방위조직(의용소방대 포함)의 편성과 운영 및 지도 · 감독 ② 지역의 화재예방 · 경계 · 진압 · 조사 및 구조 · 구급

자료: 지방자치법 제9조 2항.

3. 중앙정부와 지방자치단체의 세출기능 배분

중앙정부와 지방자치단체의 세출 기능별 통계를 통해 재정측면에서 기능분담 특성들을 확인할 수 있다. 2013년 최종예산 기준으로 중앙 및 지방재정의 일반회계와 특별회계 전체 예산은 480.8조원인데 지방재정의 비중은 36.8%이다. 이러한 집권적 재정 구조는 과거 수십년동안 비슷한 형태로 지속되고 있다.

세출 기능의 대분류에서 외교 · 통일 · 국방분야를 제외하면 중앙과 지방 모두 비슷한 형태의 재정기능을 수행하고 있다. 중앙정부의 국고보조금 비중이 크기 때문에 지방재정의 세출 구조는 중앙정부와 유사한 특성이 있다. 다만, 소분류에서는 정부간 재정기능 분화가 확인된다. 중앙재정에서는 국방, 교육, 수송및교통 부문의 지출 비중이 상대적으로 높은 편이며 지방재정의 경우 환경, 사회복지, 수송 및 교통 부문의 비중이 높다. 지방재정에서 사회복지 지출 비중은 21.9%로서 중앙재정의 9.5%보다 두 배 이상 많으며 절대적인 재정 규모에서도 57.4%를 차지한다.

정부재정 기능에서 경제개발 비중이 높은 것은 60년대 개발정책기조가 지속되고 있기 때문이다. 주요 국가들의 정부 지출에서는 경제개발 보다는 사회개발의 비중이 월등히 높다. 2000년대 후반부터 경제개발 비중은 중앙과 지방 모두 계속 감소하고 있는데 중앙정부는 3% 정도만 감소한 반면 지방재정에서는

〈표 3-3〉 중앙 · 지방간 세출의 기능 배분

(단위: %, 조원)

		비중변화				기능분담 (2013)	
		2008		2013			
		중앙	지방	중앙	지방	중앙	지방
일반관리	일반공공행정	17.0	8.8	17.1	9.7	75.3	24.7
	공공질서및안전	5.1	1.6	4.9	2.0	80.6	19.4
	소계	22.2	10.4	22.0	11.7	76.4	23.6
외교통일국방	외교통일	0.9	-	0.8	-	100.0	-
	국방	12.0	-	11.7	-	100.0	-
	소계	12.9	-	12.5	-	100.0	-
사회개발	교육	16.0	5.6	16.5	5.9	82.9	17.1
	문화및관광	0.9	5.5	1.0	5.3	24.5	75.5
	환경보호	2.4	10.6	3.1	10.0	34.6	65.4
	사회복지	8.3	16.4	9.5	21.9	42.6	57.4
	보건	2.0	1.5	2.3	1.5	73.0	27.0
	소계	29.5	39.6	32.4	44.5	55.5	44.5
경제개발	농림해양수산	8.0	7.1	7.7	7.2	64.8	35.2
	산업 · 중소기업	5.3	2.5	4.4	2.2	77.5	22.5
	수송및교통	16.1	14.4	14.3	10.4	70.4	29.6
	국토및지역개발	3.8	11.1	3.0	8.3	38.4	61.6
	과학기술	1.2	0.5	1.9	0.4	88.0	12.0
	소계	34.4	35.5	31.4	28.5	65.4	34.6
기타	예비비	1.0	1.9	1.8	1.9	61.7	38.3
	기타	-	12.5	-	13.4	-	100.0
	소계	1.0	14.4	1.8	15.3	16.4	83.6
합계		100.0	100.0	100.0	100.0	63.2	36.8
(규모)		228.2	144.5	303.8	177.0		

주: 일반회계+특별회계 최종예산 순계 기준.
자료: 디지털회계시스템(www.digitalbrain.go.kr), 재정고(lofin.mospa.go.kr)

중앙의 2배 이상인 7%로 급속히 감소하였다. 사회복지 지출 비중은 매년 증가하였는데 중앙재정 보다 지방재정의 지출 구조 변화에 더 많은 영향을 미치고 있다.

제 2 절 지방재정의 위기와 지방재정관리제도

1. 지방재정관리의 기본원칙과 재정위기 우려

지방재정 운용에서 전제되는 가장 중요한 가치는 건전성과 효율성이다. 지방자치법 제113조에서는 지방재정의 균형유지 원칙과 건전운영이 규정되어 있고 지방재정법 제3조에서도 관련 조항이 있다. 주민들의 일상생활을 지원하기 위한 각종 공공서비스를 안정적으로 공급·관리하기 위해서는 무엇보다 지자체의 재정이 건전해야 한다.

지방재정에서는 화폐발행이나 금리조정 수단이 없기 때문에 채무를 효과적으로 관리할 수 있는 정책 수단이 제한적이다. 이에 따라 지방재정에서는 세입재원의 범위내에서 세출을 운용하는 건전재정 원칙이 우선적으로 강조된다. 하지만 지방재정은 사회 경제적 환경에 취약한 동시에 내부적으로 정부실패의 병리적 요인이 잠재되어 있어 재정압박 혹은 재정위기의 위험 상황에 쉽게 노출된다. 지방재정에 내재되어 있는 구조적 특성과 불안정한 환경 변화를 고려하여 단일제 국가의 중앙정부는 지방재정의 위기 혹은 건전성을 관리하기 위한 다양한 제도들을 설계·운영한다.

구체적인 수준에서 지방재정을 '위기' 상황이라고 규정하는 단일 기준은 없다. 지방재정 위기 논의들은 재정파산이 간헐적으로 발생하고 있는 미국에서 활발하다.[1)] 재정위기에 대한 원인과 대응에 대한 기본적인 담론과 정책과제들은 80년 초반에 대부분 발표된 것이다. 이 시기부터 클린턴 행정부 이전까지 미국은 장기 침체 국면을 맞이했다. 국내에서 지방재정 위기에 대한 논의는 90년대 후반 IMF 외환위기의 재정영향을 우려하면서 일시적으로 정리된 바 있다. 최근의 세계적인 경기침체와 국내 부동산 경기 하락에 따른 지방세입 감소 그리고 지하철과 도시개발공사 등 지방공기업의 부채 급증 현상과 함께 과거의 지방재정위기 논의들이 다시 시작되고 있다.

1) 미국 도시의 재정위기 경험 사례로는 뉴욕(1975), 클리브랜드(1979), 필라델피아(1990), 브리지포트(1991), 오렌지 카운티(1994), 워싱턴DC(1995), 마이애미(1996), 캠던(1999), 피츠버그(2004) 등이 있다.

〈표 3-4〉 지방재정 위기의 개념과 기준에 대한 논의들

구분			내용
재정위기 정의		GAO (서정섭, 2001)	지방정부가 자신보다 우수한 공공서비스를 제공하는 다른 지방정부와 동등한 수준을 유지하는데 필요한 담세능력을 지속적으로 보유하지 못한 상태
재정위기 정의		Bradbury (조기현, 2010)	단기적으로 수지균형을 이루지 못한 상태이거나 지방세 부담을 이전과 같은 수준으로 유지할 경우 공공서비스의 규모나 품질이 저하되는 상황
재정위기 정의		Cabill & James (조기현, 2010)	세입·세출의 불균형이 발생하여 현금흐름이 지속적으로 부족한 상태
재정위기 단계		재정압박 (Fiscal Stress)	일시적으로 지방정부의 수입과 지출의 불균형으로 제때 지불능력에 문제가 발생한 상황
재정위기 단계		재정비상 (Fiscal Emergency)	재정압박이 지속되어 현재 수준의 서비스 제공이 불가능하거나 재정책임을 이행하지 못하는 상황
재정위기 단계		재정파산 (Fiscal Bankruptcy)	지방정부가 채무상환을 이행할 수 없는 상태 (주요 국가 중 미국에서만 인정: Chapter 9)
재정위기기준	미국	ACIR	① 당기의 수입에 비해 과도한 지출 ② 수년간 수입에 비해 지출의 지속적인 초과 ③ 유동자산에 비해 유동부채 초과 ④ 제한적 기금으로부터 단기채무변제 ⑤ 재산세 연체율 급증 ⑥ 예상치 못한 실질적인 자산가치 하락
재정위기기준	미국	펜실베이니아주	① 재정적자가 세입의 1% 초과한 상태에서 3년 지속 혹은 5년 동안 재정적자 비율이 5% 이상 ② 원리금 상환의 불이행 ③ 30일 동안 인건비 지급불능 등의 상태
재정위기기준	미국	플로리다주	① 채무상환 불이행 ② 사회보장, 연금, 퇴직금 등 재원이전의 적기 불이행 ③ 공무원 임금지불, 퇴직급여의 기간내 불이행 ④ 자체수입 부족(투자로 인한 적자, 2년 연속 적자재정) ⑤ 퇴직시스템의 불이행
재정위기기준	미국	연방파산법 제9장	① 지방정부가 권한을 유지하며 ② 주정부법에서 지방정부의 파산신청을 허용 ③ 채무상환불능 상태이거나 만기채무를 상환할 수 없는 경우 ④ 파산법원에 의해 채권자들의 동의를 얻어 파산법원이 승인한 채무조정계획의 수립을 충족한 상태
재정위기기준	(일본) 자치단체 재정건전화법	조기건전화단체	자구노력으로 건전화가 가능한 자치단체
재정위기기준	(일본) 자치단체 재정건전화법	재정재생단체	재정정건전화를 위해 중앙의 개입이 불가피한 재정재생단체

자료: 서정섭(2001), 조기현(2010), 김동욱(2009) 등에서 정리.

지방재정 환경을 둘러싼 현실은 좀더 복잡하게 전개되고 있다. 경제성장으로 국민들의 복지후생의 소비 수준이 달라졌으며 취약계층에 대한 사회안전망과 보편적 사회서비스 중심의 사회투자정책으로 사회복지비 지출이 급속히 확대되었다. 지방 보다는 중앙정부의 재정건전성에 대한 우려가 먼저 제기되고 있는 가운데, 정부간 재정관계는 대부분 기능에 수직적으로 상호 연결되어 있는 과거 수 십년 전의 틀을 그대로 유지하고 있다. 중앙정부의 재정위기가 곧바로 지방재정에 영향을 미치는 구조가 그대로 지속되고 있다.

2. 지방재정위기의 요인들

(1) 사회 경제적 환경

포괄적인 관점에서 조망할 때, 서구의 주요 대도시정부들이 재정위기를 당면하였던 가장 큰 이유는 세입기반이 감소되는 다른 한편으로 지출수요는 오히려 더 증대되었기 때문이다(Pammer, Jr., 1990). 탈산업화와 지역경제의 재구조화에 따라 재산가치 하락에 의한 세입기반의 잠식과 급속한 교외화로 인하여 중심도시의 주요 세원이 역외로 누출되는 외부효과가 발생한다. 이로 인해 중심지 기능을 수행하는 대도시에서 지방정부들은 도시가 근대화 속도를 충당할 수 있을 만큼 충분한 자체 재원을 동원하지 못하게 된다.

더욱이 도시정부의 공공서비스에 일상생활을 의존해야 하는 저소득계층이 그대로 남아 있거나 오히려 외부로부터 유입되면서 추가적인 복지 지출원인이 발생하게 된다. 다른 한편으로, 일정한 수준의 생활 기초적 서비스공급은 유지해야 하는 동시에 세계적 경쟁 속에서 생존을 위해 도시의 경쟁력을 확보하기 위해서는 불가피하게 각종 하부구조시설에 대한 투자를 지속적으로 전개해야 한다. 이와 같은 세입과 세출요인의 괴리가 지방재정 위기를 창출한다.

(2) 정부간 재정 관계

중앙 및 상위정부로부터의 재정통제나 일방적 재정분담 요구로 인하여 지방정부가 필요한 재정조치를 실시하지 못하면서 재정위기가 발생할 수 있다. 미국의 경우 지방정부에 대한 주정부의 통제가 상당한 편이다. 특히 주와 지방정부는 지방세 부과대상인 과표가 중복되어 있는 경우가 많은데, 주정부의 재정수입을 위해 지방정부의 과세를 통제하면 지방정부는 필요한만큼의 조세 수입을 확보하기 힘들어진다.

중앙정부의 국고보조금 운영에서도 지방재정 위기 요인이 내재되어 있다. 개별 단위 사업별로 일정 비율의 지방비를 매칭하도록 규정하면 지방재정에 압박이 있어도 의무적으로 부담할 수밖에 없는 경우가 많다. 국고보조사업 단위가 세분화되어 있고 전국에 걸쳐 획일적으로 운영될수록 지방재정에 대한 압박 요인은 커지게 된다.

중앙정부가 복지재정부담을 지방정부로 전가하기 위해 국고보조사업에 대해 포괄보조 방식의 지방이양을 실시하면서 지방재정 위기가 발생할 수 있다. 미국 필라델피아에서 발생한 1990년도 재정위기의 원인으로 지적되기도 했다(Inman, 1995). 이러한 정부간 관계 변화는 일본의 삼위일체개혁에서도 비슷하게 추진되었다(Muramatsu, 2001). 사회복지분야 보조사업에서 특히 부정적인 영향이 많았다.

(3) 지방정치체제 요인

지역사회 구성과 지방정치 요인에서 위기의 원인을 찾는 접근도 있다. 정치적 원인 중에는 공공부문의 강성 노조와 이에 따른 공무원 임금의 지속적 증대, 그리고 선거를 위해 이를 정치적으로 이용하는 단체장의 비합리적인 정치 행태를 지적하는 주장도 있었다(Clark & Ferguson, 1983). 지방정부의 예산과정에 참여하는 의사결정 주체(지방의원 등)가 많으면 전체적으로 투자의 생산성과 상관없이 예산이 증가되는 경향도 재정위기의 요인될 수 있다.

(4) 관료제 병리

전통적인 정부실패에 대한 대표적인 비판이론인 공공선택론에서는 관료제의 이기적인 예산활동이 재정문제를 창출한다고 주장한다. 즉 공공부문에서는 가격메커니즘이 작동하지 않기 때문에 기회비용의 개념이 적용되지 않고 시민에 대한 책임성만을 지나치게 강조할 경우 사회적 편익 계산에서 거품현상이 반영되어 지출팽창이 정당화될 수밖에 없다는 것이다.

(5) 지방정부의 재정관리 역량

지방정부의 불건전한 재정관리가 세입부족으로 이어졌고 재정기반과 관련된 합리적인 예측을 하지 못하여 재정위기가 발생할 수 있다. 70년대까지 미국 지방정부의 예산회계제도가 적절하지 못했기 때문에 단년도 중심의 재정운영에 그쳤으며 당시 상황에서 지방정부의 소유 자산규모, 재정적자 규모 등을 정확히 산출하지 못하였다.

재정관리 역량이 부족한 지방행정공무원과 무사안일 및 상명하복의 관료조직 그리고 단체장의 정치적 지출 특성이 결합하면 만성적 재정위기가 발생할 수 있다. 세입이 감소되는 상황에서도 관료들은 비용을 삭감하지 않고 재정상태가 건전한 것처럼 왜곡하여 회계를 보고하고 단체장의 정치적 속성과 결합하여 보다 높은 공공서비스 지출 수준을 유지하려는 경향이 있다. 이것이 누적되면 재정위기가 발생하게 된다.

3. 지방재정위기에 대한 대응방안들

지방재정 위기 상황에 대한 일반적인 대응은 '절감'이다. 미국은 캘리포니아주의 재정위기와 '제안 13(proposition 13)' 이후 지방재정 규모가 지속적으로 팽창하던 황금기간(1950~78)이 막을 내렸다. 이후 80년대의 10여년간 장기불황과 이에 따른 재정위기, 그리고 감축관리의 압력에 시달렸다. 긴축국면에서 중앙정부가 적자공채를 발행하면서 지방정부의 지방채 동원은 억제하는 경향이 있기 때문에 지방에서 활용할 수 있는 수단은 더욱 협소해 진다.

한정된 재정권한 속에서 도시재정위기가 빈번하였던 80년대 전후 미국의 지방정부가 선택하였던 전략적인 위기 대응 방안들은 네 가지로 정리된다.

첫째, 전략적인 감축관리 추진이 있었다. 캘리포니아주 시사이드시에서는 지방정부의 감축관리가 업무추진비 삭감이나 공무원 후생비 삭감 등과 같은 단순한 예산절감 수준을 넘어 재정체계 전반을 재정비했다(Kemp, 1983). 즉, 공공서비스공급을 위한 내부운영체제에 대한 전면적인 재검토와 시민사회에 대한 외부관리전략을 정리하였다. 시정부는 과거의 공공서비스의 공급기능을 재검토하고 신규서비스 공급을 억제했다. 공무원 수를 감소시키면서 필요한 경우 임시직으로 대체하였다.

둘째, 재정압박이 계속되면 부족한 지방세수를 지역내에서 증대시킬 수밖에 없다. 중앙정부가 재정위기를 동시에 겪고 있으면 정부간 이전재정을 기대하기 힘들다. 지방세는 주민들의 조세 저항이 있는 상황에서 적극적인 재원동원 수단이 되지 못한다. 결국 지방 스스로 책임질 수 있는 내부 재원 확충 수단은 사용료, 수수료, 지방공공요금 등을 인상하는 것이었다.

셋째, 소극적인 감축관리전략은 궁극적 해결책이 되지 못한다. 지역이 재구조화되는 상황에서는 변화를 적극 선도하여 장래의 잠재세입 잠재력을 확대해야 했다. 이러한 측면에서 일반투자보다는 전략적 투자를 그리고 조세중심의 공공재원동원 보다는 민자유치, 민관합동투자 등과 같은 투자재원의 다각화와 전문집행기능 강화 전략이 추진되었다.

넷째, 주요 선진국에서는 80년대의 재정긴축상황에서 감축관리와 더불어 예산운영체계의 효율화를 위해 많은 개혁작업을 추진하였다. 예산제약, 서비스 수요의 증대, 그리고 전산화의 급속한 증대는 대도시들의 예산과정에 상당한 영향을 미쳤다. 공공부문의 경영화를 지향하는 재정혁신은 수십년동안 지속되고 있다. 여기서 핵심은 예산편성과 집행 이후에 파악되는 '성과'의 중요성 그리고 그것에 대한 구체적인 '책임'이다. 성과 혹은 결과지향적인 예산개혁으로 대표되었으며 이후 조직과 인력관리, 회계제도 등이 통합 연계되는 전면적인 정부개편으로 확대되었다.

4. 지방재정관리제도와 시대별 특성

(1) 90년대의 3대 지방재정관리제도: 계획과 수직적 관리감독

중앙정부 지방자치단체의 재정을 관리하기 위한 대부분의 장치들은 지방재정법에 근거를 두고 운영된다. 예산편성지침과 같은 일반적인 재정운영 성격을 넘어 중앙정부 차원에서 재정'관리'의 시각이 본격적으로 제도화된 것은 80년대 후반부터이다. 당시 내무부는 1988년 4월에 지방재정법을 개정하면서 중장기지방재정계획제도를 법제하고 지방재정사업의 투자관리를 위해 중기지방재정계획을 수립할 때 투자심사를 수행하도록 유도하였다.

1991년 6월 「지방사업투자심사규정」(내무부훈령 1026호)이 제정되면서 투자심사의 제도화 장치가 마련되었고 다음 해에 지방사업투자심사지침이 시달되었다. 1993년 8월에는 보다 체계화된 「지방재정투 · 융자심사규칙」(내무부령 제570호)이 마련되었다.

또다른 중요한 관리장치로서 지방재정분석 · 진단제도가 있다. 행정자치부에서는 1996년도의 시범 실시부터 시작하여 매년 결산정보를 중심으로 재정분석을 실시하고 결과는 보고서를 통해 재정고(財政庫)[2]에 공개한다. 여기서 지향하는 핵심 가치는 지방재정 현황에 대한 객관적 분석과 관련 정보의 공개, 그리고 지자체의 재정 건전성과 효율성 유도 등이다.

90년대까지는 이상의 세 가지 재정관리제도가 핵심이었으며 기본적으로 통제·감독 성격이 강하였다. 하지만 제도 운영에서 발생하였던 쟁점들은 세 가지 제도 모두에서 공통점이 있었다.

우선은 중앙정부의 표준적인 지침이 지자체의 현장에서 적절히 수용될 수 있었다. 이에 따라 지자체별로 전체 틀 속에서 다양한 관리방식들을 허용하였지만 수직적으로 규정된 관리제도이기 때문에 지자체 중심의 의미있는 유연한 대응은 확인되지 않았다.

〈표 3-5〉 중앙정부에서 운용하는 대표적인 지방재정관리제도

	사전예산관리	사후재정관리
재정·예산관리	지방자치단체 예산편성기준(메뉴얼)	지방재정분석 및 재정진단
	중기지방재정계획	지방재정위기 사전경보시스템
	지방재정투융자심사	보통교부세 인센티브제
	국고보조사업 운영지침(개별 부처)	지방교부세 감액제
	지방채발행 (총액한도액 초과발행)	국고보조사업 정산 보고
		발생주의 복식부기 정부회계
		감사원 감사와 국회의 국정감사
정책관리	성인지 예산제도(행정자치부·여성가족부)	행정자치부 합동평가(국고보조사업)
	성별영향평가제도(여성가족부)	국고보조사업평가(기획재정부)
	참여예산제(행정자치부)	

둘째, 지자체 입장에서는 자율적인 내부 규율 장치로 활용되어야할 재정관리제도들이 중앙에 보고용으로 기능하는 형식적 운영이 문제가 되고 있다. 매년 국고보조 내시가 불규칙적인 상황에서 중기재정계획을 엄격히 운용하는 것은 사실상 비현실적이다. 하지만, 차기연도 예산편성과 투자심사제도 등과 연계하면서 외형은 엄격해졌지만 내용은 그러하지 못하고 있다.

셋째, 재정관리제도가 지자체 재정사업의 통제 기능을 수행하기에는 현실적으로 적지 않은 한계가 있다. 전국 지자체 재정사업의 다양성을 합리적으로 관리하기에는 조직과 인력에서 현실적인 한계가 있다. 제도 운영 결과에 따른 인

2) lofin.mospa.go.kr

센티브와 벌칙 조치가 의미있는 수준에서 적용되지 않았다. 지자체의 재정사업의 궁극적 결과는 해당 지자체에서 책임지기 때문에 행정자치부의 관리자 역할의 위치와 기능 설정이 애매한 상황이다.

(2) 2000년대 이후 새로운 재정관리제도들: 재량확대와 전문화

2000년대 접어들면서 분권이 보다 강조되었던 재정관리제도에서는 과거 90년대와 구분되는 두 가지 특징이 있다. 하나는 지자체의 재정관리 자율성을 대폭 확대하였다는 점이고 다른 하나는 과거보다는 한 차원 높은 수준의 새로운 제도들이 도입되었다는 것이다.

지방채발행 총액한도제를 도입하여 한도 내에서 자율 발행하도록 하였으며 예산편성지침을 개편하여 매뉴얼을 제공하고 지자체의 자율성을 확대했다. 다른 한편으로는 성과주의 예산운영의 기본 전제가 되는 사업별 예산제도와 발생주의 복식부기 그리고 예산과 결산에 대한 주민참여와 정보공개제도가 도입되었다. 가치예산의 특성이 있는 성인지예산제도와 주민참여예산제도에 대한 규정을 지방재정법에 규정하는 혁신 조치도 있었다.

그런데, 각종 제도변화들이 실제 현장에서 제대로 집행될 것인지 여부에 대해서는 비판이 많다. 가장 큰 문제는 제도를 설계하는 중앙정부의 기대와 지방의 실제 현실 사이의 격차가 상당하기 때문이다. 혁신 조치들의 성공 여부는 지자체의 재정 책임의식과 관리역량 변수에 좌우되는데 기대만큼 기본 조건이 충족되지 못하는 경향이 있다.

제 3 절 지방재정투 · 융자심사제도

1. 지방재정투 · 융자심사제도의 의의

지방정부에서 일정 규모 이상의 투자사업에 예산을 배정하기 위해서는 지방재정투융자심사를 거쳐야 한다. 지방의회 구성 이후 방만한 재정낭비를 우려하여 민선단체장 선거를 실시하기 이전인 1992년에 도입되었다. 당초에는 중기재정계획의 실효성을 높이기 위한 보완장치로 구상되었는데 국가계획과 지방계획의 연계와 투자심사의 강도와 효과를 제고하기 위해 예산편성에 영향을 미치는

주요 장치로 제도화되었다.

지방재정법 제37조에 따라 지자체는 투자사업에 관한 예산안 편성, 채무부담행위, 보증채무부담행위 그리고 예산외 의무부담에 대해 필요성과 타당성 심사를 받아야 한다. 주요투자사업 및 행사성 사업에 대해서는 예산편성전 타당성 검토를 강화하는 중앙정부의 비권력적 사전통제 수단이다.

투자심사를 거치지 않은 재정사업은 원칙적으로 차기연도 예산편성에서 재원을 배분할 수 없으며 이를 준수하지 않을 경우에는 지방교부세 산정시 감액조치를 할 수 있다. 투자심사결과 부적정 혹은 재검토로 판정된 사업에 대해서는 국고보조금과 특별교부세 그리고 시도비를 지원하지 않는다. 관련 지침에 따라 지자체에서는 중기지방재정계획의 수립 등 지방재정관련 계획을 수립할 때 투자심사결과를 반영해야 한다.

처음 제도를 도입했을 때는 행정자치부의 지침을 통한 시범적 운용 수준이었지만 심사대상의 기준과 제도활용을 지속적으로 강화하였다. 지방재정사업의 비효율성과 낭비 문제가 쟁점이 되면서 심사대상 사업이 계속 확대되었으며 심사의 절차와 강도 역시 강화되는 추세이다. 2015년도부터는 중앙정부의 예비타당성심사와 유사하게 총사업비 500억원 이상인 신규사업과 100억원 이상 공용건물의 건축사업에 대해서는 행정자치부에서 고시하는 전문기관으로부터 타당성 조사를 먼저 받고 그 결과를 토대로 투자심사를 해야 한다. 또한 투자심사를 하거나 지방채를 발행하여 시행하는 사업에 대해서는 추진상황과 담당자 명단을 공개해야 한다.

2. 지방재정투융자심사제도의 법적 근거와 주요 내용

(1) 심사대상사업 선정

심사를 받아야 하는 대상사업은 일정 규모 이상의 신규 투융자사업, 해외관련 사업, 다른 지자체 공동사업, 행사성 및 홍보관 사업 등이다. 대상 사업은 총사업비 금액을 기준으로 결정되며 시도와 시군구에서 적용하는 기준이 다르다. 총사업비의 규모가 상대적으로 적은 경우에는 자체적으로 심사할 수 있지만 그렇지 않은 사업은 상위자치단체 혹은 중앙정부(행정자치부)에 심사를 의뢰해야 한다.

총사업비 기준에 따라 심사대상이 되지만 관련 법령에 따라 별도로 투자심사를 받는 경우에는 제외된다. 또한 공유재산의 대체취득과 사업비 전액을 국가에서 지원하거나 민간자본 또는 외국자본인 사업도 심사대상에서 제외된다. 재해복구 등 기능복원(원상복구)을 위한 사업도 제외되는데 구체적인 사업대상은 행정자치부령으로 고시한다.

〈표 3-6〉 지방재정투융자심사 대상 사업의 총사업비 기준

사업유형	자체심사(자치단체별)		의뢰심사(중앙·시도)	
	시도	시군구	시도심사 (시군구 사업)	중앙심사 (시도·시군구사업)
전액 자체재원사업	40억원 이상	20억원 이상		
신규 투·융자사업	40억원 이상 200억원 미만	20억원 이상 40억원 미만	40억원 이상 100억원 미만	시 도: 200억원 이상 시군구: 100억원 이상
청사 및 문화 체육시설 (전액자체사업 포함)			20억원 이상	40억원 이상
외국차관도입사업 해외투자사업	5억원 이상 10억원 미만			10억원 이상
2개이상 지자체 공동 투자사업	10억원 이상 200억원 미만	5억원 이상 40억원 미만	40억원 이상 100억원 미만	시 도: 200억원 이상 시군구: 100억원 이상
행사성 사업 홍보관 사업	5억원 이상 30억원 미만	3억원 이상 5억원 미만	5억원 이상 30억원 미만	30억원 이상

자료: 안전행정부(2013:14-16). 「지방재정 투·융자사업 심사 매뉴얼」.

(2) 투융자심사의 유형

투자심사위원회에서 심사한 대상 사업은 적정, 조건부추진, 재검토, 부적정, 반려의 다섯 가지 형태로 판정된다. 투자심사에서는 1단계심사, 2단계심

〈표 3-7〉 투융자심사 이후 판정결과

심사결과	내 용
적정	사업의 타당성이 인정되고 예산반영 등 재원조달 대책이 수립되어 정상적으로 사업추진이 가능한 경우
조건부 추진	사업의 타당성은 인정되지만 선행절차 이행 및 재원조달 대책 등 필요조건이 충족되어야만 사업추진이 가능한 경우
재검토	사업의 규모, 시기, 재원조달대책 및 채무상환계획 등에 대한 종합적인 재검토가 필요한 경우
부적정	사업의 타당성 결여로 사업을 추진해선 안되는 경우
반려	투자사업 추진시기·규모 및 재원조달계획 등에 사업의 타당성을 결여한 것이 명백한 경우

사, 그리고 재심사가 있다. 신규사업의 기본계획수립 이후 실시설계 이전에 '1단계 심사'가 실시된다.

'2단계심사'는 당초 심사 및 실시설계 이후 계획 변동 등의 사유가 있는 경우 계약체결 이전에 한 번 더 심사하는 것이다. 투자심사위원회에서 당초 심사시 조건에 2단계 심사를 실시하기로 결정할 수 있다. '재심사'는 최초 심사 결과 적정·조건부로 결정되었지만 사업비 증가 등의 사유로 다시 심사하는 것이다.

(3) 투융자사업 심사 절차

심사의 시작은 개별 사업 주관 부서에서 단위사업의 계획을 수립하고 중기지방재정계획에 반영하는 단계부터 이루어진다. 중기지방재정계획을 수립하는 시기가 있기 때문에 모든 사업들을 중기계획에 반영하지 못한다. 이러한 경우는 사업의 타당성이 인정되어도 조건부로 판정된다.

심사 실무담당 부서에서는 실무심사위원회를 통해 사업의 타당성을 예비적으로 분석한다. 지자체에서는 투자심사를 위해 민간 전문가를 포함한 '투자심사

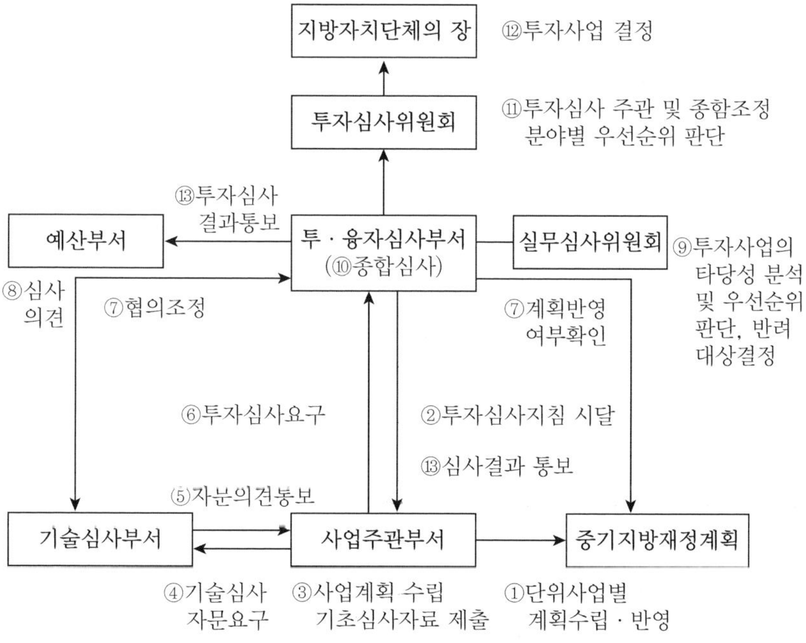

자료: 안전행정부(2013:24). 「지방재정 투·융자사업 심사 매뉴얼」

[그림 3-1] 지방재정 투융자사업 심사 흐름도

위원회'를 구성 · 운영한다. 그런데 투자심의위원회 위원들의 전문성이 높지 않은 경우에는 실무심사위원회의 심사가 상당한 영향을 미치게 된다.

투자심사에서 특히 고려하는 사항은 여덟 가지이며 심사과정에서는 재원조달 가능성 기준이 상대적으로 중요하게 고려되는 경향이 있다. 행정자치부에서 제시하는 투자심사의 기준은 ① 국가 장기계획 및 경제 · 사회정책과의 부합성, ② 중 · 장기지역계획 및 지방재정계획과의 연계성, ③ 소요자금 조달 및 원리금 상환 능력, ④ 재무적 · 경제적 수익성, ⑤ 사업의 필요성 및 시급성, ⑥ 주민숙원 · 수혜도 및 사업요구도, ⑦ 사업규모, 사업비의 적정성 그리고 ⑧ 이상의 기초분석결과에 기초한 종합평가결과 분석 등이다.

3. 지방재정투융자심사제도의 쟁점과 과제

(1) 투융자심사제도의 쟁점

재정사업에서 자체적인 재원동원과 성과 책임이 약화되고 낭비가 심해지면서 투융자심사제도가 보다 중요하게 되었다. 90년대 초반에 제도도입한 이후 최근까지의 주요 특징들은 네 가지이다.

첫째, 심사대상 사업이 주로 투자재원 규모에 기초하여 선정되는데 지자체의 자체적인 재정관리역량이나 재정규모, 그리고 사업의 특성 등을 충분히 고려하지 못하고 있다. 표준적인 기준에 따라 자체심사와 의뢰심사 대상이 결정되어 일정 규모 이상의 대형 전략사업을 지자체 내부에서 자체 심사 · 관리할 수 있는 역량을 축적하지 못하는 한계도 있다.

둘째, 투자재원의 규모 이외에 시대별로 쟁점이 되는 일부 사업들이 심사대상으로 추가되었다. 즉 2개 이상 지자체가 관련되는 광역사업, 행사성 사업, 홍보관사업, 공공청사 신축 사업 등이 대표적이다. 그런데 심사기준은 당초 구조를 그대로 유지하고 있어 개별 사업에 대한 구체적 심사에 활용하는 데 한계가 있다. 특히 행사성 경비를 중앙에서 표준적 시각으로 심사할 경우 지방의 재정자율성을 필요 이상으로 억제할 가능성이 있다.

셋째, 투자심사의 통제력을 확대하는 조치들이 지속되고 있다. 2000년도에 재심사 요건을 신설하고 2002년도에는 대상사업을 확대시켰으며 2단계심사 장치도 마련하였다. 또한 행정자치부가 주관하는 사후평가제도가 도입되었다. 지자체의 재정관리 역량문제라는 현실적인 여건에서 불가피한 측면도 있지만, 분권화와 구체적 성과에 대한 책임이라는 재정혁신 기조와는 거리가 있는 조치들이다.

마지막으로, 투자심사위원회의 규모와 민간전문가의 참여를 확대하여 심사의 전문성과 투명성을 높였다. 그런데 이익집단 관계자를 제외하면 민간 전문가의 사업 이해도가 높지 않는 경우가 많다. 또한 민간전문가를 충분히 확보하기 힘든 시군에서는 지침을 수용하는 것이 쉽지 않다.

(2) 투융자심사제도의 정책과제

지방재정관리장치의 틀 속에서 투자심사제도가 가지는 위치를 고려하여 현실적으로 운용 가능한 수준에서 제도를 개편하기 위해서는 한 단계 높은 수준에서 새로운 접근 시각이 필요하다.

첫째, 투자심사제도에 대한 위상 재설정이 필요하다. 중기지방재정계획과 투자심사의 연계성을 위해서는 중기계획 이후 투자심사를 실시하기보다는 일정 규모 이상의 사업에 대해서는 투자심사가 선행된 이후 중기계획에 반영시켜야 한다. 중기재정계획 수립과정에서 지자체별 실국의 계획반영 사업의 타당성 근거로 활용되는 것이 합리적일 수 있다. 이 경우 투자심사보다는 중기재정계획을 강화하는 방안이 적극적으로 검토되어야 한다.

둘째, 투자심사제도를 지자체에 적용할 때는 '지방정부' 변수를 고려한 차등적 접근이 필요하다. 자체 투자심사 역량이 충분하면 중앙심사단계를 면제하여 중앙심사의 업무부담을 줄이고 대신 심사능력이 상대적으로 낮은 지자체의 사업에 대해 집중적인 심사기능을 수행할 필요가 있다.

셋째, 투자심사제도를 통한 재정통제 기조를 유지하기 보다는 지자체에 대한 역량강화 프로그램을 개발·지원하는 포지티브 방식으로 전환이 필요하다. 이를 위해 투자심사 기법개발, 관련 외부 전문가 지원(물론 관련 경비 지원이 필요), 담당인력의 교육훈련 및 자격증 부여 등의 조치가 필요하다.

넷째, 중장기적인 관점에서 투자심사제도는 지자체의 성과관리체계 속에서 통합·운영되어야 한다. 투자심사과정에서는 해당 사업이 가지는 내용들이 거창하게 포장되어 우선 심사에 통과되는 것이 목적이었다가 이후 의도하였던 사업의 내용이 왜곡 혹은 변질되는 경우가 있다. 처음 계획들이 사후 집행 이후 성과평가까지 이어져야 초기부터 신중한 접근이 가능하다.

제 4 절 지방재정건전성관리제도

1. 지방재정분석 및 진단제도

(1) 지방재정분석 및 진단제도의 의의

지방재정분석제도는 1994년 지방재정법 개정으로 도입되었고 1996년도에는 기본적인 8개 항목을 시범적으로 분석했다. 현재와 같은 형식의 재정분석제도는 1998년도에 「지방재정분석 · 진단심의규정」을 제정하고 당초 10개의 단위지표를 중심으로 지자체의 재정 상태와 운영현황을 분석하고 결과를 공포하면서 시작되었다.

지방재정분석 · 진단제도는 지방재정의 결산정보를 중심으로 사후적으로 관리하는 대표적인 재정건전성 관리수단이다. 지방재정법 '제5장 재정분석 및 공개'의 많은 조항에 근거하여 지방자치단체는 매년 재정보고서를 중앙정부에 제출해야 하며, 행정자치부는 이 보고서를 분석하고 재정위기를 사전에 예방하기 위해 필요한 경우 특정 지자체에 대해 재정진단을 실시한다. 재정분석결과에 따라 지방재정 진단 대상으로 선정된 지자체는 지방재정의 위기 혹은 압박 정도가 상대적으로 심한 상태이며 관련 정보에 대해서는 중앙정부 뿐 아니라 지역사회에서도 민감하게 반응한다.

지방재정법 시행령 제65조에 규정하는 재정진단 대상의 선정기준은 네 가지이다. 첫째, 세입예산 중 채무비율이 세입예산의 일정비율을 초과하거나 채무잔액이 과다한 경우. 둘째, 결산상 세입실적이 예산액보다 현저히 감소하였거나 다음연도 수입을 앞당기어 충당 · 사용한 경우. 셋째, 인건비 등 경상비성격의 예산비율이 높아 재정운용의 건전성이 현저히 떨어지는 경우. 그리고 넷째, 재정보고서의 분석결과 재정의 건전성 · 효율성 등이 현저하게 떨어져 재정진단이 필요하다고 인정하는 경우 등이다. 행정자치부는 재정분석 및 재정진단 결과를 공개하며 주요 사항들은 국회 소관 상임위원회와 국무회의에 보고해야 한다.

(2) 재정분석의 지표

지방재정의 운영 상황을 종합적으로 분석하기 위해 지방재정분석제도에서 사용하는 지표는 3개 분야 25개 지표이다. 분석대상의 재정활동 내용들은 분석목적에 따라 통합회계, 공기업회계, 일반 및 특별회계 등에서 확인된다.

〈표 3-8〉 지방재정분석 지표

분야	분석지표	분석기간	대상회계	지표성격	비고
I 재정 건전성	1. 통합재정수지비율	단년도	통합회계	상향지표	국제기준
	2. 실질수지비율	단년도	일반+기타특별회계	상향지표	
	3. 경상수지비율	단년도	통합회계	하향지표	복식부기
	4. 관리채무비율	단년도	통합회계	하향지표	
	5. 관리채무부담비율	단년도	통합회계	하향지표	
	6. 관리채무상환비율	미래4년	통합회계	하향지표	
	7. 현금창출자산대비 부채비율	단년도	통합회계	하향지표	복식부기
	8. 공기업부채비율	단년도	공기업회계(직영, 공사)	하향지표	공기업
	9. 총자본대비 영업이익률	단년도	공기업회계(직영, 공사)	상향지표	공기업
II 재정 효율성	10. 자체세입비율(증감률)	5년경향	일반회계	상향지표	
	11. 민간이전경비비율(증감률)	2년	일반+기타특별회계	하향지표	
	12. 출연・출자금비율(증감률)	2년	통합회계	하향지표	
	13. 의무지출비율(증감률)	2년	일반+기타특별회계	하향지표	
	14. 자본시설유지관리비비율(증감률)	2년	통합회계	하향지표	복식부기
	15. 자본시설지출비율(증감률)	2년	일반+기타특별회계	상향지표	사업예산
III 재정 운용 노력	16. 지방세징수율 제고 노력도	2년	일반회계	상향지표	보통 교부세 연계
	17. 지방세체납액 축소 노력도	2년	일반회계	상향지표	
	18. 경상세외수입 확충 노력도	4년	일반회계	상향지표	
	19. 세외수입체납액 축소 노력도	2년	일반회계	상향지표	
	20. 탄력세율 적용 노력도	단년도	일반회계	상향지표	
	21. 인건비 절감 노력도	단년도	일반+기타+공기업 특별회계	상향지표	
	22. 지방의회경비 절감 노력도	단년도	일반+기타특별회계	상향지표	
	23. 업무추진비 절감 노력도	단년도	일반+기타특별회계	상향지표	
	24. 행사축제경비 절감 노력도	2년	일반+기타특별회계	상향지표	
	25. 민간이전경비 절감 노력도	2년	일반+기타특별회계	상향지표	

◆ 참고지표: 15개

① 지방채무잔액지수, ② 지방채무상환비비율, ③ 장래세대부담비율, ④ 행정운영경비비율(증감률), ⑤ 중기재정계획반영비율, ⑥ 예산집행률, ⑦ 정책사업투자비비율, ⑧ 투융자심사사업예산편성비율, ⑨ 유동비율, ⑩ 고정순자산비율(증감률), ⑪ 경상재원비율 ⑫ 총예산대비 자체수입증가율 ⑬ 지방세수입 대비 인건비비율 ⑭ 부채증가액(증감률) ⑮ 세입예산대비 우발채무 총액비율

자료: 안전행정부(2014). 「2014년도 지방자치단체 재정분석편람」.

재정건전성을 위해 중요하게 분석하는 지표는 각종 재정수지와 채무관련 지표들이다. 최근에는 지방공기업의 재정적자를 관리하기 위해 두 가지 관련 지표가 추가되었다. 재정효율성 분야의 6개 지표들은 세입과 세출로 구분할 수 있는데 세입지표로는 자체세입비율의 증감률을 확인한다. 나머지 5개 지표는 모두 세출지표들인데 경직성 경비를 관리하거나 자본시설의 효율적 관리 정도를 분석하는 지표들이다.

재정운용노력 분야에서는 10가지 지표가 있는데 재정분석 결과는 보통교부세 재원을 배분할 때 인센티브로 반영된다. 관련 지표를 통해 지방세 및 지방세외수입의 징수노력과 인건비 등 경상경비 절감 노력을 확인할 수 있다. 이외에도 지방의회비, 업무추진비, 행사축제경비, 민간이전경비의 절감 정도를 확인하는 지표들도 포함되어 있다. 이는 중앙정부 관점에서 지자체의 재정활동을 필요이상으로 통제할 수 있는 위험이 있다.

지표의 실적치들은 표준점수(z-score)로 전환되어 지자체의 유형별로 비교분석할 수 있도록 정리된다. 이를 바탕으로 행정자치부에서는 매년 한국지방행정연구원 주관으로 지방재정분석실사단을 구성하여 전문가들이 지자체를 방문하여 현장 실사를 수행하고 분석보고서를 작성·공개한다. 실사 전문가들은 25개의 기본 지표 이외에 15개의 참고지표들을 확인하면서 지방자치단체별 재정현황을 분석한다.

(3) 지방재정분석 및 진단제도의 특징과 과제

지방재정분석·진단제도는 전국 지방자치단체를 대상으로 지방자치단체의 재정현황 및 성과를 객관적인 자료에 근거하여 분석·평가함으로써 지방재정의 건전성과 효율성을 제고하기 위한 주요 재정관리 수단으로 정착되었다. 복식부기 회계개혁과 재정통계기반 정비를 통해 재정분석을 위한 정확한 정보들을 확인할 수 있다. 다만, 현행 지방재정분석제도에서 다양한 형태의 쟁점들과 개선과제들이 제기되고 있다.

첫째, 지방재정분석제도는 중앙정부의 표준 시각에서 전국 지방자치단체의 재정을 분석하기 때문에 지자체의 재정 다양성을 고려하는 데 한계가 있다. 동일한 유형의 지방자치단체이지만 수평적으로 비교하기 힘든 구조적 차이특성을 효과적으로 해석하는 것이 쉽지 않다.[3]

둘째, 재정분석은 동종 지자체의 지표들을 상호 비교하는 평균접근 방법을 사용하기 때문에 절대적 수준에서 쟁점들을 확인하는데 한계가 있다. 이에 따라 지방재정 전반에 영향을 미치는 외부 환경 변화의 영향을 분석보고서에 심도있게 다루기가 어렵다.

셋째, 지방재정분석제도의 기본 목적은 지자체의 재정건전성 관리에 있다. 이에 따라 재정수지와 채무 등의 지표값 관리를 필요 이상으로 강화하면 지역개발을 위한 지자체의 전략적인 재정활동을 위축시킬 위험이 있다. 재정수지는 지극히 건전하지만 지역발전을 위한 투자활동이 거의 없어 장기적인 지역침체 국면에서 지방재정의 성과책임을 회피하는 소극적 재정활동을 정당화시킬 위험이 있다.

넷째, 중앙정부 관점에서 지방재정의 운용 노력을 분석하는 과정에서 지방자치단체 내부 공무원들의 자율적 영역이나 지방의회의 지방정치 활동이 활성화될 수 있는 여지가 축소될 위험이 있다. 중앙정부가 제시하는 표준적인 지표 중심으로만 재정을 관리하기 때문에 자체적이 재정관리 역량을 높일 수 있는 동기가 약화될 수 있다.

2. 지방재정위기단체 지정

지방재정분석 및 진단 결과 등에 기초하여 지자채의 재정위험 수준이 심각하다고 판단되는 경우에 행정자치부는 '지방재정위기관리위원회'의 심의를 거쳐 재정위기단체로 지정할 수 있다. 재정위기단체로 지정되는 지자체는 지정된 날부터 60일 이내에 '재정건전화계획'을 행정자치부에 제출하고 승인받은 계획을 지방의회에 송부하여 의결을 요청 · 승인받아야 한다.

재정위기단체로 지정되면 지방채 발행, 채무보증, 일시차입, 채무부담행위 뿐 아니라 재정투자사업에 대한 예산편성도 '재정건전화계획'에 근거하여 운영해야 한다. 지방재정법 시행령 제65조의 2항에서는 여섯 가지의 위기단체 지정 요건을 규정하였다.

① 통합재정수지 적자비율이 30%를 초과하는 경우

② 지방자치단체가 채무이행의 책임을 지게 된 금액과 채무부담행위액의 총

---

3) 예를 들어 광역시 소속 군자치단체와 일반 군자치단체를 동종단체로 비교 분석하는 것은 적절하지 않을 수 있다.

합계액이 해당 연도 최종예산의 40%를 초과하는 경우

③ 해당연도 기준으로 과거 4년과 미래 4년간 순지방비 채무 상환액의 평균이 같은 기간 일반재원 평균 수입액의 17%를 초과하는 경우

④ 분기별 지방세 누적 징수액이 음의 값인 경우

⑤ 해당 연도 분기별 금고의 총 잔액이 최근 3년 해당 분기별 평균 금고 총 잔액의 10% 미만인 경우

⑥ 「지방공기업법」 제49조에 따라 설립된 지방공사의 부채가 순자산의 6배를 초과하는 경우

3. 지방재정공시제도

지방재정의 정보들을 지역주민에게 공개하는 활동들은 1994년 「재정운영상황 공개제도」에서 시작되었다. 당시 자치단체별로 공개범위, 공개방법, 공개시기 등에서 차이가 있었다. 또한 주민에 대한 체계적인 정보제공 및 다른 자치단체와 비교 등이 어렵다는 한계도 발생했다. 이와 같은 쟁점을 고려하여 2006년도부터 「지방재정 공시제도」로 개편되었다.

지방자치단체는 예산·결산의 확정 또는 승인 후 2개월 이내에 예산서와 결산서를 기준으로 16가지의 재정관련 정보들을 주민에게 공시한다. 공시양식은 주민이 이해하기 쉽도록 행정자치부의 지침을 활용하여 작성하며 주민들의 정보 접근이 용이하도록 인터넷 홈페이지 등을 통해 공시한다.

공시내용의 적정성 등을 심의하기 위해 지방자치단체에서는 지방재정공시심의위원회를 구성·운용하며, 공시한 내용을 공시한 날부터 5일 이내에 지방의회와 시·군·자치구의 경우는 시·도지사에게, 시·도는 행정자치부장관에게 보고한다. 행정자치부는 보고받은 내용을 분석·평가하고, 지방자치단체별 구분 공시 및 지자체 간 비교공시를 할 수 있다.

지방재정의 공시 내용은 공통공시와 특수공시가 있다. 공통공시는 지방재정 법령에서 정한 일반적인 재정운용상황에 대한 공시이다. 매년 공시사항이 확대되고 있는데 2014년도의 경우, 살림규모, 재정여건, 지방채무, 채권, 행정운영경비, 복지·민간지원경비, 기금 및 지방공기업, 재정성과, 감사·평가, 주요투자사업 추진상황 등 10개 분야 46개 세부항목이 해당된다. 특수공시는 당해 자치단체의 지역적 특징 등을 감안한 특수한 재정운용 상황에 대한 공시이다.

특수공시 사항은 지자체의 재정공시심의위원회에서 결정한다.

공시시기에 따라 정기공시와 수시공시가 있다. 수시공시 사항으로는 세입결손으로 인한 실행예산 운영 또는 다음년도 수입을 앞당겨 충당·사용한 경우 등이 해당한다.

〈표 3-9〉 지방재정 공시 내용(정기공시)

구분	공시내용
공통공시	➔ 총량적 재정운영 결과 (지방재정법 제60조) - 세입·세출예산의 집행상황 - 발생주의와 복식부기에 의한 재무보고서 - 지방채·일시차입금 등 채무의 현재액 - 지방채권 현황 - 기금운용 현황 - 공유재산의 증감 및 현재액 - 재정건전화계획 및 이행현황 - 통합재정정보 ➔ 재정운영에 관한 중요사항 (시행령 제68조) - 재정분석·진단 결과 - 감사원 등 외부 감사기관(상급 지자체 포함)으로부터 받은 감사 결과 - 주민에게 공시할 필요가 있다고 인정하여 행정자치부장관이 정하는 사항 ▸중기지방재정계획 ▸재정자립도·재정자주도·재정력지수 ▸보증채무 현황 ▸지방공기업 부채 및 일반현황 ▸민간투자사업 재정부담액 ▸기관운영 기본경비 집행현황 ▸청사관리운영 ▸공무원 인건비 집행현황 ▸업무추진비 집행현황 ▸국외여비 집행현황 ▸지방의회경비 집행현황 ▸지방의회 국외여비 집행현황 ▸사회복지비 집행현황 ▸지방세 지출예산 현황 ▸맞춤형복지비 운영현황 ▸민간이전 보조금 집행현황 ▸행사축제경비 집행현황 ▸연말지출 비율 ▸지방세·세외수입 체납현황 ▸성인지예산·주민참여예산현황 ▸원가회계정보(행사 · 축제, 청사신축) ▸지방교부세 감액 및 인센티브 현황 ▸기금성과분석결과 ▸ 수의계약현황 ▸출자 · 출연금 집행현황 ▸투융자심사사업·지방채사업·민간투자사업 등 주요 투자사업 추진상황
특수공시	➔ 특수한 재정운용 상황에 대해 재정공시심의위원회에서 결정하는 사항 - 공시대상 건수 대비 2~3배수 정도를 위원회에 상정하여 결정 ➔ 대상사업 선정기준 - 전년도 업무계획에 의거 추진 중이거나 완료된 사업(단체장 치적홍보 사업, 계획중 사업은 배제) - 주민 관심도 제고, 공시 효과성을 고려하여 가급적 전체 주민에게 수혜가 있는 사업 - 타 자치단체에서는 추진하지 않는 고유사업으로 파급효과가 큰 사업 ※ 공시건수, 후보건수 선정 등은 탄력적으로 운영

자료: 안전행정부(2014:7). 「2014년 지방자치단체 재정공시 편람」.

제 4 장 과소 · 낙후지역대책과 지방재정

제 1 절 과소·낙후지역의 의의와 실태

1. 과소 · 낙후지역의 의의

도시화현상은 세계적인 추세이나 우리나라에서도 1960년대 이후의 고도성장에 따라 급진적인 도시화가 이루어지고 있다. 1949년에는 17.2%에 지나지 않던 시부의 인구가 1960년에는 28.0%로 늘어났으며, 1970년에는 41.1%, 1980년에는 57.3%, 1990년에는 74.4%, 2010년에는 82.0%에 달하게 되었다. 그러나 이러한 도시화가 한편에서는 과밀지역을 초래했는가 하면 다른 한편에서는 생활수준 및 생산기능의 유지가 곤란한 과소지역이나 낙후지역의 발생을 가져왔다.

(1) 과소지역의 개념

과소지역이란 인구의 급격한 감소에 의하여 지역사회의 기반이 변동하여 생활수준 및 생산기능의 유지가 곤란하게 된 지역이라고 정의할 수 있겠다. 과소지역이라는 개념은 우리나라에서는 별로 사용하지 않는 것이나 일본에서는 실정법상의 개념이 되어 있다.

(2) 낙후지역의 개념

우리나라에서는 과소지역이라는 개념을 별로 사용하지 않는 대신에 낙후지역 또는 오지라는 용어를 사용하고 있다.

낙후지역이란 불리한 자연적 · 경제적 · 사회적 제반조건으로 인하여 경제성장과정에서 상대적으로 개발이 부진하고 산업 및 생활기반시설 등이 현저히 낙

후된 지역이라고 할 수 있겠다.[1)]

후술하는 바와 같이 우리나라에서는 그 동안 과소지역이나 낙후지역이라는 용어대신에 오지라는 용어를 사용해 왔으나 1994년 12월의 지방재정법 개정에 의하여 '낙후지역'이 실정법상의 용어가 되었다.[2)] 우리나라에서 말하는 낙후지역이란 좀더 구체적으로 말하면 오지와 개발대상도서를 말한다.

① 오지: 오지개발촉진법에서 규정하고 있는 오지란 도시로부터 상당한 거리에 떨어져 있는 지역으로서 교통이 불편하고 주민의 소득수준과 생활수준이 현저히 낮은 지역이다.[3)]

② 개발대상도서: 도서개발촉진법에서 규정하고 있는 개발대상도서란 제주도 본도 이외의 전도서 중 무인도와 인구 10인 미만의 도서, 서해안 간척사업에 포함된 도서, 개발을 요하지 않는 도서를 제외한 전도서를 말한다.[4)]

도서개발촉진법의 취지는 도서란 원칙적으로 위에서 말한 오지와 같이 교통이 불편하고 주민의 소득수준과 생활수준이 현저히 낮은 지역이라고 보는 것이며 제주도 본도, 무인도, 인구 10인 미만의 도서 등을 제외한 모든 도서를 낙후지역으로 보는 것이다.

(3) 과소지역과 낙후지역

과소지역과 낙후지역은 본질적으로 다른 차원의 개념이며 양자는 완전히 일치하지 않는다. 그러나 인구 과소지역이란 일반적으로 낙후지역이라 할 수 있으며 일본의 과소지역활성화특별조치법의 대상지역은 재정력의 취약성을 하나의 요건으로 하고 있으므로 우리나라 오지개발촉진법의 대상지역과 도서개발촉진법의 대상지역을 합친 지역과 유사한 개념이라 하겠다.

2. 과소·낙후지역의 실태

(1) 낙후지역의 실태

전술한 바와 같이 우리나라에서는 과소지역이라는 용어를 사용하지 않으며 낙후지역에 대한 종합적인 법령이 없으므로 오지개발촉진법에 의한 「오지개발

1) 유훈, 「과소지역대책과 지방재정」, 지방재정 1985년 가을호, pp. 17-19.

2) 지방재정법 제58조.

3) 오지개발촉진법 제2조.

4) 내무부, 1994년도 도서개발사업계획(서울: 내무부, 1994), p. 3.

10개년계획」의 대상지역과 도서개발촉진법에 의한「제2차 도서종합개발 10개년 계획」의 대상지역으로 나누어서 그 실태를 살펴보고자 한다.

① 오지의 실태: 오지란 전술한 바와 같이 도시로부터 상당한 거리에 떨어져 있는 지역으로서 교통이 불편하고 주민의 소득수준과 생활수준이 현저히 낮은 지역이다. 오지종합개발계획에 의하여 지정된 대상지역은 〈표 4-1〉과 같다.

〈표 4-1〉 오지면의 실태(총괄)

구분	전 국 면	오 지 면	오지면의 비율(%)
면수	936	361	38.6

자료: 안전행정부 지역발전과 제공.

오지종합개발계획의 대상지역은 361개면으로서 전국 936개 면의 38.6%에 해당된다. 대상지역의 인구는 143만 명으로서 전국 면인구의 22.6%를 차지하고 있으며 면적으로는 41.5%에 해당되는 광활한 지역이다.

〈표 4-2〉에 의하여 개발대상면의 도별분포를 본다면 강원도와 같이 전체면의 39.4%에 해당되는 28개면이 대상지역인 도가 있는가 하면 경기도와 같이 1개면(12.5%)만이 대상지역인 도도 있으며 제주도와 같이 대상지역이 전무한 경우도 있다.5)

② 개발대상도서의 실태: 전국의 도서총수 3,210개 중 2,719개는 무인도이며, 유인도 482개 중 개발대상도서는 410개이다. 유인도 중 개발대상에서 제외

〈표 4-2〉 오지면의 시도별 분포

시 도 별	총 면 수	오 지 면 수	오지면의 비율(%)
경 기	8	1	12.5
강 원	71	28	39.4
충 북	76	32	42.1
충 남	129	32	24.8
전 북	135	46	34.1
전 남	157	69	43.9
경 북	189	96	50.8
경 남	171	57	33.3
합 계	936	361	38.6

자료: 행정자치부 지역발전과 제공.

5) 내무부, 1994년도 오지개발사업계획(서울: 내무부, 1994), p. 5.

〈표 4-3〉 한국의 도서현황

구 분	도 서 수
무 인 도 서	2,719
유 인 도 서	482
제 외 도 서	72
개발대상도서	410
총 도 서	3,210

자료: 안전행정부 지역발전과 제공.

된 도서는 72개이다.

(2) 일본의 과소지역의 실태

일본은 과소지역대책긴급조치법과 과소지역진흥특별조치법에 이어 1990년에 과소지역활성화특별조치법을 제정하였는데 활성화조치법의 대상지역은 다음 중 어느 하나에 해당되는 지역으로서 재정력지수가 0.44 이하인 경우이다.

① 1960년부터 1980년에 이르는 기간 중의 인구감소율이 25% 이상인 시정촌

② 동일기간 중의 인구감소율이 20% 이상인 지역으로서 65세 이상의 인구가 16% 이상인 지역

③ 동일기간 중의 인구감소율이 20% 이상인 지역으로서 15세 이상 30세 미만의 인구가 16% 이하인 지역[6]

이러한 기준에 따라 과소지역으로 지정된 시정촌은 〈표 4-4〉와 같이 1,199개로서 모든 시정촌의 37.1%에 해당되며 인구로는 6.5%, 면적으로는 47.7%에 해당된다.

〈표 4-4〉 일본의 과소지역총괄

구 분	전 국	과소지역	과소지역의비율(%)
시 정 촌 수	3,236	1,199	37.1
인구 (천명)	123,611	8,079	6.5
면적 (㎢)	377,812	180,083	47.7
인구밀도(명/㎢)	327	45	

자료: 日本國土廳地方振興局過疎對策室, 1994年版 過疎對策の現況(東京: 丸井工文社, 1995), p. 23.

6) 國土廳地方振興局過疎對策室, 1993年版 過疎對策の現況(東京: 丸井工文社, 1994), pp. 27-29.

제 2 절 낙후·과소지역대책

1. 낙후·과소지역의 문제점

위에서 살펴본 낙후지역이나 과소지역의 문제점으로서 여러 가지를 들 수 있겠으나 우리는 다음의 몇 가지로 요약하고자 한다.

(1) 극심한 인구유출

낙후·과소지역의 문제점으로서 첫째로 들 수 있는 것이 극심한 인구유출이다. 위에서 살펴본 우리나라의 오지나 개발대상도서들은 지금까지도 극심한 인구유출에 시달려왔으나 WTO체제의 출범으로 앞으로도 농·어촌 인구의 유출이 지속될 것으로 전망된다.

(2) 고령화의 진전

청년층을 중심으로 한 장기간에 걸친 인구유출로 지역사회의 기능이 저하하고 있을 뿐만 아니라 인구의 급속한 고령화의 진전으로 다음 세대에의 계승의 가능성이라는 새로운 문제를 제기하고 있다.

(3) 낮은 생활수준

낙후·과소지역의 생활수준이나 생산기능이 다른 지역과 비교하여 볼 때 훨씬 저수준에 있다는 것이다.[7]

2. 낙후·과소지역대책 등장의 배경

우리가 지방자치단체의 여러 가지 문제 중에서 이곳에서 낙후지역이나 과소지역 문제를 다루는 이유가 어디에 있으며 각국에서 이 문제에 관해서 특별법을 제정하고 많은 재원을 배정하는 이유가 무엇인가 하는 문제가 여기에 제기된다.

---

7) 유훈, 전게논문, pp. 22-23.

(1) 과밀문제와 과소문제

본장 모두에서도 언급한 바와 같이 고도성장에 따른 급격한 도시화가 한편에서는 대도시의 과밀문제를 초래했으며 다른 한편에서는 농 · 어촌 지역의 과소문제를 가져왔다.

과밀문제도 지방재정의 관점에서 많은 과제를 제기하고 있음에는 틀림이 없다. 특히 우리나라와 같이 인구 100만 이상의 대도시에 전체인구의 50%가 거주하고 있는 상황 하에서[8]는 대도시의 인구과밀이 지방재정상 다음과 같은 많은 문제를 제기하고 있다.

i) 대도시 자체의 재정수요의 팽창과 그 재원의 상대적 빈곤화이며, ii) 대도시 주변의 인구급증으로 인한 신도시 재정문제의 심각화이다. iii) 서울의 지하철과 같이 대도시나 주변 인구급증 신도시의 공기업 적자 문제이다.[9]

그러나 이러한 과밀문제와 비교가 되지 않을 정도로 심각한 것이 과소문제이다. 우리가 제2편이나 본편에서 살펴본 바와 같이 우리나라 대도시들과 그 주변의 신도시들이 안고 있는 문제가 없는 것은 아니나 농 · 어촌 지역이 지니고 있는 어려움에 비하면 비교가 되지 않는다. 본편 제2장에서 살펴본 바와 같이 우리나라 군은 평균적으로 지방세수입을 가지고 인건비도 해결하지 못하고 있는 실정이다.

한 마디로 말해서 과소지역이나 낙후지역문제는 급격한 도시화에 따르는 과밀문제와 동일한 차원에서 검토해야 할 문제이나 과밀문제보다 훨씬 심각한 문제라고 하겠다.

(2) 형평성의 제고

지방재정 운영의 기본원칙의 하나가 형평성이라 할 수 있다. 지방재정조정제도가 지방재정론 특히 지방세입론에서 핵심적인 위치를 차지하고 있으며 그 중에서도 지방교부세제도가 중요시되는 이유는 그것이 지방세입에 있어서 무거운 비중을 차지하고 있을 뿐만 아니라 그것이 지방자치단체긴의 재정력 불균형을 시정함으로써 형평성의 제고에 이바지하는 까닭이라 할 수 있다.[10] 이러한

---

8) The World Bank, *World Development Report 1992*(New York: Oxford University Press, 1992), pp. 278-279.

9) 佐藤 進 · 高橋 誠編, 地方財政讀本〔第三版〕(東京: 東洋經濟新報社, 1987), pp. 237-238.

10) 제2편 제5장 「지방재정조정제도」 참조.

관점에서 볼 때 낙후지역・과소지역대책이 지방재정에서 중요한 위치를 차지하는 것은 당연하다고 하겠다.

한 마디로 말해서 낙후지역・과소지역 대책이 지방재정론에서 중요한 위치를 차지하며 우리가 이곳에서 이 문제를 위하여 많은 지면을 할애하는 또 하나의 이유는 그것이 지방재정운영의 기본원칙의 하나라고 할 수 있는 형평성의 제고에 이바지하기 때문이다.

3. 낙후・과소지역의 활성화 입법

이와 같이 낙후지역이나 과소지역의 대책이 중요한 문제로 부각됨에 따라 각국에서 이에 관한 많은 특별법을 제정하고 있는데 우리는 한국과 일본의 경우만 살펴보기로 한다.

(1) 한국의 낙후지역대책입법

후술하는 일본의 경우와는 달리 우리나라에서는 낙후지역이나 과소지역에 관한 종합적인 법률이 아직 제정되지 않았으나 그 동안 이 문제에 관한 법률이 없었던 것은 아니다.

① 오지개발촉진법: 산업 및 생활기반시설 등이 다른 지역에 비하여 현저히 낙후된 오지지역을 종합적으로 개발함으로써 지역주민의 소득증대와 복지향상을 기하고 지역간 격차를 해소하여 국토의 균형있는 발전을 도모함을 목적으로 하는[11] 오지개발촉진법이 제정된 것은 1988년 12월의 일이다.

이 오지개발촉진법에 의하여 전술한 바 있는 「제1차 오지종합개발 10개년계획」(1990~1999)이 수립되었으며 오지개발심의위원회도 구성되고 매년 개발사업을 추진하였다.

이어서 2000년부터 2004년에 걸쳐서 10개 시도의 399개 면을 대상으로 하는 「제2차 오지종합 5개년 계획」이 집행되었으며 2004년 12월에는 「오지개발촉진법」의 유효기간이 2004년에서 2009년으로 연장되었다.

이리하여 2005년에는 8개 도의 361개 면을 대상으로 하는 「제3차 오지개발 5개년 계획」(2005~2009년)이 확정되어 집행에 들어갔으나 예산 편성 등의 업무는 행정자치부에서 농림부로 이관되었다.[12]

---

11) 오지개발촉진법 제1조.

② 도서개발촉진법: 오지개발촉진법보다 2년 앞서(1986년) 도서의 생활·소득 및 생활기반시설의 정비·확충으로 생활환경을 개선함으로써 도서주민의 소득증대와 복지향상을 도모함을 목적으로 하는 도서개발촉진법이 제정되었다.[13]

이 도서개발촉진법에 의하여 「제1차 도서종합개발 10개년계획」(1988~1997)이 수립되어 매년 개발사업을 추진하였으며, 행정자치부장관을 위원장으로 하는 도서개발심의위원회도 구성되었다.

1997년에 제1차 도서종합개발 10개년계획이 종료됨에 따라 구내무부(현 행정자치부)가 중심이 되어 「제2차 도서종합개발10개년계획」(1998~2007)을 수립하였으며 해당부처별로 집행에 들어갔다.

제2차 10개년 계획이 끝나가자 2007년 8월에는 8개 시도의 372개 도서를 대상으로 하는 「제3차 도서개발 10개년 계획안」(2008~2017)의 부처간 협의가 이루어지고 9월에는 도서개발심의위원회의 심의를 거쳐 제3차 10개년 계획이 확정되어 집행에 들어갔다.

③ 지방재정법의 규정: 지방재정법에는 낙후지역개발에 관한 명문의 규정이 없었으나 1994년 12월의 개정에 의하여 행정자치부장관은 '현저하게 낙후된 지역의 개발'을 위하여 특별한 재정수요가 있다고 판단되는 지방자치단체에 대하여 따로 재정지원계획을 수립하여 시행할 수 있다는 규정이 구지방재정법에 신설되었으며 현 지방재정법 제58조에 계승되었다.

(2) 일본의 과소지역대책입법

일본은 일찍부터 과소지역대책을 위한 종합적인 법률을 제정하여 시행하고 있다. 한시적인 법률이였기 때문이기도 하지만 현행법까지 세 개의 법률이 제정된 바 있다.

① 과소지역대책긴급조치법: 일본에서는 1963년경부터 관계 도도부현을 중심으로 지방자치단체로부터 중앙정부에 대하여 과소대책의 조기확립을 요구하는 소리가 높아지기 시작했는데 이러한 지방자치단체의 요망을 받아들여 1970년에 과소지역대책긴급조치법이 제정되었다. 이 법률에 의하여 처음에는 775개

12) 행정자치부 지역발전과 내부문서.

13) 도서개발촉진법 제1조.

시정촌이 대상지역으로 지정되었으나 점차 추가되어 마지막에는 1,093개 시정촌이 대상지역이 되었다. 이 법률에 의하여 10개년계획인 과소지역진흥계획이 수립되어 많은 사업이 시행되었다. 한시적인 법률이었던 이 과소지역대책긴급조치법은 1980년 3월 31일에 그 효력을 상실했다.[14]

② 과소지역진흥특별조치법: 위에서 살펴본 과소지역대책긴급조치법의 실효일이 가까워오자 관계 지방자치단체로부터 과소지역에 대한 특별조치법의 계속·확충을 요구하는 요망·의견서의 제출 등이 이어졌다. 이를 받아들여 1980년 3월 31일 과소지역진흥특별조치법이 제정되어 다음날인 4월 1일부터 시행되었다. 이 과소지역진흥법의 대상지역이 처음에는 993개 시정촌이었으나 1988년 4월 1일에는 1,157개 시정촌이 되었다. 과소지역진흥특별조치법도 한시법이었으므로 1990년 3월 31일 그 효력을 상실했다.[15]

③ 과소지역활성화특별조치법: 효력을 상실한 과소지역진흥특별조치법의 뒤를 이어 1990년 3월 31일에 과소지역활성화특별조치법이 제정되어 4월 1일부터 시행되었는데 2000년 3월 31일에 효력을 상실했다.[16]

이 법률은 과거의 과소지역대책이 거둔 성과와 과소지역의 현황을 토대로 하여 새로운 과소지역대책을 수립하는 것을 주안점으로 한다. i) 지역의 개성을 살려 지역의 주관성과 창의성을 기축으로 한 지역형성을 중요시하고, ii) 기초적인 공공시설뿐만 아니라 종합적인 지역의 발전을 중시하고 민간의 활력을 활용할 필요가 있다 하여 '활성화'라는 용어를 사용했다고 한다. 이 법률에 의하여 1990년 4월 1일에 1,143개 시정촌이 대상지역으로 공시되었으며 1992년 4월 1일에는 새로운 지역이 추가되어 1,199개 시정촌이 대상지역으로 공시되었다.

④ 과소지역자립촉진특별조치법: 2000년에는「과소지역자립촉진특별조치법」이 제정되었는데 경제성·효율성과 도시분화를 지닌 도시지역과 병행하여 과소지역을 다양하고 풍성한 자연환경, 넓은 공간, 전통문화 등을 지니는 개성있는 지역으로 육성하여 양자(도시지역과 과소지역)의 공생·대류(對流)에 의하여 상호간에 기능을 서로 보완해 가면서 발전하여 아름답고 품격(品格)있으며 다양성이 풍부한 국토를 지닌 국가를 지향하는 것을 목적으로 한다고 규정하고

14) 過疎對策室, 전게서, pp. 2-4.

15) 상게서, pp. 4-7.

16) 과소지역활성화특별조치법 부칙 제6호.

있다.

이를 위하여 i) 지역의료 제공체제의 확보, ii) 기업유치·고용대책, iii) 생활교통의 확보, iv) 집락(集落)의 유지·활성화 대책, v) 도시로부터 지방에의 이주·교류의 촉진 등을 구체적인 시책으로 규정하고 있다.

2010년 4월 1일에는 「과소지역자립촉진특별조치법의 일부를 개정하는 법률」이 제정되어 「과소지역자립촉진특별조치법」의 유효기간이 6년 연장되었으며 2012년에는 이 법률의 유효기간이 다시 2023년까지 연장되었다.[17]

제 3 절 낙후·과소지역을 위한 지방재정의 기능

1. 구체적 사업

우리는 위에서 낙후지역이나 과소지역을 위한 대책의 윤곽을 살펴 보았는데 이곳에서는 이를 위하여 어떠한 구체적 사업을 전개하고 있는가를 살펴보고자 한다.

(1) 한국의 낙후지역개발사업

전술한 바와 같이 우리나라에서는 낙후지역을 위하여 오지종합개발 10개년 계획과 도서종합개발 10개년 계획을 수립하여 집행하고 있다.

① 오지개발사업: 오지종합개발 10개년 계획(1990~1999)의 대상사업은 〈표 4-5〉와 같이 크게 다섯가지 부문으로 나누어진다. i) 도로시설, 교량가설 등과 같은 생활기반시설에 전체 투자액의 48.1%에 해당되는 4,219억원을 배정할 예정이며, ii) 경지정리, 양수장 등과 같은 산업기반시설에 21.8%에 해당되는 1,913억원을 배정할 예정이다. iii) 소공원조성, 마을회관과 같은 문화복지시설에 663억원, iv) 상·하수도, 취락구조개선 등과 같은 주거환경개선시설에 1,081억원(12.3%), v) 소하천정비, 석축과 같은 국토보전시설에 897억원(10.2%)을 각각 투자할 예정이다.

이러한 투자계획을 부처별로 본다면 행정자치부가 7,388억원(84.2%)을 투

17) 日本 總務省 編, 2014年版 地方財政白書(東京: 日経印刷株式會社, 2014), p. 184.

〈표 4-5〉 오지종합개발 10개년사업(1990-1999)

부 문 별	세부사업	투자	
		투자액(억원)	구성비(%)
생 활 기 반 시 설	도로시설, 교량가설 등	4,219	48.1
산 업 기 반 시 설	경지정리, 양수장 등	1,913	21.8
문 화 복 지 시 설	소공원조성, 마을회관 등	663	7.6
주거환경개선시설	상·하수도, 취락구조개선 등	1,081	12.3
국 토 보 전 시 설	소하천정비, 석축 등	897	10.2
합 계		8,773	100.0

자할 예정이며, 농림부가 1,335억원(15.2%), 통상산업부가 3억원, 건설교통부가 25억원(0.3%), 보건복지부가 7억원(0.1%), 산림청이 15억원(0.2%)을 각각 투자할 예정이다. 한 마디로 말해서 행정자치부가 대부분의 투자를 담당할 예정이며 농림부가 다소 거들고, 나머지 부처는 거의 상징적인 참여에 그치고 있다는 것을 알 수 있다.

제2차 오지종합개발계획(2000~2004)은 〈표 4-6〉과 같이 6개 부처가 오지의 소득수준 향상과 생활환경개선을 위한 각종사업 7,293건을 5개년 간에 걸쳐 1조 4,213억원을 투입하여 수행하기 위한 것이었다.

제3차 오지종합개발계획(2005~2009)도 제2차 계획과 대동소위한 사업 3,653건을 1조 294억원의 사업비를 투입하여 6개 부처가 수행하는 계획이었다.

〈표 4-6〉 제2차 및 제3차 오지종합개발계획

소관부처	제2차계획(2000~2004)			제3차계획(2005~2009)		
	사 업 량		사업비(억원)	사 업 량		사업비(억원)
행자부	생 활 기 반	4,299건	6,495	소 득 기 반	1,461건	4,371
	생 산 기 반	741건	825	생 활 환 경	1,611건	3,954
	문 화 복 지	624건	607	문 화 복 지	310건	878
	환 경 위 생	243건	278			
	생 활 안 전	503건	701			
농림부	일반경지정리	316건	4,025	기계화경작론	196건	196
산자부	농어촌전기사업	109건	49	농어촌전기공급	14건	129
복지부	보건진료소신축	1건	1	지원규모를 매년심사확정		
해수부	어총 종합개발	143건	468	어촌 종합개발	13건	35
산림청	산촌 종합개발	128건	500	산촌 종합개발	48건	730
합 계		7,293건	14,213	3,653건		10,294

자료: 행정자치부 지역발전과 제공.

② 도서개발사업: 제2차 도서종합개발 10개년계획(1998-2007)의 투자계획은 〈표 4-7〉과 같이 크게 세 가지 부문으로 나누어진다. i) 급수, 전기, 도로, 도선 등을 포함하는 생활기반시설에 전체 투자액의 35.6%에 해당되는 7,472억원을 투입할 예정이며, ii) 어항, 농업기반시설, 산림기반시설, 저장시설, 소득증대시설과 같은 생산기반시설에 57.9%에 해당되는 1조2,157억원을 투자할 예정이다. iii) 환경, 위생, 의료, 복지 등과 같은 환경복지시설에도 1,371억원(6.5%)을 투입할 계획이다.

제3차 도서개발 10개년계획(2008~2017)은 전술한 바와 같이 1986년에 제정된 도서개발촉진법 제5조와 동법시행령 제3조 제2항에 의거하여 〈표 4-8〉과 같이 351개 도서를 대상으로 소득수준향상과 생활환경개선사업 1,407건을 수행하기 위하여 10년간 5조 207억원의 사업비를 투입하는 계획이다.

〈표 4-7〉 제2차 도서종합개발 10개년계획사업(1998~2007)

부 문 별	세 부 사 업	투 자	
		투자액 (억원)	구성비 (%)
생활기반시설	급수, 전기, 도로, 도선	7,472	35.6
생산기반시설	어항, 농업기반, 산림기반, 저장시설, 소득증대시설	12,157	57.9
환경복지시설	환경, 위생, 의료, 복지	1,371	6.5
합 계		21,000	100.0

〈표 4-8〉 제3차 도서개발 10개년 계획(2008~2017)

소관부처	사업명	단위	사업량	사업비 (백만원)
행자부	자치단체시행사업	도서/건	351/1,109	1,787,394
문화관광부	가고싶은섬	도서/건	4/4	40,200
농림부	방조제	도서/건	11/27	42,406
환경부	식수원개발 등 6개 사업	도서/건	50/60	233,755
건설교통부	개발촉진지구	도서/건	1/6	34,000
해양수산부	지방어항건설	개소	67	250,000
	어촌종합개발사업	도서	46	82,759
산림청	조림숲가꾸기 등 11개 사업	도서/개소	53/134	50,267
합계		도서/건	351/1,407	2,520,781

자료: 행정자치부 지역발전과 제공.

(2) 일본의 과소지역대책사업

전술한 바와 같이 일본은 1970년부터 오늘날까지 30년간 과소지역대책사업을 전개했다. 이것을 〈표 4-9〉에 의거하여 과거의 실적과 새로운 과소지역활성화법에 의한 계획으로 나누어서 살펴보고자 한다.

〈표 4-9〉 일본의 과소지역대책사업비

(단위: 억엔, %)

구 분	구과소지역대책법실적 (1970~1980)	구과소지역진흥법실적 (1980~1990)	실적합계	신과소법전기 5개년계획 (1990~1995)	신과소법후기 5개년계획 (1995~2000)
산업의진흥	17,524 (22.2)	48,257 (27.8)	65,781 (26.0)	43,394 (30.1)	56,889 (27.8)
교통통신체계의정비	39,197 (49.6)	85,942 (49.5)	125,139 (49.5)	58,146 (40.3)	71,619 (35.0)
생활환경의정비 및 복지의증진	8,945 (11.3)	17,983 (10.4)	26,928 (10.7)	24,238 (16.8)	50,167 (24.6)
의료의확보	953 (1.2)	2,457 (1.4)	3,410 (1.4)	2,122 (1.5)	3,665 (1.8)
교육문화의진흥	9,470 (12.0)	17,085 (9.8)	26,555 (10.5)	13,552 (9.4)	17,340 (8.5)
취락의정비	190 (0.2)	412 (0.2)	602 (0.2)	235 (0.2)	1,508 (0.7)
기 타	2,739 (3.5)	1,534 (0.9)	4,273 (1.7)	2,469 (1.7)	3,237 (1.6)
합 계	79,018 (100.0)	173,669 (100.0)	144,156 (100.0)	144,156 (100.0)	204,425 (100.0)

주: ① 일본의 회계연도는 4월 1일~3월 31일임.
② ( ) 내 수치는 구성비.
자료: 과소대책실, 전게서.

① 과거의 실적: 일본은 1970년부터 1990년에 이르는 20년간 과소지역대책법과 과소지역진흥법에 의하여 25조 2,687억엔의 사업비를 과소지역을 위하여 투자했다.

i) 지역의 특성에 부응한 농림수산업의 확립에 역점을 두고 있는 산업의 진흥을 위하여 투자총액의 26%에 해당되는 6조 5,781억엔을 투자했으며, ii) 산업진흥이나 생활의 편리를 위한 도로와 광역권의 중핵도시와 연결하는 기간도로의 정비에 역점을 두는 교통통신체계의 정비를 위하여 49.5%에 해당되는 12

조 5,139엔을 투입했다. iii) 도시적인 생활환경의 정비와 고령자의 복지 등에 역점을 두는 생활환경시설 및 복지시설 등을 위하여 투자액의 10.7%에 해당되는 2조 6,928억엔을 투입했으며, iv) 의사확보대책, 벽지진료소의 정비 등을 포함하는 의료의 확보를 위하여 1.4%에 해당되는 3,410억엔을 투자했다. v) 사회교육시설의 정비 등에 역점을 두는 교육문화시설의 정비를 위하여 10.5%에 해당되는 2조 6,555억엔을 투자했으며, vi) 교통조건이 나빠 의료·교육 등의 기초적인 공공서비스의 확보가 어려운 취락의 정비를 위하여 602억엔을 투입했다. 이 밖에도 vii) 도시 등과의 교류, 지역의 이미지(image)개선 등 기타 사업을 위하여 4,273억엔을 투자했다.

② 과소지역활성화법에 의한 투자계획: 새로 제정된 과소지역활성화특별조치법에 의하여 새로운 투자계획이 수립되었는데 대상기간을 전기(1990~1995)와 후기(1995~2000)로 나누고 전기 5개년계획을 수립하여 이미 완료했으며 후기 5개년계획의 집행에 들어갔다. 〈표 4-9〉에서 알 수 있는 바와 같이 과소지역활성화법에 의한 투자계획도 과거와 크게 다를 바 없으며 정책의 일관성을 가지고 지속적으로 대책사업을 추진하고 있다는 것을 알 수 있다. 과거와의 차이점을 찾는다면 산업의 진흥과 생활환경시설 및 복지시설을 위한 투자의 비중을 과거보다 다소 높이고 어느 정도 정비가 이루어진 교통통신체계의 정비를 위한 투자의 비중을 다소 낮춘 정도이다.

2. 재정적 뒷받침

위에서 살펴 본 낙후지역·과소지역의 개발을 위한 사업을 제대로 수행하려면 많은 재원이 필요하다. 이것을 좀 더 구체적으로 살펴보기로 한다.

(1) 한국의 재원조달

우리나라의 낙후지역개발을 위한 재원조달은 오지개발과 도서개발의 경우가 다소 다르다.

① 오지개발사업의 재원조달: 제1차 오지종합개발 10개년계획의 9년 간(1990~98)의 실적을 가지고 재원조달을 살펴보면 〈표 4-10〉과 같이 1조 2,692억원의 투자 중 국비가 34.8%에 해당되는 4,417억원을 부담하고 지방양여금에 의하여 35.7%에 해당되는 4,531억원이 투입되었다.[18] 민간부담을 포함한 지방

〈표 4-10〉 제1차 오지종합개발 10개년계획의 9년간(90-98) 실적

(단위: 억원)

부문별	국 비	지방양여금	지방비	합 계
생활기반시설	206	3,374	1,820	5,400
산업기반시설	4,158	645	1,668	6,471
문화복지시설	-	165	71	236
주거환경개선	2	196	90	288
국토보전시설	51	151	95	297
합 계	4,417 (34.8)	4,531 (35.7)	3,744 (29.5)	12,692 (100.0)

자료: 행정자치부 99년도 오지개발사업계획.

비부담이 3,744억원(29.5%)에 달하고 있는데 자체수입에 의하여 인건비의 해결도 어려운 자치단체가 많은 실정 하에서 무거운 부담이라 하겠다.[19]

제2차 오지개발 5개년 계획(2000~2004)의 실적을 보면 〈표 4-11〉과 같이 1조 4,213억원의 투자 중 국비가 62.6%에 해당되는 8,904억원이었으며 지방비 등이 37.4%에 해당되는 5,309억원이었다.

제3차 오지개발 5개년계획(2005~2009)에 있어서는 1조 294억원의 투자 중 국비의 비중이 제2차 계획보다 다소 무거워 70.4%에 해당되는 7,243억원이 투입되었으며 지방비가 29.6%에 해당되는 3,051억원을 차지했다.[20]

〈표 4-11〉 제2차 및 제3차 오지개발계획의 재원조달

(단위: 억원)

계획별	소관부처	국 비	지방비 등	합 계
제2차계획 (2000~2004)	행정자치부 기타부처 합 계	5,984 2,920 8,904 (62.6%)	2,922 2,387 5,309 (37.4%)	8,906 5,307 14,213 (100.0%)
제3차계획 (2005~2009)	행정자치부 기타부처 합 계	6,443 800 7,243 (70.4%)	2,761 290 3,051 (29.6%)	9,204 1,090 10,294 (100.0%)

주: 기타부처는 농림부, 산자부, 해수부, 산림청임.
자료: 행정자치부 지역발전과 제공.

---

18) 농어촌지역개발사업을 위하여 지방양여금을 교부할 수 있도록 되어 있다(제2편 제5장 참조).

19) 제3편 제2장「지방세출의 분류」참조.

20) 행정자치부, 지역발전과 내부문서.

② 도서새발사업의 재원조달: 제2차 도서종합개발 10개년계획(1998~2007)을 본다면 2조 1000억원의 소요재원 중 국비가 1조 3,450억원(64.1%)을 부담하고 지방비부담이 5,254억원(25.0%)에 이르고 있으며 민간부담 및 융자가 2,296억원(10.9%)을 차지하고 있다.

〈표 4-12〉 제2차 도서종합개발 10개년계획(1998~2007)투자계획

(단위: 백만원, %)

부문별	국비	지 방 비	민감부담·융자	합 계
생활기반시설	534,700	192,024	20,503	747,227
생산기반시설	716,255	304,554	194,862	1,215,671
환경·복지지설	94,041	28,807	14,254	137,102
합 계	1,344,996 (64.1)	525,385 (25.0)	229,619 (10.9)	2,100,000 (100.0)

주: ( )내 수치는 구성비임.
자료: 내무부, 제2차 도서종합개발10개년계획.

제3차 도서종합개발 10개년계획(2008~2017)의 재원조달계획을 보면 〈표 4-13〉과 같이 총투자비 2조 5,207억원의 투자비중 국비가 70.6%에 해당되는 1조 7,860억원을 차지하며 지방비가 28.4%에 해당되는 7,165억원에 달하며 민자나 융자는 1%에 해당되는 243억원에 지나지 않는다.21)

〈표 4-13〉 제3차 도서종합개발 10개년 계획(2008~2017) 자금조달

(단위: 백만원)

소 관 부 처	국비	지 방 비	민·융자	합 계
행정자치부	1,234,606	529,117	23,671	1,787,394
문화관광부	20,100	20,100		40,200
농 림 부	32,039	10,367		42,406
보건복지부	-	-	-	-
환 경 부	162,544	71,211		233,755
건설교통부	34,000			34,000
해양수산부	266,206	66,553		332,759
산 림 청	30,499	19,146	622	50,267
합 계	1,779,994 (70.6%)	716,494 (28.4%)	24,293 (10%)	2,520,781 (100.0%)

주: 보건복지부 사업(보건진료소)은 매년 사업수요에 따라 결정되어 사업량 및 사업비 산출이 어려움.
자료: 행정자치부 지역발전과 제공.

21) 행정자치부, 제3차 도서개발 5개년 계획.

(2) 일본의 재원조달

일본의 과소지역을 위한 개발사업의 실적을 본다면 〈표 4-14〉와 같이 1970년부터 1990년에 이르는 20년간에 25조 2,687억엔이 투자되었으며 새로운 과소법에 의하여 14조 4,156억엔이 투입될 예정이다.

이러한 과소지역사업비의 자치단체별 재원조달비율을 본다면 〈표 4-14〉와 같다. 우선 1970년부터 1990년에 이르는 20년간의 과소지역사업비는 광역자치단체인 도도부현이 45.5%를 부담했으며 시정촌이 54.5%를 부담했다. 1990년부터 발효한 과소지역활성화법에 의거한 전기계획(1990~1995)과 후기계획(1995~2000)의 투자재원조달에 있어서 도도부현의 부담비중이 다소 감소하여 39.1%를 부담하기로 되어 있으며 시정촌이 나머지 60.9%를 부담하기로 되어 있다.

〈표 4-14〉 일본 과소지역대책사업비의 자치단체별 비율

자치단체별	구과소지역대책법실적 (1970~1980)	구과소지역진흥법실적 (1980~1990)	실적합계	신과소법전기 5개년계획 (1990~1995)	신과소법후기 5개년계획 (1995~2000)
도도부현사업 (都道府縣)	3,527,850 (44.6)	7,959,977 (45.8)	11,487,827 (45.5)	5,673,425 (39.4)	7,986,369 (39.1)
시정촌사업 (市町村)	4,373,925 (55.4)	9,406,939 (54.2)	13,780,864 (54.5)	8,742,164 (60.6)	12,456,122 (60.9)
합 계	7,901,775 (100.0)	17,366,916 (100.0)	25,268,691 (100.0)	14,415,589 (100.0)	20,442,491 (100.0)

그러면 시정촌은 이러한 재원을 어떻게 조달하고 있는가 하는 문제가 다음에 제기된다. 정확한 재원조달방법은 알 수 없으나 이를 추정케 하는 자료가 있다. 1994년 3월에 끝난 1993년도의 결산을 보면 〈표 4-15〉와 같이 과소지역 시정촌의 경우 지방세는 10.0%에 지나지 않으며 지방교부세가 41.4%에 달하고 있다. 국고보조금(국고지출금)의 비중은 도리어 전국평균보다 낮으나 도도부현보조금의 비중은 9.6%로서 전국 평균의 배가 되며 지방채의 비중도 다소 높다. 〈표 4-15〉에서 보면 자치단체 1단체당 결산은 과소지역이 전국 평균보다 많이 적으나 인구가 적은 까닭에 인구 1인당 세입은 전국평균을 크게 상회한다는 사실에 유의할 필요가 있다. 여기서 한 가지 첨언할 것은 과소대책사업채

(과소채) 라고 하는 지방채이다. 시정촌이 수행하는 많은 시설정비사업에 관해서는 그 재원으로서 과소채의 발행이 인정되고 있으며 그 원리금상환에 필요한 경비의 70%를 당해 시정촌에 교부할 지방교부세의 산정을 위하여 사용되는 기준재정수요액에 산입할 수 있도록 되어 있다.22)

〈표 4-15〉 일본의 시정촌(市町村) 세입결산액상황(1993.4~1994.3)

(단위: 백만엔, %)

		지방세	지방양여세	지방교부세	국고지출금
과소지역 시정촌 (市町村)	결산액	582,882	90,990	2,417,643	525,247
	단체당결산액	486.1	75.9	2,016.4	438.1
	구성비	10.0	1.6	41.4	9.0
전국 시정촌 (市町村)	결산액	17,975,421	1,041,405	7,347,313	4,827,178
	단체당결산액	5,516.6	319.5	2,254.5	1,481.2
	구성비	35.8	2.1	14.6	9.6
		도도부현 지출금	지방채	기 타	합 계
과소지역 시정촌	결산액	562,137	771,903	895,381	5,846,184
	단체당결산액	468.8	643.8	746.8	4,875.9
	구성비	9.6	13.2	15.3	100.0
전국 시정촌	결산액	2,312,276	5,939,486	10,734,137	50,177,216
	단체당결산액	709.5	1,822.5	3,293.7	15,396.5
	구성비	4.6	11.8	21.4	100.0

22) 過疎對策室, 전게서, p. 238.

제 5 장 과밀 · 대도시 지역과 지방재정

제 1 절 도시의 의의

1. 도시의 개념

다른 많은 개념의 경우처럼 도시도 정의하기 어렵다. Brian Robson이 지적한 바와 같이 "도시의 연구가 시작됨과 동시에 그 정의를 둘러싼 엄격한 논의가 시작되었다"고 할 수 있다.[1] Pinch와 같이 ① 물적, ② 행정적, ③ 기능적 관점에서 정의를 내리는 사람도 있으나[2] 우리는 이곳에서 인구 · 시설에 의한 정의와 행정상의 정의를 고찰하고자 한다.

(1) 인구 · 시설에 의한 정의

도시를 고찰하는 첫째 관점은 인구이다. 인간이 많이 모여서 정주하는 곳, 또는 인구밀도가 높은 지역을 도시라고 정의하자는 것이다. 이미 1887년의 세계통계회의에서 도시의 인구표준을 2,000명 이상으로 하자는 결의가 있었다. 도시를 역사적 · 국제적으로 비교하는 경우에 인구 또는 인구밀도는 편리한 지표이다.

도시 고찰의 둘째 관점은 도시시설 또는 물적 조건이다. Pinch가 말하는 물적 정의(physical definition)가 이에 해당된다. 도시를 형성하고 그 구역을 정하는 물적 조건으로서 건축물 · 교통통신수단 · 상하수도 등을 들 수 있다는 것이다.[3]

---

1) B. Robson, *Those Inner Cities*(Oxford: Clarendon, 1988), p. 20.
2) S. Pinch, *Cities and Services*(London: RPK, 1985), p. 38.
3) *Ibid.*, p. 42.

〈표 5-1〉 미국의 지방자치단체수의 추이

	1942	1962	1982	1992	2002	2007
지방자치단체	155,067	91,186	81,780	84,955	87,525	89,477
County	3,050	3,043	3,041	3,043	3,034	3,033
Municipal	16,220	18,000	19,076	19,279	19,429	19,492
Township and town	18,919	17,142	16,734	16,656	16,504	16,519
School district	108,579	34,678	14,851	14,422	13,506	13,051
Special district	8,299	18,323	28,078	31,555	35,052	37,381

자료: U.S. Bureau of the Census, Statistical Abstract of the United States; 2012, p. 267.

(2) 행정상의 정의

우리는 위에서 인구에 의한 정의와 시설에 의한 정의를 살펴보았는데 각국은 행정상 도시에 관한 정의를 내리고 있다.

① 미국의 경우: 미국과 같은 연방국가에서는 지방자치단체에 대한 감독을 중앙정부(연방정부)가 아니라 주정부가 담당하고 있으며 따라서 행정상 도시의 기준도 주에 따라 다르다. 〈표 5-1〉과 같이 1942년에 비하여 2007년에는 지방자치단체의 수가 많이 감소하였으나 시(municipal)의 수는 다소 증가하여 1942년의 16,220개에서 2007년에는 19,492개에 달하게 되었다.

② 일본의 요건: 일본의 행정상 정의를 본다면 시가 될 보통지방자치단체는 다음의 요건을 구비하여야 한다.4)

ⓐ 인구 5만 이상을 보유할 것.

ⓑ 당해 보통지방자치단체의 중심의 시가지를 형성하고 있는 구역 내에 있는 호수가 전 인구의 60% 이상일 것.

ⓒ 상공업 기타의 도시적 업무에 종사하는 자 및 그와 동일세대에 속하는 자의 수가 전 인구의 60% 이상일 것.

ⓓ 이 밖에도 당해 도도부현의 조례가 정하는 도시적 시설 기타 도시로서의 요건을 구비할 것.

일본 시정촌수의 추이를 본다면 정촌의 수는 1883년에 비하여 2013년에 크게 감소하였으나 시의 수는 크게 늘어났다. 특히 제2차 대전 후에 급증하였는데 1945년에 205개에 지나지 않던 것이 2013년에는 789개에 달하게 되었다.

---

4) 일본지방자치법 제8조 제1항.

〈표 5-2〉 일본 시정촌수의 추이

	시	정	촌	계	비 고
1883년	19	12,191	59,287	71,497	
1893년	52	1,173	13,086	14,311	
1922년	91	1,431	10,665	12,187	
1930년	109	1,702	9,980	11,791	
1945년 10월	205	1,797	8,518	10,520	
1953년 10월	286	1,966	7,616	9,868	정촌합병촉진법 시행
1960년 4월	555	1,922	1,049	3,526	
1974년 1월	642	1,975	658	3,275	
1994년 3월	664	1,993	579	3,236	
2010년 4월	786	757	184	1,727	
2013년 10월	789	746	184	1,719	

③ 한국의 요건: 우리나라 지방자치법과 지방자치법시행령은 시의 요건으로서 다음과 같은 것을 들고 있다. 이 세 가지 기준을 함께 충족하여야 시가 될 수 있다.[5)]

ⓐ 인구가 5만 이상일 것.

ⓑ 당해 지역의 시가지를 구성하는 지역 내에 거주하는 인구와 상업·공업 기타 도시적 산업에 종사하는 가구의 비율이 각각 전체의 60% 이상일 것.

ⓒ 1인당 지방세 납세액, 인구밀도 및 인구증가경향이 행정자치부령이 정하는 기준 이상일 것.

이 밖에 1994년 12월의 지방자치법 개정에 의하여 도농복합형태의 시에 관한 규정을 신설했다. 위에서 열거한 요건을 구비하여 설치된 시와 군을 통합한 지역이나, 인구 5만 이상의 도시형태를 갖춘 지역이 있는 군을 도농복합형태의 시로 할 수 있다는 것이다.[6)]

2. 유사개념

우리는 위에서 도시의 정의를 살펴보았는데 몇 가지 유사개념을 살펴봄으로써 도시의 개념을 좀 더 명확히 하는데 이바지하고자 한다.

5) 지방자치법 제7조 제1항 및 지방자치법시행령 제7조 제1항.

6) 지방자치법 제7조 제2항.

(1) 시

시라는 용어는 일본이나 우리나라 지방자치법에서 사용하는 것으로서 도시를 지칭하는 실정법상의 용어라 할 수 있다.

후술하는 바와 같이 같은 시이나 인구가 많고 대도시로서의 특질을 구비하였을 때에는 특별시 · 광역시라 하여 기초자치단체가 아니라 광역자치단체로서의 지위를 부여하고 있다. 기초자치단체인 시라 할지라도 인구가 50만 이상일 때에는 도가 처리하는 사무의 일부를 직접 처리하게 할 수 있다.[7]

(2) 도시사회

도시사회는 도시를 단순히 물리적 존재로 보는 것이 아니라 인간의 집단 · 집합으로 보는 개념이라 할 수 있다. 그러나 이 도시사회는 영어로는 두 가지 의미를 지닌다.

첫째는 urban community로서 도시지역사회, 도시공동체, 도시사회 등으로 번역할 수 있다. 도시가 공동체(community)적 구조를 내용으로 하고 있는 것을 부인할 수 없다. 그러나 도시의 중추적 기능이 고도로 발전한 오늘날에 있어서 도시가 부분적으로 공동체를 형성하고 있을 뿐만 아니라 도시사회가 공동체를 이루고 있는가를 살펴야 한다.

둘째는 urban society로서 도시사회로 번역할 수 있겠다. 그러나 위의 도시 커뮤니티와 다른 점은 도시형성의 기반이 되는 토지 · 공간 등의 현상보다는 사회 · 문화 · 역사 등의 사회과학적인 현상을 배경으로 한다는 것이다.

3. 도시의 분류

도시는 여러 가지로 분류할 수 있으나 우리는 이곳에서 우리나라 도시제도에 많은 영향을 미친 일본 도시의 실정법상의 분류와 우리나라 실정법상의 도시의 분류만 검토하기로 한다.

(1) 일본 도시의 분류

우리나라의 경우와 같이 일본의 실정법도 도시를 다음의 몇 가지로 구분하고 그 지위와 기능을 달리하고 있다.

① 도: 일본의 동경도는 우리나라의 서울특별시와 유사한 지위를 누리며 그

7) 지방자치법 제10조 제1항.

기능도 서울특별시와 유사하다고 하겠다. 일본은 1943년 동경도제를 시행하였는데 종전의 동경부와 동경시를 폐지하고 과거의 동경부의 구역을 동경도의 구역으로 삼았다.

동경도는 그 산하에 특별구와 시정촌을 두고 있다는 점에서 부현과 동일하나 특별구의 구역에 있어서는 대도시행정의 일체성을 확보하기 위하여 도가 시의 기능의 일부를 담당한다는 점에서 부현과 다르다고 하겠다.[8)]

② 지정도시: 지정도시제도는 오사카, 교토, 나고야, 요코하마, 고베의 5대 도시를 우리나라의 광역시와 유사한 특별시로 하자는 특별시운동이 좌절됨으로써 그 후속조치로 도입된 것이다.

1956년 일본 국회는 지방자치법을 개정하여 주민투표에서 부결되어 실현되지 못한 특별시 제도에 관한 규정을 삭제하고 지정도시제도를「대도시에 관한 특례」(지방자치법 제11장)로 규정하게 되었다.

지정도시제도는 특별시제도를 대체하기 위하여 등장하였으므로 처음에는 5대도시로 출발하였으나 그 후 점차 그 수가 늘어나 현재에 있어서는 그 수가 20개에 달하고 있다. 후술하는 중핵시로 지정된 도시는 대부분 지방도시들인데 대하여 지정도시로 지정된 도시들은 기타쿠슈, 삿포로, 센다이, 히로시마 같은

〈표 5-3〉 중핵시와 지정도시의 비교

항 목	중핵시	지 정 도 시
제도도입시기	1994년	1956년
도시수	41개	20개
지 정 요 건	① 인구 30만 이상 ② 면적 100㎢ ③ 베드타운이 아닐 것	정령에 의하여 지정하는 인구50만 이상의 도시
지 정 절 차	중앙정부가 지정하나 지정신청을 하기 위해서 도부현의 동의가 필요함	도부현의 동의 불필요하며 중앙정부가 지정함
행 정 조 직	다른 시와 차이 없음	자치법에 의하여 구를 설치할 수 있을 뿐만 아니라 개별법에 의한 특례도 많음
사 무 이 양	지정도시가 자치법에 의하여 이양 받는 사무 중 도도부현이 처리하는 것이 효과적인 사무와 중핵시가 처리·관리·집행하는 것이 적당하지 않은 사무 제외	자치법에 의하여 19개 항목의 사무를 이양받았을 뿐만 아니라 개별법령에 의한 사무이양도 많음

8) 俵 靜夫, 地方自治法(東京: 有斐閣, 1975), pp. 77-78.

지방도시도 있으나 수도권이나 간사이 지방에 있는 도시들이 많다.[9]

지정도시는 우리나라의 광역시와 같이 광역자치단체의 예속에서 완전히 벗어나는 지위를 누리는 것이 아니라 원칙적으로 광역자치단체의 감독을 받는 기초자치단체로서 관장사무나 행정감독에 있어서 몇 가지 특례가 인정되고 있을 따름이다.

③ 중핵시: 일본은 1994년 6월 지방자치법을 개정하여 중핵시 제도를 창설했으나 이 규정이 시행된 것은 1996년 4월 1일이며 제1차로 12개 도시가 중핵시로 지정되었다. 1997년 5개시가 추가적으로 지정되고 1998년 4월에 4개시가 다시 지정되어 2013년 3월 현재 중핵시가 41개에 달하게 되었다.

중핵시는 한 마디로 말해서 지정도시와 거의 같은 권한을 지니는 도시라 할 수 있다. 흔히 지정도시를 대도시라고 부르고 있는데 중핵시는 이런 의미에서 '준 대도시'라고 할 수 있겠다.

중핵시로 지정된 도시는 수도권이나 근기권에 있는 도시가 아니라 주로 지방도시들이다. 그 이유는 중핵시로 지정되기 위해서는 다음과 같은 세 가지 요건을 구비하여야하기 때문이다. ① 인구 30만 이상일 것, ② 면적 100㎢ 이상을 지닐 것, ③ 인구 50만 미만의 경우에는 당해시를 포함하는 주변의 지역에 있어서의 경제사회생활권의 중핵으로서의 기능을 지니는 도시로서 정령에 의하여 정하는 기준을 충족할 것, 이 세번째 요건은 지방자치법 시행령에 의하여 소위 베드타운(bed town)을 제외하도록 되어 있다.

중핵시는 일반시와 지정도시의 중간에 위치한다. 후술하는 바와 같이 지정도시는 지방자치법 제252조의 19 제1항에 의하여 도도부현으로부터 19개 항목의 사무를 이양받는데 대하여 중핵시는 이 19개 항목의 사무 중 도도부현, 도도부현지사 또는 도도부현위원회 기타의 기관이 도도부현의 구역에 걸쳐서 일체적으로 처리·관리·집행하는 것이 효과적인 사무와 중핵시가 처리·관리·집행하는 것이 적당하지 않은 사무를 제외한 사무만을 이양받게 된다.

사무이양과 관련하여 유의할 사실은 중핵시가 이양받는 것은 국가가 담당하던 사무가 아니라 도도부현이 담당하던 사무라는 사실이다. 따라서 지정도시와 중핵시가 늘어날수록 광역자치단체인 도도부현의 공동화 현상을 초래할 우려가 있다는 사실에 유념할 필요가 있다.[10]

---

9) 高寄昇三, 地方分權と大都市(東京: 勁草書房, 1995), pp. 45-51.

④ 일반시: 기초자치단체인 일반시는 정촌(町村)과 유사한 지위를 누리며 광역자치단체인 도도부현의 관리구역 안에 들어간다. 일본의 시는 인구 5만 이상이어야 하며 일정한 도시적 요건을 구비하여야한다.

⑤ 정: 우리나라의 읍과 같이 정을 도시의 범주에 포함시킬 것인가는 의문이라 하겠다. 정은 당해 도도부현의 조례에 의하여 정하는 일정한 요건을 구비하여야 한다.

(2) 한국도시의 분류

위에서도 간단히 언급한 바와 같이 우리나라의 실정법은 도시를 다음의 몇 가지로 구분하고 그 지위를 달리하고 기능도 달리하고 있다.

① 특별시·광역시·특별자치시: 서울특별시·특별자치시와 6개 광역시는 기초자치단체가 아니라 광역자치단체로서의 지위를 누리며 그 기능도 광역자치단체인 도의 기능과 대체로 동일하다.

② 일반시: 기초자치단체인 일반시는 군과 유사한 지위를 누리며 광역자치단체인 도의 관리구역 안에 들어간다. 그 요건은 위에서 검토하였으며 되풀이하지 않겠다.

③ 인구 50만 이상의 시: 특별시·광역시가 아닌 인구 50만 이상의 시는 기초자치단체이기는 하나 대도시임을 감안하여 도가 처리하는 사무의 일부를 이양받아 직접 처리하고 있다.

④ 읍: 읍을 도시의 범주에 포함시킬 수 있느냐에 관해서는 논란이 있겠으나 도시연감 등의 정부간행물에서는 읍도 도시에 포함시키고 있다. 읍이 되기 위해서는 그 대부분이 도시의 형태를 갖추고 인구 2만 이상이 되어야 하나 군 사무소 소재지의 면과 읍이 없는 도농복합형태의 시에 있어서 그 면 중 1개 면은 읍으로 할 수 있다.

시와 달라서 읍은 기초자치단체가 아니며 군이나 시의 하부구역에 불과하므로 기능에 있어서는 시와는 다르다고 하겠다.

---

10) 岩崎恭典, 「中核市特例の實態と課題」, 都市問題 1997년 8월호, pp. 13-24.

제 2 절 과밀·대도시 지역의 의의와 실태

1. 대도시로서의 특별시 · 광역시

전술한 바와 같이 인구 100만 이상의 대도시인 광역시와 서울특별시는 기초자치단체가 아니라 광역자치단체로서의 지위를 누린다.

특히 서울특별시는 「서울특별시 행정특례에 관한 법률」에 의하여 수도로서의 특별한 지위를 누린다. 1962년에 제정된 이 특별법은 1991년에 새로운 법률에 의하여 대체되었으며, 다시 1994년 12월의 개정에 의하여 그 범위가 크게 축소되기는 했으나 아직도 몇 가지 점에서 광역시와는 다른 특전을 누리고 있다.

과거에 직할시라고 하던 광역시는 광역지방자치단체로서 한국에 독특한 제도이며 일본의 지정도시와도 다른 제도이다. 일본에서는 오사카 · 교토 · 나고야 · 요코하마 · 고베의 5대 도시를 특별시로 하고자 1947년의 지방자치법에서 특별시제도를 규정하였으나 5대 도시가 속해 있는 부현의 주민투표에 의하여 부결되어 실현을 보지 못했다. 그 후에도 특별시제도를 도입하고자 하는 움직임이 꾸준히 있었으나 아직 이루어지지 못하고 있다.[11]

2. 특별시 · 광역시의 실태

(1) 인 구

〈표 5-4〉와 같이 2012년 12월말 현재 서울특별시의 인구가 10,422,426명이며 6개 광역시의 인구가 13,520,628명으로서 8대 도시의 인구가 전국인구의 48.1%에 해당하는 24,058,442명에 달하고 있다.

8대 도시의 면적은 전국토 면적의 5.9%에 지나지 않는데 인구는 50%에 육박하고 있는 실정이다.

---

11) 高寄, 전게서, pp. 16-31.

〈표 5-4〉 특별시·광역시의 인구 및 인구밀도(2012)

	인 구	전국에서 점하는 비중(%)	인구밀도(명/㎢)
전 국	50,004,441		496.7
서 울	10,422,426	20.8	17,255
부 산	3,573,533	7.1	4,643
대 구	2,527,566	5.1	2,860
인 천	2,930,164	5.9	2,815
광 주	1,483,708	3.0	2,960
대 전	1,539,154	3.1	2,849
울 산	1,166,503	2.3	1,100
세 종	115,388	0.2	248

자료: 한국행정연구소, 2014전국통계연감.

(2) 인구밀도

7대 도시의 인구밀도를 본다면 서울이 17,255명이며 울산 1,100명으로서 서울의 경우 전국인구밀도 496.7명의 35배에 달하며 7대 도시 중 인구밀도가 가장 낮은 울산이 전국인구밀도의 2배에 달하고 있다.

이와 같이 볼 때 세종자치시를 제외한 7대 도시는 과밀지역임에 틀림이 없다. 7대 도시 중 울산은 다소 나은 편이나 서울의 경우는 더 말할 것도 없고 전국 인구밀도의 5배 이상에 달하는 부산·대구·광주·인천·대전은 초과밀지역이라 해도 과언이 아니다.

(3) 재정수요 유발요인

서울특별시와 6개 광역시는 많은 재정수요 유발요인을 지니고 있으며 이로 인하여 방대한 재정수요를 안고 있다. 대도시지역의 재정수요 유발요인 중에서 중요하다고 생각되는 몇 가지만 살펴보고자 한다.

① 도로: 7대 도시의 재정수요 유발요인 중에서 우선 도로를 본다면 〈표 5-5〉에서와 같이 전국 도로연장 105,708km의 20.6%에 해당하는 21,790.8㎛를 보유하고 있다. 이들 도로의 포장률을 본다면 비교적 양호한 편이어서 전국평균을 상회하고 있다는 것을 알 수 있다. 그러나 1인당 도로연장을 본다면7대 도시가 다 전국평균인 1인당 2.1m에 크게 미달하고 있으며 서울은 0.8m에 지나지 않는 실정이다. 근본적으로 인구밀도가 높은데 원인이 있겠으나 7대 도시의 교통체증의 원인이 어디에 있는가를 짐작케 한다. 교통문제의 해결을 위해서는 도로율을 높이고 1인당 도로연장을 늘려야 하는데 대도시 지역의 보상금

의 과다로 방대한 재원이 소요된다는 데에 어려움이 있다.

〈표 5-5〉 특별시·광역시·자치시의 도로현황(2012)

	도로연장(km)	전국에서 점하는 비중(%)	포장율(%)	1인당 도로연장 (m/인)
전 국	105,703.0		83.4	2.1
서 울	8,198.5	7.8	100.0	0.8
부 산	3,245.9	3.1	99.2	0.9
대 구	2,404.3	2.3	98.3	1.0
인 천	2,535.3	2.4	91.3	0.9
광 주	1,697.3	1.6	97.6	1.1
대 전	1,929.1	1.8	100.0	1.3
울 산	1,780.4	1.7	97.8	1.6
세 종	422.5	0.4	76.8	3.7

자료: 통계청, 2013한국통계연감.

② 자동차: 자동차등록상황을 본다면 전국자동차의 41% 정도가 7대 도시에 몰려있다는 것을 알 수 있다. 서울은 전국인구의 20.8%가 거주하고 있으나 〈표 5-6〉과 같이 전국등록자동차의 15.7%가 서울에 있으며 7대 도시의 자동차는 전국의 41.4%에 해당하는 780만대에 달하고 있다.

승용차의 경우에는 7대 도시 집중률이 좀 더 심하여 서울은 전국승용차의 16.8%가 몰려 있으며 7대 도시의 승용차는 전국승용차의 43.1%에 해당하는 630만대에 달하고 있다.

이와 같이 자동차의 7대 도시 집중현상이 전술한 도로상황과 상승작용을 하여 7대 도시의 교통난을 가중시키고 있는 것이다.

〈표 5-6〉 특별시·광역시·자치시의 자동차 등록상황(2012)

	등록자동차 총계	전국에서 점하는 비중(%)	등록승용차 총계	전국에서 점하는 비중(%)
전 국	18,870,533		14,577,193	
서 울	2,969,184	15.7	2,447,876	16.8
부 산	1,175,205	6.2	921,034	6.3
대 구	1,010,065	5.4	806,027	5.5
인 천	1,049,444	5.6	822,007	5.6
광 주	550,821	2.9	437,486	3.0
대 전	594,786	3.2	482,050	3.3
울 산	470,410	2.5	384,426	2.6
세 종	56,263	0.3	34,830	0.2

③ 상수도: 상수도의 시설용량이나 급수량을 본다면 이 부문에서의 재정수요는 별로 많지 않을 것 같다. 〈표 5-7〉과 같이 서울의상수도 시설용량은 전국 시설용량의 14.5%에 해당하는 435㎥에 달하며 7대 도시의 시설용량 합계는 전국시설용량의 44.9%에 해당하는 13,476만 톤에 달하고 있다. 일당급수량도 전국 급수량의 56.4%에 해당하는 741만㎥에 달하고 있다. 1일 1인당 급수량을 보면 7대 도시 중 전국 평균 332ℓ를 초과하는 도시는 인천 뿐이며 나머지 6대 도시는 전국평균에 미달하는 실정이다.

생활수준의 향상에 따라 1인당 급수량이 더 늘어날 것이므로 인천을 제외한 6대 도시의 이 부문에 재정수요 요인이 크다고 하겠다.

〈표 5-7〉 특별시·광역시·자치시 상수도 현황(2012)

	시설용량 (㎥/일)	전국에서 점하는비중(%)	급수량 (㎥/일)	전국에서 점하는비중(%)	1일 1인당 급수량(ℓ)	보급률 (%)
전 국	29,959,000		16,359,000		332	95.1
서 울	4,350,000	14.5	3,159,095	19.3	303	100.0
부 산	2,643,000	8.8	1,077,825	17.6	302	99.9
대 구	1,640,000	5.5	892,710	5.5	299	99.9
인 천	2,163,080	7.2	962,924	5.9	343	98.3
광 주	780,000	2.6	471,353	2.9	318	99.5
대 전	1,350,000	4.5	523,679	3.2	313	99.7
울 산	550,000	1.8	322,043	2.0	283	97.0
세 종	100,300	0.3	35,212	0.2	427	71.0

주: 인천광역시는 2011년 통계임.
자료: 한국행정연구소, 2014전국통계연감.

④ 하수도: 하수도 실태를 본다면 전국적인 평균에 비하여 하수도시설이 비교적 나은 편이나 아직도 많은 투자를 필요로 한다는 것을 알 수 있다.

〈표 5-8〉 하수도 현황(2012)

	하수처리인구	보급률(%)
전 국	47,537,789	91.6
서 울	10,442,426	100.0
부 산	3,544,855	99.2
대 구	2,484,643	98.3
인 천	2,817,805	97.5
광 주	1,460,575	98.4
대 전	1,499,641	97.4
울 산	1,131,128	97
세 종	75,100	65

자료: 통계청, 2013 한국통계연감.

⑤ 사회복지시설: 사회복지시설의 실태를 본다면 〈표 5-9〉와 같이 전국사회복지시설의 45% 정도가 7대 도시에 몰려 있다. 구체적으로 들어가서 육아시설을 본다면 전국육아시설의 42.5%가 7대 도시에 있으며, 장애인 시설의 경우에는 49.0%가 7대 도시에 있다.

이러한 사회복지시설은 삶의 질을 향상시킨다는 국가적 목표에 비추어 보아 앞으로 더욱 증설되어야 할 것이다. 특히 고령화 사회를 앞두고 양로시설이나 노인요양시설의 증설이 절실히 요청되며, 기혼여성활동인구의 급증에 따르는 탁아시설의 증설도 긴급한 과제이다. 이러한 복지시설의 증설과 기존시설의 유지관리가 재정수요 유발요인이라는 것은 긴 설명을 요하지 않는다.

〈표 5-9〉 사회복지 시설수 현황(2012)

	노인주거 복지시설	아동임시 보호시설	아동 양육시설	노숙인 생활시설	모자 보호시설	노인의료 복지시설	장애인 거주시설
전 국	393	12	243	124	41	4,352	1,348
서 울	19	5	35	47	6	493	264
부 산	5	1	19	8	6	145	65
대 구	5	1	18	6	5	205	48
인 천	25	2	9	7	1	250	67
광 주	3	1	9	2	1	97	39
대 진	5	-	12	5	1	104	57
울 산	2	-	1	1	1	41	23
세 종	4	-	1	1	-	13	3

자료: 통계청, 2013 한국통계연감.

제3절 대도시 재정의 실태

1. 한국 도시재정의 특징

구체적으로 대도시재정의 실태에 들어가기 전에 우리나라 도시재정의 특징을 다른 나라와 비교하여 몇 가지를 들고자 한다. 다른 나라의 대도시도 재정의 궁핍에 허덕이고 있으나 우리나라 대도시들이 겪고 있는 재정부족의 원인의 일부를 여기에서 찾을 수 있을는지 모른다.

(1) 큰 행정과 작은 자치

대도시가 담당해야 할 분야는 비교적 광범위한데 그 운영에 관한 자치단체의 권한은 크다고 할 수 없다. 다시 말해서 권한과 재원을 중앙정부가 보유하고 있으나 사무집행의 대부분을 도시가 담당하고 있다는 데에 특징이 있다고 하겠다. 한 마디로 '큰 행정과 작은 자치'라는 특징을 지닌다고 하겠다.

(2) 발전된 재정조정제도

한국은 일본과 같이 지방자치단체간의 재정력 격차가 심하고 이것을 시정하기 위하여 재정조정제도가 비교적 발전되어 있다고 하겠다. 지방교부세와 국고보조금이 지방재정조정제도의 핵심을 이루고 있다. 이러한 재정조정제도가 자치단체간의 재정력 격차의 완화에 이바지하고 있으나 대도시들에게는 비교적 불리하게 작용하고 있다고 하겠다. 한 마디로 말해서 재정조정제도가 대도시재정의 '부족'의 한 원인이 되고 있다고 해도 좋을 것 같다.[12)]

(3) 재정운영상의 집권성과 획일성

우리나라 재정운영상의 특징의 하나가 집권성과 획일성이라 하겠다. 중앙정부가 제정한 지방세법에 따라 모든 기초자치단체는 동일한 세목의 지방세를 동일한 세율에 따라 부과하고 광역자치단체는 동일한 시도세를 동일한 세율에 따라 부과하고 있는 것이다.

---

12) 紫田德衛 편, 都市經濟論(東京: 有斐閣, 1985), p. 208.

(4) 다수의 세목과 획일적 세율

단일세목으로 되어 있는 영국 등에 비하여 우리나라의 지방자치단체는 다수의 세목을 지니고 있다. 도세가 6개 세목, 시군세가 5개 세목인데 서울특별시와 광역시세는 도세와 시군세 중 구세를 제외한 전세목이다. 따라서 보통세가 7개 세목이며 목적세가 2개 세목이다.

그러나 세율은 7대 도시가 동일하다. 지역자원시설세 · 자동차세를 위시하여 지역별 차등과세가 인정되고 있는 세목이 늘어났으나 아직은 대도시들이 지역별 차등과세에 관한 자치단체의 재량권을 활용하지 않는 것 같다.

(5) 경상계정과 자본계정의 불분리

미국을 위시한 각국의 도시에 있어서는 경상계정과 자본계정의 분리는 보편적인 현상이라 하겠다. 특히 미국의 도시에 있어서는 1940년대이래 경상계정과 자본계정의 분리가 보편화되어 있으며 자본계정은 자본예산이라 하여 별도의 편성 · 심의과정을 거치고 있다. 주로 기채에 많이 의존하는 이러한 자본예산은 도시의 자본투자사업을 합리적으로 선정하고 그 재정적 뒷받침을 제대로 하여 사회간접자본의 확충 등을 원활히 추진하자는 데 그 근본적인 목적이 있다고 하겠다.[13]

그러나 우리나라 도시에서는 자치단체의 회계를 일반회계와 특별회계를 분리하는 관례는 있으나 경상계정과 자본계정으로 분리하는 경우는 별로 없는 것 같다. 미국의 도시와 같은 자본투자사업의 재원을 주로 지방채에 의존하는 관행이 없는데 그 원인이 있을 것이다.

2. 부담자로서의 대도시

(1) 대도시의 국세부담

인구의 과밀과 경제력의 집중으로 서울특별시와 6개 광역시는 국세 수입의 50%정도를 부담하고 있다. 〈표 5-10〉과 같이 2011년의 7대 도시에서의 국세징수액은 국세징수총액의 49.3%에 달하고 있으며 이 중 서울에서의 징수액만도 35.6%에 이르고 있다.

2012년도 7대 도시에서의 국세징수액은 전국의 49.9%에 해당하는 92조

13) J. Lisle Bozeman, "The Capital Budget: History and Future Directions," *Public Budgeting and Finance*, Autumn 1984, pp. 18-19.

9,156억원에 달하고 있으며 서울에서의 징수액은 35.1%를 차지하고 있다.

〈표 5-10〉에는 나타나 있지 않으나 이것을 1996-97년의 수치와 비교해본다면[14] 7대 도시의 상대적 비중이 많이 저하했다는 것을 알 수 있다. 1996-97년에는 7대 도시 국세징수액의 비중이 각각 69.5%와 70.3%를 차지했던 것이다.

다시 말해서 우리나라의 7대 도시를 제외한 지역의 조세부담능력이 상대적으로 많이 향상되었다는 것을 의미하나 7대 도시의 국세부담비율은 여전히 50% 정도를 차지하고 있다는 것을 알 수 있다.

〈표 5-10〉 특별시 · 광역시에서의 국세징수액

(단위: 백만원)

	2011		2012	
	징수액	징수총액에서 점하는 비율(%)	징수액	징수총액에서 점하는 비율(%)
국세징수총액	175,920,787		186,324,568	
서 울	62,601,154	35.6	65,414,878	35.1
부 산	4,820,217	2.7	5,529,246	3.0
대 구	2,394,061	1.4	2,959,909	1.6
인 천	4,097,716	2.3	4,627,036	2.5
광 주	1,752,192	1.0	1,939,083	1.0
대 전	2,844,624	1.6	2,916,697	1.6
울 산	8,264,442	4.7	9,528,790	5.1
특별시 · 광역시 합 계	86,774,406	49.3	92,915,639	49.9

주: ① 모든 수치는 결산임.
② 국세징수총액은 수입분내국세와 인지세 포함.
자료: 국세청.

(2) 대도시에 대한 지방재정지원

위에서 살펴본 바와 같이 7대 도시는 전국 국세수입의 50% 정도를 부담하고 있으나 중앙정부가 지방자치단체에 지원하고 있는 지방재정지원제도의 혜택은 별로 받지 못 하고 있는 실정이다.

〈표 5-11〉과 같이 2013년의 경우 서울특별시는 국고보조금의 7.2%에 해당하는 24,486억원의 국고보조금을 받았으며 7대 도시는 10조 3,332억원의 국고보조금을 받았는데 이는 2013년 국고보조금의 30.2%에 해당되는 금액이다.

1인당 국고보조금 규모를 본다면 전국평균인 1인당 680원 이상의 국고보조

14) 유훈, 지방재정론〔제3정판〕(서울: 법문사) p. 329 참조.

금을 받은 대도시는 광주뿐이다.

〈표 5-11〉 특별시 · 광역시에 대한 국고보조금(2013)

(단위: 억원, 천원)

	1인당규모	총 규 모	국고보조금총액에서 점하는 비율(%)
국고보조금총액	680	341,732	
서 울	245	24,486	7.2
부 산	669	22,961	6.7
대 구	677	16,729	4.9
인 천	540	15,198	4.4
광 주	714	10,838	3.2
대 전	505	7,814	2.3
울 산	474	5,306	1.5
특별시 · 광역시 합 계		103,332	30.2

자료: 송산훈, 국고보조금제도가 변해야 재정이 산다(수원: 경기개발연구원 2013).

〈표 5-12〉 특별시 · 광역시에 대한 지방교부세(2013)

(단위: 억원, 천원)

	1인당규모	총 규 모	지방교부세총액에서 점하는 비율(%)
지방교부세총액	626	314,600	
서 울	22	2,164	0.7
부 산	345	11,845	3.8
대 구	443	10,948	3.5
인 천	194	5,465	1.7
광 주	420	6,371	2.0
대 전	302	4,677	1.5
울 산	186	2,088	0.7
특별시 · 광역시 합 계		43,558	13.9

자료: 〈표 5-11〉과 동일.

〈표 5 12〉로 2013년 지방교부세수령액을 본다면 서울특별시는 지방교부세 총액의 0.7%에 해당하는 22억 원을 수령했으며 7대 도시는 지방교부세 총액의 13.9%에 해당하는 4조 3,558억 원을 수령했다.[15]

지방교부세와 국고보조금 합산액을 살펴본다면 7대 도시는 2013년 국고보조

15) 송산훈, 국고보조금제도가 변해야 재정이 산다(수원: 경기개발연구원, 2013), pp. 7-8.

금과 지방교부세 합산액의 22.4%를 수령했을 뿐이다. 〈표 5-10〉의 국세징수액과 국고보조금 및 지방교부세 수령액을 대비해 볼 때 7대 도시는 50%에 육박하는 국세를 중앙정부에 납부했으나 중앙정부로부터 국고보조금과 지방교부세로서 22.4%를 수령했을 뿐이다.

다시 말해서 7대 도시는 중앙정부에 납부하는 국세에 비하여 엄청나게 적은 지원을 중앙정부로부터 받고 있다는 것을 알 수 있다. 지방재정지원제도 특히 지방교부세가 지방자치단체간의 재정력 불균형을 시정하는 기능을 수행함으로써 상대적으로 재정력이 튼튼한 7대 도시의 희생 하에 재정력이 취약한 지방자치단체를 지원하는 것은 부득이하다 하겠으나 지방재정지원제도의 또 하나의 기능이 국가재정과 지방재정간의 조정이므로 대도시도 지금보다 더 많은 지원을 중앙정부로부터 받아야 한다는 주장이 나오게 되는 것이다.

다시 말해서 7대 도시가 상대적으로 다른 지방자치단체에 비하여 소위 재정자립도가 높으며 재정력이 튼튼하다는 평가를 받을는지 모르나 그것은 7대 도시의 세입만 가지고 논의하는 데에서 나오는 결론이며 세출수요까지 감안할 때 7대 도시의 재정은 여유가 있다기보다는 궁핍하다는 것이 온당하다는 주장이 제기되고 있는 것이다.

제 4 절 대도시 재정의 해결책

위에서 살펴본 바와 같이 우리나라 대도시도 다른 나라의 대도시와 같이 그 재정이 궁핍하다면 그 해결책이 무엇인가 하는 문제가 여기에 제기된다. 그 해결책으로서 여러 가지를 들 수 있겠으나 우리는 이곳에서 크게 세 가지로 나누어서 검토하고자 한다.

1. 과제자주권의 확대

장기적으로 자율적 지방자치를 위하여 중앙정부가 설정한 한도 안에서 지방자치단체에 세목과 세율의 결정에 관해서 좀 더 자주권을 인정해야 하겠으나 단기적으로는 법정외 세목의 인정과 탄력적인 세율의 활용으로 대도시의 과세자주권을 확대해 나가야 할 것이다.

법정외 세목의 인정에 관해서는 다른 곳에서 상술하였으므로[16] 이곳에서 탄력적 세율의 활용에 관해서만 검토하고자 한다.

1991년의 지방세법 개정 시에 지역개발세(현 지역자원시설세), 자동차세를 위시한 여러 세목에 탄력적 세율제도를 도입했는데 이를 보다 많은 세목에 확대할 필요가 있다.

제도의 도입도 중요하나 더 긴요한 것은 7대 도시가 이러한 탄력적 세율제도를 실제로 적용하는 일이다. 앞에서도 지적한 바와 같이 우리나라에서 실제로 지방자치단체가 탄력적 세율을 적용하는 것을 기피하는 경향이 있다.

2. 지방교부세와 폐지된 지방양여금

위에서 살펴본 바와 같이 7대 도시는 지방교부세의 혜택을 크게 받지 못하며 1991년에 처음 도입되었다가 2005년부터 폐지된 지방양여금의 혜택도 제한적으로 받았다.

근본적으로 대도시 재정궁핍의 원인이 발전된 지방재정조정제도에 있다는 것은 전술한 바 있으나 지방자치단체간의 재정력 불균형의 시정도 중요하지만 국가재정과 지방재정간의 조정이라는 지방재정조정제도의 또 하나의 기능을 감안하여 대도시에도 좀 더 혜택을 확대해야 한다는 것이 대도시측의 주장이다.

3. 지 방 채

미국을 위시한 각국의 도시에 있어서는 경상계정과 자본계정을 분리하고 자본계정은 지방채에 의하여 충당하는 경우가 많으나 우리나라에서는 이러한 관례가 확립되어 있지 않으며 아직도 지방채를 억제하려는 경향이 있다는 것은 널리 알려진 사실이다.[17]

앞으로 우리나라 대도시에서도 경상계정과 자본계정을 분리하고 자본예산제도를 도입하여 자본적 지출을 위하여 지방채를 활용하는 데 대하여 좀 더 너그러울 필요가 있다고 생각된다.

16) 유훈, 「지자제실시의 실효성제고를 위한 지방재정의 실태와 확충방안」, 행정논총 제30권 제1호(1992), pp. 67-93 참조.

17) 유훈, 「지방재정과 지방채」, 1998년 제4호, pp. 4-13 참조.

제 4 편

지방재정의 운영

제1장 중기지방재정계획

제1절 중기지방재정계획의 의의

1. 중기재정계획의 개념과 특징

(1) 개 념

회계연도단위로 편성하여 국회의 승인을 얻어 확정하는 예산과는 별도로 5년 정도를 대상기간으로 하여 수립하는 수입지출계획을 중기재정계획이라 한다. 근래에 와서 영국·독일·미국·한국 등 각국에서 중기재정계획제도를 널리 채택하고 있다.

(2) 특 징

나라에 따라서 중기재정계획은 그 성격을 다소 달리하나 한국의 중기재정계획을 중심으로 그 특징을 살펴보면 다음과 같다.[1]

① 수입지출계획: 중기재정계획은 5년 정도를 대상으로 하는 수입지출에 관한 계획이다. 대부분의 경우 지출뿐만 아니라 수입에 관한 계획도 수립하나 영국에서는 근래에 와서 지출에 관한 계획만 수립하고 수입계획은 생략하고 있다.

② 대상기간: 중기재정계획의 대상기간은 대부분의 경우 5년(예산연도+4년)이다. 한국뿐만 아니라 미국도 5년을 대상으로 하고 있다. 그러나 영국에서는 근래에 와서 대상기간을 5년에서 3년으로 단축하고 있다.

③ 연동식계획: 계획은 고정성여부에 따라 고정식계획과 연동식계획으로

---

1) 경제기획원, 1982년도 예산개요(서울: 경제기획원, 1982), p. 273; Maurice Wright, "From Planning to Control: PESC in the 1970s," in Maurice Wright(ed.), *Public Spending Decisions*(London: George Allen and Unwin, 1980), pp. 114-115.

나눌 수 있는데 중기재정계획은 연동식계획이다. 따라서 매년 1년을 추가하고 1년을 삭제하는 작업을 하게 된다.[2]

④ 법적 효력: 경제사회발전 5개년계획의 경우와 같이 중기재정계획도 법적 효력을 지니지 않는다. 따라서 각 부처는 중기재정계획에 포함된 사업이라 해서 예산에 계상되어야 한다고 주장할 수는 없는 것이다.

⑤ 불변가격: 중기재정계획은 불변가격기준으로 수립한다. 한국의 경우뿐만 아니라 영국에서도 불변가격을 사용하고 있다.

2. 각국의 중기재정계획

전술한 바와 같이 중기재정계획은 많은 국가에서 사용하고 있는데 우리는 이곳에서 편의상 영국·미국·한국의 중기재정계획과 일본의 지방재정계획을 고찰하기로 한다.

(1) 영국의 중앙정부중기재정계획

영국에서는 1961년의 Plowden위원회의 건의에 따라 공공지출추계위원회(Public Expenditure Survey Committee)가 설치되어 오늘날까지 운영되고 있다.[3] 영국중기재정계획의 수립과정을 살펴보면 다음과 같다.

① 지침의 시달: 재무성이 중기재정계획작성에 관한 지침을 각성에 시달한다.

② 각성의 추계제출: 이 지침에 따라, 각성이 향후 5년간에 걸친 추계를 제출한다. 전술한 바와 같이 1970년대 후반부터 대상기간이 3년으로 단축되었다.

③ 협의의 진행: 각성의 추계를 놓고 재무성과 각성이 협의를 진행한다. 중기재정계획은 현행의 정책이 지속되는 경우를 전제로 한 세출의 추계이므로 이 협의과정에 있어서는 현행의 정책이 무엇이며 그것을 수행하는 데 소요되는 지출이 얼마나 될 것인가에 초점이 맞추어진다고 한다.

④ 경제전망: 국민총생산, 투자, 수출 등을 포함한 국민경제에 관한 전망도 논의의 대상이 된다.

⑤ PESC의 심의: 보고서의 초안을 재무성이 작성하여 공공지출추계위원회(PESC)의 심의에 부친다.

---

2) 연동식계획에 관해서는 유 훈, 행정학원론〔6정판〕(서울: 법문사, 1991), p. 243.

3) Christopher Pollitt, "The Expenditure Survey, 1961-1972," *Public Administration*, Summer 1977, pp. 127-141.

⑥ 중기경제전망보고서: 과거에는 중기세입추계를 위하여 중기경제전망(MTA) 보고서의 초안을 작성하여 해당위원회에서 심의하였으나 1976년부터 MTA가 폐지되었다.

⑦ 보고서제출: 이와 같이 하여 중기재정계획의 작성이 끝나면 이를 장관들에게 제출한다.[4)]

⑧ 각의결정: 이 보고서는 매년 6월에 각의에 상정되어 공공지출의 총액과 그 기능별배정에 관해서 토의가 이루어지는데 3차 내지 5차에 걸쳐서 각의에서 논의되며 10월 내지 11월에 가서야 결말이 나는 경우가 많다고 한다.[5)] 이와 같이 각의에서 중기재정계획에 관해서 장기간 논의하는 것은 중기재정계획을 중요시하는 증거라고 하겠다.

(2) 미국의 중앙정부중기재정계획

전에도 이러한 시도가 없었던 것은 아니나 미국에서는 1974년의 의회예산법에 의하여 제도화되었다.[6)]

① 의회예산처의 중기재정계획: 의회예산법은 상하양원의 예산위원회를 보좌하는 기관으로 의회예산처(CBO)를 신설했으며 의회예산처의 임무의 하나로서 중기재정계획의 수립을 명문화했던 것이다. 이리하여 의회예산처는 상하양원의 수권법이 향후 5년간 소요로 할 지출액 등을 토대로 하여 매년 연동식 5개년계획을 수립한다.[7)]

② 행정부의 중기재정계획: 이러한 의회의 중기재정계획과는 별도로 행정부에서도 5개년(예산연도+4년)을 대상기간으로 하는 중기재정계획을 매년 수립한다. 관리예산처는 각 기관으로부터 중기계획추계(multiyear planning estimates)를 매년 받아가지고 중기재정계획을 수립하는 것이다.[8)]

---

4) C. V. Brown and P. M. Jackson, *Public Sector Economics*, second edition (Oxford: Martin Robertson, 1982), p. 162.

5) Hugh Heclo and Aaron Wildavsky, *The Private Government of Public Money*, second edition (Berkeley: University of California Press, 1981), p. 171.

6) Lance T. LeLoup, *Budgetary Politics*, second edition (Brunswick: King's Court, 1980), pp. 273-274.

7) Lance T. LeLoup, *The Fiscal Congress: Legislative Control of the Budget* (Westport: Greenwood Press, 1980), p. 144.

8) Office of Management and Budget, "Preparation and Submission of Budget Estimates," July 1983, p. 41.

(3) 미국의 지방중기재정계획

미국 지방자치단체의 중기재정계획은 여러 가지 형태를 지니나 비교적 많은 지방자치단체에서 찾아 볼 수 있는 것이 자본투자계획(Capital Improvement Program)이다.

자본투자계획이란 투자사업을 효과적으로 행하기 위하여 사용되는 연동식(이동식) 계획으로서 장기업무계획, 종합적인 시설개발계획 및 장기재정계획 등을 지녀야 한다. 자본투자계획에 관해서는 제2절에서 상술하겠다.

(4) 일본의 지방재정계획

일본의 지방재정계획은 중기계획은 아니나 일본의 지방재정에 있어서 중요한 역할을 담당하는 단년도 계획이다.

한마디로 말해서 지방재정계획이란 매년도 모든 지방자치단체의 일반회계 세입세출을 추정하기 위하여 책정되는 '계획표'로서 각의의 심의를 거쳐 공표한다.

이것과는 별도로 일본의 내각은 지방교부세법 제7조의 규정에 의하여「다음 년도의 지방단체의 세입세출총액의 추정액에 관한 서류」를 각의의 의결을 거쳐 국회에 제출하고 공표하도록 되어 있다. 이 지방교부세법에 의한 추정액의 수치는 앞에서 말한 계획표와 동일하다. 양자의 차이점은 추정액에 관한 서류는 기재사항이 세입세출 양면에 걸쳐서 법정화되어 있으므로 상세하다는데 있다. 다시 말해서 지방재정계획은 지방교부세법 제7조에 의거한 서류의 편람 또는 개요라고 할 수 있겠다. 이러한 지방재정계획의 특징을 다음의 몇 가지로 요약할 수 있겠다.

① 일반회계: 일본의 지방재정계획의 계획범위는 일반회계(보통회계)에 한정된다.

② 순계액: 지방재정계획은 지방자치단체간의 중복액을 조정한 후 순계액 기준으로 표시한다.

③ 객관적·통상적 수입지출: 가장 중요한 특징인데 지방재정계획은 지방자치단체 일반회계의 실제적 수입·지출을 추정하는 것이 아니라 객관적이며 통상적인 수준의 지방행정에 소요되는 경비와 수입을 표시한다.

④ 수지균형: 지방재정계획은 수지균형의 형태로 편성되며, 단년도의 수지

균형을 염두에 둔다. 따라서 세출에 있어서 전년도로부터 이월된 사업분이나 적립금은 반영하지 않으며, 세입에 있어서 이월금이나 적립금 사용 등은 지방재정계획에 반영하지 않는다.[9]

⑤ 당초예산기준: 지방재정계획은 당초예산기준으로 작성된다. 따라서 세입에 있어서 지방세의 자연증(감)수나 지방교부세·국고보조금의 추경예산에 의한 추가분과 지방채계획의 추가분은 계상하지 않는다. 세출에 있어서도 동일한 원칙이 적용된다.

(5) 한국의 중앙정부중기재정계획

우리나라에서는 제5차 5개년계획과 보조를 맞추어 1982년부터 1986년까지를 대상기간으로 하는 중기재정계획을 1981년에 수립했으며 1987년에는 제6차 5개년계획과 대상기간이 일치하는 중기재정계획(1987~1991)을 작성했고 1992년에는 제7차 5개년 계획과 대상기간을 같이 하는 중기재정계획(1922~1996)을 성안했다. 우리나라 중기재정계획의 특징은 위에서 설명하였으므로 반복하지 않기로 한다.

중기재정계획은 연동식계획이므로 매년 1년 추가하고 1년을 삭제하는 작업이 이루어져야 하나 후속작업이 제대로 이루어지지 않는 것 같다.[10]

3. 중기재정계획의 장점

(1) 계획과 예산의 연계성 제고

계획과 예산은 괴리하기 쉬운데 중기재정계획은 5개년계획과 예산의 연계성을 높이는데 이바지할 수 있을 것이다.

1981년에 제5차 5개년계획을 수립하는 과정에 있어서 계획사업 중 재정과 관련되는 사업계획은 예산당국과 기획당국이 공동으로 작성하여 5개년계획과 중기재정계획으로 확정시켰기 때문에 두 계획은 일관성을 갖게 되었다.

환언하면 종전의 5개년계획 수립에 있어서는 재정과 관련된 사업계획도 기획당국이 거의 단독으로 작성하다시피 했으나 제5차 5개년계획의 경우에는 중기재정계획의 작성때문에 기획당국과 예산당국이 공동으로 참여했던 것이다. 따라서 5차 5개년계획의 재정관련사업은 실현가능성이 높으며 예산의 뒷받침을

9) 伊東弘文, 入門地方財政(東京: 行政, 1992), pp. 295-299.
10) 유훈·조택·김재훈, 〔신판〕재무행정론(서울: 법문사, 2012), p. 411-412.

제대로 받을 가능성이 높았던 것이다.[11)]

여기서 다시 한번 강조할 것은 중기재정계획 자체가 당연히 계획과 예산의 연계성을 높이는 것이 아니라 중기재정계획을 작성할 필요성 때문에 중기재정계획의 책임을 맡고 있는 예산당국이 5개년계획의 재정관련사업을 기획당국과 공동으로 검토할 수 있었으므로 계획과 예산의 연계성이 제고될 수 있었다는 것이다.

(2) 예산편성의 합리화

중기재정계획을 통하여 예산요구부처는 재정운용의 기본정책방향을 알 수 있으며, 예산당국자나 정책결정자들은 중장기적인 종합적 시야를 지닐 수 있으므로 예산의 요구·사정이나 예산안의 확정과정이 합리화될 수 있다는 것이다.[12)] 그러나 이것은 위에서 지적한 관계자들이 중장기계획을 신뢰하고 예산요구를 포함한 예산편성의 제과정에 있어서 중기재정계획을 의사결정의 기초로 삼는다는 것을 전제로 한다는 사실을 유의할 필요가 있다.

제2절 지방자치단체의 중기재정계획

1. 한국의 경험

(1) 지방재정법의 규정

1988년에 전문개정되고 2014년에 대폭적으로 개정된 지방재정법은 다음과 같이 중기지방재정계획의 수립을 의무화하고 있다.[13)]

① 자치단체별 중기계획: 각 지방자치단체장은 계획성있는 재정운영을 위하여 행정자치부장관이 정하는 지침에 따라 매년 다음회계연도부터 5회계연도 이상의 기간에 대한 중기재정계획을 수립하여 예산안과 함께 지방의회에 제출하고, 회계연도 개시 30일전까지 행정자치부 장관에게 제출하여야 한다.

---

11) 강봉균, 「제5차 5개년계획과 중기재정계획」, 박종기·이규억편, 국가예산과 정책목표-1982년도 예산과 재정운영(서울: 한국개발연구원, 1982), pp. 476-477.

12) 상게논문, pp. 478-479.

13) 지방재정법 제16조.

② 종합적 중기재정계획: 행정자치부장관은 지방자치단체에서 수립한 중기재정계획을 기초로 종합적인 중기지방재정계획을 수립하고 국무회의에 보고하여야 한다.

(2) 제1차 중기재정계획

우리나라에서는 지방재정법의 규정에 앞서 1980년대 초에 중앙정부의 중기재정계획과 보조를 맞추어 중기지방재정계획을 수립한 일이 있다.

① 계획기간: 제1차 중기지방재정계획의 계획기간은 제5차 경제사회발전 5개년계획 및 중앙정부의 중기재정계획과의 연계성을 감안하여 1982년부터 1986년까지를 계획기간으로 삼았다. 그러나 처음 3년간은 계획으로서의 성격을 갖도록 하였으나 제4차년도와 제5차년도는 단순히 전망적 성격을 부여하도록 하였다.

② 계획의 대상: 이때의 중기지방재정계획은 서울특별시를 제외한 197개 지방자치단체의 일반회계만을 대상으로 삼았다.

③ 불변가격: 중기지방재정계획을 수립함에 있어서 기준연도는 1981년으로 하고 다른 나라의 중기재정계획처럼 불변가격을 사용하였다.[14]

④ 연동식계획: 다른 나라의 중기재정계획처럼 매년 1년을 추가하고 1년을 삭제하는 연동식 계획방식을 채택하기로 하였으나 후속작업이 이루어지지 못했다.

(3) 현행지방재정법의 규정

2005년과 2014년에 개정된 현행 지방재정법에도 중기지방재정계획에 관한 규정이 있다. 1988년 법에서는 제1장 총직에 자리잡고 있던 중기지방재정계획에 관한 규정이 현행법에서는 제3장 예산으로 자리를 옮겼으나 제33조에 6개항에 걸쳐 상세하게 규정하고 있다.[15]

① 자치단체별 중기재정계획: 각 지방자치단체는 재정을 계획성있게 운용하기 위하여 매년 중기지방재정계획을 수리하여 지방의회에 보고하고, 행정자치부장관에게 제출하여야 한다.

② 국가계획·지역계획과의 연계: 각 자치단체의 중기재정계획은 국가계획

14) 김덕영, 「중기지방재정계획」, 지방재정 1982년 6월호, pp. 35-48.

15) 지방재정법 제33조.

이나 지역계획과 연계되도록 하여야 한다.

③ 종합적중기지방재정계획: 1988년 법의 경우와 같이 행정자치부장관은 각 자치단체의 중기재정계획을 수립하여 국무회의에 보고한다.

④ 지방재정계획심의회: 중기재정계획수립에 관한 자치단체장의 자문에 응하도록 하기 위하여 각 자치단체에 지방재정계획심의회를 둔다.

2. 중기재정계획으로서의 자본투자계획

(1) 자본투자계획의 중요성

중기재정계획은 자본적 지출뿐만 아니라 경상적 지출까지를 대상으로 하는 중기계획이다.

중앙정부의 경우에는 국방비, 사법·경찰비, 교육비 등까지를 포함하는 중기재정계획이 필요하겠으나 지방자치단체에 있어서는 경상적 지출도 중요하지만 시설투자를 위한 자본적 지출이 관심의 초점이 된다. 따라서 이러한 자본적 지출을 주된 대상으로 하는 중기계획인 자본투자계획이 많은 사람들의 관심을 끌게 된다.

(2) 자본적 지출과 경상적 지출의 차이점

우리는 앞에서 지방자치단체에서는 자본적 지출을 주된 대상으로 하는 자본투자계획이 중요하다는 것을 강조했는데 그러면 자본적 지출과 경상적 지출의 차이점이 무엇이냐 하는 문제가 다음에 제기된다. 우리는 양자의 차이점을 다음의 몇 가지로 요약하고자 한다.

① 장기적 계획의 필요성: 경상적 지출은 당연히 경상적 수입에 의하여 충당하여야 하나 자본적 지출은 차입, 수년간에 걸친 경상계정의 잉여금 또는 경상수입으로 충당할 수 있다. 따라서 사본적 지출의 합리화를 위해서는 세입, 차입 및 잉여금처리에 관한 재정기획이 뒤따라야 한다.

② 지역사회에 미치는 영향: 자본적 지출에 의한 건설사업은 지역사회에 지대한 영향을 미친다. 잘못 선정한 건설사업은 지역사회의 경제적·사회적 발전을 저해할 수 있다. 뿐만 아니라 자본적 지출을 위한 과도한 차입은 미래의 재정위기를 초래할 수 있다. 이런 의미에서 자본적 지출의 과오는 경상적 지출의 과오에 비하여 그 영향이 장기적이라고 할 수 있겠다.

③ 미래의 운영비: 자본적 지출은 미래의 운영비(경상적 지출)의 규모에 크게 영향을 미치는 요인이라 할 수 있다. 경우에 따라서 새로운 시설의 수년간의 운영비가 시설의 건설비를 능가할 수 있다. 이런 뜻에서도 자본적 지출은 충분한 기획을 요한다고 하겠다.

④ 특별한 자료의 필요성: 자본적 지출을 위한 기획은 경상적 지출의 경우와는 달리 특별한 자료를 필요로 한다. 현재의 운영비뿐만 아니라 새로운 시설이 완공됨으로써 추가로 소요되는 운영비, 과거·현재·미래의 재원분석, 시설개발계획, 소요액의 추정 등이 그 대표적인 예이다.

⑤ 회계연도의 초월: 경상적 지출과 달라 자본적 지출은 사업별로 승인해야 한다. 건설사업의 승인에 있어서 중요한 시간적 요소는 사업의 착공시기와 완공시기라고 하겠다. 수년간에 걸친 사업이 많으며, 회계연도라고 하는 인위적인 시기구분을 초월해야 하는 경우가 많다.[16]

(3) 자본투자계획과 자본예산

우리가 여기서 말하는 자본투자계획과 유사한 개념으로서 자본예산이 있다. 양자는 서로 밀접한 관련이 있기는 하나 구별되어야 할 개념이다.

한 마디로 말해서 자본투자계획은 투자사업을 효과적으로 수행하기 위한 중기계획이다. 이에 대하여 자본예산이란 자본투자계획에 의거하여 편성되는 당해연도의 자본적 지출에 관한 예산을 말한다.[17]

(4) 자본투자계획 발달의 원인

오늘날에 있어서 미국의 지방자치단체뿐만 아니라 주정부들도 광범위하게 자본투자계획과 자본예산제도를 채택하고 있는데 이러한 자본투자계획제도가 발달하게 된 원인을 주로 자치단체의 경우를 중심으로 살펴보면 다음과 같다.

① 재원의 제한: 주지하는 바와 같이 미국의 지방자치단체들은 한정된 재원을 가지고 있다. 조세의 종류 및 세율에 제한이 있으며 연방정부와 달라 지방자치단체들은 특정한 주의 기관과 투자은행의 감독 통제 하에 전통적인 건전재정의 원칙에 따라서 그 사무를 처리해야 한다.

---

16) International City Managers Association, *Municipal Finance Administration*, sixth edition(Chicago: ICMA, 1962), pp. 350-351.

17) 유훈, 재무행정론〔제6정 증보수정판〕(서울: 법문사, 2007), p. 389.

이리하여 자치단체는 시설의 확충과 그 비용과의 관계에 지대한 관심을 기울여야 할 뿐 아니라, 상술한 바와 같은 재원의 한정으로 인하여 공공시설을 확충함에 있어서 적자재정과 공채발행에 의존해야 한다는 결과를 초래한다. 뿐만 아니라, 팽창되어 가는 도시에 있어서 공공시설의 확충을 위하여 전적으로 경상적인 조세수입에만 의존한다는 것은 세율의 대폭적인 인상없이는 거의 불가능한 일이다.

② 수익자부담의 원칙: 공공시설을 위한 경비를 경상적 조세수입에만 의존한다는 것은 미래의 세대들도 사용할 시설의 경비를 현세대가 전적으로 부담한다는 결과가 된다. 예를 들면, 신축될 시민회관은 적어도 50년은 갈 것이니, 현세대만이 그 경비를 부담할 것이 아니라 장차 그 시민회관을 사용할 사람들도 공동으로 부담하는 것이 공평한 처사가 아니냐는 문제가 일어나게 된다. 따라서 시민회관건축비는 전적으로 경상적 수입에 의하여 충당할 것이 아니라, 기채를 하여 충당하고 서서히 공채를 상환함으로써 부담의 균등화를 기해야 한다는 것이다.

③ 장기계획의 필요성: 1929년의 대공황은 계획없이 지나치게 의욕적으로 공공사업을 추진하던 지방자치단체들에게 큰 타격을 주었다. 많은 지방자치단체들이 파산지경에 들어가게 되었던 것이다. 쓰라린 경험을 지닌 지방자치단체들은 이제는 공공사업을 추진하더라도 좀 더 계획적으로 해야겠다는 것을 통감하게 되었다. 이와 같은 상황 하에서 많은 도시들이 공공시설비를 자본투자계획으로 편성하는 것이 재정계획과 예산편성에 도움이 된다는 것을 발견했던 것이다.[18]

3. 자본투자계획의 수립과정

(1) 자본투자계획의 핵심적 요소

자본투자계획은 사용하는 지방자치단체에 따라서 그 과정이나 양식이 다양하나 자본투자계획의 핵심적 요소로서 다음의 세 가지를 들 수 있다.[19]

① 사업의 선정: 지방자치단체가 어떤 시설을 건설할 것이며 그러한 시설의

---

18) Jesse Burkhead, *Government Budgeting* (New York: Wiley, 1956), pp. 184-185.

19) J. Lisle Bozeman, "The Capital Budget: History and Future Decisions," *Public Budgeting and Finance*, Autumn 1984, p. 23.

건설을 위하여 구체적으로 어떤 사업을 채택할 것인가를 결정하는 문제이다.

② 선정된 사업의 시공시기: 어떤 사업을 선정하는가도 중요하지만 이에 못지 않게 중요한 것이 그러한 사업의 timing이다. 언제 착공하여 언제 완공하느냐는 시설의 필요성을 일차적으로 고려해야 하겠으나 이에 못지 않게 중요한 문제가 재원이므로 재원의 조달을 염두에 두어야 한다.

③ 재원의 뒷받침: 이러한 사업을 수행하는데 필요한 재원을 어떻게 조달하느냐의 문제이다. 경상적 수입에 의하여 조달할 수도 있겠고 지방채에 의존할 수도 있을 것이다.

지방채의 기채 여부는 시장상황을 염두에 두어야 하겠으나 전술한 바와 같이 수익자부담의 원칙에 따라 시설의 내구연한 등을 감안하여 미래의 세대에게도 부담시킬 필요가 있는지를 판단하여 결정해야 한다.

경우에 따라서는 중앙정부의 지원도 중요한 재원이 될 수 있다. 특별교부세나 국고보조금도 재원이 될 수 있겠으나 1990년대에 도입된 지방양여금도 빼놓을 수 없다.

(2) 자본투자계획의 수립과정

전술한 바와 같이 자본투자계획은 그 수립과정이나 양식 등이 자치단체에 따라 다양한데 일반적으로 다음과 같은 과정을 통하여 수립된다.

① 장기적 업무계획: 자본투자계획을 작성함에 있어서 제일 처음 단계는 10년 내지 15년 앞을 내다 보고 지방자치단체의 장기적인 업무계획을 수립하는 것이다.

② 시설개발계획: 둘째 단계는 이 장기계획의 테두리 안에서 종합적인 시설개발계획을 수립하는 것이다. 보통 계획기간은 5년 또는 6년이다. 시의 각 국장들은 시장의 지시에 따라 자기 소관에 속하는 사업에 관한 계획서를 시기획위원회(기타의 기획기관)에 제출한다. 시기획위원회는 이를 받아가지고 사업의 필요성·소요액 등을 검토하여 우선순위를 결정한다.

③ 장기재정계획: 다음 단계에 있어서는 시의 현재의 수입과 지출에 대한 재정분석을 하여 장기재정계획을 작성한다. 이 경우에 있어서 새로운 공공시설이 준공된 후 이를 보수하고 유지하는 데 소요되는 경비에 대한 검토도 있어야 한다. 뿐만 아니라, 시의 부채현황, 미래의 재원 등도 아울러 고려하여야 한다.

④ 계획의 완성: 다음에는 이와 같은 재정분석에 입각하여 우선순위에 따라 5개년 또는 6개년 계획을 완성한다. 이 경우에 있어서 사업에 따라 가용재원이 다르다는 점을 고려에 넣어야 한다. 예를 들면, 도로공사·하수도공사 등은 수익자부담이 가능하며, 주택건설·비행장건설·빈민촌정리 등은 중앙정부로부터의 보조에 의존할 수 있다.

⑤ 당해연도예산반영: 이와 같이 하여 일단 확정된 5개년 또는 6개년 계획의 제1차년도분은 지방자치단체의 예산에 포함하게 된다.[20] 전술한 바와 같이 자본예산이란 이것을 지칭하는 것이다. 이러한 자본투자계획과 당해연도 예산의 관계를 Mikesell의 예를 가지고 설명한다면 [그림 1-1]과 같다.[21]

자본투자계획 프로젝트

(단위: 천불)

연도	소방시설	도서관	하수시설	공 원
19×0	185	0	15	15
19×1	10	0	20	0
19×2	0	20	30	0
19×3	0	100	50	0
19×4	0	0	75	0
19×5	0	0	40	0

자 본 예 산	
19×0년도 프로젝트 (단위: 천불)	
소방시설	185
하수시설	15
공 원	15

경 상 예 산	
(단위: 천불)	
인건비	640
시설 · 비품비	140
기 타	20
	800

자본적 지출	경상적 지출
$ 215,000	$ 800,000
지출 합계 $ 1,015,000	

[그림 1-1] 자본투자계획과 당해연도 예산

많은 경우에 있어서 5개년 또는 6개년 계획은 매년 1년이 추가되고 1년이 삭

20) *Ibid.*, pp. 23-24.

21) John L. Mikesell, *Fiscal Administration: Analysis and Application for the Public Sector*, fourth edition (Belmot: Wadsworth, 1995), p. 224.

제되며 새로운 검토와 수정이 이루어진다. 이와 같은 계획을 연동식(이동식) 계획이라 하는데, 연동식계획은 결함도 있으나 고정식계획에 비하여 신축성이 있다는 장점이 있다.

제 2 장 지방자치단체의 기업적 운영

제 1 절 지방자치단체의 기업적 운영의 필요성

1. 자치단체장 직선과 지방자치

지방의회가 구성됨에 따라 우리나라 지방자치가 부활되었으며 자치단체장 선거로 지방자치가 본궤도에 올라서게 되었다고 하겠다. 다시 말해서 중앙집권적인 지방자치가 자치단체장 선거로 지방분권적인 지방자치로 전환될 계기가 마련되었다고 하겠다. 이것을 다른 관점에서 본다면 자치단체장 선거로 지방자치의 장점과 함께 지방자치의 각종 약점이 노정되기 시작하였다고 우려하는 사람들이 많다는 것이다.

2. 기업적 운영의 필요성

민선지방자치의 출범으로 노정된 지방자치의 약점의 하나가 재정난의 심화이다. 재원이 한정되어 있음에도 불구하고 주민의 자치단체에 대한 기대는 더욱 커지고 자치단체가 의욕적으로 사업을 전개하여 극심한 재정난에 봉착한 지방자치단체가 출현하였다는 사실이다.

이러한 현상은 자치단체장 선거에 출마하는 후보자들이 경쟁적으로 공약을 남발하는 까닭으로 자치단체장에 당선된 후보자가 임기 중에 도저히 완수할 수 없을 정도의 공약을 내걸게 됨으로써 더욱 심화될 것으로 생각된다. 여기에 자주경영체제 또는 기업적 운영의 필요성이 제기되는 것이다.[1]

---

1) 유훈, 「자치단체장직선과 자주경영체제」, 지방재정 1994년 제4호, pp. 4-13 참조.

제 2 절 기업적 운영의 의의

기업적 운영체제란 한마디로 말해서 자치단체행정에도 기업원리를 도입하여 효과적이며 능률적으로 운영하자는 것이다. 이에 관해서는 근래에 와서 일본학자들도 '자치행정의 기업적 운영'이라는 표현을 사용하여 여러 가지 제의를 하고 있으나[2] 우리는 이 곳에서 미국의 Osborne과 Gaebler가 『정부의 재창조』(Reinventing Government) 라는 저서에서 주장하고 있는 바를 소개하고자 한다.[3] "기업가적 정신에 의한 공공부문의 변형"이라는 부제를 단 이 책은 Clinton 행정부의 행정개혁의 기초가 되었다는 점에서 더욱 유명하다.[4] 이 책 속에서 이들은 ① 촉매적 정부, ② 지역사회 소유의 정부, ③ 경쟁적 정부, ④ 임무중심의 정부, ⑤ 결과지향적 정부, ⑥ 고객중심적 정부, ⑦ 기업적 정부, ⑧ 능동적 정부, ⑨ 분권적 정부, ⑩ 시장지향적 정부의 열 가지를 제의하고 있으나 우리는 이곳에서 기업적 정부, 경쟁적 정부, 고객중심적 정부의 세 가지에 관해서만 고찰하고자 한다.

1. 기업적 자치단체[5]

우리는 1988년의 서울 올림픽을 기억할 뿐만 아니라 그보다 4년 앞서 개최된 1984년 로스엔젤레스(LA) 올림픽을 기억하고 있다. 1976년의 몬트리올 올림픽은 10억 달러의 부채를 안겨주었는데 캐나다 사람들은 서기 2000년까지 이 부채를 상환해야 했다고 한다.

캘리포니아주의 조세저항 직후에 구성된 LA올림픽 위원회는 로스엔젤레스

---

2) 高寄昇三, 「自治體行政の企業的運營」, 岩崎忠夫編, 自治行政と企業(東京: 行政, 1993), pp. 3-17.

3) David Osborne and Ted Gaebler, *Reinventing Government*(Reading: Addison..Wesley, 1992).

4) Ronald C. Moe, "The 'Reinventing Government' Exercise: Misinterpreting the Problem, Misjudging the Consequence," *Public Administration Review*, March-April 1994, p. 111; John J. DiIulio, Jr., Gerald Garvey and Donald Kettl, *Improving Government Performance* (Washington: Brookings, 1993), pp. 3-5.

5) 이들은 기업적 정부라는 용어를 사용하고 있으나 우리는 기업적 자치단체라는 용어를 사용한다.

시민들이 올림픽을 위하여 10억 달러를 지원하지 않을 것이라는 사실을 직시하고 흑자를 내는 올림픽을 개최하기로 결정하였다. 모든 시설은 기존의 시설을 활용하기로 하고 5만 명에 달하는 자원봉사자를 모집했으며 기업으로부터의 광고수입 등을 최대한으로 활용하기로 하였다. 그 결과 LA올림픽은 2억 2500만 달러의 흑자를 기록하게 되었던 것이다. 1970년대·1980년대의 조세저항과 1990년대 초의 재정위기를 체험한 미국의 많은 지방자치단체들은 LA올림픽의 경험을 살려 세외수입을 극대화하기 위하여 경영사업을 확장하고 사용료수입의 증대를 위하여 전력을 기울이고 있다. 지방자치단체도 본질적으로 민간기업과 같이 운영되어야 한다는 이 주장을 좀더 구체적으로 살펴보기로 한다.

(1) 이윤동기의 활용

지방자치단체를 민간기업과 같이 운영하기 위해서는 무엇보다 필요한 것이 이윤동기의 활용이다. 전통적인 정부에서는 '이윤'이라는 것을 금기시했다. 그러나 재정난에 허덕이는 지방자치단체에서는 이러한 사고방식을 고쳐야 한다는 것이 Osborne과 Gaebler의 주장이다.

이윤동기의 활용이라 해서 모든 공공서비스를 이윤을 목적으로 판매해야 한다는 것은 아니다. 대부분의 공공서비스는 판매해서는 안되며 판매할 수도 없을 것이다. 그러나 골프장·테니스장·보트선착장 등과 같은 고소득층이 주로 사용하는 시설을 이윤추구의 대상으로 삼아서 안 될 이유가 없다는 것이다.

(2) 사용료의 증수

세외수입의 증대를 위하여 공영개발사업을 전개하는 지방자치단체도 많으나 위험이 따르는 공영개발사업보다 안전성이 높은 사용료 수입에 의존하는 것이 바람직할는지 모른다.

사용료 수입의 징수를 위해서는 세 가지 전제조건이 필요하다. 첫째로, 시설을 이용하는 주민에게 혜택이 있어야 하며, 둘째로 사용료를 납부하지 않는 사람의 시설의 이용을 배제할 수 있어야 한다. 끝으로 사용료를 능률적으로 징수할 수 있어야 한다. 사회전체에 그 혜택이 미치는 공공재에 대해서 사용료를 징수하지 말아야 함은 더 말할 것도 없다.

(3) 절약을 위한 투자

기업적 정부의 세 번째 특징은 투자적 측면이다. 사기업은 항상 지출과 수입을 동시에 염두에 두며 수익을 극대화하기 위하여 필요한 만큼 지출할 수 있다. 그러나 공공부문에서는 항상 지출만을 염두에 둔다. 어떻게 하면 지출을 최소화할 것인가에 관심이 있지 수익은 염두에 두지 않는다. 아무리 수익률이 높은 투자라 할지라도 규모가 크다는 이유만으로 투자를 주저하는 경우가 많다. 이것은 중앙정부나 지방자치단체를 막론하고 수입을 관장하는 부서와 지출을 담당하는 부서가 다른 데도 그 이유가 있는 것이다. 그러나 기업적인 자치단체는 수익률이 높은 투자를 소홀히 하지 말아야 한다. 이것은 이윤을 내는데 목적이 있는 것이 아니라 예산을 절약하기 위해서 필요한 조치이다.

(4) 관리자의 기업가로의 변신

한마디로 말해서 지방자치단체가 기업적 정부가 되기 위해서 관리자가 기업가로 변신해야 한다는 것이다. 사고방식을 종전의 관료적인 사고방식에서 기업가적인 사고방식으로 전환해야 한다. 지방자치단체로서는 이들이 기업가와 같이 사고하고 행동할 수 있도록 재량을 부여해야 할 뿐만 아니라 경제적 유인(incentives)도 마련할 필요가 있는 것이다.[6]

2. 경쟁적 자치단체

Osborne과 Gaebler는 지방자치단체도 본질적으로 사기업체와 같이 경쟁적인 시장환경하에서 그 기능을 최대한으로 발휘할 수 있다고 본다. '경쟁'이야말로 정부기관이건 사기업체이건간에 독점기관으로 하여금 소비자의 요청에 적응케 하는 방안이라고 보는 것이다. 이들은 지방자치단체가 필요로 하는 경쟁을 크게 세 가지로 나누고 있는데 첫째는 공공부문과 민간부문간의 경쟁이고, 둘째는 민간부문 내에서의 경쟁, 다시 말해서 민간기업과 민간기업간의 경쟁이며, 셋째는 공공부문 내에서의 경쟁이다.

(1) 공공부문과 민간부문의 경쟁

쓰레기 수거, 쓰레기 처리, 도로보수 등과 같은 공공서비스의 담당기관을 결정함에 있어서 정부기관과 민간기업을 경쟁시켜 보다 저렴하고 능률적으로

6) Osborne and Gaebler, *op. cit.*, pp. 195-218.

처리할 수 있는 기관으로 하여금 담당케 한다는 것이다.

최근 미국의 테네시(Tennessee)주에서 세 개의 형무소를 신설했는데 그 중 1개소는 민간기업에 운영을 맡기고 2개소는 주정부가 그 운영을 담당하게 되었다고 한다. 또한 미국의 교통부는 연방정부로부터 재정적 지원을 받는 도시대중교통수단의 경우 공공부문과 민간부문이 경쟁할 수 있도록 조치한 결과 로스엔젤레스, 캔사스 시티, 마이애미, 덴버 등의 도시는 노선별로 정부부문과 민간부문에게 대중교통수단의 운영을 분담시키고 있다.

이와 같은 공공부문과 민간부문 간의 경쟁이 가능하기 위해서는 다음과 같은 몇 가지 전제조건이 충족되어야 한다. i) 수행되어야 할 업무를 명확히 규정할 수 있어야 한다. ii) 지방자치단체는 담당자의 업무수행을 모니터(monitor)할 수 있어야 하며, iii) 계약서에 적절한 조건이 포함되어야 하며, 이를 시행할 수 있어야 한다.

(2) 민간부문 내의 경쟁

지방자치단체가 특정한 공공서비스나 물품의 공급에 관하여 민간기업들 간의 경쟁을 유도하는 경우를 흔히 볼 수 있다. 민간기업들 간의 경쟁은 세 가지로 나누어서 고찰할 수 있다.

첫째는 시장공급에 일임하는 방법으로서 지방자치단체가 종전에 담당하던 서비스를 시장기구에 떠넘기는 것이다. 지방자치단체는 서비스 기준은 설정하나 그 밖의 거래에는 관여하지 않는다. 쓰레기 수거 등을 위하여 미국의 소도시에서 많이 사용하는 방법으로서 지방자치단체는 모든 가구가 1주일에 적어도 한번은 쓰레기를 수거해야 한다는 기준만 설정하고 어떤 업자에게 맡겨 어떤 방법으로 수거하느냐는 전적으로 각 가구에 일임하고 있다. 이 경우 민간기업들 간의 경쟁에 의하여 각 가구의 쓰레기수거업자가 결정되는 것이다.

둘째는 지방자치단체의 물품구매이다. 일반적으로 일정 금액 이상의 물품을 구입할 때에는 일반경쟁계약에 의하여야 하므로 물품의 공급을 위하여 민간기업간의 경쟁이 치열하기 마련이다.

셋째는 민간위탁(contracting)이다. 지방자치단체가 민간기업이나 비영리단체 등과의 계약을 통하여 종전에 지방자치단체가 직접 공급하던 공공서비스를 공급하는 방법이다. 이것이 성공을 거두기 위해서는 전술한 공공부문과 민간부문간의 경쟁이 가능하기 위한 세 가지 전제조건 외에 서비스 공급을 담당할 사기업이 다수 있어야 하며 이들간에 경쟁적인 분위기가 조성되어 있어야 한다는 추가적인 조건의 충족이 필요하다.

(3) 공공부문 내의 경쟁

민간부문 내의 경쟁의 경우와는 달리 공공부문 내의 경쟁은 흔히 볼 수 있는 현상은 아니나 이것도 불가능한 것은 아니다.

특정한 지방자치단체가 독자적인 소방대를 가지지 않고 인근의 타지방 자치단체의 소방대를 계약에 의하여 활용하는 경우 공공부문 내의 경쟁이 가능하다. Osborne과 Gaebler는 공립학교간의 경쟁을 공공부문 내의 경쟁의 예로 들고 있다. 어린이를 강제로 배정하지 않고 학부모에게 '쿠폰'과 같은 것을 교부하여 각자가 가고 싶은 학교를 선정함으로써 공립학교간의 경쟁을 유도하자는 것이다. 미국의 일부 주에서 이미 시행하고 있는 제도이며 좋은 성과를 거두고 있는 것도 사실이나 우리나라에 적용하기에는 여러 가지 문제가 많아 시기상조라 하겠다.[7]

3. 고객중심적 자치단체

기업적 운영체제하에서 지방자치단체가 추구해야 할 또 하나의 목표는 고객중심적인 정부가 되어야 한다는 것이다.

(1) 고객중심자치단체의 필요성

중앙정부이건 지방자치단체이건 간에 정부부문에서는 고객(customer)이라는 용어를 별로 사용하지 않으며 대부분의 정부기관은 그들의 고객이 누구인지도 모르나 사기업은 고객을 중요시하며 고객을 만족시키기 위하여 노력한다. Osborne과 Gaebler는 이러한 차이가 발생하는 가장 중요한 원인을 사기업은 고객으로부터 자금을 획득하는데 대하여 정부기관은 필요한 자금(예산)을 고객으로부터 얻지 않는데 있다는 것이다. 사기업의 경우 고객을 만족시키면 매출이 늘어나나 경쟁기업이 고객을 보다 만족시키면 기업의 매출은 감소하기 마련이다. 따라서 경쟁체제하의 사기업은 고객에 대하여 지대한 관심을 가질 수밖에 없다.

---

7) *Ibid.*, pp. 76-107.

그러나 정부기관의 경우에는 필요한 자금을 의회(국회)가 의결하는 예산에 의하여 획득하는 까닭에 고객에게 관심을 가질 필요가 없다는 것이다. 뿐만 아니라 정부기관의 경우 고객은 선택의 여지가 없다는 것이다. 그들은 정부가 공급하는 서비스를 받을 수밖에 없다. 따라서 정부기관의 관리자들은 자치단체장이나 행정수반의 뜻에 충실하기를 원하며 선거에 의하여 취임하는 사람들은 유권자나 이익집단을 만족시키기를 원하지 고객에 대하여 관심을 가지지 않는다.

미국과 같은 경우에는 더 말할 것도 없고 우리나라의 경우에도 국민의 생활수준과 교육수준이 향상됨에 따라 국민들은 그들이 제공받는 공공서비스에 관하여 고객으로서 존중받기를 원하는 경향이 급증하고 있다. 따라서 소위 기업적 운영체제하에서 지방자치단체는 고객중심적 체제가 되어야 한다는 것이다.

(2) 고객중심적 자치단체의 장점

지방자치단체가 고객중심적 정부가 되려면 고객에게 자원을 주고 그들로 하여금 서비스 제공자를 선택케 해야 한다는 것이 Osborne과 Gaebler의 주장이다. 이들은 고객중심적 정부를 자동차에 비유하여 고객이 운전석에 앉는 체제라 하여 고객운전체제(customer-driven system)라는 용어를 사용하고 있다. 고객중심적 정부의 장점으로서 여러 가지를 들 수 있겠으나 이들은 다음의 일곱가지를 들고 있다.

첫째로, 고객중심적 자치단체는 서비스 제공자로 하여금 고객에 대하여 책임을 지도록 강요한다. 고객이 선택권을 가지는 체제 하에서는 고객이 만족을 얻지 못하면 다른 제공자를 선택하게 되므로 항상 고객의 니즈(needs)가 무엇인가에 관심을 가지고 이를 충족시키도록 최선을 다한다는 것이다.

둘째로, 고객중심적 자치단체에서는 서비스 제공자의 선정이 탈정치적일 수밖에 없으며 합리적으로 선정된다는 것이다. 민간기업으로 하여금 공공서비스를 제공케 하는 경우 사업자의 선정에 있어서 정치적인 선택을 하는 경우가 많다. 그러나 고객이 자원에 대한 통제권을 지니면 정치인들이 적격자가 아닌 사업자를 선정할 수가 없다는 것이다.

셋째로, 고객중심적 체제는 쇄신을 촉진한다. 경쟁이 치열한 상황 하에서 사기업체가 꾸준히 쇄신을 이루어가는 것같이 고객이 선택권을 가지는 체제는 쇄신적일 수밖에 없다.

넷째로, 고객중심적 체제는 국민들에게 여러 종류의 서비스 중에서 원하는 서비스를 선택할 수 있게 한다는 것이다. 과거에는 정부가 획일적인 서비스를 모든 국민에게 공평하게 제공하는 것을 지상명제로 삼았다. 그러나 생활수준과 교육수준이 향상됨에 따라 국민들은 획일적인 서비스보다는 개성에 맞는 서비스를 요구하게 되었으며 고객중심적 체제는 이것을 가능하게 한다.

다섯째로, 고객중심적 체제는 공급을 수요에 맞추는 까닭에 낭비가 적다는 것이다. 대부분의 공공서비스는 고객의 요구에 의하여 종류나 수량이 결정되는 것이 아니라 법령에 의하여 결정되므로 낭비가 많으나 고객중심적 체제하에서는 고객이 원하는 서비스를 제공하는 까닭에 낭비가 덜하다는 것이다.

여섯째로, 고객중심적 체제하에서는 고객에게 선택권을 부여하는데 스스로 선택한 고객은 커미트먼트(commitment)가 강하다는 것이다. 스스로 선택한 학교에 다니는 학생들은 자퇴율이 낮으며 문제가 적고 면학 분위기가 좋다는 것이다. 동일한 얘기가 임대주책, 직업훈련, 보건진료 등에도 적용될 수 있다고 하겠다.

일곱째로, 고객중심적 체제가 사회적 형평의 실현에 도움이 된다는 것이다. 정부가 저소득층에게 혜택을 주기 위하여 임대주택이나 보건진료 등에 있어서 서비스 제공자에게 재정지원을 하는 것보다 증서교부(vouchers) 등의 방법으로 고객에게 선택의 여지를 주는 것이 사회적 형평의 실현에 더 많은 도움이 된다는 것이다.

이상으로 고객중심적 체제의 장점을 일곱가지로 나누어서 살펴보았는데 여기서 유의할 점이 두 가지가 있다. 첫째로 위에서 살펴본 고객중심적 체제의 장점은 서비스 공급에만 적용되는 것이며 규제에는 적용되지 않는다는 사실이다. 규제의 고객은 개인이 아니라 지역사회 전체인 까닭이다. 둘째로 고객중심적 체제는 서비스 공급자간의 경쟁이 존재한다는 것을 전제로 한다. 서비스 공급자간에 경쟁이 없고 신규참여가 사실상 제한되는 경우에는 고객중심적 체제가 성립하기 어렵다는 것이다.[8]

---

8) *Ibid.*, pp. 166-194.

제 3 절 기업적 운영의 구현과 문제점

우리는 위에서 Osborne과 Gaebler의 주장을 빌어 기업적 운영체제를 ① 기업적 자치단체, ② 경쟁적 자치단체, ③ 고객중심적 자치단체라는 세 가지 관점에서 살펴보았다. 이곳에서는 이러한 주장들이 지방자치단체에서 구체적으로 어떻게 실현될 수 있는지를 수입과 지출로 나누어서 살펴보고자 하며 이어서 기업적 운영의 문제점을 고찰하고자 한다.

1. 기업적 운영체제와 수입의 증대

위에서 살펴본 바와 같이 기업적 운영체제란 지방자치단체를 기업과 같이 운영하여 자치단체의 수입을 극대화하자는 것이다.

그러나 우리나라와 같이 국회가 제정한 지방세법에 따라 광역이냐 기초자치단체이냐의 차이는 있으나 모든 지방자치단체가 동일한 세목의 조세만을 부과하는 상황 하에서는 세수증대에는 한계가 있기 마련이다. 주어진 세제의 범위 안에서 세정의 합리화를 통하여 세수증대를 도모하여야 한다. 따라서 수입의 증대는 세외수입에 의존할 수밖에 없다. 기업적 자치단체의 항에서 고찰한 바와 같이 지방자치단체는 이윤동기를 활용하여 경영사업을 확충하고 사용료의 증수를 도모하여야 한다. 한 마디로 말해서 기업적 운영체제하에서는 자치단체의 관리자들이 기업가로 변신하여야 한다는 것이다.

2. 기업적 운영체제와 재정지출의 합리화

기업적 운영체제하에서 지방자치단체는 수입의 극대화를 기하여야 할 뿐만 아니라 재정지출을 합리화하려는 노력도 소홀히 하지 말아야 한다.

경쟁적 자치단체의 항에서 고찰한 바와 같이 지방자치단체의 '책임'과 지방자치단체의 '공급'을 구별하여야 한다. 지방자치단체가 책임져야 하는 분야 또는 서비스라고 해서 지방자치단체가 직접 공급해야 하는 것은 아니다. 공공부문과 민간부문간의 경쟁, 민간부문 내에서의 경쟁, 공공부문 내에서의 경쟁을 통하여 가장 저렴하고 능률적으로 공공서비스의 공급이 이루어져야 한다. 뿐만 아니라 고객중심적 자치단체의 항에서 살펴본 바와 같이 생활수준과 교육수준이 향상된 오늘의 상황 하에서 사기업의 경우와 같이 고객중심적으로 재정지출이 이루어져야 한다는 사실에 유의하여야 한다.

3. 기업적 운영체제의 문제점

우리는 위에서 자치단체장선거가 심화시킬 지방자치단체의 재정난의 해결책으로서 자치단체를 사기업과 같이 운영하자는 기업적 운영체제의 필요성을 제시하였다. 그러나 이러한 기업적 운영체제에 대하여 비판이 없는 것은 아니다. 우리는 그 중에서 두 가지만 검토하기로 한다.

(1) 기업적 운영체제와 민주적 통제

지방자치단체도 사기업과 같이 운영하기 위해서는 고객중심적인 체제가 되어야 하며 고객에 대하여 책임져야 한다는 점을 위에서 강조했다. 그러나 민주주의 체제하에서는 국민이 선출한 대표에 대하여 책임을 져야 한다는 것인데 고객에 대하여 책임을 져야 한다는 주장이 전통적인 '민주적 통제'의 원칙과 상충되는 것이 아니냐는 의문이 제기되고 있다.[9]

(2) 기업적 운영체제와 사회적 형평

기업적 운영체제가 사회적 형평의 실현에도 도움이 된다는 주장도 있으나[10] 지방자치단체를 사기업과 같이 운영하고 이윤동기와 능률을 강조하다보면 저소득층의 기득권을 침해하고 그들에게 불이익이 돌아갈 우려가 있다는 것을 부인하기 어려울 것이다. 따라서 기업적 운영체제를 운영함에 있어서 저소득층이나 불우계층에 대한 배려를 항상 염두에 두어야 할 것이다.

---

9) Moe, *op. cit.*, p. 116.

10) Osborne and Gaebler, *op. cit.*, pp. 185-186.

제 3 장 지방자치단체의 감축관리

제 1 절 감축관리의 의의

1. 감축관리등장의 배경

자유방임주의 하에서는 더 말할 것도 없고 1920년대까지만 하더라도 '작은 정부'가 바람직한 목표로 생각되었다. 대공황이 일어나고 정부의 기능이 팽창함에 따라 기구는 급속히 커지고 예산규모도 크게 팽창하게 되었다. 이러한 거대한 정부는 제2차 대전의 발발과 그 후 냉전의 계속으로 1960년대까지 계속되었다고 할 수 있겠다.

그러다가 1970년대에 들어와서 두 번에 걸친 석유파동이 일어나고 인플레이션이 심해지자 많은 국가의 중앙정부와 지방자치단체가 극심한 재정난을 겪게 되었다. 그 가장 대표적인 예의 하나가 뉴욕시의 재정난이라 하겠다. 시공무원들의 봉급의 지급이 중단되고 그야말로 파산지경에 이르게 되었다. 이러한 현상에 직면하자 많은 중앙정부와 지방자치단체에서 기구의 축소와 예산의 절감이 중요한 과제로 등장하게 되었다.

우리나라에서도 경제위기로 인한 IMF체제를 맞이하여 민간부문은 더 말할 것도 없고 정부부문에서도 중앙정부와 지방자치단체가 기구와 인원의 감축을 단행했다는 것은 주지의 사실이다.

행정학에서는 정부의 기구나 사업을 큰 저항없이 축소하고 예산을 절감하는 것을 목표로 하는 감축관리(cutback management)가 제기되어 이에 관한 많은 논문들이 발표되었다.[1]

1) *Public Administration Review*는 1978년 7월~8월호와 1980년 11월~12월호에 감축관리에 관한 Symposium을 게재했다.

2. 감축관리의 개념

(1) 감축관리의 정의

감축관리를 “역기능적이거나 중복·과다하거나 불필요한 기능·기구·인력·정책 그리고 사업 등을 의식적으로 정비하는 결정과 집행을 의미한다”고 정의하는 사람이 있으나[2] 우리는 이곳에서 감축관리란 자원소비를 낮추고 조직활동을 줄이는 방향으로 조직의 변혁(organizational change)을 유도하는 것이라고 정의하고자 한다.[3]

과거의 행정이론이 ‘성장’, ‘풍요’, ‘합의’를 토대로 한 것이었다면 앞으로의 이론은 ‘쇠퇴’, ‘궁핍’, ‘갈등’을 기초로 삼아야 한다는 주장이 있다.[4] 설사 이러한 견해가 과장된 것이라고 하더라도 감축관리가 제기된 배경에는 1970년대의 자원난이 도사리고 있는 것만은 사실이다.

감축관리는 역기능적이거나 불필요한 기구·정책만을 정비하는 데 그 목표가 있는 것이 아니라 자원난, 인플레이션, 세입결함으로 말미암아 필요한 기능·기구·정책까지도 정비하지 않을 수 없다는 데에 감축관리의 어려움이 있는 것이다.

(2) 유사개념

감축관리와 유사한 개념으로서 여러 가지를 들 수 있겠으나 우리는 본편 제2장에서 살펴본 자치단체의 ‘기업적 운영’과 제4장에서 고찰할 ‘공공서비스의 민영화’를 검토하고자 한다.

① 자치단체의 기업적 운영: 전술한 바와 같이 자치단체의 기업적 운영이란 지방자치단체에도 기업원리를 도입하여 효과적이며 능률적으로 운영하자는 것이다. Osborne과 Gaebler의 표현을 빌린다면 기업가정신에 의한 지방자치단체의 변모라 할 수 있다.[5] 감축관리가 자원소비를 낮추고 조직활동을 줄이려는

---

2) 허범, 「기본정책의 관점에서 본 한국행정의 감축관리」, 김운태편, 한국정치행정의 체계(서울: 박영사, 1982), p. 282.

3) Charles H. Levine, “More on Cutback Management: Hard Questions for Hard Times,” *Public Administration Review*, March-April 1979, p. 180.

4) William Scott, “Organization Theory: A Reassessment,” *Academy of Management Journal*, June 1974, pp. 242-254.

5) 이에 관해서는 본편 제2장 「지방자치단체의 기업적 운영」 참조.

소극적 개념이라 한다면 기업적 운영은 단순히 예산을 절약하기만 하는 것이 아니라 장기적 관점에서 예산의 절약을 가져올 수 있다면 거액의 투자도 마다하지 않는 적극적 개념이라 할 수 있다.

② 공공서비스의 민영화: 지방자치단체의 '책임'과 지방자치단체의 '공급'을 구별하여야 한다는 관점에서 공공서비스의 '공급자'를 지방자치단체에서 민간으로 전환하는 조치이다.[6]

넓은 의미의 감축관리가 공공서비스의 민영화도 포함할 수 있겠으나[7] 일반적으로 감축관리는 자원소비를 낮추고 조직활동을 줄이는 '자체적' 조치인데 대하여 공공서비스의 민영화는 서비스의 공급자를 전환하는 조치라 하겠다.

기업적 운영과 공공서비스 민영화의 관계를 살펴본다면 기업적 운영이 보다 넓은 개념이라 할 수 있다. Osborne과 Gaebler는 「경쟁적 정부」라는 장에서 공공부문과 민간부문의 경쟁을 주장하고 민간부문이 동일한 서비스를 공공부문보다 저렴하게 제공할 수 있다면 민간부문으로 하여금 담당케 해야 한다는 것을 강조하고 있다.[8]

3. 감축의 원인

정부나 지방자치단체의 사업이 감축되는 원인으로서 여러 가지를 들 수 있겠으나 우리는 이곳에서 다음의 네 가지로 구분하여 고찰하고자 한다.[9]

〈표 3-1〉 감축의 원인

	내부적 요인	외부적 요인
정치적 요인	정치적 취약성	문제의 고갈
경제적 · 기술적 요인	조직의 위축	환경의 엔트로피

6) 이에 관해서는 본편 제4장「지방자치단체 공공서비스의 민영화」 참조.

7) Kazunari Hamanda and Shigeru Aoki, "Spinning Off in Japan: The Upsurge in Privatization," in George G. Wynne(ed.), *Learning from Abroad Cutback Management: A Trinational Perspective*(New Brunswick: Transaction Books, 1983), pp. 186-189.

8) David Osborne and Ted Gaebler, *Reinventing Government*(Reading: Addison..Wesley, 1992), pp. 84-85.

9) Charles Levine, "Organizational Decline and Cutback Management," *Public Administration Review*, July.. August 1978, pp. 318-319.

(1) 문제의 고갈

감축의 외부적·정치적 원인으로서 문제의 고갈을 들 수 있는데 이것은 다시 인구의 이동, 문제의 재정의, 정책의 종결로 세분될 수 있다.

① 인구의 이동: 대표적인 예로서 서울시내 도심지역과 농촌지역의 초등학교 적령아동의 감소로 인하여 일부 초등학교가 폐쇄되는 경우를 들 수 있겠다.

② 문제의 재정의: 진정제 기타 약품의 개발과 의료비의 앙등 등으로 인하여 정신질환에 대한 일반의 관념이 달라지고 의학계의 이론이 변하여 정신병원 입원환자의 수가 감소된 경우가 좋은 예라고 하겠다.

③ 정책의 종결: 정책과정의 최종단계로서 정부의 특정한 정책을 의도적으로 종식시키거나 중지하는 것이다. 학자에 따라서는 정책의 종결을 광의로 보는 사람이 있으나 우리는 정책의 종결을 협의로 보고자 한다.

(2) 환경의 엔트로피

외부적인 경제적·기술적 요인으로서 환경의 엔트로피를 들 수 있다. 환경의 능력이 저하하여 정부나 지방자치단체의 조직을 현행 수준에서 유지할 수 없을 때 발생하는 것으로서 지역경제의 퇴조로 인하여 재정난에 빠진 도시나 지역에서 그 대표적인 예를 찾아 볼 수 있다.

(3) 정치적 취약성

내부적인 요인의 하나로서 조직의 정치적 취약성(political vulnerability)을 들 수 있다. 예산의 절감이나 환경으로부터의 감축의 요구에 대한 저항력이 약한 것을 의미한다.

이러한 조직의 정치적 취약성의 원인에는 여러 가지가 있겠으나 규모의 왜소, 내부의 갈등, 리더십의 변동, 전문성의 기반의 결여, 좋은 image의 제시부족 등을 들 수 있겠으나 정치적 취약성의 가장 정확한 척도로서 조직의 역사를 들 수 있을는지 모른다.

(4) 조직의 위축

위축현상은 모든 조직에서 찾아볼 수 있겠으나 정부나 지방자치단체조직에서는 조직의 위축이 빈번하게 발생할 수 있다. 사기업에서는 조직의 위축이 일어나면 판매수입의 감소가 발생하여 이에 대처할 수 있으나 공공조직은 판매수입이 없는 경우가 많기 때문에 조직의 고장이나 책임의 소재를 즉시 파악할 수 없는 까닭이다.

제 2 절 감축관리의 저해요인

1. 감축관리의 저해요인

정부나 지방자치단체가 그 기능, 사업, 정책, 조직 등을 종식시키거나 감축하는 것이 어려운 이유가 많이 있겠으나 우리는 이곳에서 다음의 몇 가지로 나누어서 검토하기로 한다.[10)]

(1) 심리적인 저항

사업, 조직, 정책을 새로 시작하기는 쉬워도 이들을 종결하거나 감축하기는 심리적으로 어려운 것이 인간이다. 이러한 까닭에 환경의 변화로 인하여 사업이나 정책을 끝내야 함에도 불구하고 끝내지 못하는 경우가 많은 것이다. 심리적인 저항감으로 인해서 마땅히 끝냈어야 할 사업이나 정책을 끝내지 못한 예로서 제1차 대전 전의 기병대의 경우를 들 수 있다.

기관총과 고성능 대포 등의 보급으로 기병대의 효용이 격감되었음에도 불구하고 많은 국가의 군사전문가들이 기병대에 대한 애착을 버리지 못했으며 미육군에서는 제2차 대전 중에도 기병대가 존속했던 것이다.

1930년대 프랑스에 있어서는 마지노선(Maginot Line)에 대한 대안이란 있을 수 없었다. 프랑스인들에게는 마지노선이 독일군의 공격을 저지하지 못한다는 것은 상상할 수도 없었던 것이다.

(2) 조직의 항구성

조직은 변경과 종식에 대한 저항력을 지니고 있다. 조직은 환경에 대한 적응력을 지니고 있는 까닭에 쉽사리 소멸하지 않는다. Gouldner의 표현을 빌린다

---

10) Peter deLeon, "Public Policy Termination: An End and A Beginning," *Policy Analysis*, Summer 1978, pp. 379-386; Peter deLeon, "A Theory of Policy Termination," in Judith May and Aaron Wildavsky(eds.), *The Policy Cycle*(Beverly Hills: Sage Publications, 1978), pp. 286-293.

면 조직은 모든 사회집단의 경우와 같이 '생존'이라는 지상과제를 안고 있다. 이 지상과제 때문에 조직은 때때로 조직목표를 등한히 하는가 하면 목표를 왜곡하기도 한다는 것이다.[11]

(3) 동태적 보수주의

조직은 동태적인 실체이다. 조직의 목표가 달성되었거나 환경적인 요인으로 목표의 달성이 불가능한 경우 조직은 새로운 목표를 발견하거나 환경의 개조를 시도한다. 우리는 이러한 현상을 동태적 보수주의(dynamic conservatism)라고 부르기도 한다.

소아마비재단은 국민들의 지지를 얻어 소아마비예방약의 연구를 지원하고 소아마비희생자들에게 도움을 주는 것을 그 목표로 하였다. 이 재단은 약 20년간 이 목표의 달성을 위하여 성실히 노력한 결과 유명한 소오크 왁친, 세이빈 왁친의 발명에 크게 이바지하게 되었으며 소아마비의 위협을 완전히 제거할 수 있게 되었다.

이와 같이 그 목표를 달성한 후 소아마비재단은 해체할 수 있었으나 해체하지 않고 관절염과 불구아출생의 예방 및 치료라는 새로운 목표를 수립하고 이를 달성하기 위하여 노력하게 되었다.[12] UN군의 한국전쟁참전의 목표는 공산군을 남한으로부터 축출하는 데 있었다. 이러한 목표가 달성되자 당시의 UN군 사령관 맥아더장군은 공산군을 한반도에서 몰아낸다는 새로운 목표를 수립하게 되었으며 이러한 목표에 따라 UN군이 38선을 넘어 북한으로 진격하였다는 것은 우리가 다 잘 아는 사실이다.

(4) 감축의 반대를 위한 정치적 연합

감축의 저해요인으로서 감축을 반대하는 세력의 정치적 연합을 들지 않을 수 없다. 어떤 조직이나 그 조직이 담당하는 사업·정책이 감축의 위협에 직면하면 조직내부의 집단들이 그들의 힘과 전술을 동원하여 감축을 반대하는 것이 일반적인 현상인데 조직내부의 세력과 외부의 세력이 연합전선을 형성할 때 그 힘은 막강해진다. 미해군은 기지폐쇄의 위협에 직면하면 그 지방의 노동조합,

11) Alvin Gouldner, "Organizational Analysis," in Robert K. Merton *et al.* (eds.), *Sociology Today*(New York: Basic Books, 1959), p. 405.

12) Amitai Etzioni, *Modern Organizations*(Englewood Cliffs: Prentice-Hall, 1964), p. 13.

관련기업, 그 지방출신 국회의원 등을 동원하여 기지폐쇄를 반대하는 경우가 많다고 한다.

감축을 반대하기 위하여 형성하는 연합전선의 동조자는 경우에 따라서 타정부부처, 국회의 상임위원회, 외국정부일 수도 있다. Skybolt 미사일 개발사업을 종결하려는 미국방성의 결정에 대해서 국무성과 영국정부가 연합하여 맹렬히 반대했던 것이다.

(5) 법적인 제약

조직·사업·정책의 감축은 법적 제약으로 인하여 저해를 받는 경우가 많다. 우리나라에서 행정개혁위원회나 기획조정실 등의 폐지가 어려웠던 것은 정부조직법을 개정해야 한다는 데에도 그 이유가 있었다. 1972년까지만 하더라도 정부 각 부처의 국을 폐지하는 일은 정부조직법을 개정해야 했기 때문에 지극히 어려운 작업이었던 것이다.

미국에서는 법원의 개입이 감축을 어렵게 만드는 경우가 많다. 닉슨대통령이 대통령령으로 경제기회처(Office of Economic Opportunity)의 폐지를 결정하자 이 기관소속 공무원들은 법원에 제소하여 대통령령의 취소결정을 얻어냈던 것이다.

(6) 높은 비용

조직이나 정부의 감축은 많은 비용(cost)을 소요로 한다. 경제적 비용 뿐만 아니라 정치적 희생을 요구하는 경우가 많다. 정책결정자들이 정책의 실패를 인정해야 하는데 실패를 인정하기를 원하는 정책결정자들이 많지 않다. 정책·사업을 종결하거나 감축하기 위해서는 대안을 제시해야 하는 경우가 많은데 대안의 제시가 어렵거나 비용을 유발하는 경우가 많다. 원자력발전의 비판자들이 원자력발전을 적극적으로 반대하지 못한 것은 원자력을 대신할 공해가 없는 에너지자원을 제시하지 못했던 까닭이다. 감축이나 종결이 사기의 저하를 위시하여 많은 부작용을 낳는다는 것도 잊어서는 안되겠다.

2. 감축관리의 전략

감축관리의 전략으로서 여러 가지를 들 수 있겠으나 우리는 이곳에서 감축의 규모와 시계, 감축의 대상, 능률과 형평의 세 가지 문제를 고찰하기로 한다.[13]

(1) 감축의 규모와 시계

중앙정부나 지방자치단체가 감축을 하는 경우에 일시에 대폭적으로 감축하는 것이 나으냐 매년 조금씩 감축하는 것이 나으냐 하는 문제가 있다. 감축이 불가피하다면 일시에 대폭적으로 감축하고 조직을 이에 맞추어 재정비한다는 장점이 있을 수 있다. 그러나 일시 대폭감축의 단점은 후에 원상복귀하는 데 필요한 자원을 획득할 수 없을는지 모른다는 위험이 따른다는 사실이다.

이에 반하여 매년 점차적으로 감축하는 방안은 언젠가는 감축의 필요성이 없어져서 감축이 중단될 것이라는 기대 하에 감축의 영향을 최소화하자는데 그 목적이 있다. 미국의 우주항공국이 점감정책을 택한 대표적인 기구라고 할 수 있다. 1960년대의 우주항공국을 아는 사람들은 1970년대의 우주항공국의 점차적 감축방안이 project management와 관리쇄신 등을 포함한 관리체제 전반에 얼마나 악영향을 미쳤는가를 잘 알고 있다. 한 마디로 말해서 일시적·대폭적 감축방안은 가장 합리적인 관리전략이라고 할 수 있는데 대하여 점차적 감축방안은 합리적 정치전략(political strategy)이 될 수 있을는지 모른다.

(2) 감축의 대상

둘째로 문제가 되는 것은 일률적으로 모든 하부기관이나 사업에 감축의 부담을 나누어지게 할 것이냐, 특정한 하부기관이나 사업만을 감축의 대상으로 삼을 것이냐 하는 것이다. 감축의 고통을 균등하게 분배하는 방안은 감축의 고통을 최소한도로 줄일 수 있으며, 사기저하를 방지하고 조직의 단결력을 공고히 하는 장점은 있으나 책임있는 방안이라 할 수는 없다. 조직의 모든 하부단위가 목표의 실현을 위하여 똑같이 공헌하는 것이 아니기 때문이다.

감축의 초기단계에 있어서는 모든 기관이 감축의 고통을 나누어지게 하는 것이 갈등을 줄일 뿐만 아니라 용이하기도 하다. 신규채용동결이나 자발적인 사임 등의 방법을 활용할 수 있는 까닭이다. 그러나 감축이 좀더 심해지면 사업의 우선순위 등에 따라서 감축을 단행할 수밖에 없게 된다. 우선순위에 의한 감축이란 어려운 작업이며 아주 용감하거나 우둔한 공무원이 아니면 가급적 이러한 방법을 피하려고 한다. 그러나 상황이 악화되고 균등한 감축이 불가능한 지경에 이르면 최고관리자들은 부득이 우선순위 등의 방법에 의하여 감축의 대

13) Levine, "More on Cutback Management," p. 12.

상을 한정할 수밖에 없게 된다.

(3) 능률과 형평

감축의 전략에 있어서 가장 어려운 선택은 능률이냐 형평이냐 하는 문제라 하겠다. 정부의 서비스에 가장 많이 의존하는 계층이 영세민, 신체장애자, 노약자 등인데 이들에 대한 서비스의 전달이 단위원가가 높은 것도 사실이다. 따라서 생산성기준에 의거한 맹목적인 예산절감은 이들 계층에게 가장 불리할 수 있다.

감축이 불가능할 때에는 흔히 정치적 영향력이 가장 약한 계층을 위한 예산을 삭감하는 경향이 있으며 이를 위장하기 위하여 생산성기준이 사용되는 경우가 많다. 한 마디로 말해서 지나치게 능률을 강조하는 나머지 형평을 소홀히 하는 일이 있어서는 안된다는 것이다.

제 3 절 감축관리와 예산절감

1. 감축관리와 예산절감의 관계

감축관리가 제기된 배경에는 1970년대의 자원난, 적자재정 등이 도사리고 있다는 것은 전술한 바와 같다. 따라서 감축관리의 목표는 예산의 절감에 있다고 해도 과언이 아닐 것이다. 뿐만 아니라 감축관리는 대부분의 경우 예산의 절감으로 나타난다고 할 수 있겠다.

이와 같이 예산의 절감은 감축관리의 목표이며 결과인 것이 사실이나 감축관리와 예산의 절감을 동일시할 수는 없을 것이다. 감축관리는 예산의 절감뿐만 아니라 기능·기구·인력·정책 등의 정비도 대상으로 삼는 것이다.

2. 예산감축의 방법

감축관리에서 들고 있는 예산의 절감방법에는 여러 가지가 있으나 우리는 다음의 네 가지를 검토하기로 한다.[14)]

14) Levine, "Organizational Decline and Cutback Management," pp. 321-322.

(1) 일률적 감축

모든 기관이나 하부기관인 국·과의 예산을 일정한 비율(예를 들면 20%)에 따라 일률적으로 절감하는 방법은 비교적 적용이 용이하다. 그러나 전술한 바와 같이 조직의 모든 하부단위가 목표의 달성을 위하여 똑같이 공헌하는 것이 아닌데 일정한 비율로 모든 하부단위의 예산을 일률적으로 절감한다는 것은 부당하다고 하지 않을 수 없다.

또 하나 문제가 되는 것은 일정비율로 예산을 절감하는 경우 대규모 국이나 과에는 큰 영향이 없을는지 모르나 소규모 국이나 과의 경우 결정적인 타격을 줄 수도 있다는 사실이다.

(2) 생산성기준

예산을 절감할 때에 생산성이 낮은 사업이나 국·과의 예산을 삭감하는 경우가 많다. 그러나 이러한 생산성기준이 자칫하면 영세민, 신체장애자, 노약자 등과 같은 불우계층을 위한 예산을 삭감하는 구실로 사용될 우려가 있다는 것은 전술한 바와 같다.

(3) 제로베이스 예산제도

감축관리의 일환인 예산절감의 방법으로서 제로베이스 예산제도가 높은 평가를 받고 있는 데에는 다음과 같은 이유가 있다.[15]

첫째, 제로베이스 예산제도는 전년도답습주의를 타파하려는 미래지향적인 예산제도로서 신규사업 뿐만 아니라 기존사업의 타당성도 검토하려는 제도이다.

둘째, 제로베이스 예산제도는 정치적 협상이나 교섭에 의하여 의사결정패키지(decision package)의 우선순위를 결정하는 것을 허용하고 삭감의 영향을 받을 패키지나 사업을 집중적으로 검토한다. 한 마디로 말해서 제로베이스 예산제도는 예산삭감결정에 분석뿐만 아니라 정치적 요인이 작용하는 것도 허용하고 있는 것이다.

그러나 제로베이스 예산제도도 문제가 없는 것은 아니다.[16] 제로베이스예산제도의 분석적인 측면이 실효를 거두기 위해서는 많은 비용이 소요되는 데 내

15) 제로베이스예산제도에 관해서는 유 훈, 재무행정론〔제5정판〕(서울: 법문사, 1999), pp. 398-404 참조.

16) Garry D. Brewer, "Termination: Hard Choices……Harder Questions," *Public Administration Review,* July-August 1978, pp. 341-342.

핍상황 하에서 이러한 비용의 염출이 어려운 경우가 많다. 제로베이스 예산제도의 정치적 측면은 정치적 부작용을 초래할 우려가 많다. 팽창기는 몰라도 감축기에는 국간의 대립, 과간의 갈등이 격심해질 우려가 있으며 계선관리자와 예산기관간의 반목이 격화될 염려도 있다.

(4) 선임제와 신규채용동결

예산의 절감이 공무원의 감원을 필요로 할 때 감원의 기준이 문제가 된다. 우리나라에서는 '청렴도' 등을 가지고 공무원숙정의 기준으로 삼으나 미국의 경우에는 선임제(seniority)를 적용하여 제일 나중에 채용된 공무원부터 해임하는 방법을 많이 쓰고 있다.

감축관리에 있어서 사용되는 또 하나의 방법은 신규채용동결(hiring freeze)이다. 신규채용동결은 공석이 있어도 신규채용을 하지 않는 방법이므로 단기적으로 볼 때 가장 편리한 방법이나 장기적으로 볼 때 능률적인 방법이 못될 뿐만 아니라 형평을 잃은 방법이기도 하다.

첫째로 신규채용동결은 현직공무원을 감원하지 않아도 된다는 점에서 편리할는지는 모르나 어떤 직책에 있는 어떤 사람을 해임시킬 것이냐 하는 결정권을 관리자로부터 박탈하는 결과가 되며 합리적인 장기적 감축계획을 어렵게 한다.

둘째로 자의에 의하여 사임하는 사람들이란 일반적으로 다른 곳에서 직장을 구할 수 있는 전문직, 기술직공무원인 경우가 많다. 따라서 장기간에 걸친 신규채용동결을 실시하는 경우 꼭 필요한 기술을 지닌 사람들의 부족현상이 심해질 뿐만 아니라 이런 사람들의 획득이 가능하다 할지라도 신규채용동결조치로 인하여 채용이 불가능해지게 되는 것이다.

제 4 장 지방 공공서비스의 민영화

제 1 절 지방 공공서비스의 특징과 공급유형

1. 지방 공공서비스의 특징

지방 공공서비스는 민간재와 대비되는 공공재로서의 특성을 갖고 있다. 또한 지리·공간적인 외부성(externalities) 측면에서 봤을 때, 외부성의 파급범위가 전국적이지 않고 특정 지역에 한정되는 특성을 갖고 있다.

(1) 공공재로서의 특성

재화 또는 서비스는 소비의 경합성 유무와 배제가능성 여부에 따라 민간재(private goods)와 공공재(public goods)로 나눠진다. 〈표 4-1〉에서처럼 소비의 경합성이 있고 배제가능성이 있는 재화(서비스)는 민간재인 바, 시장에서 생산자와 소비자의 자유로운 거래에 의해 사회적으로 적정한 수급량이 결정된다. 이에 비해 소비의 경합성이 없고 배제가능성도 없는 재화(서비스)는 공공재인 바, 민간부문의 자유로운 거래에 맡겨놓으면 사회적으로 적정한 양보다 훨씬 적은 수급량이 결정된다. 소비의 경합성도 없고 배제가능성도 없는 상황에서 자기 이익을 극대화하려는 소비자에게 무임승차자(free-rider)가 되고픈

〈표 4-1〉 공공재의 특성

		경합성	
		경합적 소비	비경합적(공동) 소비
배제성	배제 가능	민간재	요금재
	배제 불가	공동소비재	공공재

욕구가 존재하기 때문이다. 따라서 공공부문에 의해 사회적으로 적정한 양의 공공재가 공급되고, 그 비용조달은 강압적인 조세로 하는 것이 보통이다.

(2) 지역적인 외부성

국가 내지 중앙정부가 제공하는 공공서비스의 지리·공간적인 외부성의 파급범위가 전국적인데 비해, 지방자치단체(지방정부)가 제공하는 지방 공공서비스의 외부성의 파급범위는 해당 지방자치단체의 관할구역에 한정되는 경우가 많다. 예를 들어 전자에 해당하는 국방서비스나 철도서비스의 파급범위가 전국적이라면, 후자에 해당하는 쓰레기수거서비스나 상수도서비스의 파급범위는 해당 지역에 한정된다.

2. 지방 공공서비스의 공급유형

(1) 공공재 공급방식의 변화

과거에는 지역주민의 수요와 공급주체, 재화의 종류 간에 공적 수요는 지방자치단체(지방정부)가 공급하는 공공재로 충족되고, 사적 수요는 민간기업이 공급하는 민간재로 충족되며, 중간수요는 공영기업 내지 지방공사가 공급하는 준공공재나 준민간재로 충족된다는 유형화가 일반적인 견해이었다. 그러나 지역주민의 수요가 다양해지고 기술혁신과 지역개발의 진전에 따라 공급주체가 복잡해짐에 따라 이러한 단순한 유형화는 더 이상 절대적일 수 없게 되었다. 왜냐하면 〈표 4-2〉에서 볼 수 있듯이 이제는 지방자치단체도 민간재인 공영주택이나 준민간재인 노인 Home을 공급하고, 민간기업도 공공재인 민간 유료도로나 준공공재인 스포츠 아리나를 공급하는 등 기존의 유형화와는 전혀 다른 조합들이 나타나고 있기 때문이다.

〈표 4-2〉 지역주민의 수요와 공급주체

조직 / 재화	지방자치단체	공영기업·지방공사	민간기업
공공재	일반도로	공사 유료도로	민간 유료도로
준공공재	공립경기장	스포츠 시설	스포츠 아리나
준민간재	노인 Home	실비 노인 Home	유료 노인 Home
민간재	공영주택	공사주택	민간주택

(2) 지방 공공서비스의 공급유형

Savas의 주장에 따를 때 지방 공공서비스의 공급유형은, 공급의 주체가 누구인가와 생산자가 누구인가에 따라 <표 4-3>과 같이 여러 가지로 나눠볼 수 있다.[1)]

〈표 4-3〉 지방공공서비스의 공급유형

재화와 서비스	정부가 공급 결정	정부 생산	정부의 직접공급
			정부간 계약
		민간부문 생산	민간위탁(계약)
			허가
			재정지원
	민간부문이 공급 결정	민간부문 생산	증서교부
			시장공급
			자원봉사
			자조활동
		정부생산	정부의 서비스판매

제 2 절 공공서비스 민영화의 개념과 방법

1. 공공서비스 민영화의 개념과 목적

(1) 공공서비스 민영화의 개념

광의의 민영화(privatization)란 공기업의 민영화와 같이 정부나 지방자치단체(지방정부)가 보유하는 주식이나 시설을 민간에게 매각하는 경우까지 포함하나 우리가 이곳에서 다루고자 하는 지방 공공서비스의 민영화란 지방자치단체가 담당하던 서비스의 공급을 민간부문이 담당케 하는 것을 말한다.

(2) 민영화와 감축관리

그러면 본 장에서 고찰하는 공공서비스의 민영화와 제3장에서 검토한 감축관리의 유사점은 무엇이며 차이점은 무엇인가 하는 문제가 다음에 제기된다.

1) E. S. Savas, *Privatization: The Key to Better Government*(Chatham: Chatham House, 1987), p. 5.

① 공통점: 공공서비스의 민영화와 감축관리는 다음과 같은 두 가지 점에서 유사하다고 할 수 있다. 첫째로 양자가 다 지방자치단체(지방정부) 규모의 축소를 목적으로 하며, 둘째로 예산의 절약을 초래한다는 점에서 유사하다고 하겠다.

② 차이점: 이와 같이 민영화와 감축관리는 유사하나 다음과 같은 점에서 다르다고 하겠다.

첫째 감축관리는 자원소비를 낮추고 조직활동을 줄이는 '자체적' 조치인데 대하여 민영화는 공급자를 지방자치단체에서 민간부문으로 바꾸는 조치이다.

둘째 감축관리는 주로 행정학이나 경영학·사회학 등의 조직론에서 제창하고 있는 것인데 대하여 민영화는 행정학자보다는 경제학자들이 주동하고 있는 움직임이다. Friedman은 정부를 공적 독점이라고 부르고 정부규모의 축소와 이를 위한 민영화를 강력히 주장했다.[2)]

(3) 민영화의 목적

공공서비스의 민영화는 여러 가지 목적으로 여러 계층의 사람들에 의해 추진되고 있으나, 우리는 민영화의 목적을 다음의 세 가지로 요약하고자 한다.[3)]

① 지방자치단체 규모의 축소: 민영화의 제1차적인 목적은 지방자치단체의 규모를 축소하자는 데 있다고 하겠다. 이런 의미에서 공공서비스의 민영화는 지방자치단체의 감축관리와도 밀접한 관련이 있다.

② 예산의 절감: 민영화의 또 하나의 목적으로 예산의 절감을 들 수 있다. 1970년대와 1980년대에 미국의 많은 지방자치단체에서 공공서비스의 민영화를 강력히 추진한 것도 두 번에 걸친 석유파동으로 많은 지방자치단체가 재정위기를 맞이한 데 그 이유가 있다고 하겠다.

③ 능률의 제고: 지방 공공서비스의 민영화를 주장하는 사람들은 지방자치단체의 '책임'과 지방자치단체의 '공급'을 구별하여야 한다는 점을 강조한다. 지방자치단체가 책임져야 하는 분야 또는 서비스라고 해서 지방자치단체가 직접

---

2) Milton Friedman, *Capitalism, Freedom and Democracy*(Chicago: University of Chicago Press, 1962); Jeffrey R. Henig, "Privatization in the United States: Theory and Practice," *Political Science Quarterly*, Winter 1989-90, p. 653.

3) Janet Rosenberg Pack, "The Opportunities and Constraints of Privatization," in William T. Gormley, Jr. (ed.), *Privatization and Its Alternatives*(Madison: University of Wisconsin Press, 1991), pp. 284-288.

공급해야 하는 것은 아니라는 것이다. 지방자치단체가 공급하는 것보다 민간부문이 공급하는 것이 더 능률적이라는 것이 이들의 주장이다.[4]

2. 공공서비스 민영화의 방법

공공서비스 민영화의 방법으로서 ① 민간위탁, ② 증서교부, ③ 허가, ④ 재정지원, ⑤ 자원봉사, ⑥ 자조활동, ⑦ 조세감면을 드는 사람도 있으나 우리는 이 중에서 비교적 중요하다고 생각되는 다음의 다섯 가지를 살펴보고자 한다.

(1) 민간위탁

민간위탁(contracting)은 '민간과의 계약' 등 다양한 명칭으로 불리우는 것으로서 지방자치단체(지방정부)가 민간기업이나 비영리단체 등과의 계약을 통해 서비스를 공급하는 방법이다. 공공서비스의 민영화를 위해 가장 많이 사용되는 방법이다.

① 성공을 위한 전제조건: 이 방법이 좋은 성과를 거두기 위해서는 다음과 같은 전제조건이 충족되어야 한다.

첫째로 수행되어야 할 업무를 명확히 규정할 수 있어야 한다. 다른 말로 표현하여 하드(hard) 서비스의 경우에는 좋은 성과를 거둘 수 있다. 둘째로 서비스 공급을 담당할 민간기업이 다수 있어야 하며, 이들간에 경쟁적인 분위기가 조성되어 있어야 한다. 셋째로 정부는 계약자의 업무수행을 모니터링할 수 있어야 한다. 넷째로 계약서에 적절한 조건이 포함되어야 하며, 이를 시행할 수 있어야 한다.[5]

② 계약의 유형: 민간위탁을 위한 계약은 여러 가지로 분류할 수 있겠으나 우리는 이것을 크게 고정가격계약(fixed-price contract)과 원가계약(cost contract)으로 나누고, 전자를 다시 확정가격계약과 조정가능한 고정가격계약 및 유인부 고정가격계약으로 세분하며 후자를 수수료부 원가계약과 유인적 수수료부 계약으로 세분한다.[6]

---

4) Henig, *op. cit.*, p. 654; John C. Hilke, *Competition in Government-Financed Services* (New York: Quorum Books, 1992), pp. 64-95.

5) E. S. Savas, *Privatization: The Key to Better Government*(Chatham: Chatham House, 1987), p. 109.

6) International City Management Association, *Service Delivery in the 90s: Alternative Approaches for Local Governments*(Washington, D.C.: I.C.M.A., 1989), pp. 5-6.

첫째, 확정가격계약은 계약금액이 확정되어 있는 계약으로서 가장 많이 사용되는 계약이다. 경쟁적인 상황 하에서 적정한 가격이 보장될 수 있다면 이 방법이 계약금액 인상의 위험을 제거하고 행정비를 최소화할 수 있을 뿐만 아니라, 계약자에게 능률적인 계약이행을 요구할 수 있는 방법이라 하겠다.

둘째, 조정가능 고정가격계약은 물가변동에 따라 계약금액을 조정할 수 있는 계약이다. 계약금액을 구성하는 각종 품목 또는 비목의 가격 등의 등락이 일정비율 이상 발생했을 때 계약금액의 조정이 허용된다.

셋째, 유인부 고정가격계약은 원가에다가 일정률의 이윤을 합산한 금액으로 개산계약을 체결하나, 계약자의 노력으로 실제원가가 예정원가보다 낮아질 때에는 그 차액을 지방자치단체(지방정부)와 계약자가 사전에 정한 비율에 따라 분배하게 된다. 그러나 실제원가가 예정원가를 초과할 때에는 계약자의 이윤율이 낮아지거나 이윤이 0이 되는 계약이다. 예를 들어 계약자의 노력으로 절약이 이뤄진다면 그 절약금액은 지방자치단체와 계약자가 7:3의 비율로 분배하나, 실제원가가 예정원가를 초과할 때에는 그 초과금액은 지방자치단체와 계약자가 3 : 7의 비율로 부담한다는 것이다.

넷째, 수수료부 원가계약은 원가에다가 일정액의 수수료(fee)를 첨부하여 지급하는 계약이다. 계약자는 일정액의 수수료가 보장되는 까닭에 원가절감을 위한 노력을 해야할 유인이 줄어든다고 하겠다.

다섯째, 유인적 수수료부 원가계약은 지방자치단체와 계약자가 일단 예정원가를 갖고 출발하며 계약자는 이에 의거하여 수수료를 받는다. 만일에 실제원가가 예정원가보다 낮을 때에는 지방자치단체와 계약자가 절약액을 분배하나, 실제원가가 예정원가보다 높을 때에는 계약자의 수수료가 감액되거나 없어진다. 그러나 계약자가 실제원가는 항상 보장을 받는다는 점이 전술한 유인적 고정가격계약과 다르다고 하겠다.

③ 계약체결의 단계: 민간위탁을 위하여 지방자치단체가 민간기업이나 비영리단체와 계약을 체결하고자 할 때에는 일반적으로 다음과 같은 단계를 밟아야 한다.[7] 첫째로 서비스의 명확화, 둘째로 직접수행과 민간위탁 간의 선택, 셋째로 입찰참여 권고문서의 준비, 넷째로 입찰의 공고와 실시, 다섯째로 낙찰의 결정과 계약의 체결, 여섯째로 계약의 집행이다.

---

7) International City Management Association, *op. cit.*, pp. 8-10.

계약의 집행을 위해서는 감독·검사 등이 정기적으로 이뤄져야 하며 계약자의 업무수행을 엄격하게 모니터링해야 한다. 모니터링 결과는 계약자에게 정기적으로 전달되어야 하며 간혹 계약을 변경할 필요도 있다. 사전에 모든 상황을 예측한다는 것은 불가능한 데다가, 지방자치단체의 각종 상황이나 수요가 변하기 때문이다.

(2) 증서교부

증서교부(vouchers)는 정부가 직접 물품이나 서비스를 제공하는 대신에, 저소득층과 같은 특정계층의 소비자들의 선택의 폭을 넓혀주기 위해서 '쿠폰'을 교부하는 방식이다. 가장 대표적인 예로서 미국의 'food stamp'를 들 수 있다. 우리나라에서 65세 이상의 노령층에게 교부하는 버스표도 이에 해당된다고 할 수 있겠다. 민간위탁처럼 광범위하게 활용되지는 않으나 근래에 와서 점차 그 장점에 대한 인식이 높아지고 있다.

① 증서교부의 장점: 증서교부는 지방자치단체(지방정부)의 직접적 수행에 비해 다음과 같은 두 가지 장점을 갖고 있다.

첫째, 지방자치단체의 어떤 기관이 특정한 서비스를 제공할 때에는 한두 가지의 방안밖에 없으나, 증서교부는 여러 가지 방안을 제공할 수 있으므로 소비자에게 광범위한 선택의 여지를 줄 수 있다. Osborne과 Gaebler가 말하는 고객중심적 지방정부의 실현에 이바지할 수 있다고 하겠다.8)

둘째, 주민(소비자)에게 선택의 기회를 주는 증서교부제도는 서비스의 질을 통제하는 메카니즘 역할을 한다.

② 증서교부제도의 유형: 증서교부제도는 여러 가지 관점에서 여러 가지로 분류할 수 있는데, 어떤 유형의 제도를 선택하느냐에 따라서 그 기능이 크게 달라질 수 있다.9)

첫째, 수혜자에 의한 분류가 있는 바, 증서교부제의 수혜자의 범위는 서비스에 따라 달라진다. 버스나 지하철과 같은 대중교통수단이나 서민주택을 위한 증서(voucher)는 저소득층이나 노령층민을 수혜자로 하게 된다. 앰뷸런스서비스와 같은 경우에는 모든 주민에게 증서를 교부하나 액면가액은 다를 수 있다.

---

8) David Osborne and Ted Gaebler, *Reinventing Government*(Reading: Addison-Wesley, 1992), pp. 166-194.

9) International City Management Association, *op. cit.*, pp. 38-39.

소비자는 각자가 받는 서비스의 요금과 증서 액면가액의 차액을 지불하면 된다.

둘째, 개방제와 폐쇄제로 나눌 수 있는 바, 증서를 배포받는 수혜자의 수는 고정적일 수도 있고 가변적일 수도 있다. 예를 들면 지방자치단체가 65세 이상의 노령층에게 일률적으로 증서를 배포할 수도 있고, 아니면 적격자 중에서도 신청자에게만 배포할 수도 있다.

셋째, 양도성 유무에 따라 분류가 가능한 바, 증서는 양도가 허용될 수도 있고 금지될 수도 있다. 양도가 허용되는 증서의 경우에는 소비자가 합법적으로 증서를 시장가격으로 매각할 수 있다. 양도가 금지되는 증서는 기명식이다. 양도성 증서는 암거래를 방지하고 원하는 서비스의 수준이 다른 소비자간의 거래를 허용함으로써 쌍방에게 도움을 줄 수 있다. 그러나 양도성 증서는 소득수준이 높은 소비자로 하여금 증서를 저렴하게 구입하여 특정한 서비스에 대한 요금을 시세보다 덜 지급할 수 있도록 함으로써, 고소득층에게 부당한 혜택을 줄 수 있다. 증서교부제도를 반대하는 사람들은 저소득층이 증서를 매각함으로써 특정한 서비스를 지방자치단체가 원하는 수준보다 덜 이용하게 된다는 사실을 지적하고 있다.

넷째, 증서교부제도는 소비자의 자기부담이 필요한 경우와 자기부담이 불필요한 경우로 나눠서 생각할 수 있다. 다시 말해 증서의 액면가액이 필요한 서비스의 요금을 완전히 커버할 수 있는 경우가 있는가 하면, 소비자가 요금의 일부를 부담해야 하는 경우도 있다.

다섯째, 공급자 자격요건과 서비스 수준에 의한 분류가 있다. 증서교부제도가 공급자를 제한하는 경우가 있는가 하면 공급자를 거의 제한하지 않는 경우도 있다. 또한 지방자치단체가 공급자가 제공하는 서비스 수준에 제한을 가하는 경우가 있는가 하면 거의 제한을 가하지 않는 경우도 있다. 예를 들어 탁아시설의 경우 일정한 교육을 받은 전문가를 고용하여야 한다든지, 특정한 교과과정을 제공해야 한다든지, 건물이 안전기준을 충족해야 한다는 등의 제한을 가하는 경우가 있는가 하면 제한을 가하지 않는 경우도 있다는 것이다.

여섯째 서면증서와 비서면증서로 나눌 수 있는 바, 대부분의 경우에 증서는 서면이나 경우에 따라서는 서면이 아닐 수 있다. 소비자는 신용카드와 같은 카드를 발급받을 수도 있으며, 소비자가 먼저 시중가격을 지불하고 사후에 영수증을 가지고 지방자치단체로부터 환급받을 수도 있다.

③ 증서교부제도의 운영단계: 증서교부제도를 도입하고 이를 운영하기 위해서는 다음과 같은 단계를 밟아야 한다.

첫째, 수혜자 범위와 보조수준의 결정으로, 먼저 어떤 서비스에 증서교부제도를 적용할 것이며 수혜자의 범위는 어디까지로 할 것인가를 결정해야 한다. 많은 경우 특정사업을 위하여 사용가능한 예산의 규모가 증서교부제도의 여러 가지 측면을 결정하게 된다. 액면가액은 얼마로 할 것이며 수혜자 1인당 증서를 몇 장 배포할 것인가에서부터 서비스의 요금이나 수준에 가해질 지방자치단체의 규제 등이 결정된다.

둘째, 공급자 자격요건의 결정으로, 이 단계에서는 증서교부제도에 참여할 공급자의 자격요건을 결정하고 이에 따라 공급자들을 결정한다.

셋째, 증서의 배포와 공급자 명단의 홍보로, 여기서는 증서를 인쇄하여 이를 소관부서를 통해 배포하고 소비자가 선택할 수 있는 공급자들의 명단을 홍보한다. 명단 홍보는 증서 배포 시에 할 수도 있고 대중매체를 통하여 홍보할 수도 있다. 탁아시설과 같은 경우에는 제공하는 서비스가 공급자에 따라 다르다는 사실도 알려야 한다.

넷째, 지급절차가 있는 바, 공급자가 제시한 증서에 대한 지방자치단체의 지급은 신속하고 간편하여야 한다. 은행 등을 통해 결제하는 방식도 많이 사용된다.

다섯째, 운영에 대한 감독이다. 서비스의 가격과 수준에 대한 규제가 제대로 시행되도록 하기 위해서는 여러 통로를 통한 보고, 시민들의 신고, 현장검증 등을 적극 활용해야 한다. 만일에 증서교부제도가 복수의 프로그램에 적용되고 수혜자 집단도 동일하다면 증서의 배포, 대금지급 등을 통합하면 경비가 절감될 수 있다.

(3) 허 가

허가(franchises)는 지방자치단체가 민간기업 등에 서비스공급권을 부여하는 방법이다. 민간기업 등에게 서비스공급권을 부여한다는 점에서 허가는 민간위탁(계약)과 동일하나, 민간위탁의 경우에는 지방자치단체가 소요경비를 부담하는데 대하여 허가의 경우에는 소비자가 부담한다는 점에서 양자는 다르다고 하겠다.[10)]

---

10) Savas, *op. cit.*, p. 75.

① 독점적 허가와 경쟁적 허가: 허가는 여러 가지로 분류할 수 있겠으나 독점적 허가와 경쟁적 허가로 나누는 것이 일반적이다.

첫째, 독점적 허가는 한 기업에게만 서비스공급권을 부여하는 방법으로서, 지방자치단체가 가격규제를 가하는 것이 일반적인 현상이다. 전력·가스·버스 등의 경우에는 독점적 허가를 부여하는 경우가 많으며, 지방자치단체에 따라서는 쓰레기 수거의 경우에도 독점적 허가를 부여하는 경우가 있다. 동일지역 내에서 몇 가구만 수거하는 것보다는 모든 가구의 쓰레기를 한 업체가 수거하는 것이 경제적인 까닭이다.

둘째, 경쟁적 허가는 다수의 기업에게 서비스공급권을 부여하는 방법인데, 앰뷸런스서비스와 같이 다수의 기업이 경쟁하더라도 원가가 상승하지 않는 경우에 활용된다. 경쟁은 허용하면서도 규제를 가하는 것은 일정수준의 서비스를 유지하거나 가격을 억제하기 위해서이다.

② 지방자치단체가 가하는 규제: 앞에서도 언급한 바와 같이 독점적 허가의 경우에는 더 말할 것도 없고 경쟁적 허가의 경우에도 지방자치단체가 여러 가지 규제를 가하고 있다.

첫째, 모든 주민에 대한 공급이 있는 바, 지방자치단체로부터 허가를 받은 공급자는 그 지방자치단체 내의 모든 주민에게 공급해야 하는 의무를 지닌다. 예를 들면 달동네와 같이 교통이 불편한 지역이나 저소득층에게도 공급해야 한다는 것이다.

둘째, 시간적 제약이 있는 바, 모든 서비스의 제공은 시간적인 제약을 받게 된다. 예를 들면 쓰레기는 매주 두 번 수거해야 한다거나 앰뷸런스는 요청이 있으면 5분 내에 출발해야 한다는 제약 등이다.

셋째, 서비스 수준에 대한 규제가 있는 바, 모든 서비스는 일정한 수준을 유지해야 한다. 예를 들어 앰뷸런스에는 반드시 간호사가 동승해야 한다든지 버스는 일정한 안전기준을 충족시켜야 한다는 것 등이다.

③ 허가제도의 운영단계: 특정한 서비스에 허가제도를 도입하고 이를 유지하기 위해서는 다음과 같은 단계를 밟아야 한다.

첫째, 서비스의 명확화로, 민간위탁의 경우와 같이 허가의 대상이 되는 서비스를 명확히 하는 것이 무엇보다 중요하다. 지방자치단체의 직접공급에서 민간부문으로 공급을 전환하는 경우에 서비스의 수준이나 질에 변화를 줄 필요는 없는가도 검토하여야 한다.

둘째, 직접수행과 허가제도 간의 선택인 바, 민간위탁의 경우와 같이 지방자치단체가 직접 수행할 것인가 허가제도를 활용할 것인가를 결정하여야 한다. 경비는 지방자치단체가 아니라 소비자가 부담하는 것이나, 지방자치단체가 허가제도를 도입할 때에는 직접수행과 허가제도 중 어느 쪽이 소비자에게 부담을 덜 주는가를 면밀히 검토해야 한다.

셋째, 허가 유형의 결정이 있는 바, 독점적 허가와 경쟁적 허가 중 어느 쪽을 택할 것인가를 결정해야 한다. 다수의 공급자가 경쟁하는 경우와 한 공급자가 제공하는 경우 중 어느 쪽이 보다 능률적인가를 검토하는 것이다.

넷째, 입찰권고문서의 준비인 바, 민간위탁의 경우와 같이 경쟁입찰의 방법이 바람직하므로 이를 위한 준비가 필요하다.

다섯째, 낙찰과 허가의 부여인 바, 입찰이 이뤄지고 낙찰자가 결정되면 허가를 부여하게 된다.

여섯째, 운영에 대한 모니터링으로, 지방자치단체는 허가의 조건이 성실하게 준수되는가를 감시·감독할 책임이 있다. 많은 경우에 주민으로 구성된 위원회가 모니터링 한다. 경쟁적 허가의 경우에는 시장메카니즘이 모니터링 기능을 수행하게 된다. 소비자들은 동일한 요금으로 보다 나은 서비스를 제공하는 공급자를 선택하는 까닭이다.

(4) 재정지원

준공공재나 민간재 중에서 지방자치단체가 그 소비를 장려하고자 하는 경우에, 민간기업이나 비영리단체인 생산자에게 지방자치단체가 지원하는 방법이다. 재정지원의 방법으로서 여러 가지를 들 수 있는데 보조금의 지급, 조세감면, 저리융자, 지급보증 등이 대표적인 예이다.

① 재정지원과 민간위탁·증서교부: 재정지원은 지방자치단체가 준공공재나 민간재 중에서 그 소비를 장려하고자 하는 경우에 사용하는 방법이라는 점에서 진술한 증서교부와 유사하나, 증서교부가 소비자에게 지급되는 지원인데 대하여 재정지원은 생산자에게 지급되는 지원이라는 점에서 차이가 있다. 동일한 지원이나 증서교부가 소비자에게 보다 넓은 선택의 폭을 부여한다는 점에서 재정지원보다 증서교부를 높게 평가하는 사람들이 있다.[11)]

일반적으로 재정지원은 민간위탁이나 증서교부의 방법이 적절하지 못한 경우에 활용된다. 증서교부는 소비자 개개인에게 제공하는 서비스가 명확한 경우에 활용되며, 민간위탁은 서비스의 산출물이나 질이 측정가능하며 모니터링이 용이한 경우에 활용된다.

그러나 재정지원은 서비스가 특이하거나 서비스의 형태나 질이 불명확한 경우에 활용된다. 예를 들면 청소년선도단체가 청소년문제를 감소시키기 위해 오락프로그램, 상담, 개인지도 등 여러 가지 방안을 사용하고자 하는 경우에는 민간위탁이나 증서교부보다는 재정지원이 바람직하다는 것이다. 재정지원은 또한 서비스의 측정이나 모니터링에 지나치게 경비가 많이 들 때에도 활용된다.

한마디로 말해서 지방자치단체가 그들이 수행하기 어려운 사업을 담당하는 신뢰할 만한 단체를 지원하는 방안으로서 민간위탁이나 증서교부보다 덜 복잡한 재정지원이라는 방법을 선택한다는 것이다.[12]

② 재정지원의 유형: 재정지원도 여러 가지 관점에서 여러 가지로 분류할 수 있으나 우리는 다음의 몇 가지를 살펴보고자 한다.

첫째, 지원 대상 선정방법에 의한 분류로서, 지방자치단체가 먼저 접근하는 경우가 있는가 하면 계획서의 제출을 요구하여 이를 검토하는 경우도 있다. 많은 지방자치단체가 비영리단체에 한해서 재정지원을 하는데 이러한 제한을 가하지 않는 지방자치단체도 있다. 지방자치단체가 한 기관에게만 계획서의 제출을 요구하는 경우가 있는가 하면, 여러 기관에게 계획서의 제출을 요구하여 비교·검토 끝에 대상을 선정하는 경우도 있다.

둘째, 지원방법에 의한 분류로서, ① 한도액이 없는 재정지원, ② 자재·기계·기구·인원의 지원, ③ 자본재의 지원, ④ 한도액이 있는 재정지원, ⑤ 자체부담을 요구하는 재정지원 등이 있다. 한도액이 없는 재정지원은 자원소방대에 대한 지원 등이 해당된다. 자원소방대의 재량으로 필요한 예산을 사용토록 하는 것이다. 현금보다는 현물에 의한 지원이 지방자치단체로서는 부담이 덜한 경우가 많다. 탁아사업을 담당하는 기관에 지방자치단체가 시설을 제공하는 것은 용이한 일이다. 그러나 가장 많이 사용되는 것은 일정한 금액을 지원하는

11) Dwight R. Lee, "Vouchers …… The Key to Meaningful Reform," in William T. Gormley, Jr. (ed.), *Privatization and Its Alternatives*(Madison: University of Wisconsin Press, 1991), pp. 44-45.

12) International City Management Association, *op. cit.*, p. 28.

방법이라 하겠다. 끝으로 매칭 펀드(matching fund)라고 하는 자기부담을 요구하는 재정지원은 특정한 사업에 대한 자원의 동원을 늘리는 방안이라 하겠다.

셋째 지원기간에 의한 분류로서, 재정지원은 1회에 한해서 이뤄지는 경우가 있는가 하면 계속적으로 이뤄지기도 한다. 1회에 한해서 이뤄지는 지원은 특정 사업의 착수에 필요한 경비를 지원하기 위한 경우가 많다. 계속적인 지원은 장기간 계속되는 경우가 있는가 하면 3년 정도로 한정하여 지원하는 경우도 있다. 계속적인 지원은 또한 매년 지원하는 경우가 있는가 하면 2년에 한번씩 격년제로 지원하는 경우도 있다. 격년제로 지원하는 것은 서비스의 계속성을 지원하면서 지방자치단체로 하여금 지원 대상기관의 변경이나 지원의 중단을 결정할 시간적인 여유를 주는 데 그 목적이 있다고 하겠다.

③ 재정지원의 운영단계: 특정한 사업에 재정지원제도를 도입하고 유지하기 위해서는 다음과 같은 단계를 밟아야 한다.

첫째, 필요성·정책·목적의 명확화이다. 재정지원제도를 도입하기 위해서는 우선 그 지원이 적정하고 꼭 필요한 것인가를 명확히 해야 한다. 지방자치단체는 재정지원의 일반적 정책과 목적을 정하고, 어떤 종류의 기관에게 지원을 할 것인가를 분명히 해야 한다.

둘째, 계획서·신청서의 접수이다. 재정지원을 하기로 결정하고난 다음에는 서비스제공자를 선정하기 위한 작업을 진행해야 한다. 신청서나 계획서 양식을 작성하여 관련기관에 송부하고 신청서나 계획서의 제출을 요청한다.

셋째, 지원대상의 선정이다. 제출된 신청서나 계획서를 검토하여 지원대상을 선정한다. 경우에 따라서는 공무원에 의한 검토 외에 주민으로 구성된 위원회의 검토가 필요한 경우도 있을 것이다.

넷째, 지원조건에 대한 협상이다. 지원대상이 결정되면 다음에는 지원조건의 협상이 이뤄져야 한다. 지원금액, 보고방법, 지원의 적절한 사용을 보장할 수 있는 방안 등이 결정되어야 한다. 지방자치단체가 접수한 계획서에 수록된 조건들이 만족스러운 경우에는 협상이 불필요할 것이다.

다섯째, 지원의 관리이다. 민간위탁의 경우와 달라서 서비스의 질을 검토하는 절차가 불필요하므로 재정지원의 관리는 용이하다. 지원을 받는 기관과의 정기적인 회합과 지원금의 적기 지급이 지방자치단체가 하여야 할 일의 전부이다.

여섯째, 피지원기관 실적의 평가이다. 지방자치단체는 재정지원을 받는 기관의 지원과 관련된 회계의 검사 등을 통해 부정한 회계처리 등을 방지할 필요가 있을 것이다. 보다 공식적인 평가가 필요한 경우에는 실적에 관한 자료를 수집하여 이를 분석하고 주민을 대상으로 한 설문조사도 실시한다.

일곱째, 재정지원의 지속 여부 결정이다. 전술한 실적의 평가는 지방자치단체가 재정지원의 지속 여부를 결정하는 데 도움이 될 것이다. 실적이 만족스러운 경우에는 지원조건의 검토만 필요할 것이다. 실적이 만족스럽지 못하나 그 서비스는 계속할 필요가 있을 때에는 새로운 공급자를 결정하는 절차를 밟아야 한다.

(5) 시장공급

지방자치단체가 종전에 담당하던 서비스를 시장메카니즘에 넘기는 것이다. 소비자가 직접 민간기업의 생산자를 선택하며 경비도 부담한다. 지방자치단체는 서비스 기준은 설정하나 그 밖의 거래에는 관여하지 않는다. 쓰레기 수거 등을 위해 미국의 소도시에서 많이 사용하는 방법으로서 지방자치단체는 모든 가구가 1주일에 적어도 한 번은 쓰레기를 수거해야 한다는 기준만 설정하고 어떤 업자에게 맡겨 어떤 방법으로 수거하느냐는 전적으로 각 가구에게 일임하고 있다.[13]

① 시장공급과 허가: 지방자치단체가 종전에 담당하던 서비스를 민간부문으로 하여금 공급케 하고 경비는 소비자가 부담한다는 점에서 시장공급은 전술한 허가와 유사하나 두 가지 점에서 양자는 다르다.

첫째, 공급자의 선정이다. 허가는 독점적 허가이건 경쟁적 허가이건 간에 공급자를 지방자치단체가 선정하며 한정된 기업에게만 공급권을 부여하나, 시장공급의 경우에는 소비자가 공급자를 스스로 결정한다.

둘째, 지방자치단체의 규제이다. 허가의 경우에는 지방자치단체가 여러 가지 규제를 가한다. 독점적 허가의 경우에는 더 말할 것도 없고 경쟁적 허가의 경우에도 가격이나 서비스 수준에 대하여 규제를 가하는 경우가 많으나, 시장공급의 경우에는 거의 규제를 가하지 않으며 가격이나 서비스 수준은 민간기업의 자유경쟁에 일임하고 최소한의 기준을 설정할 뿐이다.

② 시장공급의 문제점: 시장공급은 가격이나 서비스수준을 시장메카니즘에

13) Savas, *op. cit.*, pp. 78-79.

맡기고 지방자치단체가 거의 규제를 가하지 않는다는 점에서 규제완화의 취지에 합치될는지 모르나, 다음과 같은 문제점을 지니고 있으므로 어떤 서비스에 시장공급을 적용할 것인가를 신중하게 결정해야 한다.

첫째, 책임의 포기를 들 수 있다. 시장공급은 공공서비스 민영화의 가장 완전한 방식이라 하겠으나, 지방자치단체가 서비스의 공급이나 경비의 부담을 각각 민간기업과 소비자에게 전가하고 규제도 폐지한다는 점에서 지방자치단체의 공공성에 대한 '책임의 포기'라는 비판을 받을 수 있다.

둘째, 사회적 형평에 반한다는 것이다. 종전에 지방자치단체가 담당하던 서비스가 저소득층과 같은 불우계층도 수익자로 하는 경우에는 그 서비스를 시장공급에 맡긴다는 것은 사회적 형평에 어긋난다는 비판을 면하기 어려울지 모른다.

제 3 절 민영화의 적용대상과 예산절감

1. 민영화의 적용대상

민영화의 적용대상은 여러 가지로 분류할 수 있다. 하드(hard)서비스와 소프트(soft)서비스로 나누는 사람이 있는가 하면 물리적·상업적 서비스(physical and commercial services)와 보호적·인적 서비스(protective and human services)로 분류하는 사람도 있다. 우리는 이곳에서 Savas의 분류에 따라서 고찰하고자 한다.

(1) 물리적·상업적 서비스

하드(hard)서비스라고 할 수 있는 이 분야는 비교적 민영화가 용이하며 실제로 민영화가 많이 이뤄지고 있다. 이 분야에서는 민간위탁·증서교부·허가 등의 방법으로 공공서비스의 민영화가 광범위하게 이뤄지고 있다. 미국 지방정부의 공공서비스의 민영화를 본다면 ① 쓰레기 수거, ② 쓰레기 처리, ③ 도로 보수, ④ 교통신호의 설치·관리, ⑤ 가로수 가지치기와 심기, ⑥ 버스체계의 운영·유지, ⑦ 공항 운영, ⑧ 위험물 처리, ⑨ 수도·가스요금 등의 사용료 청구서 작성·발송, ⑩ 가로등 운영 등의 경우에 민영화가 많이 이뤄지고 있다.[14] 이러한 분야에서는 계약에 의한 민간위탁이 주로 활용되고 있는데 그 이유는 이러한 분야에서는 전술한 바와 같이 수행되어야 할 업무를 명확히 규정하기가 용이할 뿐만 아니라 정부가 계약자의 업무수행을 모니터링하기가 쉽다는 것이다.

(2) 보호적 · 인적 서비스

소프트 서비스라고 할 수 있는 이 분야는 전술한 하드 서비스의 경우와 달라서 민영화가 용이하지 않다.[15] 이 분야에서는 핵심적(core) 서비스와 부차적(auxiliary) 서비스의 구분이 중요하다.[16] 이 분야에서는 핵심적 서비스의 민영화는 거의 없으나 부차적 서비스의 민영화는 많이 찾아볼 수 있기 때문이다.

미국 지방정부에 있어서 공공서비스의 민영화가 많이 이뤄지고 있는 분야는 ① 자동차 견인 · 보관, ② 탁아시설 운영, ③ 약물 · 알코올중독 처리사업, ④ 정신건강 · 정신박약아 사업, ⑤ 무주택자숙소 운영, ⑥ 무주택자 급식 등이다.[17]

Savas는 미국 외의 국가에서의 이 분야의 민영화를 많이 소개하였는데 스위스에서는 30개의 지방정부가 Securitas라는 민간회사와 계약을 체결하고 방범순찰 업무를 맡겼으며, 덴마크에서는 전체 인구의 반수에 가까운 사람들이 Falck라는 민간회사에 소방업무를 맡겼다고 한다.[18]

2. 민영화와 예산절감

민영화의 가장 중요한 목적은 예산절감에 있으며 우리가 이곳에서 민영화를 고찰하는 이유도 여기에 있다고 하겠다. 민영화가 초래하는 예산절감은 〈표 4-4〉와 같이 민영화 방법에 따라 차이가 있으므로 방법별로 고찰할 필요가 있다.

---

14) Elaine Morley, "Patterns in the Use of Alternative Service Delivery Approaches," *The Municipal Year Book*, 1989 (Washington, D.C.: I.C.M.A., 1989), p. 42.

15) hard service와 soft service는 Savas의 표현이다 (Savas, *op. cit.*, p. 279).

16) William T. Gormley, Jr., "Two Cheers for Privatization," in Gormley (ed.), *op. cit.*, p. 311.

17) Morley, *op. cit.*, p. 280.

18) Savas, *op. cit.*, pp. 183-184.

〈표 4-4〉 민영화 방법과 예산절감

민영화 방법	경비부담	공급	예산절감 방안
민간위탁	정부	민간	동일한 재화이나 저렴한 가격으로 공급 가능
증서교부	정부	민간	① 저렴한 가격 ② 소비자에게 선택기회 부여
허가	소비자	민간(정부허가)	경비부담을 정부가 소비자에게 전가
재정지원	정부와 소비자	민간	서비스의 향상 있으나, 예산절감 기대하기 어려움
시장공급	소비자	민간	경비부담을 정부가 소비자에게 전가

주: 경비부담은 최종적인 경비부담자를 말함.

(1) 민간위탁

종전에 지방자치단체(지방정부)가 공급까지 담당하던 서비스를 민간기업에 위탁하는 경우에는 보다 저렴한 가격으로 공급할 수 있다는 것이 민영화론자들의 주장이다.[19] 그러나 이에 대한 반론도 적지 않다는 사실에 유의할 필요가 있다.[20]

(2) 증서교부

종전에 지방자치단체가 공급하던 서비스를 민간기업으로 하여금 담당케 하되 지방자치단체가 직접 공급자에게 반대급부를 제공하는 것이 아니라 소비자에게 '쿠폰'을 주어 소비자가 공급자를 선택하게 하는 방식인 증서교부도 예산절감에 다소 이바지할 것이다. 그러나 이 방식에 의한 민영화는 예산절감보다도 소비자에게 폭넓은 선택의 기회를 부여하는데 더 큰 의의가 있다고 하겠다.[21]

(3) 허 가

종전에 지방자치단체가 공급하고 경비까지 부담하던 사업이나 지방자치단체가 공급하고 소비자가 경비를 부담하던 사업을 민간기업에 허가해 주어 민간기업으로 하여금 공급케 하고 경비는 소비자가 부담하는 방식인 허가는, 경비부담을 정부가 소비자에게 전가하는 까닭에 수익자부담을 제고하고 예산절감이

19) *Ibid.*, pp. 109-110.

20) Carl E. Van Horn, "The Myths and Realities of Privatization," in Gormley (ed.), *op. cit.*, p. 277.

21) Lee, *op. cit.*, pp. 39-52.

큰 것이 사실이다.

그러나 그 사업이 저소득층과 같은 불우계층도 수익자로 하는 사업인 경우에는 정부의 공공성에 대한 책임을 포기하는 결과가 되며, 민영화가 사회적 형평에 어긋난다는 비판을 받게 된다.[22]

(4) 재정지원

지방자치단체가 직접 공급을 담당하던 사업을 민간기업에게 맡기되 지방자치단체가 보조금·조세감면·융자 등의 방법으로 지원하는 방식인 재정지원은, 서비스의 향상을 기대할 수 있는지는 모르나 지원방식 여하에 따라서 예산절감이 어려울 수도 있다.

(5) 시장공급

종전에 정부가 담당하던 사업을 자유시장메카니즘에 맡기는 이 방식은 민영화로서는 가장 궁극적이며 완전한 방식인 바, 예산절감은 클 수 있으나 전술한 허가의 경우와 같이 정부가 '책임'을 포기했다는 정치적 비판을 받을 수 있다. 따라서 정부가 책임을 질 필요가 없는 순수한 민간재로서 종전에 정부가 담당했던 것 자체가 잘못된 일이었거나, 국민소득 수준의 향상 등으로 이제는 정부가 담당할 필요성이 없어진 분야에서나 허용될 민영화 방식이라 하겠다.[23]

22) William T. Gormley, Jr., "The Privatization Controversy," in Gormley (ed.), *op. cit.*, pp. 7-8.

23) E. S. Savas, *Privatizing the Public Sector*(Chatham: Chatham House, 1982), pp. 118-124.

제 5 장 지방분권과 지방재정

제 1 절 지방분권의 의의

1. 지방분권의 부각

지방분권은 민영화·규제완화와 함께 세계적인 추세가 되었다. 우리나라에서도 여러 번에 걸친 민선자치단체장의 선출과정을 통하여 지방분권에 대한 열망이 크게 고조되었다.

이러한 지방분권의 열망을 부추긴 것이 일본의 지방분권추진법의 제정과 그 뒤를 이은 지방분권추진위원회의 활동이라 하겠다. 1998년에 제5차 권고까지 제출한 이 지방분권추진위원회의 활동이 어떠한 결실을 맺을지는 속단하기 어려우나 지방분권에 대한 열기가 크게 고조되었으며 우리나라에까지 그 영향을 미치고 있다.

후술하는 바와 같이 우리나라에서는 지방분권이라는 표현을 사용하지 않으나 1999년 1월 「중앙정부권한의 지방이양촉진 등에 관한 법률」을 공포하였다.

우리는 이곳에서 지방분권의 개념을 살펴보고 분권화를 위한 각국의 움직임을 고찰한 다음 지방분권이 지방재정과는 어떠한 관련이 있으며 지방재정분야에서는 어떠한 변혁이 일어나야 하는가를 검토하고자 한다.

2. 지방분권의 개념

행정학에서는 지방분권을 의사결정의 권한을 지방자치단체에 분산시키는 것이라고 정의하고 있으나[1] 일본의 지방분권추진법은 지방분권을 국가와 시방자

1) 유훈, 행정학원론〔제6정판〕(서울: 법문사, 1991), p. 383.

치단체가 분담할 역할을 명확히 하고 지방자치단체의 자주성과 자립성을 제고하며, 개성이 풍부하고 활력이 충만한 지역사회의 실현을 도모하는 것이라고 하고 있다.[2]

한국의 지방분권 및 지방행정체제 개편에 관한 특별법의 표현을 빌린다면 지방분권이란 국가와 지방자치단체의 권한과 책임을 합리적으로 배분함으로써 국가 및 지방자치단체의 기능이 서로 조화를 이루는 것이라고 할 수 있을 것이다.[3]

그러나 중앙집권이나 지방분권이 상대적인 개념이라는 사실에 유의할 필요가 있겠다. 일본 지방분권추진위원회의 건의처럼 국가와 지방자치단체의 관계를 상하·주종의 관계에서 대등·협력관계로 전환시키는 것이 지방분권의 추진임에는 틀림이 없으나 우리나라의 지방이양법처럼 상하·주종관계의 테두리 안에서 중앙의 권한을 지방정부에 대폭적으로 이양하려는 시도도 지방분권의 추진으로 보아야 할 것이다.

제2절 지방분권의 국제적 조류

오늘날 지방분권은 민영화·규제완화와 함께 세계적인 추세라 할 수 있으나 각국의 지방분권을 위한 시도는 지극히 다양하다. 우리는 이곳에서 각국의 지방분권을 위한 노력을 살펴보고자 한다.

1. 미국의 지방분권

(1) 연방정부의 비대성

연방국가인 미국은 연방정부에 비하여 주정부의 권한이 비교적 강한 국가이며 지방자치단체는 연방정부가 아니라 주정부의 통제를 받고 있다.

이러한 미국에서 연방정부의 권한과 기능이 확대되고 재정력이 강화됨에 따라 연방정부가 주정부를 제치고 직접 지방자치단체에 보조금을 지급하고 이에 따른 통제를 강화하는 현상이 일어나게 되었다. 이러한 현상은 특히 존슨행정

---

2) 일본지방분권추진법 제2조.

3) 지방분권 및 지방행정체제 개편에 관한 특별법 제조 제1호

부의 「위대한 사회」(Great Society) 입법을 통하여 두드러지게 나타나게 되었다. 케네디대통령의 뒤를 이어 대통령이 된 존슨은 1964년 자기의 힘으로 대통령에 당선되자 상원지도자로서의 오랜 경력을 활용하여 1965년경부터 빈곤, 소년범죄, 실업, 도시문제, 인종차별, 남녀차별 기타 각종 사회문제에 관한 법률을 대량으로 통과시키는데 성공했다. 이것이 「위대한 사회」 입법이다.[4]

이와 같이 정책은 연방정부가 수립했으나 그 집행은 지방자치단체가 담당할 수밖에 없으므로 연방정부는 주정부를 제치고 직접 지방자치단체에 보조금을 지급하게 되었으며 연방정부의 지방자치단체에 대한 통제가 강화될 수밖에 없게 되었다.

(2) 신연방주의의 대두

그러나 존슨의 뒤를 이어서 대통령이 된 닉슨은 '신연방주의'를 제창하고 1972년 일반세입양여제도(General Revenue Sharing)를 도입하여 연방정부의 재원의 일부를 주정부와 지방자치단체에 배분하게 되었다. 특정보조금제도를 재정조정의 수단으로 사용하고 있던 미국이 우리나라의 지방교부세에 해당되는 제도를 도입하게 된 것이다.

레이건행정부에 와서 지방분권적인 이러한 정책은 더욱 강화되었다. 레이건대통령도 신연방주의를 강조하고 77개의 특정보조금을 9개의 포괄보조금으로 통합하였다.

(3) 민관 파트너십

1970년대 이후 미국에서 일어나고 있는 또 하나의 현상은 도시재개발과 경제발전을 위한 민관(民官) 파트너십이라고 할 수 있겠다. 도시에 따라 그 형태는 다양하나 반관반민의 비영리조직이 정부부문과 민간부문의 협력을 통한 도시발전에 지극히 주요한 역할을 담당하고 있다는 것이 그 특징이라 하겠다.[5]

---

4) Robert T. Nakamura and Frank Smallwood, *The Politics of Policy Implementation* (New York: St. Martin's Press, 1980), p. 11.

5) 重森 曉 地方分權どう實現するか(東京: 丸善株式會社, 1996), pp. 78-83; Timothy J. Conlan, "Federalism and Competing Values in the Reagan Administration," in Laurence J. O'Toole, Jr. (ed.), *American Intergovernmental Relations*(Washington: CQ Press, 1993), pp. 359-375.

2. 스웨덴의 분권형 복지국가

(1) 복지국가의 중앙집권화

스웨덴의 복지국가에의 이행은 1950년대에 시작되었는데 이 과정에 있어서 소득보장, 의료보험, 교육, 사회복지, 주택·도시계획, 환경·위생 등 복지정책의 집행을 주로 담당한 것은 지방자치단체였다. 복지국가의 실현을 위한 지방자치단체 공공서비스의 확대는 특히 1970년대에 들어와서 두드러지게 나타났다.

그러나 이러한 지방자치단체에 의한 공공서비스의 확대는 분권화보다는 집권화를 강화하는 방향으로 나갔다. 복지국가정책의 입안이나 기준설정은 중앙정부의 권한이었으며 지방자치단체는 그 정책을 집행하기 위한 도구에 지나지 않았던 것이다. 이리하여 한때 스웨덴 지방자치단체 행정분야의 90%가 중앙정부의 통제를 받게 되었다고 한다.

(2) 지방분권의 추진

이러한 중앙집권적인 경향에 종지부를 찍게 된 것이 사회민주당이 제창한 '프리·커뮨제도'(free commune)에 관한 실험과 보조금제도의 개혁이다.

① 프리·커뮨 실험: 프리·커뮨으로 선정된 지방자치단체에 대해서 각 분야별 위원회 및 지구위원회(neighborhood council)를 자유로이 설치할 수 있는 권한을 부여할 뿐만 아니라 프리·커뮨으로 선정된 자치단체가 신청하는 경우 중앙정부의 규제와 감독을 면제해 주는 제도이다.

프리·커뮨제도에 관한 법률은 1984년에 제정되었으나 1986년부터 9개의 기초자치단체와 3개의 광역자치단체가 프리·커뮨으로 선정되어 실험이 시작되었다. 프리·커뮨제도가 좋은 성과를 거두었다는 평가가 내려지자 1991년까지 연장되었으며 프리·커뮨의 수는 36개의 기초자치단체와 4개의 광역자치단체를 포함하는 40개에 달하게 되었다. 이러한 실험의 결과를 토대로 하여 1991년에는 지방자치법이 개정되고 모든 자치단체가 자유로이 위원회를 구성할 수 있는 권한을 부여받았으며 자치단체의 자유재량권과 재정계획권의 확대가 이루어지게 되었다.

② 보조금제도의 개혁: 프리·커뮨의 실험을 거쳐 1993년에는 특정보조금의 폐지와 일반보조금화를 골자로 하는 보조금제도의 개혁이 이루어졌다.

1993년 개혁 전에는 스웨덴의 기초자치단체에 대한 국고보조금의 90%와 광역자치단체에 대한 국고보조금의 60%가 목적이 한정된 특정보조금이었다. 1993년의 개혁은 이러한 특정국고보조금을 대부분 폐지하고 각 자치단체의 세수·수요구조·인구 등을 감안하여 목적을 한정하지 않은 일반적인 국고평형보조금으로 전환하였다.[6]

3. 일본의 지방분권추진

(1) 지방분권추진 경위

일본에서의 지방분권추진의 기원을 1949년의 샤프(Sharp)권고에 까지 소급해 올라가는 사람들이 있으나 지방분권추진법의 제정과 지방분권추진위원회의 설립을 통한 본격적인 지방분권추진은 1990년대 초에 시작되었다고 하겠다.

〈표 5-1〉과 같이 1993년 6월 일본국회의 중의원과 참의원이 「지방분권추진에 관한 결의」를 채택했으며 제3차 행정개혁추진심의회의 건의 등을 거쳐 1995년 2월 28일에는 일본의 각의가 「지방분권추진법안」을 의결하여 국회에 제출하였다. 4월 14일에 정부안에 일부수정을 가하여 중의원이 이 법안을 의결했으며 5월 15일에는 참의원이 의결하여 5월 19일 「지방분권추진법」이 공포되었으며 이 법에 의하여 설치된 지방분권추진위원회가 첫 회합을 가진 것은 7월 3일이었다.

〈표 5-1〉 일본의 지방분권추진에 관한 주요활동

연 월 일	주 요 활 동
1993년 6월 3일 ~ 4일	중의원과 참의원 「지방분권추진에 관한 결의」 채택
1995년 2월 28일	각의 「지방분권추진법안」을 의결하여 국회제출
1995년 5월 19일	국회를 통과한 「지방분권추진법」 공포
1995년 7월 3일	지방분권추진위원회 첫회합
1996년 3월 29일	지방분권추진위원회 중간보고
1996년 12월 20일	지방분권추진위원회 제1차 권고
1997년 7월 8일	〃 제2차 권고
1997년 9월 2일	〃 제3차 권고
1997년 10월 9일	〃 제4차 권고
1998년 11월 19일	〃 제5차 권고
2008년 5월 28일	지방분권개혁추진위원회 제1차 권고
2013년 6월 25일	제30차 지방제도조사회 답신

6) 藤岡純一, 「スウェーデンの地方分權」, 藤岡純一編, 海外の地方分權事情(東京: 自治體硏究社, 1995), pp. 73-103.

지방분권추진위원회는 1996년 3월 29일 중간보고를 낸데 이어 같은 해 12월 20일에는 제1차 권고(건의)를 냈으며 1998년 11월 19일에 제5차 권고를 제출하기까지 꾸준히 활동을 계속하여 일본의 지방분권을 위한 많은 개혁안을 제시하기에 이르렀다.[7)]

(2) 지방분권추진위원회의 개혁안

전술한 바와 같이 일본의 지방분권추진위원회는 중간보고에서부터 제5차 권고에 이르기까지 많은 건의를 일본정부에 제시했다.

한 마디로 말해서 지방분권추진위원회의 업적은 국가와 지방자치단체의 관계를 종전의 상하·주종의 관계에서 대등·협력관계로 전환시키려고 시도했다는 것이라고 하겠다. 이를 위해서 i) 기관위임사무제도의 폐지를 건의했으며, ii) 국가와 지방간 관계의 새 룰(rule)을 창설해야 한다고 했고, iii) 분쟁처리위원회의 설치도 건의했다.[8)]

(3) 입법조치

이러한 지방분권추진위원회의 연이은 건의를 받은 일본정부는 1999년 정기국회에 지방분권추진일괄법안을 제출하였다. 국회의 의결을 거쳐 7월 16일 「지방분권의 추진을 도모하기 위한 관계법률의 정비 등에 관한 법률」이 공포되었다.

이 법률의 공포로 지방자치법을 위시한 475개의 법률이 개정되었는데 그 중요한 내용은 다음과 같다.[9)]

① 국가와 지방자치단체의 역할분담이 명확해졌다.

② 소위 기관위임사무(機關委任事務)가 폐지되었다.

③ 국가의 자치단체에 대한 관여가 축소·폐지되었다.

④ 국가와 자치단체간, 도도부현과 시구정촌간의 분쟁해결은 최종적으로 사법부의 판정에 맡기게 되었다.

⑤ 지방재정에 관한한 분권위원회의 건의가 충분히 실현되지 못했다. 지방채의 허가제가 폐지되었다는 것은 특기할 만하다.

---

7) 總務廳行政管理局企劃調整課·自治省行政局 行政課共編, 逐條解說地方分權推進法(東京: 株式會社 行政, 1995), pp. 24-25.

8) 千田賺藏, 迫る 地方分權, がんばれ自治体(東京: 株式會社行政, 1998), pp. 119 - 124.

9) 村上 順, 日本の地方分權(東京: 弘文堂, 2003), pp. 222-229.

4. 한국의 지방분권 및 지방행정체제개편에 관한 특별법

우리나라의 역대정부가 중앙정부권한의 이양을 내걸었으나 별로 실효를 거두지 못하고 있다가 1998년 새 정부가 들어서자 일본의 지방분권추진법을 모방하여 「중앙정부권한의 지방이양촉진 등에 관한 법률」안을 성안하여 국회에 제출하였으며 그 의결을 얻어 1999년 1월 29일 공포하였으나 공포일로부터 6개월이 경과한 날부터 시행되었다.

그러나 이 법률이 미비하여 2008년에 「지방분권촉진에 관한 특별법」을 제정하였다가 2013년에 이르러 「지방분권 및 지방행정체제 개편에 관한 특별법」을 제정하고 지방분권촉진법은 폐지하였다.

(1) 두 개 법률의 통합

2013년 법은 「지방분권촉진에 관한 특별법」과 「지방행정체제 개편에 관한 특별법」을 통합하고 다소 수정을 가한 법률이다. [10)]

(2) 지방자치발전위원회

1999년 법은 지방이양추진위원회를 설치했으며 2008년 법은 지방분권촉진위원회를 설치했으나 2013년 법은 지방자치발전위원회를 설치했다. [11)]

(3) 지방자치발전종합계획의 수립

과거의 법률들이 지방이양기본계획이나 지방분권추진일정의 수립을 규정한데 대하여 2013년 법은 지방자치발전종합계획의 수립을 규정하고 있다. [12)]

(4) 추상적 규정의 나열

일본은 「지방분권의 추진을 도모하기 위한 관계법률의 정비 등에 관한 법률」을 제정하여 지방자치법을 위시하여 475의 법률을 개정함으로써 지방분권에 관한 구체적인 조치를 강구했으나 우리나라의 1999년 법이나 2008년 법은 더 말할 것도 없고 2013년 법도 '지방분권의 기본원칙'이나 '지방분권의 추진과제'와 같은 추상적인 규정만 나열했다. [13)]

---

10) 지방분권 및 지방행정체제 개편에 관한 특별법, 부칙 제2조 참조.

11) 동법 제44조.

12) 동법 제5조.

제3절 지방분권과 지방재정개혁

1. 지방분권의 추진과 지방재정

제2절에서 고찰한 바와 같이 각국의 지방분권추진 노력에 있어서 지방재정개혁이 중요한 위치를 차지하고 있다.

(1) 미국과 스웨덴의 지방재정개혁

닉슨대통령의 신연방주의에 있어서 일반세입양여제도(General Revenue Sharing)가 핵심적인 위치를 차지하고 있다는 것은 널리 알려진 사실이며 스웨덴의 지방분권추진에 있어서도 특정보조금의 폐지와 일반보조금화를 골자로 하는 보조금제도의 개혁이 일익을 담당했다는 것도 고찰하였다.

(2) 일본의 지방재정개혁

일본의 지방분권추진에 있어서도 지방재정개혁이 중요한 역할을 담당하고 있다. 지방분권추진법 제5조는 국가의 부담금·보조금 등의 정리를 규정하고 있으며 제6조는 국가와 지방자치단체의 역할분담에 상응한 지방세재원의 충실한 확보를 규정하고 있다.

이러한 지방분권추진법의 규정에 따라 지방분권추진위원회는 그 건의에서 지방재정개혁을 다루고 있다. 국고보조금제도의 개혁을 다루고 있을 뿐만 아니라 '세입의 자치'에서 다소 모호하기는 하나 지방세재원의 확충에 언급하고 있다. '과세자주권의 존중'에서는 법정외세목(법정외 보통세)의 허가제도를 폐지할 필요가 있다는 것도 건의하고있다.

2. 지방분권을 위한 지방재정개혁

우리는 위에서 각국이 지방분권의 추진에 있어서 지방재정개혁을 필수적인 요소로 생각하고 있다는 것을 알았는데 이곳에서는 지방분권을 위한 지방재정개혁의 방향을 제시하고자 한다.

---

13) 동법 제7조~제17조.

(1) 자치재정권의 확립

지방분권을 위한 지방재정개혁의 핵심은 한 마디로 말해서 자치재정권(재정자치권)의 확립에 있다고 하겠다. 자치재정권은 자치입법권처럼 헌법에 명문의 규정이 있는 것은 아니나 지방정부가 지방분권을 쟁취하고 지방자치를 실현하기 위해서는 필수불가결의 전제조건이라 하겠다. 이를 좀 더 구체적으로 살펴보기로 한다.[14]

(2) 자주재원의 확충

일본의 지방분권추진위원회는 「세입의 자치」라는 제목하에 이 문제를 다루고 있으나[15] 자주재원 특히 지방세재원의 대폭적 확충없이는 지방분권의 실현이 불가능하다고 하겠다.

총조세수입(국세와 지방세의 합계)에 있어서 지방세수입이 35% 수준을 유지하고 있는 일본에서도 지방세재원의 확충을 주장하고 있는데 지방세수입이 총조세수입의 20%에 지나지 않는 우리나라에서[16] 대폭적인 확충을 주장하는 것은 당연하다고 하겠다.

(3) 과세자주권의 확립

중앙정부가 제정한 지방세법이 모든 자치단체의 세목과 세율을 규정하고 과세자주권을 전혀 인정하지 않는 상황 하에서 과연 참된 의미의 지방자치가 있다고 할 수 있을지 의문이라 하지 않을 수 없다.

장기적으로는 중앙정부가 설정한 한도의 범위 안에서 지방정부가 세목과 세율을 결정할 수 있는 체제로 지향해야 할 것이나 단기적으로는 법정 외 세목을 인정하고 탄력적 세율제도를 광범위하게 도입해야 할 것이다.

먼저 법정외세목제도의 도입은 "세목과 세율은 법률로 정한다"[17]는 헌법의 규정 때문에 도입에 문제가 있으나 법률로서 여러 가지 세목을 나열하고 세율도 표준세율을 정하도록 하여 이 테두리 안에서 지방자치단체가 조례로서 필요한 세목과 세율을 결정하도록 할 수밖에 없을 것이다.

---

14) 유훈, 「자치재정권에 대한 소고」, 자치의정 1998년 11월 · 12월호, pp. 4-6 참조.

15) 千田, 전게서 pp. 170-171.

16) 제1편 제3장 「국가재정과 지방재정」 참조.

17) 헌법 제59조.

우리나라와 헌법의 규정이 다르므로 법정외세목(법정외 보통세)을 인정하고 있는 일본에서는[18] 지방자치단체가 법정외세목을 도입하고자 할 때에는 중앙정부의 허가를 얻어야 하는데 지방분권추진위원회는 허가제도의 폐지를 건의했다.[19] 둘째로 탄력적 세율제도인데 이미 지역자원시설세·자동차세 등 일부세목에서 인정하고 있으므로 이를 여러 세목에 확대하면 될 것이다. 제도의 도입도 중요하나 더 긴요한 것은 대도시가 이러한 탄력적 세율제도를 실제로 적용하는 일이다. 자치단체들이 탄력적 세율의 적용을 기피하는 경향이 있다는 지적이 있다.[20]

(4) 독자적 예산편성권

현재와 같이 중앙정부가 예산편성 지침을 작성하여 각 지방정부에 시달하면 지방정부는 이를 토대로 예산을 편성하여 지방의회의 의결을 얻는 제도는 재검토되어야 한다는 것이다. 중앙정부가 국가재정 운영방향이나 지방재정여건과 지방재정 운용방향을 제시하는 것이라면 몰라도 "건전한 재정지출에 필요한" 예산편성지침을 지방정부에 시달하는 제도는 조만간 종료되어야 할 것이다.

(5) 독자적 차입권

우리나라는 과거에 지방채 허가제를 채택하였으나 2006년에 지방채발행총액한도액제도로 전환했다. 그러나 기대와는 달리 지방자치단체의 지방채 발행이 오히려 소극적으로 바뀌었다. 이리하여 앞으로는 지방자치단체들이 지방채 발행을 적극적으로 활용할 수 있도록 지방재정의 틀을 재조정할 필요가 있다는 주장이 제기되고 있다.

일본도 과거에는 지방채 허가제를 채택했으나 1999년의 개혁에 의하여 지방채 허가제가 폐지되었다. 다만 2006년까지는 종전대로 하되 그 후에는 대신 지사와의 협의사항으로 되었다.[21]

18) 일본헌법 제84조는 「새로이 조세를 과하거나 현행의 조세를 변경하는 데에는 법률 또는 법률이 정하는 조건에 의함을 요한다」고 규정하고 있다.

19) 佐々木信夫, 地方分權と地方自治(東京: 勁草書房, 1999), p. 39.

20) 제2편 제2장 「지방세의 비중과 지방세체계」 참조.

21) 일본 지방재정법 제5조의 3.

(6) 지방재정조정제도의 개혁

지방분권을 위한 지방재정개혁은 지방재정조정제도의 개혁없이는 실효를 거둘 수 없다. 미국이나 스웨덴의 지방분권을 위한 지방재정개혁에 있어서 지방재정조정제도의 개혁이 핵심을 이루었으며 일본에서도 중요한 위치를 차지하고 있다는 것은 전술한 바와 같다.

① 개혁의 전략: 지방분권을 위한 지방재정조정제도개혁의 전략으로서 저자는 다음의 세 가지를 들고자 한다.

ⓐ 특정재원의 감축과 일반재원의 확충

ⓑ 통제·간섭이 많은 재원에서 통제·간섭이 적은 재원으로의 이행

ⓒ 지방비 부담이 있는 재원에서 지방비 부담이 없는 재원으로의 이행

② 구체적 실천방안: 위에서 제시한 바에 따라 지방분권을 위한 구체적 실천방안을 살펴보기로 한다.

첫째로 국고보조금과 같은 특정재원은 그 규모를 줄이고 지방교부세와 같은 일반재원은 그 규모를 늘리는 것이 지방자치단체를 위하여 바람직할 것이다.[22]

둘째로 중앙정부의 통제·간섭이 많은 국고보조금은 그 규모를 줄이는 대신에 통제·간섭이 적은 지방교부세는 그 규모를 늘리는 것이 바람직할 것이다.

셋째로 지방비 부담이 있는 국고보조금은 그 규모를 줄이고 지방비 부담이 없는 지방교부세는 그 규모를 늘리는 것이 바람직하다.

이렇게 고찰할 때 국고보조금은 그 규모를 줄여야 한다는 결론에 도달하게 된다. 특히 국고보조율이 50%에 미달하는 보조금이나 영세보조금은 폐지하는 방향으로 나가야 한다.

그 대신에 지방교부세는 교부율을 현행의 19.24%에서 더 인상하여 그 재원규모를 대폭 확대하는 것이 바람직하다 하겠다.

정책유도효과의 발휘에 초점을 두어 전국적인 관점에서 새로운 정책을 장려한다는 의미를 지닌[23] 국고보조금의 대폭적인 감축이 문제가 있다면 국고보조금의 지방비부담률을 인하하는 대안이 될 수 있을는지 모르겠다.

③ 결 어: 지방분권이라는 관점에서만 본다면 지방자치단체의 자주재원 특히 지방세재원을 확충하고 지방재정조정제도는 폐지하거나 규모를 대폭 감축하

22) 지방교부세·국고보조금에 관해서는 제2편 제5장 「지방재정조정제도」 참조.
23) 佐々木, 전게서, p. 41.

는 것이 바람직하다 하겠다. 이런 점에서 지방교부세제도가 폐지되는 시점이 일본에 참된 의미의 지방자치가 탄생하는 시점이라는 주장도 수긍할 만하다.[24]

그러나 세입집권화론자들의 주장을 빌릴 것도 없이 세원의 편재로 인한 지방자치단체 간 재정력 불균형을 감안하고 지방자치단체 세무행정의 수준을 염두에 둔다면 지방재정조정제도의 폐지는 가까운 시일 내에 실현되기 어렵고 앞에서 제시한 바와 같은 방향으로 지방재정조정제도를 개혁하여야 한다는 결론에 도달하게 된다.

---

24) 吉田和男, 地方分權のための地方財政改革(東京: 有斐閣, 1998), p. 134.

제 6 장 고령화와 지방재정

제 1 절 고령화의 진전

1. 세계적 추세

보건과 의료기술의 발달로 각국에서 고령화가 빠른 속도로 진정되고 있다. 〈표 6-1〉과 같이 1965년에 고령인구가 12.5%였던 독일에서는 2000년에는 16.0%로 늘어났으며 2025년에는 22.9%에 달할 예정이다. 고령화가 비교적 빠른 속도로 진정되고 있는 국가는 일본으로서 1965년에 고령인구가 6.3%에 지나지 않았으나 2000년에는 17.2%로 늘어났으며 2025년에는 27.4%에 달할 예정이다. 고령화의 진전 속도가 비교적 빠르지 않는 국가는 미국인데 매년 많은 이민을 받아들이는 영향도 작용하여 1965년에 9.5%였던 고령인구가 2000년에는 12.4%에 달했으며 2025년에는 18.1%에 달하여 주요국가 중에서 고령인구의 비율이 가장 낮을 전망이다.[1)]

〈표 6-1〉 각국 고령인구비율의 추이

(단위 : %)

	1965	1980	1995	2000	2025
일 본	6.3	9.1	14.5	17.2	27.4
독 일	12.5	15.6	15.2	16.0	22.9
프랑스	12.1	14.0	14.9	15.7	21.3
영 국	12.0	15.1	15.5	15.3	19.0
미 국	9.5	11.3	12.6	12.4	18.1
한 국	-	3.9	5.9	7.3	19.3

주: 2025년의 한국통계는 2030년 전망치임.
자료: 한국은 통계청자료이며 기타국가는 UN자료임.

1) 유훈 · 조택 · 김재훈, [신판]재무행정론(서울: 법문사, 2012), 제5편 제4장 「사회보장재정」 참조.

2. 한국의 고령화

한국도 다른 나라의 경우와 같이 고령화가 진전되고 있는데 한국고령화의 특징으로서 다음의 두 가지를 들 수 있겠다.

첫째로 한국의 고령화는 늦게 시작되었다. 1980년에 고령인구가 3.8%에 지나지 않았다. 1980년에 독일은 고령인구가 15.6%에 달했으며 미국도 11.3%를 점했으며 일본도 9.1%에 지나지 않았던 것이다.

둘째로 그러나 고령화 진전의 속도가 다른 어떤 주요국가보다 빠르다는 것을 들 수 있겠다. 1995년에는 고령인구가 5.9%에 지나지 않던 한국이 2000년에는 7.3%에 달했으며 2030년에는 19.3%에 달할 예정이다.

〈표 6-2〉 한국의 연령별 인구비중의 추이

(단위: %)

	0~14세	15~64세	65세 이상
1970	42.5	54.5	3.1
1980	34.0	62.2	3.8
1990	25.6	69.3	5.1
2000	21.1	71.7	7.2
2010	16.1	72.8	11.0
2020	13.2	71.1	15.7
2030	12.6	63.1	24.3
2040	11.2	56.5	32.3
2050	9.9	52.7	37.4

자료: 통계청.

이것을 다른 각도에서 살펴본다면 노령인구의 비율이 7% 이상인 고령화 사회에서 노령인구의 비율이 14% 이상인 고령사회로 진입하는데 미국이 71년이 소요되었으며 일본도 24년이 소요되었는데 한국은 22년이 소요되었다.

고령사회에서 노령인구의 비율이 20% 이상인 초고령 사회로 진입하는데 미국이 15년 소요될 예정이며 일본이 12년이 소요될 예정인데 대하여 한국은 10년이 소요될 예정이다.

이와 같이 고령화진전의 속도가 다른 어떤 주요 국가보다 빠른 까닭에 고령화가 국가재정이나 지방재정에 미치는 영향이 지대하다는 것을 들 수 있겠다.

〈표 6-3〉 한국고령인구의 전망

	65세 이상 인구(만 명)	총인구 중 65세 이상인구 비율(%)
1995	266	5.9
2000	345	7.3
2010	503	10.9
2020	690	13.2
2030	1,017	19.3

자료: 통계청, 한국의 인구현황, 2000.

〈표 6-4〉 각국의 단계별 소요연수

국 별	고령화사회에서 고령사회로	고령사회에서 초고령사회로
미 국	71년	15년
일 본	24	12
한 국	22	10

자료: 통계청, 한국의 인구현황, 2000.

제 2 절 고령화와 지방재정

1. 고령화와 지방세입

지방자치단체의 세입의 원천인 지방세수는 당해 지역의 소득·인구의 영향을 받는다. 고령화가 진전된 지역에서는 노동력률(労動力率)의 저하로 인하여 세입액이 감소한다.

또 지역의 소득은 지역의 산업구조, 지역개발정책 등의 영향을 받으며 인구증감 중 자연증감은 당해지역의 출생률, 사망률의 영향을 받는다. 지역 간에 있어서 인구의 유출입(流出入)에 의한 사회적 증감은 지역의 소득이나 지가의 영향도 받는다.[2)]

2. 고령화와 세출의 증대

(1) 각국의 세출의 증대

고령화가 진전됨에 따라 각국에서 연금지출이나 건강보험지출과 같은 사회보장적 지출이 크게 늘어나고 있다.

2) 井上 孝·渡辺 眞知子 編著, 首都圏の高齢化(東京: 原書房, 2014), p. 143.

① 미국의 세출의 증대: 사회보장제도가 덜 발달한 미국의 경우 노령보험지출의 증가추세를 본다면 1990년에 2,441억 달러였던 것이 2000년에는 4,014억 달러로 급증했으며 2009년에는 6,643억 달러에 달하게 되었다. 다시 말해서 1990년부터 2009년에 이르는 19년 동안에 노령보험지출은 2.7배 늘어났다는 것을 알 수 있다.

의료지출의 경우를 본다면 1990년에 1,888억 달러였던 것이 2000년에는 4,272억 달러로 급증했으며 2009년에는 8,924억 달러에 달하게 되었다. 19년 동안에 4.7배 증가하였다는 것을 알 수 있다.

〈표 6-5〉 미국사회보장적 지출의 추이

(단위: 백만달러)

	1990	2000	2005	2006	2007	2008	2009
노령보험 등	244,135	401,393	512,728	544,096	575,648	605,530	664,287
의 료	188,808	427,194	653,193	717,010	971,361	822,111	892,410
합 계	432,943	828,587	1,165,921	1,261,106	1,347,009	1,427,641	1,493,697

자료: U.S. Bureau of the Census, Statistical Abstract of the United States; 2012.

② 일본의 세출의 증대: 고령화에 따른 일본의 세출의 증대를 본다면 연금의 경우 1995년에 33조4990억 엔이었던 것이 2000년에는 41조2010억 엔으로 늘어났으며 2011년에는 53조620억 엔에 달하게 되었다. 다시 말해서 6년 동안에 1.6배 늘어났다는 것을 알 수 있다.

의료 관련 지출을 본다면 1995년에 24조520억 엔이었던 것이 2000년에는 25조 9980억 엔에 달했으며 2011년에는 34조630억 엔에 이르렀다. 6년 동안에 1.4배 늘어났다는 것을 알 수 있다.

〈표 6-6〉 일본의 사회보장적 지출의 추이

(단위: 10억엔)

	1995	2000	2005	2009	2010	2011
의 료	24,052	25,998	28,161	31,413	32,919	34,063
연 금	33,499	41,201	46,829	52,333	52,971	53,062
복 지 기 타	7,169	10,935	13,499	17,354	18,789	20,369
합 계	64,719	78,133	88,488	101,100	104,679	107,495
1인당사회보장적지출 (1,000엔)	515.4	615.6	692.6	789.6	817.4	841.1

자료: 總務省統計局, 日本の統計 (東京: 日本統計協會, 2014), p. 279.

일본의 경우 1인당 사회보장적 지출증가추세에 관한 통계도 제시되어 있는데 1995년에 1인당 51만 5400엔이었던 사회보장적 지출이 2011년에는 84만 1100엔에 달했다는 것을 알 수 있다.

(2) 한국의 고령화와 세출의 증대

고령화가 진전됨에 따라 다른 나라의 경우와 같이 국민연금지출이나 건강보험지출을 위시한 사회보장적 지출의 확대를 초래할 것이다.

① 국민연금지출추이: 고령화의 진전에 따라 국민연금 중 노령연금 수령상황을 살펴본다면 〈표 6-7〉과 같이 노령연금수급자와 수급금액이 급속도로 늘어나고 있다는 것을 알 수 있다. 2003년에는 819,800명이었던 노령 연금 수령자가 2012년에는 2,748,455명으로 늘어났으며 수급금액은 2003년에 1조 5,333억 3900여만 원이었던 것이 2011년에는 7조 9,051억여 원으로 늘어났다. 이것이 전적으로 고령화의 영향이라 할 수 없으며 국민연금제도의 정착과정에서 오는 영향도 있을 것이나 국민연금의 노령연금수급자가 늘어남에 따라 수급금액이 급속하게 늘어나고 있다는 것을 알 수 있다.

〈표 6-7〉 국민연금 중 노령연금 수급상황 추이

	노령연금수급자		노령연금수급금액	
	수급자수	지수	금액(천원)	지수
2003	819,800	100	1,533,339,190	100
2004	1,156,098	141	1,987,450,647	130
2005	1,349,626	165	2,531,536,045	165
2006	1,517,649	185	3,103,160,541	202
2007	1,731,560	211	3,857,708,922	252
2008	1,949,867	238	4,765,527,612	311
2009	2,149,168	262	5,814,824,736	379
2010	2,330,128	284	6,861,876,308	448
2011	2,489,614	304	7,905,179,613	516
2012	2,748,455	335	9,327,086,191	608

자료: 보건복지부, 2013보건복지통계연보, pp. 374 375에서 산출.

그러나 국민연금의 노령연금 수급자수나 수급금액의 증가현상은 고령화가 국가재정에 미치는 영향을 나타내는 통계이기는 하나 고령화가 지방재정에 미치는 영향을 나타내는 것이라 할 수 없다.

② 기초생활보장지출의 추이: 고령화가 지방재정에 미치는 영향을 살펴보

기 위하여 기초생활보장지출의 실태를 검토하기로 한다.

우리나라의 기초생활보장제도는 고령자뿐만 아니라 청·장년층이나 심지어 19세 이하의 저소득층에게도 지급하는 공공부조제도인데 〈표 6-8〉과 같이 고령의 저소득층 기초생활보장수급자가 차지하는 비중이 점차 늘어나고 있다. 2003년에는 70세 이상의 수급자가 18.6%를 차지했으나 2012년에는 70세 이상의 기초생활보장수급자가 차지하는 비중이 22.5%를 차지하고 있다. 기초생활보장수급제도는 지방비뿐만 아니라 국비에서도 지급되고 있는데 다행히도 지방비 수급자에 관한 통계가 별도로 발표되고 있다.

〈표 6-8〉 기초생활보장수급자 중 고령자의 비중

(단위: %)

	60~69세	70~79세	80세 이상
2003	13.9	12.9	5.7
2004	13.4	13.0	5.8
2005	12.6	12.8	5.7
2006	12.1	12.9	5.8
2007	12.0	13.1	6.0
2008	11.7	13.1	6.3
2009	11.5	13.0	6.3
2010	11.6	13.5	6.6
2011	11.5	14.0	7.0
2012	11.7	15.0	7.5

자료: 통계청.

기초생활보장 수급자 중 일반수급자의 지방비 수급자가 〈표 6-9〉와 같이 2003년에는 482,142명이었으나 2006년에는 740,211명에 달했으며 2009년에는 811,573명에 달했다가 2012년에는 742,805명으로 다소 감소되었다. 일반수급자 중 지방비 수급자의 비중을 본다면 2003년에는 23.9%였으나 점차 지방비 수급자의 비중이 늘어나 2007년에 24.3%에 달했으나 그 후 점차 지방비 수급자의 비중이 저하하여 2012년에는 19.8%를 차지하고 있다.

기초생활수급자 중 시설수급자를 본다면 2003년에는 22,890명이었으나 서서히 늘어나 2012년에는 35,554명에 달했다. 시설수급자 중 지방비 수급자가 차지하는 비율은 2003년에는 24.7%를 차지했으나 서서히 그 비중이 저하하여 2012년에는 지방비 수급자의 비율이 20.9%로 떨어졌다.

〈표 6-9〉 기초생활보장수급자 중 지방비수급자 추이

	일 반 수 급 자		시 설 수 급 자	
	지방비수급자수	지방비수급자비율(%)	지방비수급자수	지방비수급자비율(%)
2003	482,142	23.9	22,890	24.7
2004	544,752	24.0	23,541	24.6
2005	652,271	24.1	26,413	24.5
2006	740,211	24.2	28,489	24.4
2007	807,801	24.3	30,264	24.2
2008	763,33923	21.6	30,671	21.9
2009	811,573	21.4	28,879	21.8
2010	805,610	20.9	31,600	22.0
2011	782,355	20.3	34,637	21.4
2012	742,805	19.8	35,554	20.9

자료: 보건복지부, 2013보건복지통계연보, p. 342에서 산출.

③ 의료급여대상자 추이: 우리나라에서도 미국의 medicade와 같이 저소득층에 지급하는 의료급여제도가 있다. 불행하게도 기초생활보장제도와 같이 지방비 수급자에 관한 통계가 따로 발표되지 않으나 연령별 수급자에 관한 통계가 있다. 〈표 6-10〉과 같이 2003년에는 65세 이상의 저소득층에 지급되는 의료급여대상자의 비중이 전체의 27.0%를 차지했으나 다소 기복은 있었으나 2012년에 30.2%에 달하고 있다.

〈표 6-10〉 의료급여대상자 연령별 비중(65세 이상)

(단위: %)

	65~69세	70~74세	75~79세	80~84세	85세 이상	65세 이상 합계
2003	7.7	7.7		11.6		27.0
2004	7.6	7.7		11.9		27.2
2005	7.0	7.2		11.5		25.7
2006	6.9	7.2	5.8	3.5	2.3	25.7
2007	7.0	7.2	6.0	3.6	2.4	26.2
2008	6.7	7.2	6.6	3.8	2.6	26.9
2009	6.6	7.3	6.4	4.2	2.9	31.6
2010	6.4	7.3	6.6	4.5	3.2	28.0
2011	6.3	7.4	6.8	4.8	3.3	28.6
2012	6.2	8.0	7.1	5.2	3.7	30.2

자료: 보건복지부, 2013보건복지통계연보, pp. 354-355에서 산출.

제 7 장 지방자치단체의 생산성과 지방재정

제 1 절 지방자치단체 생산성의 의의

1. 정부부문 생산성의 의의

(1) 생산성의 개념

주지하는 바와 같이 생산성에 관한 연구는 사기업에서 시작된 것이므로 정부부문의 생산성에 들어가기 전에 민간부문의 생산성의 정의부터 검토하는 것이 바람직하다고 하겠다

생산성은 흔히 인풋(inputs)에 대한 아웃풋(outputs)의 비율이라고 정의한다. 그리하여 인풋이 무엇이냐에 따라서 생산성은 다음과 같이 여러 가지로 정의되어 왔으며 측정되어 왔다.

① 노동생산성: 가장 많이 사용되는 생산성지표의 하나가 노동생산성이라고 할 수 있으며 각국의 생산성을 비교하는 지표로서 많이 사용되고 있다. 미국에서는 노동통계국(Bureau of Labor Statistics)이 분기별로 인시(man-hour)당 산출량을 의미하는 노동생산성을 부문별로 발표하고 있다.

② 자본생산성: 노동생산성보다는 덜 사용되는 생산성지표로서 투입된 자본의 단위당 산출량을 의미하는 자본생산성이 있다. 노동생산성처럼 정기적으로 자본생산성에 관한 통계를 발표하는 기관은 없으나 많은 학자들과 연구기관들이 이에 관한 연구를 계속하고 있다.

③ 총요소투입량생산성: 생산에 투입된 인적·자본적·기술적 요소 등을 종합적으로 감안한 생산성이다. 생산량/총요소투입량으로 표시되는 것인데 미국의 경우에는 Kendrick나 Denison 등과 같은 학자들이 이의 장기적 추세에 관

한 연구를 발표했다.[1)]

(2) 정부부문 생산성의 개념

사기업의 경우에는 시장가격이라고 하는 객관적이며 통일성 있는 평가지표가 있으나 정부부문에는 이러한 평가지표가 존재하지 않으므로 아웃풋의 평가가 어렵고 따라서 생산성의 정의에 어려움이 많다.

한마디로 말해서 정부부문의 생산성이란 효과적인 서비스의 전달을 위하여 자원을 얼마나 능률적으로 사용했는가를 의미한다.[2)] 이러한 생산성의 정의에는 양적인 요소뿐만 아니라 질적인 요소도 포함되어 있다는 사실에 유의할 필요가 있다.[3)] 다시 말해서 정부부문 생산성의 개념은 ① 아웃풋/인풋을 의미하는 능률성뿐만 아니라 ② 서비스 수준, 시기, 편리, 정확, 신뢰 등을 포함하는 서비스의 질과 ③ 성과, 임팩트(impact), 결과 등을 포함하는 사업의 효과성까지 포함한다는 것이다.

(3) 정부부문간 생산성연구의 전개

전술한 바와 같이 생산성에 관한 연구는 민간부문에서 시작된 것이나 정부부문 생산성에 관한 연구가 본격화하기 시작한 것은 1970년대의 일이라 하겠다.

미국에서 1970년 6월 닉슨대통령에 의하여 생산성위원회(National Commission on Productivity)가 설치되었는데 이 위원회는 미국의 국제경쟁력 제고를 위하여 민간부문뿐만 아니라 정부부문의 생산성에 관해서도 관심을 갖게 되었다. 이어서 미연방정부에서는 1972년 5월 24일 관리예산처가 200인 이상의 공무원을 보유하는 정부기관은 생산성향상에 관한 보고서를 매년 제출할 것을 요구하는 회람을 각 기관에 송부했다.[4)]

학계에서도 이때부터 정부부문 생산성에 관한 연구가 본궤도에 올라섰는데

---

1) Jerome A. Mark, "Meanings and Measures of Productivity," *Public Administration Review,* November-December 1972, pp. 749-751.

2) David N. Ammons and Joseph C. King, "Productivity Improvement in Local Government: Its Place Among Competing Priorities," *Public Administration Review,* March-April 1983, pp. 114-115.

3) Nancy S. Hayward, "The Productivity Challenge," *Public Administration Review,* September-October 1976, p. 544.

4) Peter G. Peterson, "Productivity in Government and the American Economy," *Public Administration Review,* November-December 1972, pp. 740-741.

미국행정학회보(Public Administration Review)가 1972년 11월~12월호 전권을 정부부문 생산성에 관한 논문으로 채웠다. 그후 생산성에 관한 연구가 활기를 띠기 시작했으며 행정학회보가 1978년 1월~2월호를 다시 생산성 특집으로 꾸몄다. 이때에는 12편의 논문이 발표되었는데 중앙정부 · 주정부 · 지방자치단체에서 그 동안 전개되었던 생산성 제고를 위한 노력에 관한 경과보고가 많았다.

2. 유사개념과 관련개념

생산성과 유사하거나 서로 연관된 개념이 많으나 우리는 이곳에서 능률성 · 효과성의 두 가지를 유사개념으로 검토하고 생산성과 상충된다고 볼 수 있는 개념으로서 형평성을 살펴보고자 한다.

(1) 능률성

흔히 효율성이라고도 하는 능률성(efficiency)은 생산성의 가장 핵심적인 요소인 동시에 행정학의 가장 기본적인 개념의 하나라 할 수 있겠다. '절약과 능률'이라는 표현으로 처음 등장한 능률성은 행정의 유일한 목표는 아닐지라도 가장 중요한 목표로 인식되었으며 '능률지상주의'는 초기 행정학의 핵심적인 요소였다고 할 수 있겠다.[5)]

① 기계적 능률: 처음부터 기계적 능률(mechanical efficiency)이라는 표현을 사용한 것은 아니나 후술하는 사회적 능률과 대비하는 의미에서 기계적 능률이라는 표현을 사용하게 되었다.[6)]

아웃풋/인풋으로 표시할 수 있는 기계적 능률은 처음에는 될 수 있는 대로 적은 인풋를 들여서 최대한의 아웃풋을 내는 것이라는 표현을 사용하다가 능률성의 계량화문제가 등장하자 일정한 인풋을 가지고 최대한의 아웃풋을 내는 것 또는 일정한 아웃풋을 내기 위하여 최소한의 인풋을 투입하는 것으로 표현했다.

② 사회적 능률: 능률지상주의시대에는 기계적 능률에 큰 문제가 없었으나 능률지상주의에 대한 비판이 제기되면서 기계적 능률의 문제점이 많이 부각되고 그 결함을 보완하기 위하여 사회적 능률(social efficiency)이라는 개념을 들

5) 유훈, 행정학원론〔제7정판〕(서울: 법문사, 2000), pp. 96-97.
6) 기계적 능률이라는 표현도 Dimock이 사용한 것이다.

고 나오는 사람들이 등장했다.[7] Dimock이나 Millspaugh 등이 대표적인 학자인데 Dimock은 능률에 이념적 요소 또는 기본적 가치(fundamental values)를 가미한 것을 사회적 능률이라 하였다.[8]

③ 능률성과 생산성: 전술한 바와 같이 산출/투입으로 표현될 수 있는 능률성은 생산성의 가장 핵심적인 요소라 할 수 있으나 적어도 정부부문의 생산성은 능률성보다 넓은 개념이다. 전술한 바와 같이 정부부문의 생산성은 능률성에다가 서비스의 질과 효과성까지 가미한 개념인 것이다.

(2) 효과성

유효도 등으로도 표현되는 효과성(effectiveness)이란 한마디로 말해서 목표를 얼마나 달성했느냐, 즉 목표의 달성도를 말한다. 이렇게 정의를 내리기는 했으나 정부부문의 효과성은 다음과 같은 이유로 측정에 어려움이 많다.

첫째로 정부부문의 목표는 계량화하기가 어려운 경우가 많으므로 효과성을 정확하게 측정하기가 어렵다.

둘째로 목표의 달성에 있어서 집행이 이루어지면 곧 나타나는 것도 있으나 outcomes나 impacts와 같이 오랜 후에 나타나는 경우가 많을 뿐만 아니라 그 측정에 있어서 방법상의 어려움이 많은 것들이 있다.

셋째로 정부부문의 사업 중에는 목표가 명확하지 않거나 다원적인 목표를 지닌 사업들이 있는데 이러한 경우에 목표달성도라고 하는 효과성의 측정에 어려움이 발생하게 된다.

① 효과성과 능률성: 효과성과 능률성의 관계를 본다면 많은 경우 양자는 병행한다. 효과성이 높으면 능률성이 높고 능률성이 높으면 효과성이 높게 마련이다. 그러나 경우에 따라서는 효과성이 높은데 능률성이 낮고 능률성이 높은데 효과성이 낮을 수도 있다는 사실에 유의할 필요가 있다.

② 효과성과 생산성: 생산성의 핵심적인 요소는 능률성이나 정부부문 생산성의 측정에 있어서 효과성을 등한히 할 수 없다. 목표달성에 이바지 하지 않는 능률성은 생산성이라고 보기는 어렵다는 것이다.

---

7) Dwight Waldo, *The Administrative State*(New York: Ronald Press, 1948), pp. 196-197.

8) J. M. Gaus, L. D. White and M. E. Dimock, *The Frontiers of Public Administration* (Chicago: University of Chicago Press, 1936), pp. 116-133.

(3) 형평성

흔히 사회적 형평성(social equity)이라고 하는 형평성은 오늘날 가장 중요한 행정이념의 하나라고 할 수 있다.[9]

그러나 형평성의 정의도 생산성의 정의만큼 다양하고 어려움이 많다. 근래에 와서 Rawls의 정의론에 입각하여 형평성의 정의를 내리고자 하는 사람들이 있는가 하면[10] 아리스토텔레스 이래의 고전적 정의론의 관점에서 형평성을 개념규정하려는 사람들도 있다.

한마디로 말해서 오늘날 행정이념으로서의 형평성은 정치적 권력이 약하거나 정치적 자원이 빈곤한 집단의 희생 하에 정치적 권력이 강하거나 정치적 자원이 풍부한 집단이 지나치게 이득을 추구하는 것을 방지하는데 그 목표를 두고 있다고 할 수 있다. 다시 말해서 형평성은 저소득층이나 불우계층을 옹호하고자 하는 행정이념이라 할 수 있다.[11]

① 형평성과 생산성의 관심의 초점: 첫째로 형평성과 생산성은 양자가 다 정부부문의 아웃풋에 관심을 가진다는 점에서 유사하다고 하겠다. 그러나 생산성이 아웃풋의 양이나 질에 초점을 맞추고 있는데 대하여 형평성은 지방자치단체가 제공하는 서비스의 분배나 그 효과의 배분에 초점을 맞추고 있다는 점이 다르다고 하겠다.

둘째로 형평성과 생산성은 양자가 다 정부부문의 인풋에 관심을 갖는다는 점에서 유사하다고 하겠다. 그러나 생산성이 사용된 인풋의 양에 관심이 있는데 대하여 형평성은 그러한 인풋이 어떤 계층·집단·지역으로부터 추출되었는가에 관심을 갖는다는 점에서 차이가 있다고 하겠다.[12]

② 생산성기준과 형평성의 상충: 지방자치단체의 감축관리의 전략에 있어서 직면하는 가장 어려운 선택은 생산성이냐 형평성이냐 하는 문제라 하겠다. 지방자치단체의 서비스에 가장 많이 의존하는 계층이 영세민·신체장애자·노

---

9) Allen Schick, "The Trauma of Politics: Public Administration," in Frederick Mosher(ed.), *American Public Administration: Past, Present, Future*(University: University of Alabama Press, 1975), p. 164.

10) David K. Hart, "Social Equity, Justice, and the Equitable Administrator," *Public Administration Review*, January-February 1974, pp. 3-10.

11) H. George Frederickson, "Toward A New Public Administration," in Frank Marini(ed.), *Toward A New Public Administration*(Scranton: Chandler Publishing Co., 1971), p. 316.

12) Stephen R. Chitwood, "Social Equity and Social Service Productivity," *Public Administration Review*, January-February 1974, p. 30.

약자 등인데 이들에 대한 서비스의 전달이 단위원가가 높은 것도 사실이다. 따라서 생산성기준에 의거하여 감축한다면 이들 계층에 대한 서비스가 제일 먼저 감축대상이 될 우려가 많다는 것이다.

감축이 난관에 부닥칠 때에는 흔히 정치적 영향력이 가장 약한 계층을 위한 서비스나 예산을 삭감하는 경향이 있으며 이를 위장하기 위하여 생산성기준이 사용되는 경우가 많다. 한마디로 말해서 지나치게 생산성을 강조할 때에는 형평성에 어긋날 수 있다는 사실에 유의할 필요가 있다.[13]

3. 지방자치단체의 생산성

정부부문의 생산성 제고를 위한 노력에 있어서 가장 앞장선 곳이 지방자치단체라 할 수 있다. 그리하여 미국행정학회보(Public Administration Review)의 1972년 특집과 1978년 특집에 있어서 지방자치단체 생산성에 관한 논문이 가장 많았던 것이다.

(1) 생산성측정의 용이

전술한 바와 같이 시장가격이라고 하는 객관적이며 통일성있는 평가지표가 있는 사기업의 경우와는 달리 정부부문에 있어서는 아웃풋의 계량화가 어려운 까닭에 생산성측정이 용이하지 않다. 특히 정책형성이나 기획업무가 많은 중앙정부에서는 이러한 경향이 두드러지게 나타나나[14] 지방자치단체의 경우는 중앙정부에 비하여 아웃풋의 계량화가 쉬운 업무가 많은 까닭에 생산성의 측정이 비교적 용이하다는 것이다.

(2) 생산성자료의 광범위한 활용

지방자치단체에서 생산성에 관한 연구가 많은 또 하나의 이유는 중앙정부에 비하여 지방자치단체에서는 생산성에 관한 자료의 활용이 광범위하다는데 있다고 하겠다.

Behn은 생산성자료의 용도에 관해서 깊이 있는 연구를 전개한 바 있으나 우

---

13) Charles H. Levine, "More on Cutback Management: Hard Questions for Hard Times," *Public Administration Review,* March-April 1979, p. 182.

14) Theodore H. Poister, Obed Q. Pasha and Lauren H. Edwards, "Does Performance Management Lead to Better Outcomes? Evidence from the U.S. Transit Industy," *Public dministration Review,* July-August 2013, p. 626.

리는 그가 들고 있는 용도 중에서 다음의 일곱가지를 소개하고자 한다.15)

① 평 가: 특정한 기관이 부여된 업무를 얼마나 잘 수행하고 있는가를 평가하기 위하여 생산성 자료가 필요하다는 것이다.

② 통 제: Taylor의 말을 빌릴 것도 없이 생산성 자료는 부하를 통제하기 위하여 필요하다는 것이다. 비단 행정부 내에서 상급자가 하급자를 통제하기 위하여 생산성 자료가 필요할 뿐만 아니라 입법부가 행정부를 제대로 통제하기 위해서도 생산성 자료가 필요하다는 것이다.

③ 예산편성: 생산성자료는 어떤 사업, 어떤 사람들을 위하여 국민의 세금이 사용될 것인가를 올바로 결정하기 위하여 필요하다. 오늘날 각국에서 많이 사용되는 성과주의예산 또는 성과지향적 예산은 생산성자료에 토대를 둔 예산제도라 할 수 있다.16)

④ 동기부여: 생산성자료는 부하들이나 하청업자들의 동기부여를 위하여 필요하다는 것이다. 조직의 상급자는 부하들에게 달성해야할 목표를 제시하고 생산성자료를 활용하여 그들에게 달성한 성과를 알려줄 수 있다는 것이다.

⑤ 홍 보: 생산성 자료를 상급자나 입법부 시민들에게 특정한 기관의 업적을 제대로 홍보하기 위하여 필요하다는 것이다. 오늘날 지방자치제 하에서 특정한 자치단체가 얼마나 훌륭한 업적을 올렸는가를 제대로 알리기 위해서도 생산성 자료가 활용될 수 있다는 것이다.

⑥ 학습효과: 생산성 자료는 학습효과를 거두기 위해서도 활용될 수 있다는 것이다. 특정한 목표를 달성하기 위해서 어떠한 방법이나 사업이 효과적이며 어떠한 방법이나 사업이 비효과적인가를 판별하고 그 결과를 후일에 활용하기 위하여 습득(習得)하는데 생산성 자료가 필요하다는 것이다.

⑦ 개 선: 생산성자료는 업무수행을 개선하기 위하여 필요하다는 것이다. 업무수행의 개선을 위해서는 누가 무엇을 해야하는가를 파악해야 하는데 이를 위해서 생산성자료가 활용될 수 있다는 것이다.

---

15) Robert D, Behn, "Why Measure Performance? Different Purpose Require Different Measures," *Public Administration Review*, September-October 2003, pp. 586-606.

16) Julia E. Melkers and Katherine G. Willoughby, "Budgeters' Views of State Performance-Budgeting Systems: Distinctions across Branches," *Public Administration Review*, January-February 2001, p. 55.

제 2 절 지방자치단체 생산성측정지표

1. 자치단체 측정지표개발의 난점

(1) 생산성측정과 지표개발

앞에서 정의한 바와 같이 정부부문의 생산성은 아웃풋/인풋으로 표시될 수 있는 능률성과 서비스의 질·효과성 등을 감안해야 한다. 그런데 이런 것들을 측정하려면 지표개발이 선행되어야 한다는 것은 더 말할 필요가 없다.

(2) 정부부문간 측정지표개발의 어려움

좀 더 구체적으로 말하면 정부부문 생산성측정을 위해서는 적어도 ① 인풋지표, ② 아웃풋지표, ③ 서비스 질 측정지표 등이 개발되어야 하는데 그것이 용이하지 않다는 것이다.

전술한 바와 같이 사기업의 경우에는 시장가격에 의하여 서비스의 질을 포함하는 아웃풋이 평가되므로 측정지표의 개발에 큰 어려움이 없으나 지방자치단체를 포함하는 정부부문에서는 시장가격이 없으므로 측정지표선정에 어려움이 뒤따를 수밖에 없다.

① 아웃풋지표: 생산성지표 선정에 있어서 가장 어려운 문제가 아웃풋지표의 선정이라 하겠다. 지방자치단체의 모든 사업이나 활동은 어떤 형태이든지 최종산물(end product)로 나타나며 우리는 이것을 아웃풋이라고 한다. 예를 들면, 도로공사에서는 포장된 도로로 나타나고, 보건사업에서는 치료된 환자로 나타난다. 어떤 사업에서는 이러한 최종산물을 발견할 수 있으나 많은 사업의 경우에 있어서 동질적이고 확실하며 계량가능한 최종산물을 찾아낼 수 없다. 여기에 아웃풋지표 선정의 어려움이 있는 것이다.

② 질적 요인의 지표화: 지방자치단체의 생산성측정을 위해서는 서비스의 질도 고려에 넣어야 하는데 후술하는 바와 같이 이러한 질적 요인의 지표화가 지극히 어려운 작업이다.

2. 생산성측정지표의 예시

지방자치단체 생산성지표 선정의 문제를 좀더 구체적으로 살펴보기 위하여 지방자치단체 생산성문제의 전문가인 Hatry의 예를 가지고 살펴보기로 한다.

(1) 인풋지표

〈표 7-1〉에는 나타나 있지 않으나 인풋지표로서 세 가지 방안을 생각할 수 있다.

① 인시지표: 첫째로 생각할 수 있는 방안은 인시(man..hour)와 같은 투입되는 인력에 관한 지표를 사용하는 방안이다.

인시지표는 노동생산성의 측정 등을 위하여 전통적으로 사용해 오던 것이나 이에만 의존하는 경우에는 때로는 생산성을 제대로 파악할 수 없다는 문제가 발생한다. 예를 들면 쓰레기통을 들어서 차에다가 붓는 작업을 담당하는 mechanical arm라는 기계를 구입하는 경우 쓰레기수거에 소요되는 인력은 많

〈표 7-1〉 지방자치단체 생산성지표(예시)

서비스 기능	업무량지표	질적 요인에 관한 지표	지역환경요인에 관한 지표
폐기물처리 (쓰레기수거)	폐기물 수거량 (톤수)	가로의 미관 건강에 미치는 영향 화재발생 위험에 미치는 영향 수집지체	수집횟수 수집체제(직영·위탁) 기후조건 폐기물의 구성
경찰업무	순찰시간수 방문횟수 조사범죄수	범죄율·피해율의 감소 범죄해결률 신고 접수 시 출동소요시간 주민의 안전감	인구 중 저소득층 주민의 비율 특정한 범죄에 대한 주민의 태도
가로유지관리	수리복구면적	가로의 평탄성 안전성 통행소요시간 지역사회붕괴 가로 수리시 먼지와 소음	교통밀도 인구밀도 주거·시장·오락시설 등의 위치
소방활동	소방출동횟수 소방시설검사횟수	화재로 인한 피해 사상자수	기후조건 건물의 유형 인구밀도

주: Hatry는 10가지 서비스기능의 예를 들고 있으나 우리는 그 중에서 네 가지만 선택했음.
자료: Hary P. Hatry, "Issues in Productivity Measurement for Local Governments," *Public Administration Review*, November-December 1972, pp. 779-780.

이 감소되어 인시당 생산성은 크게 향상되나 수리비의 증가로 단위비용당 생산성은 전혀 다르게 나타날 것이다. 한마디로 말해서 지방자치단체의 생산성을 측정함에 있어서 인시지표와 같은 인력지표를 사용하는 것은 작업을 용이하게 하는 장점은 있으나 생산성에 관한 정보를 파악하는 데에는 문제가 있다고 하겠다.

② 불변가격지표: 투입된 예산액을 불변가격으로 환산하여 사용하는 방안이다. 중기재정계획 등에서 흔히 사용하는 방안이다. 불변가격을 사용함으로써 장기적인 생산성추세의 분석에 이바지할 수 있다.

③ 경상가격지표: 투입된 예산액을 경상가격대로 인풋지표로 사용하는 방안이다. 작업이 용이하나 인플레이션이 극심한 오늘날에 있어서 생산성의 장기적 추세를 파악하는 데에는 적합하지 않다고 하겠다.[17]

(2) 업무량지표

〈표 7-1〉에서 보는 바와 같이 아웃풋지표로서 첫째로 업무량 또는 노동부하량(work load) 지표를 들 수 있다. 폐기물처리(쓰레기수거)와 같은 하드(hard) 서비스의 경우에는 쓰레기수거량이라는 지표가 충분히 그 기능을 다하겠으나 경찰업무의 경우 조사범죄수(no. of crime investigated)와 같은 지표가 과연 적절한 지표인가 하는 의문이 제기되지 않을 수 없다. 동일한 범죄라 하더라도 단순절도의 경우와 공무원 세무비리와 같은 범죄를 똑같이 한 건으로 취급할 수 있겠느냐 하는 문제가 제기되지 않을 수 없다.

(3) 질적 요인에 관한 지표

업무량지표보다 더 계량화가 어려운 지표가 서비스의 질을 나타내기 위한 지표이다. 하드서비스라고 할 수 있는 쓰레기수거와 같은 경우에도 질적 요인에 관한 지표에는 문제가 있다. '가로의 미관'이나 쓰레기 적체가 '건강에 미치는 영향' 같은 지표의 경우에는 계량화가 지극히 어려울 것이다.

(4) 지역적 환경요인에 관한 지표

이는 생산성을 해석함에 있어서 염두에 두어야 할 지역적 환경요인에 관한

---

17) Hary P. Hatry, "Issues in Productivity Measurement for Local Governments," *Public Administration Review,* November-December 1972, p. 778.

지표이다. 여기에 열거된 것 이외에 인구규모, 물가수준과 같은 지역적 요인은 모든 업무의 경우에 적용되어야 한다는 것이 Hatry의 견해이다.

3. 업무의 유형과 생산성측정

전술한 바와 같이 지방자치단체의 사업 중에는 명확한 최종산물이 있어서 아웃풋의 계량화가 비교적 용이한 것이 있는가 하면 아웃풋의 계량화가 어렵거나 불가능한 사업도 있다. 이 문제를 검토하기 위하여 업무의 유형과 생산성 측정의 관계를 살펴보고자 한다.

(1) 제Ⅰ유형

[그림 7-1]에서 보는 바와 같이 제Ⅰ유형의 업무란 업무의 루틴화율이 높고 업무량도 비교적 일정한 경우이다. 소위 하드(hard)서비스라고 할 수 있는 분야로서 계량화가 용이하고 따라서 생산성 측정도 쉬운 분야라 하겠다. 〈표 7-2〉에 나타나 있는 바와 같이 현업업무, 접수업무, 경리업무 등이 이에 속한다.

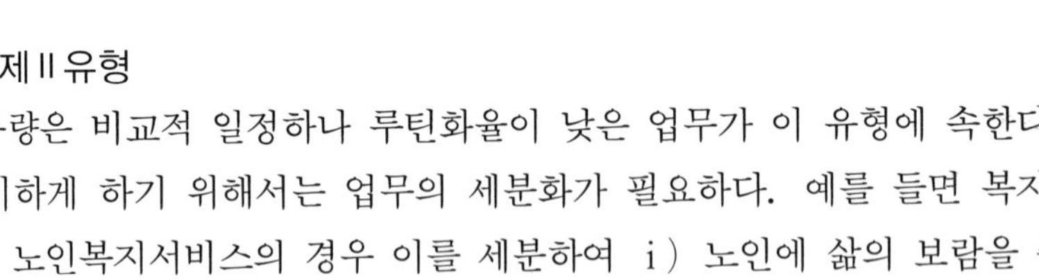

[그림 7-1] 업무의 유형과 생산성측정

(2) 제Ⅱ유형

업무량은 비교적 일정하나 루틴화율이 낮은 업무가 이 유형에 속한다. 측정을 용이하게 하기 위해서는 업무의 세분화가 필요하다. 예를 들면 복지서비스 중에서 노인복지서비스의 경우 이를 세분하여 ⅰ) 노인에 삶의 보람을 주는 대책, ⅱ) 노인의 생활을 지원하는 복지서비스, ⅲ) 노인건강촉진대책 등으로 세분하고 이들을 다시 지체부자유노인과 단독거주노인의 경우로 구분하고 지체부자유노인의 경우에는 ⅰ) 목욕서비스, ⅱ) 침구 소독·건조 등으로 세분하여 가면 업무측정단위를 설정하는 것이 불가능하지는 않을 것이다. 한마디로 말해서 제Ⅰ유형에 비하면 생산성의 측정이 많이 어려우나 불가능하지는 않을 것이다.

〈표 7-2〉 업무유형과 그 예시

유 형	업 무 형	업 무 예
제Ⅰ유형	현업 · 작업 업무 접 수 업 무 경 리 업 무	세무, 주민창구 쓰레기수거, 분뇨수거, 유치원, 학교급식 회계
제Ⅱ유형	서 비 스 업 무 기 술 적 업 무 서 무 적 업 무	시설관리, 복지서비스, 위생서비스, 사회교육 산업대책, 토목측량 서무, 통계조사
제Ⅲ유형	환 경 보 호 업 무 방 재 업 무 상 담 업 무	공원정비, 환경보전 공해대책, 소방 주민상담, 소비생활대책
제Ⅳ유형	기 획 업 무 관 리 업 무	구획정리, 도시계획, 홍보업무, 기획 재정, 인사

(3) 제Ⅲ유형

업무의 루틴화율이 높으나 업무량이 일정하지 않고 기복이 심한 경우이다. 〈표 7-2〉와 같이 공원정비, 소방, 공해대책 등이 이 유형에 속한다. 업무의 루틴화율이 높기 때문에 계량화가 용이하고 따라서 생산성측정이 쉬울 것 같이 보이나 그런 것도 아니다. 공원정비의 경우를 보더라도 모든 공원이 특성이 있기 때문에 그 관리는 공원에 따라서 다를 수밖에 없으며 따라서 생산성의 측정평가가 간단하지는 않다는 것이다.

(4) 제Ⅳ유형

업무의 루틴화율이 낮고 업무량도 일정하지 않는 경우이다. 기획업무, 관리업무 등이 이에 속하는데 가장 계량화가 어렵고 따라서 생산성측정도 어려운 분야라 할 수 있다.

제 3 절 생산성측정과 지방재정

1. 생산성측정과 지방재정의 관련성

지방자치단체의 생산성측정의 문제를 지방재정론에서 다루는 이유가 어디에 있으며 생산성측정이 지방자치단체의 재정운영에 어떻게 활용될 수 있는가를 몇 가지로 나누어서 고찰하고자 한다.

2. 성과지향적 예산제도와 생산성자료

(1) 성과지향적 예산제도의 재등장

전통적인 품목별 예산제도가 지니는 결함을 시정하기 위하여 등장한 성과주의예산, 계획예산, 제로베이스예산 등은 각국에서 중앙정부·지방자치단체 등에 적용해 본 끝에 부처내부관리제도로 남아 있는 것도 있으나 대체로 폐기되었다. 그런데 최근에 와서 성과지향적인 예산제도의 필요성이 여러 가지 형태로 미국을 위시한 각국에서 다시 제기되고 있어서 주목을 끌고 있다.

① 수석재무관법: 1990년에 제정된 수석재무관법(Chief Financial Officers Act)이 성과주의예산의 필요성을 다시 제기하고 있다. 이 법률에 의하면 1999년도부터 모든 부처는 목표·성과지표 등을 포함하는 성과계획서를 예산과 함께 국회에 제출해야 할 뿐만 아니라 성과를 얼마나 달성했는가를 알리는 사업계획별 실적보고서를 국회에 제출하여야 한다. 뿐만 아니라 수석재무관법은 성과주의예산에 관한 시범사업도 규정하고 있다. 1998년도와 1999년도에 걸쳐서 적어도 5개 부처가 이 시범사업에 참여해야 하는데 시범사업의 결과를 관리예산처장이 국회에 보고하도록 규정하고 있다.[18]

② 정부의 재창조: David Osborne과 Ted Gaebler 두 사람이 공저한 『정부의 재창조』(Reinventing Government)를 들 수 있겠다. 1992년에 발간된 이 저서는 클린턴 정부의 행정개혁에 지침을 제공하고 있는 것으로서 유명하다.

이 책 속에서 이들은 경쟁적 정부, 임무중심정부, 고객중심정부 등과 함께 성과지향적 정부의 필요성을 제시하고 있는데 투입중심의 예산제도에서 성과중심의 예산제도로 전환해야 한다고 주장하고 있다.[19]

③ 고어 부통령의 건의: 셋째로 1993년 9월에 발표된 Al Gore부통령의 행정개혁에 관한 건의서를 들 수 있다. 「운영이 더 잘 되면서 비용이 덜 드는 정부의 창조」라는 긴 이름의 이 건의서는 제3장에서 성과를 얻기 위한 공무원의 능력부여라는 제목 하에 성과지향적인 행정을 강조하고 있으며 성과지향적 예

18) Philp G. Joyce, "Using Performance Measures for Federal Budgeting: Proposals and Prospects," *Public Budgeting and Finance*, Winter 1993, pp. 3-9.

19) David Osborne and Ted Gaebler, *Reinventing Government*(Reading: Addison Wesley, 1992), pp. 161-165.

산의 필요성을 제기하고 있다.

이와 같이 입법부와 행정부에서 성과중심의 예산제도의 필요성을 제기하고 있을 뿐만 아니라 언론계에서도 그 필요성에 공감하고 있는 것이다.[20]

(2) 성과지향적 예산제도와 생산성측정지표

이와 같이 성과지향적 예산제도의 필요성이 제기되고 있으나 과거에도 경험했듯이 이를 실제로 사용하기에는 어려움이 많은데 특히 생산성측정지표나 생산성자료와 관련된 어려움이 많다는 것을 지적할 수 있겠다.

① 생산성측정지표의 활용: 첫째로 무엇보다 어려운 문제는 모든 사업에 알맞는 성과측정지표를 개발하는 일이다. 앞에서 살펴본 생산성지표, 특히 아웃풋지표의 개발은 성과지향적 예산제도를 다시 도입하는데 큰 도움이 된다고 하겠다.

② 생산성관련지표: 성과지향적 예산제도가 성공을 거두려면 정직하고 정확한 생산성 또는 성과에 관한 정보를 입수할 수 있어야 한다. 생산성지표나 성과측정지표를 예산편성에 활용하려면 적절한 지표의 개발과 함께 정확한 정보의 수집이 전제되어야 한다. 이러한 의미에서도 정직하고 정확한 생산성측정이 절대로 필요하다고 하겠다.[21]

3. 지방자치단체의 기업적 운영과 생산성자료

지방자치단체의 기업적 운영을 위하여 생산성관련자료는 여러 가지로 활용될 수 있는데 몇 가지 경우만을 간단히 살펴보기로 한다.

(1) 직접수행과 민간위탁 간의 선택

지방자치단체가 특정한 사업을 직접 수행할 것인가 민간위탁을 할 것인가를 선택함에 있어서 두 가지 방안의 생산성에 관한 자료에 의존할 수밖에 없다는 것은 너무나 자명하다.

(2) 직접수행과 허가제도 간의 선택

민간위탁의 경우와는 달리 허가(franchise)의 경우에 있어서는 경비는 지방

---

20) Al Gore, *Creating Government That Works Better and Cost Less*(Washington D.C.: Government Printing Office, 1993), pp. 72-73.

21) Joyce, *op. cit.,* pp. 14-16.

자치단체가 아니라 소비자가 부담하는 것이나 허가제도를 도입할 때에는 직접 수행과 허가제도 중 어느 쪽이 소비자에게 부담을 덜 주는가를 면밀히 검토해야 한다. 이 경우에도 생산성에 관한 자료가 판단기준이 될 수밖에 없을 것이다.[22]

(3) 감축대상의 선정

지방자치단체가 예산절감 등을 위하여 감축관리를 할 수밖에 없는 경우가 허다하다. 이 경우에 있어서 감축대상을 선정하는 기준에는 여러 가지가 있겠으나 생산성기준이 가장 합리적인 경우가 많을 것이다. 다만 앞에서도 언급한 바와 같이 생산성기준의 미명하에 형평성에 어긋나는 결정은 삼가야 할 것이다.[23]

22) 이에 관해서는 본편 제4장 「지방자치단체 공공서비스의 민영화」 참조.

23) 이에 관해서는 본편 제3장 「지방자치단체의 감축관리」 참조.

제 8 장 지방재정과 가치예산

제 1 절 가치예산의 의의

1. 가치예산의 의의

예산재원의 배분 및 운영과정에서 특수한 상황을 보다 많이 고려하는 것은 합리적인 재원배분의 관점과는 거리가 있다. 국가의 예산은 사회적으로 합의된 세입·세출 규모의 한도 속에서 각 부문별로 필요한 만큼의 재원을 할당받아 공익의 가치에 바탕을 두고 '근검 절약(economy & efficiency)'의 기조 속에서 운영되어야 한다. 따라서 특정 부문에 편향되어 예산에 접근한다는 것은 자원배분을 왜곡시키고 사회적으로는 불필요한 초과부담을 창출하는 비효율성을 창출시킬 가능성이 크다.

그런데, 구체적인 단위사업별로 특수 영역의 이익이나 가치가 상대적으로 유리하게 반영될 수 있게 재원배분과정에 개입하는 경우가 있다. 최근 거시적인 환경변화 요인에 대한 예산반영과 미시적인 이익집단 예산정치의 중간 범주에서 작동되는 독특한 예산접근 논의와 제도가 있다. '부문 인지적 예산 혹은 가치예산 접근'이라고 규정할 수 있는 새로운 현상이다. 대표적인 것으로 여성정책분야에서 쟁점화되었던 '성인지적 예산접근'과 환경분야에서 주창된 '환경친화적 어메니티 접근'을 들 수 있다. 전자는 주로 정부 예산운용에 초점을 맞춘 것이며 후자는 도시계획에 반영되고 있다.

2. 가치예산의 특징

부문 인지적 예산접근은 다음과 같은 특징이 있다. 첫째, 거시적 접근(정책

환경변화)과 미시적 접근(이익집단 정치)의 중간 범위에서 (예산)정책 영역이 설정된다. 즉 계급운동과 달리 국가정책의 근본적인 기조와 구조의 재편을 의도하지 않으며 특정 이익 집단의 가치 편향적인 정치적 목적을 지향하지도 않는다. 적지 않는 다수의 하위정책영역에 대해 특정한 가치지향을 요구하지만 전체적으로는 사회의 변화 방향을 이끌면서 거시적 수준에서 합리적 정당성을 인정받는다.

둘째, 관련 정책부문이 한정되고 기존 관행과 가치 충돌을 유발하기 때문에 국가 전체적으로는 기존 질서 및 관행과 대립되어 쟁점화되고 사회적 명분에서 정당성은 인정받아도 사회체계 속에서 새로운 제도로 정착되기에는 상당한 시간이 요구된다. 형식과 표면적으로 제시하는 선언과 실제 예산 운용의 논리가 일치하지 않기 때문에 쟁점이 필요 이상으로 오래 지속되기도 한다. 하지만 '환경친화적 가치'와 같이 일단 사회적으로 당연한 것으로 수용이 되면 더 이상 명시적으로 제기할 필요성은 약해지면서 관련 부문의 가치 지향은 선험적으로 인정되는 당연한 가치로 전환될 수도 있다.

셋째, 대부분의 경우 부문이익들은 정치세력과 밀접하게 연계되어 있으며 여성단체나 환경단체 등에서 추구하는 신사회운동에서 추진력을 뒷받침받고 있다. 최근 사회운동 영역에서 공동체의 윤리와 합의 그리고 자율적인 문제해결 등의 가치보다는 공공의 재원들을 특정 부문에 보다 유리하게 유치하려는 예산(현금)운동이 강화되고 있다. 사회 문제가 복잡해지고 해결을 위한 인프라와 활동과정에 적지 않은 경비들이 소요되면서 전통적인 비예산운동만으로는 한계가 있기 때문이다.

넷째, 부문인지예산 접근은 생산과 소비의 중간 영역에서 두 가지 가치가 혼재되는 복합적인 정책영역에서 요구된다. 이익집단의 정치와 신사회운동 영향으로 관련 예산의 총량 확보가 강하게 요구되는 정책지향은 사회적 생산성에서 정당성을 찾는다. 하지만 일단 확보된 예산들은 해당 분야 내에서 생산과 소비가 중첩되어 지출되는 일반적인 미시적 예산과정에 포함되기 때문에 실제 표면상으로 의도한 중장기적 전략목표를 그대로 유지하기가 쉽지 않을 가능성도 많다.

예를 들어 사회복지 재정 확충을 위해 생산적 복지를 명분을 추구하면 예산재원의 총량을 보다 많이 확보할 수 있다. 하지만 단위사업별로 복지 재원이 할당되는 과정에서는 생산성 가치보다는 기존의 전례답습적인 비효율적인 지출

관행이 지배적일 수 있다는 것이다. 이에 따라 가치와 명분 그리고 실제 집행 체계와 효과 등에서 쟁점들이 지속되는 경향이 있다.

제 2 절 성인지적 예산제도

1. 성인지예산제도의 의의

지방재정법 제3조 2항[1]과 제36조의2[2]에 따라 지방자치단체는 매년 성인지 예산서와 결산서를 작성하여 예산안 첨부자료로 의회에 제출해야 한다. 2007년도 국가재정법 제정때 관련 조항이 포함되었으며(2010년 시행) 지방재정법에는 2011년에 신설되었다(2013년 시행).

성인지예산제도는 성별분리통계, 성별영향분석평가와 함께 국가정책에서 양성평등을 실천하기 위한 주요 정책수단 가운데 하나이다. 성인지(性認知)란 정책, 예산, 제도 등에서 남성과 여성의 차이와 특성을 인식하여 실질적이고 합리적인 성평등이 이루어지도록 하는 것이다. 이러한 개념에 기초하여 설계되는 성인지 예산은 여성과 남성에게 미치는 예산의 영향을 분석하여 양성평등을 제고할 수 있도록 예산을 편성·집행하는 제도이다.

국가재정법과 지방재정법에 성인지 예산제도에 대한 내용이 규정되면서 90년대 중반 이후의 여성정책 혹은 여성운동의 영역을 넘어섰다. 성인지 예산제도의 형식과 내용을 넘어 새로운 재원배분 질서의 변화를 이해하기 위해서는 네 가지 이론들과 관계 설정이 필요하다.

우선, 성인지예산제도는 여성운동에서 시작되었던 만큼 초기의 지향 가치가 명시적으로 전제되어야 한다. 즉, 양성평등의 관점에서 여성들을 위해 보다 적극적으로 예산재원이 투입되어야 한다는 전제가 있다.

둘째, 성인지예산에 담겨 있는 성주류화의 담론이 지향하는 바와 같이 국가재정의 기본 가치 체계 속에 포함되면 특정 부문에 대한 사회운동 영역을 넘어

---

1) 제3조 제2항 지방자치단체는 예산이 여성과 남성에게 미치는 효과를 평가하고, 그 결과를 지방자치단체의 예산에 반영하기 위하여 노력하여야 한다.

2) 제36조의2(성인지 예산서의 작성·제출) ① 지방자치단체의 장은 예산이 여성과 남성에게 미칠 영향을 미리 분석한 보고서〔이하 "성인지 예산서"(性認知 豫算書)라 한다〕를 작성하여야 한다. ② 「지방자치법」제127조에 따른 예산안에는 성인지 예산서가 첨부되어야 한다.

전체 사회 속에서 납세자 책임이 전제된 '예산'의 정치 경제적 담론과 양립이 가능해야 한다. 여기에서는 파레토 최적을 추구하기 위한 자원배분의 효율성 논리와 예산재원배분 결정론들이 중요하다.

셋째, 여성과 가족에 대한 사회정책에 대한 관심은 사회서비스론에서도 활발하다. 저출산 고령화, 근로빈곤, 가족해체, 소득양극화 등과 같은 신사회위기에 대응하기 위해 사회기반투자가 중요하다. 이를 위해 사회서비스론에서는 보육 및 돌봄서비스와 같은 보편적 사회서비스를 대안으로 주목하고 있으며 관련 정책의 대부분은 여성과 밀접히 관련되어 있다.

마지막으로, 성인지 예산이 주창하는 성주류화 가치를 실현하기 위해서는 지난 수십년동안 정부 정책관리의 기본 틀로 정립되어 있는 신공공관리주의의 결과지향적 성과주의와 유기적으로 연결될 수 있어야 한다. 여기에서는 예산재원의 배분에 따른 구체적인 성과책임을 강조한다.

2. 여성운동과 성인지예산

(1) 성주류화를 위한 성인지예산제도의 시작

양성평등의 가치를 지향하는 성인지 예산은 "특별히 여성 혹은 남성을 위해 형성된 예산만이 아니라, 일반예산도 남성과 여성의 삶의 차이와 특성을 반영하여 지출됨으로써 그 효과가 남성과 여성에서 평등하게 나타나도록 하는 것"이다(Elson, 1998; 김경희, 2003).

성인지 예산에서 추구하는 핵심전략은 '성주류화'(gender mainstreaming)이다. 이는 성관점(gender perspective)이 사회의 전 영역에 통합되는 것으로 여성들만을 위한 특화된 여성정책의 범주 뿐 아니라 일반사회정책 영역 또한 성관점을 고려하여 재편되어야 한다는 것을 의미한다.

성인지 예산정책은 1980년대 호주에서 처음 등장하였다. 1983년 호주에서는 '여성예산'(Women's Budget)으로 성인지적 예산분석을 시작하였다. 1996년 보수당 정권이 집권한 이후에는 일부 주에서만 여성예산조치를 시행하고 있다. 하지만 파급효과는 국제적으로 상당한 비중을 가지고 있다.

1990년대 중반부터 UNDP와 UNIFEM을 중심으로 성인지 예산을 중시하여 '성인지예산정책'을 권고하였으며 1995년도부터 남아공에서는 UNDP의 후원으로 여성예산정책을 5년 정도 실시한 바 있다. 필리핀에서는 예산총량 확대 전략까지 추구하였는데 1996년에 모든 정부부처는 적어도 5%의 예산을 젠더 주류화를 위해 할당해야 한다고 규정했다. '젠더와 개발예산' 조항이 「일반세출예산법」에 삽입되기도 했다. 1995년 북경세계여성회의에서 행동강령으로 채택된 이후 많은 국가에서 다양한 형태로 성인지 예산제도를 실시하고 있다.

초기단계에서 성인지 예산 운동은 정부 예산사업이 가지는 양성 평등 효과와 성격을 객관적으로 분석·공개하는 것을 주된 목적으로 하였다. 하지만 예산을 분석하고 보고서를 작성하는 과정에서 관련 예산총량 확대의 목적이 추가되었다. 이는 주된 관련 활동들이 예산편성 및 운영지침 개발 보다는 예산지출의 유형분류와 결과분석에 초점을 맞추고 있기 때문이다.

성인지 예산제도를 위한 초기 논의들은 2000년대 초반부터 시작되었다. 이혜경 외(2001)은 성인지 예산분석을 위해 보건복지부 예산을 '성특성적 예산', '성 형평성 예산', '주류예산'으로 구분하고 각 예산의 규모와 추세를 분석하였다. 한국여성민우회(2001)에서는 지방자치단체의 여성정책 관련 예산지출의 분석을 시도하였다. 하지만 당시 여성관련 예산 자체가 의미있는 수준에서 많지 않았으며 여성정책의 기획 및 집행체계가 정착되지 않은 상태였기 때문에 특별한 정책쟁점을 창출하는 데는 한계가 있었다.

(2) 여성예산에서 주류예산으로 확대

성인지예산제도가 논의 초기에는 여성에 국한되는 '여성예산'과 동일시하는 경향이 있었다. 이후 제도화 과정에서 전체 재정사업으로 대상 범위가 확대되었다. 즉 성인지예산은 '여성을 위한 예산' 혹은 '여성에서 지출되는 예산'이 아니라 예산이 성불평등에 미치는 효과를 분석하고 이를 실제 예산에 반영하기 위한 활동이 되었다.

성인지예산에 대한 초기 이론들의 관심은 양성평등에 초점이 맞추었다. 이론 틀을 제공한 대표 학자는 D. Budlender, D. Elson, R. Sharp 등 세 사람이다. 호주와 영국 등에시 여성예산으로 불리던 것을 '성인지 예산'[3]으로 표현하면서 여성운동의 정책수단을 정립하였다. 구체적으로는 Budlender et. al(1998) 분석 틀이 많이 인용되었는데 예산을 세 가지로 유형화하였다. 즉, ① 여성만을 위한 성 특정적 예산(gender-specific expenditures), ② 명시적으로 양성평

3) gender responsive budget, gender sensitive budget

등을 추구하는 예산(gender equity expenditures), ③ 주류예산(mainstream expenditures)의 분류이다.

[그림 8-1] 성인지예산활동

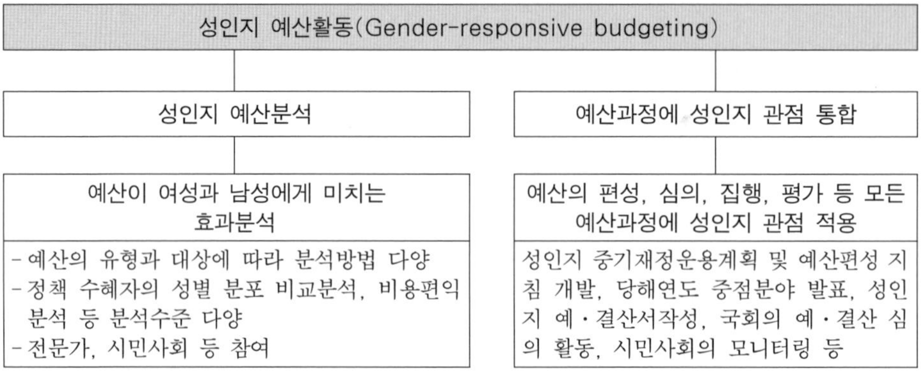

자료: 김경옥 외(2009).

가장 적극적인 의미에서 성인지예산은 일반예산을 포함한 모든 예산을 대상으로 성별 영향을 분석하는 제도이다. 따라서 성인지적 예산제도에서는 주류예산 전체를 포함하여 세출 유형뿐 아니라 일반회계, 특별회계, 기금 등 회계관리 유형과 조세를 포함한 모든 세입 재원들을 포괄한다.[4] 나아가 성인지예산제도가 확산되면 예산과 관련된 전반적인 과정 모두를 대상으로 설정하게 된다. 중기재정계획, 투자심사, 재정사업자율평가와 자체성과관리제도에서도 성인지예산의 관점이 적용될 수 있다.

3. 성인지예산제도의 작성 절차와 내용

현행 성인지예산제도는 프로그램예산체계를 바탕으로 세부사업단위에 기초하여 작성하고 있다. 중앙정부는 여성정책기본계획 추진사업과 성별영향분석평가 대상사업은 반드시 포함해야 하며 일반예산사업에서도 점차 범위를 확대하고 있다. 2015년도 성인지예산서에는 42개 중앙관서의 343개 사업(26.1조원)이 포함되었는데 처음 시작하였던 2010년도의 195개 사업 7.3조원 보다 대폭 증가한 상태이다. 예산서에서는 개별 세부사업별로 사업내용, 성평등목표, 성

4) 예를 들어 종합소득세의 공제제도에서도 성별 영향을 분석할 수 있다.

평등 기대효과, 그리고 예산재원의 남녀별 수혜정도를 비교하는 정보들이 정리되어 있다.

〈표 8-1〉 중앙정부의 성인지예산 사업규모

		2014	2015	증감률(%)
합 계	예산(억원)	230,346	260,626	13.1
	사업수(개)	339	343	1.2
회 계	예산(억원)	149,021	173,826	16.6
	사업수(개)	257	254	△1.2
기 금	예산(억원)	81,325	86,800	6.7
	사업수(개)	82	89	8.5

자료: 대한민국정부(2014:4), 「2015년도 성인지예산서」.

중앙정부의 경우 성인지예산서에 포함되는 대상사업은 기획재정부가 여성가족부와 협의하여 대상사업 선정기준을 마련하고 한국여성정책연구원 성인지예산센터의 자문과 부처 의견을 거쳐 최종 선정된다. 이 과정에서 제3차 여성정책기본계획 추진사업의 예산사업과 전년도 성인지예산서 작성사업, 기타 성별영향분석이 가능한 사업들이 우선적으로 고려된다.

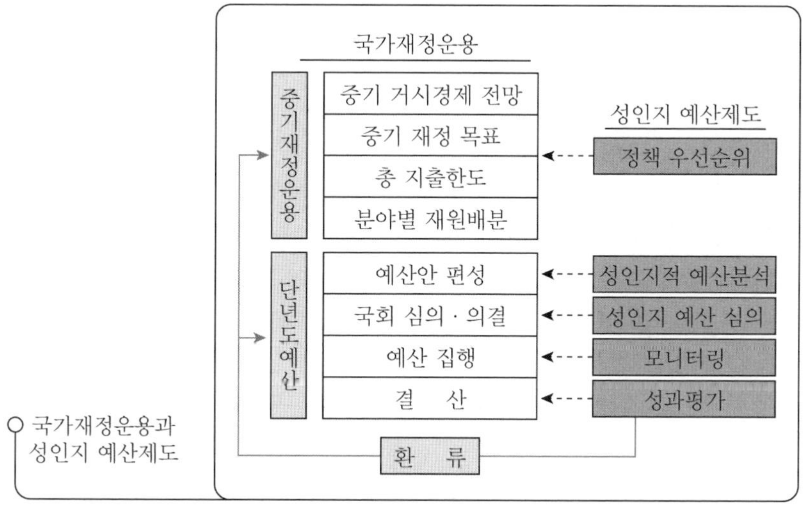

자료: 한국여성정책연구원 성인지센터(http://gb.kwdi.re.kr).

[그림 8-2] 성인지예산제도의 기본 구조

〈표 8-2〉 지방자치단체 성인지예산서 작성항목

작성 부서	작성항목
자치단체 예산부서	Ⅰ. 성평등 목표
	Ⅱ. 성인지예산 편성방향
	Ⅲ. 성인지예산의 개요 및 분야별 규모 □ 총괄표 □ 사업별 총괄표 □ 기능별 총괄표 □ 조직별 총괄표
실・국	Ⅳ. 실・국별 성인지예산서 □ 성인지예산 편성방향 □ 총괄표 □ 사업별 총괄표
실・과	Ⅴ. 부서별 성인지예산서 1. 사업 총괄표 □ 성인지예산 편성방향 □ 총괄표 □ 사업별 총괄표 2. 사업별 설명자료 □ 사업개요 □ 성인지예산 대상사업 □ 소요재원 □ 성별 수혜분석 □ 성별격차 원인분석 □ 성과목표 □ 성평등 기대효과

자료: 안전행정부(2014:192), 「2015년도 예산편성운영기준 및 기금운용계획 수립기준」.

지방자치단체의 성인지예산제도는 여성가족부의 협의를 통해 행정자치부가 총괄하며 대상 사업은 각 지자체별로 다양하다. 지자체별로 성인지대상사업의 선정은 예산부서가 총괄하고, 여성정책담당부서는 지역별 성별영향분석평가센터 등과 협조하여 성인지 대상사업을 예산부서에 제출한다. 최종 선정된 성인지 대상사업에 대하여 해당 실・국에서는 부서별 성인지예산서를 취합하여 예산요구서와 함께 예산부서에 제출한다. 예산부서에서는 예산안 첨부서류로서 의회에 성인지예산서를 제출한다.

지자체에서는 행정자치부에서 마련한 기준에 따라 성인지예산서를 작성한다. 우선 자체적인 성평등 목표부터 수립해야 한다. 성평등 목표는 지방자치단체 내 여성정책 수요, 자치단체장의 성인지 혹은 성평등 관련 공약사항, 제4차 여성정책기본계획 등을 참고하여 지방자치단체 특성과 여건에 맞게 1~3개로 수립한다. 이후 성평등 목표를 고려하여 대상사업을 확정한 후 성인지예산서를 작성하고 이를 사업(성과)예산안에 반영한다.

4. 성인지예산제도에 내재된 구조적 갈등 요소

새로운 제도의 정착은 기대만큼 체계적이고 일관성있게 전개되기 어렵다. 특히 예산제도는 재원배분의 이해관계와 문서작성 부담의 쟁점이 있어 기존 관행들을 바꾸거나 새로운 형식을 도입하는 것이 상대적으로 더 쉽지 않다.

우선, 성인지제도의 적용 영역이 급속히 확대되면서 기존의 전통적인 예산관행 혹은 가치들과 충돌할 가능성이 높아지게 된다. 여성운동에서 성인지제도가 주창되었기 때문에 기존의 예산제도는 남성 중심이라고 전제하게 되어 예산재원 배분과정에서 필요이상의 감정적인 성별 갈등을 유발할 수 있다. 가족과 공동체에서 비공식적으로 적정 수준에서 형성된 남녀의 역할 균형을 조정하기 위해 예산(현금)이라는 수단으로 공식화시키는 것은 적절한 정책접근이 아니라는 비판도 가능하다.

둘째, 성인지예산제도가 여성운동으로서 정당성을 갖기 위해서는 실제 여성을 위한 예산이 의미있는 수준에서 더 많이 배분되어야 한다. 이는 현실에서 예산자원배분의 효율성 가치와 상충될 수 있다. 사회운동의 차원을 넘어 의미있는 제도화 단계에 정착하지 못하면 관련 예산은 과거와 같이 예외적이거나 잔여적인 사회복지 지출에 머물게 된다. 여기에서 성주류화를 위한 성인지 예산정책의 기본 취지와 상충되는 문제가 발생하게 되며 성주류화는 일종의 사회운동의 상징에 그치게 된다.

셋째, 여성을 위한 예산재원 확보 과정에서 판단하기 쉽지 않는 부작용도 발생할 수 있다. 성인지예산 담당부서 혹은 담당자는 통계적 분류와 표시를 위해 가능한 여성에게 혜택이 많은 방향으로 통계를 작성할 유인을 갖는다. 이 과정에서 인위적인 통계분류의 문제가 발생하며 그것이 양성평등정책과 상충하는 결과를 초래할 수 있다.

예를 들어, 보육료지원이나 장애아동관련 지원 등을 포함한 각종 돌봄예산의 수혜자들은 전통적으로 여성이라고 분류할 수 있다. 하지만 여성정책에 강조하듯이 가족과 공동체의 돌봄에서 양성평등적 역할이 중요하다는 정책 주창과 상충될 수 있다. 돌봄예산을 여성예산으로 간주하는 것은 여성을 가족의 돌봄에 예속시키는 부작용을 창출하게 된다. 결과적으로 여성예산은 증대될 수 있어도 양성평등은 오히려 불리하게 된다.

마지막으로, 설득력있는 실증분석과 이론적 체계를 정립하고 실제 실천이 가능한 실무자들을 확충하기 위해서는 일관성있는 연구개발과 교육훈련이 뒷받침되어야 한다. 그것이 현실적으로 짧은 기간내 실현될 가능성이 크지 않은 가운데 성인지 예산의 범위만 확대하면 과잉 혁신에 따른 회의주의적 부작용이 발생할 수 있다. 예산제도 변화는 정책과 비교할 때 상대적으로 많은 시간이 필요하다. 하지만 단기간에 급속한 제도 변화가 발생하면 일시적으로 순응은 확보될 수 있어도 당초 신규 제도를 도입해야 하는 내용보다는 형식적인 서류 작성만 남게 된다. 이러한 경우 제도의 취지에는 동감하여도 관련 혁신조치들이 조직내 체화되지는 못한다.

5. 성인지예산제도의 정착을 위한 정책과제

(1) 예산서보다는 보고서 형식으로 접근

성인지예산제도가 국가재정법과 지방재정법의 법률 조항에 포함되면서 여성을 위한 예산배분 확대와 중앙 각 부처의 재정사업에서 양성평등 가치가 급속히 확산될 것으로 기대되고 있다. 그런데 구체적인 정책 실행 단계로 내려가면 기대만큼 성과들이 아직 창출되지 않고 있다. 현재의 성인지 예산서는 관련 예산 숫자의 나열에 그치며 성인지적 분석과 평가의 종합성과 심층성이 부족하기 때문이다.

예산서는 대부분 해석하기 힘든 숫자의 나열이며 공식적으로 표현된 내용과 실제 숫자의 이면에 담겨있는 의도가 일치하지 않는 이중성이 상당히 강한 편이다. 사업의 맥락과 상황들이 복잡할수록 관련 예산서의 형식은 지침에서 요구하는 최소 수준에서 작성된다. 더욱이 성인지예산서는 일반 예산관련 서류를 작성한 이후 마지막으로 작성・제출하는 경우가 많아 당초 기대한 예산분석과 대안 모색들이 충실히 수행될 가능성은 더욱 낮다.

이와 같은 예산서 작성의 현실을 인정하면 모든 부처 혹은 많은 재정 사업에 대해 성인지예산서를 일관성있게 작성하도록 하는 표준화 접근은 비용-효과적이지 못한 측면이 있다. 대신, 연도별로 양성평등과 관련된 주요 주제들을 설정하고 해당 주제에 대해 예산의 관점에서 심도있는 분석을 수행하고 정책대안을 제시하는 '정책보고서'로서 성인지예산서를 작성하는 방안이 대안이 될 수 있다.

(2) 성인지예산서 작성의 기준이 되는 프로그램예산 단위 재설계

성인지예산제도는 세부단위사업별로 작성되는 상향식 접근을 통해 작성되기 때문에 여성운동에서 기대하던 효과를 제대로 창출하지 못하고 있다. 프로그램 예산서의 세부단위사업별로 지자체의 개별 부서가 제출한 성인지예산서를 단순

취합하였기 때문이다. 세부단위 사업별로 작성된 예산서는 미시적 운영단위인데 실제 여성정책에서 추구하는 가치들은 단순히 수혜자와 예산재원의 성별 분포를 넘어서는 거시적 측면들이 더 중요할 수 있다.

개별 사업들의 단순 합계가 거시적인 정책부문을 형성한다는 것이 논리적으로는 가능해도 현실에서는 쉽지 않다. 예를 들어 여성의 경제활동 참여라는 정책내용은 개별 단위의 예산사업의 묶음으로 설명이 힘들 수 있다. 성인지 예산이 현재와 같이 세부단위사업으로 접근하면 실제 의도한 정책의 목적이 상실되고 필요 이상의 문서작성 부담만 증대될 수 있다. 이를 해결하기 위해서는 성인지 예산서를 단위사업이 아닌 한 단계 높은 프로그램 단계에서 작성해야 한다.

(3) 성별분리통계의 확보와 정책들간의 유기적 연계

성인지예산서를 작성할 때 현실적으로 겪고 있는 큰 애로 요인 가운데 하나는 재정사업별로 성별분리통계가 충분하지 않다는 점이다. 국가통계법에서 정부가 조사하는 통계를 성별로 분리하여 정리하도록 규정되어 있다. 하지만 국가통계법의 적용을 받지 않은 다양한 각종 정책통계에서는 성별 분리 자료를 확보하기 쉽지 않다. 많은 사업들이 성중립적이거나 몰성적 관점에서 수행되고 있으며 SOC와 복지시설 등과 같이 집합적 시설투자에서는 성별 영향들이 식별될 가능성을 거의 고려하지 않고 정책이 관리되고 있다.

지방자치단체 수준에서는 관련 통계자료 확보가 더 어렵다. 별도의 통계관리 부서가 있어도 규모가 크지 않고 역할은 제한적이다. 현재와 같이 중앙정부에 대한 재정의존성이 높으면 독자적으로 통계를 생성하여 자율적으로 정책의 성과를 관리하는 것이 특별한 의미를 가지지 못할 수도 있다.

현재 확보될 수 있는 성분리 통계들이 개별 부처에서 적극적으로 일관성있게 활용되기 위해서는 예산단계 이전인 정책관리 단계에서의 각종 계획들이 유기적으로 연계되어야 한다. 우선 양성평등정책에서 가장 중요한 국가기본계획 보고서인 '여성정책기본계획'에서 가능한 다양한 형태의 부문별 성분리 통계들이 활용되어야 한다. 이들 통계정보들이 실제 정책을 담당하고 있는 중앙부처와 지자체의 중장기 부문 전략계획에 동일하게 반영되어 있어야 한다. 그리고 가능한 프로그램 예산의 구조와 여성정책기본계획의 세부 내용들이 일치 혹은 효과적으로 연계될 수 있도록 관련 기관들간 인식 및 정보를 공유할 수 있는 노력이 필요하다. 이와 아울러 중앙정부의 각 부처와 지자체의 부서별로 각자 운용하는 정책 및 통계관리 방식에 대한 종합 연계 작업도 필요하다.

(4) 성인지예산제도의 담당부서 변경과 개별 법으로 독립

성인지예산제도를 총괄관리하는 담당기관은 기획재정부와 지자체의 예산담당 부서이다. 예산부서에서 여성정책을 지원하는 예산제도를 운영하는 것이 적절한지 여부는 제도 초기부터 논쟁 거리였다. 기본적으로 예산부서는 정부 재원의 수호자로서 방패의 역할을 하기 때문에 관리 통제의 관점에서 국가 공공재원 지출을 감독한다. 이는 정책 주창과 예산지출 확대를 지향하는 개별 정책부서의 반대편에 위치했다.

성인지예산제도가 국가재정법에 규정되어 있고 부처가 신속하게 재정규범으로 수용될 수 있게 전파하는 과정에서 중앙 예산부처 혹은 부서의 권한과 기능은 전략적으로 매력이 있었다. 하지만 정착과 확산단계에서도 여전히 유효한지에 대한 재검토가 필요하다. 예산서 형식보다 예산보고서를 작성하고 향후 대안과 정책방향들을 담아내기 위해서는 여성정책 담당 조직이 성인지예산서를 관리할 필요가 있다.

(5) 주류 예산으로서 성과주의 예산과 양립

정부혁신으로서 성과주의와 예산재원 확보를 강조하는 사회운동 사이에는 상당한 긴장감이 형성되어 있다. 기존의 정책 및 예산운영체계가 일종의 기득권을 형성하고 있는 가운데 새로운 예산가치 혹은 수단이 의도한 성과를 창출하기 위해서는 기존에 개별 정책부서에서 운용하고 있는 성과관리체계와 양립이 가능해야 한다.

예를 들어, 여성운동으로서 성인지예산제도를 접근하면 성과관리체계와 상충하는 영역에서 제대로 작동하지 않을 수 있다. 사회운동 차원에서 성주류화를 주창하고 정책의 영역에서 수용될 수 있어도 예산과정은 상당히 보수적이고 느리게 변하기 때문에 재원배분 단계에서는 우선적으로 고려되지 못할 수 있다.

더욱이 여성정책이 복지예산과 맞물리면 상황은 더 복잡해진다. 복지재정은 기본적으로 소비 특성이 있다. 또한 집합적으로 재원이 동원되어 사적으로 편익이 향유되는 경합성이 큰 가치재이기 때문에 예산에서 우선순위를 가지기 힘들다. 따라서 '여성'과 '복지'의 두 주제어가 엮이는 사업에서는 공공의 재원이

충분히 배분되기 힘들다. 전통적으로 두 부문 모두 예산의 우선순위가 없어 현실의 자원배분과정에서는 상당한 후순위로 고려되는 주제였다. 이러한 현실에서 여성정책에서 복지가 동시에 고려되기 어렵고 마찬가지로 복지에서 여성에 대한 주제 역시 동시에 고려되지 못한다.

제 3 절 시민단체의 예산운동과 주민참여예산제도

1. 시민단체 예산운동과 주민참여예산제도의 의의

지방재정법 제39조에 따라 모든 지자체는 예산 편성과정에 주민이 참여할 수 있는 절차를 마련·시행해야 하는데 주민참여예산의 범위·주민의견수렴에 관한 절차·운영방법과 같은 구체적인 사항은 지방자치단체의 조례로 정한다. 주민참여예산제도는 시민단체의 예산운동의 맥락에서 이해할 필요가 있다.

시민단체의 예산운동은 90년대 후반부터 시작되었는데, 초기에는 납세자 선언에서 시작했지만 예산분석과 낭비를 감시하는 시민운동으로 확대되었다. 2000년대 이후부터는 예산에서 사회적 가치를 실현하기 위해 특정 부문의 예산을 주창하거나 예산편성과정에 직접 참여하게 되었다.

예산운동은 '납세자 주권'을 확보하기 위한 운동인데 구체적으로 정부예산의 지출 내역을 알권리, 예산지출 결정에 참여할 권리, 낭비 예산의 환수를 요구할 권리를 의미한다. 대의민주주의체제에서 납세자 권리는 대의기관인 의회를 통해 실현된다. 하지만 지방의회의 전문성과 대표성에 대한 한계로 인해 예산심의 및 승인과정에서 주민들의 권리가 제대로 구현되지 못한다는 사회적 비판 속에서 주민참여예산제도가 출발하였다.

참여예산제도에서는 지방자치단체가 독점했던 예산편성과정에 주민들이 직접 영향력을 행사한다는 점이 중요하다. 그동안 공청회 참여 등과 같은 소극적인 단계의 참여에서 예산에 대한 의사결정방식과 재원배분권한의 변화가 발생하는 적극적 참여로 전환되었다.

참여예산제도는 1989년 브라질 포르투알레그레시(市)에서 처음 실시되었으며 90년대 중반부터는 유럽으로 확산되었다. 2000년대 초반에 지방예산에서 주민참여운동은 '한국여성민우회'를 비롯한 여성단체와 '천안복지세상 등의 지역복지운동 단체들이 앞장섰다. 2002년 지방선거의 공약으로 논의가 시작되었는데 이후 시민단체의 예산감시네트워크에서 표준조례안을 만들었다.

참여예산제도는 시민단체와 지자체에서 출발한 상향식 예산혁신으로 중앙정부가 수직적으로 하향식으로 시달하는 예산제도와 성격이 구분된다. 지자체 차원에서 공식적으로 참여예산제도를 도입한 것은 2004년도 광주광역시 북구이다. 같은 해 울산광역시 동구에서도 조례를 제정하였으며 2006년도까지 17개 지자체에서 참여예산제도를 도입했다.

참여예산제도에 대한 사회적 관심과 지자체의 자체적인 활동이 확산되면서 중앙정부에서는 이를 활성화시키기 위해 2003년 지방분권 로드맵에서 참여예산제 도입을 실천과제에 포함시켰다. 2004년에는 지방자치단체 예산편성지침에 주민참여를 권고하였고 2005년 지방재정법 개정에서 법적 근거를 마련하였다. 이후부터 참여예산제도가 급속히 확산되었는데 참여예산조례를 제정한 지자체가 2007년 62개 그리고 2010년에는 100여개로 확대되었다. 2011년도에는 주민참여예산제도를 의무화하도록 법률조항을 강화했다.

2. 참여예산제도의 주요 내용

(1) 참여예산제도의 운영방식

주민참여예산제도의 대상사업은 인건비와 공공운영비 등의 법정경비를 제외한 지자체 재정사업 전반에 걸쳐진다. 하지만 실제 주민이 참여할 수 있는 사업들은 자체사업에 한정되어 있으며 국고보조금을 지원받는 의존사업은 제외되어 있다.

지자체별로 다양하게 제도를 실시하기 때문에 단일의 표준적인 유형은 없다. 예산참여 방식과 예산재원 배분에서 실질적인 권한의 내용과 강도 등을 중심으로 다양한 형태의 제도가 설계·운영된다. 다만 운영체계의 구성요소들은 비슷한데 지자체별로 명칭은 다르지만 시민위원회, 민관협의회, 지역회의, 연구회 등이 핵심 요소이다.

참여예산제도 운영체계의 핵심 조직은 시민위원회이다. 여기에서는 예산을 제안하고 지자체가 최초 편성한 예산안의 내용을 심의·조정한다. 시민위원회의 권한은 지자체별로 다양하여 의견을 수렴 역할에 그치는 경우에서 심의·조정권한까지 부여받을 수 있다. '지역회의'는 최일선 참여주체로서 주민들의 의견을 수렴하고 시민위원회의 위원을 추천한다.

'민관협의회'는 집행부 대표와 시민위원회 대표로 구성되는데 시민참여로 편성·조정된 부문별 예산안을 의회에 제출하는 예산편성안을 확정한다. '연구회'는 교수, 시민단체, 구의원, 시민위원장, 공무원 등으로 구성하여 조례개정 연구, 역기능 해소 방안, 발전방안 제시 등을 연구하여 제도의 활성화를 지원하는 조직이다.

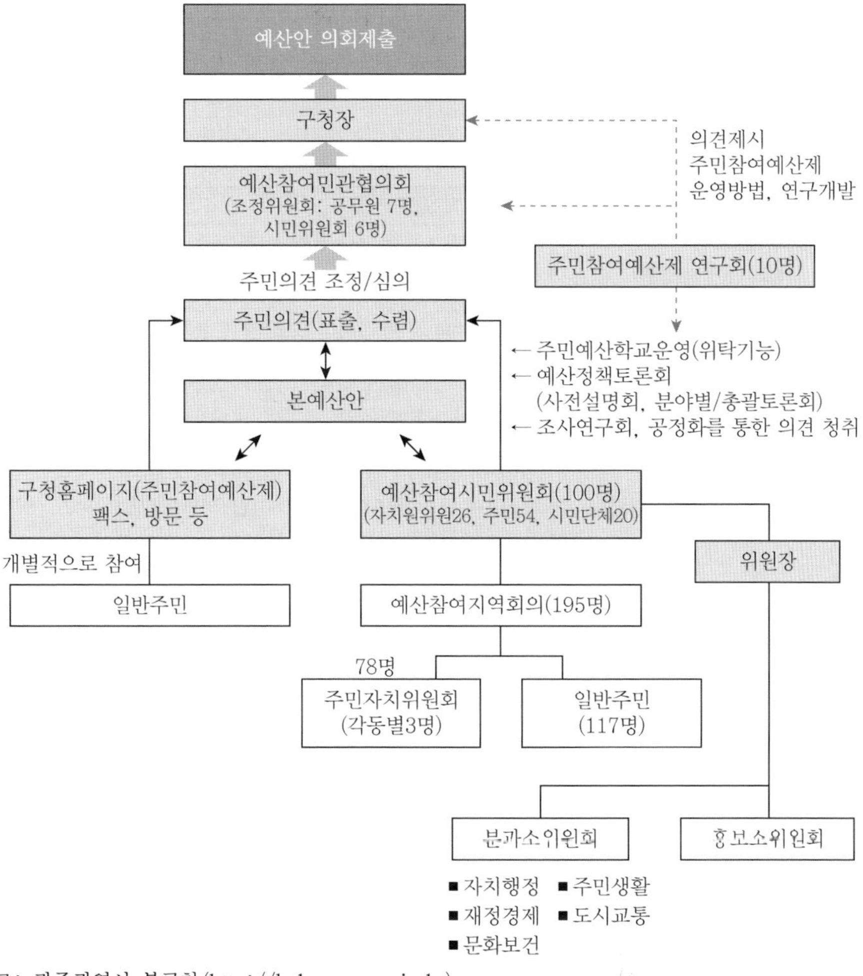

자료: 광주광역시 북구청(http://bukgu.gwangju.kr).

[그림 8-3] 광주광역시 북구의 주민참여예산제도 운영체계

(2) 지자체 조례 모델

지방재정법 시행령에서는 '예산편성에의 주민참여'의 방식으로 공청회, 간담회, 설문조사, 사업공모 등을 제시하였기 때문에 모든 지자체가 관련 조례를 제정해야 하는 것은 아니다. 하지만 2010년도에 당시 행정안전부에서 세 가지 형태의 주민참여예산조례 모델안을 제시하면서 주민들의 예산편성 참여의 핵심이 지자체 조례 제정으로 인식되고 있다.

중앙정부가 만든 조례 모델은 세 가지이다. '모델1'은 참여예산위원회의 설치를 비롯한 주요 기구의 설치를 임의규정으로 하여 지자체장의 재량에 맡겨두는 형태이다. '모델2'는 참여예산위원회 구성을 의무규정으로 하고 관련 조항을 세부적으로 규정한다. '모델3'에서는 참여예산위원회 내에 분과위원회를 두어 권

〈표 8-3〉 행정안전부 참여예산조례 3개 모델안 비교

	모델 1	모델2	모델 3
총칙	제1조(목적)	제1조(목적)	제1조(목적)
	제2조(용어의 정의)	제2조(용어의 정의)	제2조(용어의 정의)
	제3조(법령준수의무)	제3조(법령준수의무)	제3조(법령준수의무)
	제4조(시장의 책무)	제4조(군수의 책무)	제4조(구청장의 책무)
	제5조(주민의 권리)	제5조(주민의 권리)	제5조(주민의 권리)
운영계획	제6조(운영계획 수립및공고)	제6조(운영계획 수립및공고)	제6조(운영계획 수립공고및적용범위)
	제7조(의견수렴 절차 등)	제7조(의견수렴 절차 등)	제7조(의견수렴 절차 등)
	제8조(의견 제출)	제8조(의견 제출)	제8조(의견 제출)
	제9조(결과 공개)	제9조(결과 공개)	제9조(결과 공개)
위원회	제10조(위원회 운영 등)	제10조(주민참여예산위원회)	제10조(위원회 구성)
		제11조(위원회의 기능)	제11조(위원 위촉 및 임기)
		제12조(위원회 구성)	제12조(위원장 및 간사 직무)
		제13조(위원회의 운영)	제13조(기능)
		제14조(연구회 운영 등)	제14조(운영원칙)
			제15조(분과위원회)
			제16조(회의 및 의결)
			제17조(회의록 공개의 원칙)
			제18조(해촉)
			제19조(의견청취)
			제20조(관계기관등 협조요청)
			제21조(주민참여 등 홍보)
			제22조(위원에 대한 교육)
지원			제23조(재정 및 실무지원)
기타	제11조(시행규칙)	제15조(시행규칙)	제24조(시행규칙)
부칙	부 칙	부 칙	부 칙

자료: 행정안전부(2010).

한과 역할을 강화하고 주민교육 및 홍보 등 행정지원을 세부적으로 규정했다(오관영, 2012:7).

3. 참여예산제도의 쟁점과 활성화 과제

참여예산제도가 도입된 이후 지자체의 예산편성 및 심의 과정에 적지 않은 변화들이 발생했다. 과거와 비교할 때 주민들의 사업 및 예산 제안 활동이 활발해졌으며 지자체의 집행부와 지방의회에서도 주민들의 의견을 보다 적극적으로 고려하여 지방예산을 편성·운영하게 되었다. 하지만 아직 기대만큼의 성과를 창출하지 못한다는 비판이 많다.

참여예산제도를 앞서 시행했던 광주광역시 북구와 울산광역시 동구의 경우 최종적으로 예산에 반영된 금액이 전체 예산편성의 1% 정도 혹은 그 이하에 그쳤다(조주복, 2012). 광역시 자치구의 낮은 재정자립도와 자체사업의 비중을 고려하면 1%에 대한 비율을 반드시 부정적으로 해석할 필요는 없다. 하지만 전반적인 분위기는 제도 도입 초기와 비교할 때 활성화되지 않고 있다.

가장 큰 쟁점은 지방의회와 지자체 공무원들의 입장에서 제기된다. 예산 편성과 심의과정에서 자신들의 권한이 약화되기 때문에 기본적으로 참여예산제도에 대해 소극적으로 인식한다. 단체장의 정치적 성향도 제도 운영에 많은 영향을 미친다. 참여 주민들의 전문성이 충분하지 않다는 우려와 예산참여의 중립성을 유지하지 못하고 특정 부문의 이익집단 활동으로 변질되는 병리적 현상에 대한 비판도 있다.

참여예산제도가 활성화되기 위해서는 무엇보다 지자체의 재정자립도가 높고 보조금을 지원받지 않은 자체 사업의 규모와 비중이 커야 한다. 또한 재정사업에 대한 정보를 투명하게 공개하여 주민들이 일상적으로 관련 사업에 대한 지식을 쉽게 습득할 수 있어야 한다.

시민들에 대한 예산 참여 인센티브를 강화하여 참여집단이 고착화되지 않도록 다양한 위원을 구성하고 지방의회와 공무원들의 적극적인 인식전환과 주민참여의 예산가치를 극대화할 수 있는 노력이 강화되어야 한다.

마지막으로 참여예산제도가 지자체의 자발적인 예산혁신성을 유지할 수 있어야 한다. 지방재정법에 의무적인 법률조항이 신설되면서 중앙정부가 지자체의 재정활동을 통제하는 수단으로 인식될 수도 있다. 이러한 경우 중앙정부의 지침을 단순 수용하는 소극적인 수준에서 제도가 운영될 수 있다. 외부의 수직적인 개입 보다는 지자체와 지역사회 내부의 자율 영역에서 참여예산제도가 운영될 수 있는 혁신 환경을 만들어야 한다.

제 5 편

지방공기업론

제1장 지방공기업의 의의

제1절 지방공기업의 개념과 종류

1. 지방공기업의 개념

지방공기업법은 지방공기업을 "지방자치단체가 직접 설치·경영하거나, 법인을 설립하여 경영하는 기업"이라고 정의하고 있으나[1] 우리는 지방공기업을 "지방자치단체가 수행하는 사업 중 기업적인 성격을 지닌 것"이라고 정의하고자 한다. '기업적인 성격'이란 물품이나 서비스를 생산하여 이를 판매하는 경우를 말한다.[2]

2. 지방공기업의 종류

지방공기업을 여러 가지 관점에서 여러 가지로 분류할 수 있겠으나 우리는 형태에 따라서 지방직영기업, 공사·공단, 민관공동출자기업 및 위탁경영기업으로 나누고 사업의 종류에 따라서 법 제2조 제1항 사업과 제2조 제2항 사업으로 나누어서 고찰하고자 한다.

(1) 지방직영기업, 공사·공단, 민관공동출자기업 및 위탁경영기업

① 지방직영기업: 과거에는 사용하지 않다가 1992년 12월의 지방공기업법 개정에 의하여 처음으로 도입된 명칭으로서 지방자치단체가 직접 설치·경영하는 사업을 말한다.[3]

---

1) 지방공기업법 제1조.

2) 유훈·배용수·이원희, 〔신판〕공기업론(서울: 법문사, 2010), 제1편 제1장 제1절「공기업의 개념」참조.

3) 지방공기업법 제2조 제1항.

② 지방공사와 지방공단: 지방자치단체가 법인의 형태로 설립·경영하는 공기업을 지칭하는데 지방공사는 지방자치단체가 단독 또는 다른 지방자치단체와 공동으로 설립할 수 있을 뿐만 아니라 자본금의 1/2을 초과하지 아니하는 범위 안에서 지방자치단체 외의 자로 하여금 출자하게 할 수 있으나 지방공단의 경우에는 지방자치단체 외의 자의 출자가 허용되지 않는다.

③ 민관공동출자기업: 지방자치단체가 자본금 또는 재산의 1/2 미만을 출자 또는 출연하여 지방자치단체 외의 자와 공동으로 상법에 의한 주식회사 또는 민법에 의한 재단법인을 설립하는 경우를 말한다. 다시 말해서 지방공사나 지방공단은 경영권을 지방자치단체가 장악하는데 대하여 민관공동출자사업의 경우에는 지방자치단체가 경영권을 장악하지 못할 수도 있다는 사실에 유의할 필요가 있다.

④ 위탁경영기업: 시도립병원의 민간위탁과 같이 지방자치단체가 보유하는 주식이나 지분의 매각없이 공기업의 경영권만 민간에 위탁하는 경우를 말한다. 경영은 민간이 담당하나 법적인 소유권은 여전히 지방자치단체가 보유하므로 지방공기업의 범주에 포함된다고 하겠다.[4)]

(2) 법 제2조 제1항 사업과 제2항 사업

① 법 제2조 제1항 사업: 지방공기업법 제2조 제1항에 규정된 사업은 i) 수도사업, ii) 공업용수도사업, iii) 궤도사업, iv) 자동차운송사업, v) 지방도로사업, vi) 하수도사업, vii) 주택사업, viii) 토지개발사업이다.[5)]

이러한 사업들은 지방공기업법시행령 제2조 제1항에서 정하는 기준에 해당되는 경우에는 당연히 지방공기업법의 적용을 받는다.

② 법 제2조 제2항 사업: 지방공기업법 제2조 제2항에 규정된 사업은 i) 민간인의 경영참여가 어려운 사업으로서 지역경제의 활성화와 지역개발의 촉진에 이바지 할 수 있다고 인정되는 사업, ii) 제1항 각 호의 1에 해당하는 사업 중 시행령에서 정하는 기준에 미달하는 사업, iii) 「체육시설의 설치·이용에 관한 법률」에 따른 체육시설업, iv) 「관광진흥법」에 따른 관광사업이다.[6)]

---

4) 위탁경영기업의 대표적인 예로서는 서울시가 서울대학교 부속병원에 위탁경영하고 있는 보라매 병원을 들 수 있다.

5) 1999년의 지방공기업법 개정에 의하여 15개에서 9개로 줄어들었다.

6) 법 제2조 제2항 사업역시 1999년의 개정에 의하여 크게 수정되었다.

이러한 사업들은 지방자치단체가 조례로 정하는 바에 따라 지방공기업법의 적용을 받을 수 있다. 그러나 이 경우 경상경비의 5할 이상을 경상수입으로 충당할 수 있어야 한다.

③ 법 제1항 사업과 제2항 사업의 차이점: 다시 한번 지방공기업법 제2조 제1항 사업과 제2항 사업의 차이점을 지적한다면 제1항 사업은 직원수나 사업규모에 있어서 지방공기업법시행령이 정하는 기준에 합치되면 자동적으로 지방공기업법의 적용을 받는데 대하여 제2항 사업은 각 지방자치단체가 필요하다고 인정하여 조례로 정하는 경우에 한하여 지방공기업법의 적용을 받는다는 사실이다.

3. 민선자치시대와 지방공기업

지방화시대의 전개는 주민의 복지욕구의 증대와 함께 주민의 일상생활과 밀접한 관련이 있는 지방공기업의 확충을 요구하고 있다.[7)]

(1) 복지욕구의 증대와 지방공기업

생활수준의 향상에 따라 주민의 복지욕구가 높아지고 있는데 민선자치단체장의 선출에 따라 이러한 복지욕구가 일시에 분출되고 있는 감이 있다. 자치단체장선거를 위시하여 국회의원선거, 대통령선거 등을 통한 각종 공약이 주민의 잠재의식을 자극한 면도 없지 않다고 하겠다.

이러한 복지욕구 중에는 일반행정에 의하여 해결해야 할 것도 많이 있으나 상하수도사업, 환경위생사업, 주차장사업 등과 같이 기업적인 성격을 지닌 것이 많으므로 지방공기업의 확충이 불가피하다고 하겠다.

(2) 생활행정수요와 지방자치단체

본래 국가는 권력행정이 주이고 서비스행정을 부차적인 목적으로 하는데 대하여 지방자치단체는 권력행정과 함께 주민의 복지증진이라는 관점에서 서비스행정을 수행하는 것을 그 본래의 사명으로 한다. 따라서 주민의 일상생활과 밀접한 관련이 있는 상하수도사업, 환경위생사업, 도시교통사업, 관광위락사업, 토지개발사업 등을 지방자치단체가 지방공기업의 형태로 담당하고 있는 것이 각국의 실정이라 하겠다.

---

7) 유훈, 「지방화시대의 지방공기업의 역할」, 지방재정 1993년 제1호, pp. 4-12 참조.

그러나 우리나라에서는 광역행정이나 능률증진을 이유로 지방자치단체가 담당해야 할 사업들을 국영공기업들이 잠식하는 경향이 있었다. 지방화시대를 맞이하여 주민의 일상생활과 밀접한 관련이 있는 사업들은 마땅히 지방자치단체가 담당해야 한다. 지방공기업이 확충되어야 할 또 하나의 이유가 여기에 있다.

(3) 세외수입의 증대와 지방공기업

주민의 지방자치단체에 대한 기대를 충족시키기 위해서는 재정이 뒤따라야 하는데 지방세는 국회에서 제정한 지방세법에 의하여 광역이냐, 기초자치단체이냐의 차이는 있으나, 모든 지방자치단체가 동일한 세목과 동일한 세율에 따라 부과 징수하도록 되어 있으므로 지방자치단체가 자력으로 해결할 수 있는 방안에는 한계가 있다. 그러나 세외수입은 지방세와 달라서 지방자치단체의 노력 여하에 따라서 확충이 가능하다. 이러한 세외수입을 늘리기 위한 방안의 하나가 지방공기업의 확충이다.

4. 국가공기업과 지방공기업

지방공기업은 국가공기업과 비교하여 볼 때 여러 가지 점에서 많이 낙후되어 있으며 차이점이 많다. 우리는 이곳에서 다음의 다섯 가지만 검토하고자 한다.

(1) 형태의 차이

국가공기업의 경우에 있어서는 정부부처의 형태를 지닌 공기업(정부기업)이 없는 것은 아니나 그것은 수적으로 극히 한정되어 있으며, 대부분의 국가공기업은 주식회사나 공사의 형태를 택하고 있다.

이에 반하여 지방공기업은 지방공사・공단 등이 늘어나고 있기는 하나 아직도 지방직영기업이 60% 정도를 차지하고 있는 실정이다.

(2) 담당부문의 차이

국가공기업은 교통・통신부문을 위시하여 에너지, 철강, 화학공업, 건설, 금융, 문화활동 등 광범위한 부문에서 찾아 볼 수 있는데 대하여[8] 지방공기업은 상하수도, 지하철, 주택사업, 택지조성, 시장 등 주민의 일상생활과 밀접한 관련이 있는 분야에 한정되어 있다고 할 수 있다.

---

8) 유훈・배용수・이원희, 전게서, 제1편 제2장 「공기업의 종류」 참조.

(3) 지주회사

국가공기업에 있어서는 출자회사(자회사)를 지니는 지주회사가 다수 있는데 그 중에서도 중요성을 지니는 것으로서 산업은행, 한국전력 등을 들 수 있다.[9]

이러한 지주회사는 이론상 주식회사나 공사의 경우에만 가능하므로 아직 지방공사나 민관공동출자사업이 제대로 뿌리를 내리지 못한 지방공기업에서 지주회사를 찾아볼 수 없는 것은 당연하다고 하겠다.

(4) 조직·인사상의 독립성

주식회사나 공사의 형태를 지닌 국가공기업은 더 말할 것도 없고 우정과 같은 정부부처의 형태를 지닌 국가공기업도 중앙관서 또는 청의 형태로 운영되고 조직·인사상의 독립성을 보유하고 있다.

이에 반하여 많은 지방공기업이 조직·인사상의 독립성을 누리지 못하고 있다는 것은 주지의 사실이다. 1992년과 1999년의 지방공기업법의 개정에 의하여 다소 개선되기는 했으나 아직도 독립성이 많이 부족한 실정이다.

(5) 예산회계상의 독립성

공공기관의 운영에 관한 법률의 적용을 받는 주식회사나 공사의 형태를 지닌 국가공기업은 더 말할 것도 없고 정부기업예산법의 적용을 받는 우정사업도 특별회계로 운영되며 상당한 예산회계상의 독립성을 지닌다.

이에 반하여 대부분의 지방공기업이 지방직영기업이며 예산상의 독립성이 낮다. 1992년의 지방공기업법의 개정에 의하여 지방공기업법의 적용을 받는 모든 지방공기업이 특별회계를 설치하도록 되었으나 이익금의 자기처분 등에 있어서 많은 제한을 받고 있다.

제 2 절 지방공기업법의 제정과 개정

1. 지방공기업법의 제정

지방자치법이 1949년에 제정되고 지방재정법이 1963년에 제정되었으나 지방

9) 상게서, 제3편 제1장 제4절 「특수형태의 공기업(지주회사)」 참조.

공기업법이 제정되지 못하고 있다가 1969년에야 일본의 지방공영기업법을 모방한 지방공기업법이 제정되었다. 제정당시의 지방공기업법은 많은 결함을 내포하고 있었는데 우리는 다음의 네 가지를 지적하고자 한다.

(1) 적용범위의 협소

제정 당시의 지방공기업법은 적용범위가 협소했다. 직원수나 사업규모가 일정수준에 달하면 당연히 지방공기업법이 적용되는 사업은 ① 간이수도사업을 제외한 수도사업, ② 공업용수도사업, ③ 궤도사업, ④ 자동차운송사업, ⑤ 가스사업의 다섯 가지에 한정되었다.

이 밖에도 지방자치단체가 조례를 제정하여 지방공기업법을 적용할 수 있는 사업으로서 ① 병원사업, ② 주택사업, ③ 시장사업, ④ 도축사업, ⑤ 공익전당포사업, ⑥ 택지조성사업, ⑦ 기타 기업으로 경영하는 것이 적당한 사업이 있었다.

(2) 관리자의 독립성 부족

1969년의 지방공기업법은 일본의 지방공영기업법을 많이 모방하였으나 관리자의 독립성에 관한 규정은 일본의 제도를 채택하지 않았다.

관리자는 당해 지방자치단체의 일반직공무원 중 지방자치단체장이 임명하도록 되어 있었으므로 별정직공무원은 배제되었을 뿐만 아니라 임기도 없었으므로 자치단체장이 언제라도 교체할 수 있었다.

(3) 특별회계

전술한 바 있는 수도사업, 공업용수도사업, 궤도사업, 자동차운송사업, 가스사업의 경우에는 특별회계의 설치가 의무화되어 있었으나 그 밖의 사업의 경우에는 임의규정으로 되어 있었으므로 특별회계를 지니지 않는 지방공기업이 다수 있었다.

(4) 지방공사 설치근거의 결여

지방공기업법은 지방직영기업에 관해서만 규정했으며 지방공사의 설치에 관해서 아무런 근거규정도 두지 않았다. 지방공사 공단의 설치근거는 1980년의 개정에 의하여 마련되었다.

2. 지방공기업법의 개정

1969년 제정된 지방공기업법은 1980년에 지방공사·공단에 관한 규정을 신설하기 위하여 개정되었으며, 1991년 5월에도 약간의 개정이 있었으나 미비점이 많아 대폭적인 개정이 필요했다. 아직도 부족한 점이 많으나 1992년, 1999년과 2011년의 개정은 지방화시대의 지방공기업의 역할에 부응하는 것이었다고 할 수 있겠다. 지방공기업법개정의 주요골자는 다음과 같다.

(1) 대상사업의 조정

1992년의 개정에 의하여 지방공기업법이 당연히 적용되는 사업이 11개에서 15개로 늘어나 ⅰ) 수도사업, ⅱ) 공업용수도사업, ⅲ) 도시철도사업, ⅳ) 자동차운송사업, ⅴ) 가스사업, ⅵ) 지방도로사업, ⅶ) 하수도사업, ⅷ) 청소·위생사업, ⅸ) 주택사업, ⅹ) 의료사업, ⅺ) 매장 및 묘지 등 사업뿐만 아니라, ⅻ) 주차장사업, xiii) 토지개발사업, xiv) 시장사업, xv) 관광사업까지 포함하게 되었다.

뿐만 아니라 지방자치단체의 조례가 정하는 바에 따라 지방공기업법을 적용할 수 있는 사업으로 ⅰ) 도축장사업, ⅱ) 통운사업, ⅲ) 자동차터미널사업, ⅳ) 체육장사업, ⅴ) 문화예술사업, ⅵ) 공원사업 등이 새로 법률로 추가되었다.

그러나 1999년의 개정에서는 지방공기업법이 당연히 적용되는 사업이 15개에서 9개로 줄어들고[10] 조례가 정하는 바에 따라 지방공기업법이 적용되는 사업도 크게 조정되었다.

(2) 지방직영기업의 경영합리화

경영합리화를 위한 구체적인 규정에 들어가기 전에 1992년의 개정에 의하여 이루어진 개념의 정비부터 언급할 필요가 있다. 지방자치단체가 직접 경영하는 사업은 '지방공기업'에서 '지방직영기업'으로 명칭이 바뀌었으며 지방공기업은 지방직영기업, 지방공사·지방공단 및 민관공동출자사업을 포함하는 개념으로 정비되었다.

지방공기업 중에서는 아직도 지방직영기업이 수적으로 많을 뿐만 아니라 중

---

10) 1999년의 개정에 의하여 지방공기업법 제2조 제1항의 사업이 9개로 줄어들었으나 2011년의 개정에 의하여 병원사업이 삭제되어 8개가 되었다.

요성에 있어서도 타의 추종을 불허하므로 지방직영기업의 경영합리화가 무엇보다도 절실하다고 하겠다. 이리하여 1992년의 개정에서는 이를 위한 규정이 많이 신설되었으나 우리는 그 중에서 두 가지만 살펴보기로 한다.

① 관리자의 전문성의 제고: 그 동안 지방공기업의 결함의 하나로서 지방직영기업 관리자의 독립성·전문성의 확보가 미흡하다는 지적이 많았으므로 관리자의 전문성 제고를 위하여 두 가지 방안이 마련되었다.

첫째로 일반직공무원이 아닌 사람도 관리자가 될 수 있도록 하였으며, 둘째로 관리자의 임기제를 도입하였다.[11)]

② 전문직렬의 설치: 지방직영기업의 문제점의 하나로 관리자뿐만 아니라 직원들도 전문성을 축적할 수 없다는 점이 지적되어왔다. 이를 해결하기 위한 방안으로 지방직영기업소속 공무원에 대한 전문직렬을 둘 수 있도록 하였다.[12)]

(3) 지방공사·공단의 설치가 가능한 자치단체의 확대

개정전의 지방공기업법에 의하면 시·도와 인구 50만 이상의 시만이 지방공사·공단을 설치할 수 있었다.

이와 같이 설치단체가 한정되어 있는데다가 공사·공단의 종사자는 단체행동권(파업권)을 보유한다는 이유까지 겹쳐 1980년에 지방공기업법에 공사·공단에 관한 규정이 설치되었음에도 불구하고 지방공사·공단을 설치가 비교적 제한적이었다. 이러한 점을 감안하여 1992년의 개정에서는 모든 지방자치단체가 공사·공단을 설치할 수 있도록 조치하였다.[13)]

(4) 민관공동출자사업

지방자치단체가 민간과 공동으로 출자하여 사업을 수행하는 데에는 제한이 있었다. 지방공사·공단이나 지방자치단체를 회원으로 하는 공익법인 외의 단체에 대하여는 출자할 수 없도록 되어 있었다.

그러나 1991년 12월의 지방재정법 개정과 1992년 12월의 지방공기업법 개정에 의하여 민관공동출자사업에 대한 제한이 많이 해제되었다. 지방자치단체가 50% 이상을 출자하여 지방공사·공단을 운영하는 경우뿐만 아니라 지방자치단

---

11) 지방공기업법 제7조 제2항.
12) 지방공기업법 제10조의2.
13) 지방공기업법 제49조 제1항.

체가 50% 미만을 출자·출연하여 상법상의 주식회사 또는 민법상의 재단법인을 설립·운영하는 것도 허용되었다.

(5) 지방공사·공단에 대한 중앙통제의 완화

지방공사·공단에 대해서는 지방자치단체 뿐만 아니라 행정자치부장관의 통제도 가해져 왔는데 1999년의 개정에 의하여 행정자치부장관이 보유하던 i) 설립인가권, ii) 정관변경인가권, iii) 사장·이사장 임면승인권, iv) 일반적인 업무감독권 등이 지방자치단체로 이양되었다.

제 2 장 지방공기업의 실태와 과제

제 1 절 지방공기업의 실태

1. 지방공기업의 사업체수

우리나라 지방공기업은 〈표 2-1〉과 같이 지방직영기업이 251개, 지방공사·공단·주식회사 등(간접경영)이 169개로서 모두 420개에 달하고 있다. 이것을 사업별로 본다면 상수도사업이 115개소로 제1위를 차지하며 하수도 85개, 공영개발 33개의 순이다.

〈표 2-1〉 지방공기업 실태

(2012년 12월 31일 현재)

사 업 별	지방직영기업	지방공사	지방공단	주식회사 등	합 계
상 수 도	115				115
하 수 도	85				85
공영개발	33				33
지역개발	18				18
도시철도		7			7
도시개발		16			16
시설관리			70		70
관 광			2		2
환 경			4		4
경 륜			2		2
기 타		36		32	68
합 계	251	59	78	32	420

2. 직영기업의 형태로 운영

위에서 지적한 바와 같이 우리나라의 지방공기업은 60% 정도가 지방직영기업의 형태를 지니고 있으며 공사 · 공단 · 주식회사 등 간접형태를 지닌 공기업은 40% 정도를 차지하고 있다.

국영공기업의 경우에 있어서는 주식회사나 공사의 형태를 지닌 공기업이 많은데 지방공기업의 경우 이러한 형태를 지닌 공기업이 많지 않다.

일반적으로 직영기업의 형태를 지닌 공기업은 관료적인 경향으로 흐르기 쉬우며 기업경영에 필요한 창의성과 신축성을 상실하기 쉬운데 지방공기업에 있어서는 이러한 경향이 더욱 현저하다.

이와 같은 직영기업의 형태를 지닌 지방공기업의 결함을 시정하기 위하여 등장한 제도가 '지방공사' 제도라고 하겠다. 지방자치단체가 단독으로 또는 민간기업과 합작투자하여 설립하는 지방공사는 직영기업의 형태를 지닌 지방공기업의 행정상 · 인사상 · 재정상의 제약을 극복하기 위한 제도로서 많은 장점을 지니고 있다. 우리나라에서도 지방공사제도의 도입을 위하여 지방공기업법에 지방공사에 관한 규정을 1980년에 신설하고 일부 시 · 도립병원 등을 공사로 전환한 것은 다행스러운 일이라 하겠다.

더욱이나 1992년의 지방공기업법개정에 의하여 지방공사를 설립할 수 있는 지방자치단체의 범위가 시 · 도 및 인구 50만 이상의 시에서 모든 지방자치단체로 확대되었으므로 앞으로 보다 많은 지방공사의 설립을 기대해 본다.

3. 조직 · 인사상의 독립성 부족

우리나라의 대부분의 지방공기업이 지방직영기업의 형태를 지니고 있는 까닭에 조직 · 인사상의 독립성이 결여되어 있다. 특히 심각한 문제는 인사상의 독립성의 결여로서 지방자치단체의 인사이동의 일환으로 전혀 기업경영의 경험이나 지식을 가지지 못하는 공무원이 지방직영기업의 운영을 담당하는가 하면 빈번한 인사이동은 지방공기업에 있어서의 장기계획의 수립을 불가능하게 한다. 1992년의 지방공기업법개정에 의하여 지방직영기업의 관리자의 전문성 제고를 위한 방안과 전문직렬의 설치가 가능해졌으나 이러한 방안들의 실효성은 좀더 두고 보아야 할 것 같다.

4. 예산회계상의 독립성 부족

우리나라의 대부분의 지방공기업이 직영기업의 형태를 택하고 있는 까닭에 예산회계상의 독립성도 부족하다. 1992년의 지방공기업법개정에 의하여 모든 지방직영기업이 특별회계를 가지도록 되었으나 과거에는 법 제2조 제1항의 사업만 특별회계를 지니고 제2항 사업의 경우에는 특별회계 설치의무가 없었다.

특별회계에 의하여 운영된다고 하더라도 예산회계상의 독립성이 부족하다. 특히 이익금의 자기처분이 허용되지 못하여 독립채산제의 실현이 어려운 실정이다.

제2절 지방공기업의 과제

우리나라 지방공기업이 직면한 과제로서 여러 가지를 들 수 있겠으나 우리는 다음의 네 가지를 검토하고자 한다. 이 중 첫째의 지방공기업이냐 민영화이냐 하는 문제는 주민의 기대를 충족시키기 위하여 지방자치단체가 주민이 원하는 물품이나 서비스를 제공할 '책임'을 져야 하는 것은 당연하나 '공급'까지도 지방자치단체가 담당해야 하는가를 검토하는 근본적인 문제이다. 둘째부터 넷째까지는 지방공기업의 경영합리화를 위한 구체적인 방안이라 할 수 있겠다.[1)]

1. 지방공기업과 민영화

최근 우리나라를 포함하는 각국에서 민영화와 규제완화가 광범위하게 이루어지고 있는데 이는 정부의 국민경제에의 개입을 줄이고 정부기능을 축소하고자 하는 시대적 조류의 일환이라고 할 수 있겠다.

이리하여 과거와 같으면 당연히 공기업이 담당하던 사업도 민간기업이 담당하는 것이 바람직하지 않느냐 하는 의문이 제기되고 있다.

지방자치단체의 공공서비스의 민영화를 주장하는 사람들은 정부의 '책임'과 정부의 '공급'을 구별하여야 한다는 점을 강조한다. 정부가 책임져야 하는 분야 또는 서비스라고 해서 정부가 직접 공급해야 하는 것은 아니라는 것이다. 정부

---

1) 유훈, 「지방화시대의 지방공기업의 역할」, 지방재정 1993년 제1호, pp. 9-12.

가 공급하는 것보다 민간기업이 공급하는 것이 훨씬 능률적이라는 것이 이들의 주장이다.[2)]

그러나 지방자치단체 공공서비스의 민영화가 가능한 분야란 비교적 한정적이며 민영화의 전제조건이 많이 있는데 우리나라 지방자치단체에서 이러한 조건이 충족되기가 어려운 경우가 많다. 이리하여 우리나라 지방자치단체에서는 병원사업, 쓰레기수거 등 몇 개 사업 외에는 아직도 민영화가 큰 실효를 거두지 못하고 있는 실정이다.

2. 직접경영형과 간접경영형

우리나라 지방공기업의 경영형태를 선택함에 있어서 논란의 대상이 되는 문제는 직접경영형(지방직영기업)을 택하느냐 공사·공단이나 민관공동출자사업의 경우와 같이 간접경영형을 택하느냐 하는 문제이다.

간접경영형의 장점으로서는 ① 각 공기업의 독립성제고가 가능하고, ② 종사자의 처우개선과 이로 인한 전문인력의 확보가 용이하며, ③ 민관공동출자사업의 경우에는 민간자본의 유치가 가능하다는 점도 들 수 있다.

다른 한편 직접경영형(지방직영기업)의 장점으로는 ① 조세면제의 혜택을 받을 수 있으며, ② 경험 없는 외부인사의 임원기용을 방지할 수 있다. ③ 보다 중요한 장점으로서 노동문제를 들 수 있다. 현행 노동법체제하에서 간접경영형의 경우에는 종사자에게 단체행동권(쟁의권)이 부여되는데 대하여 직접경영형의 경우 종사자가 공무원이므로 단체행동권을 지닐 수 없다. 서울시 지하철공사의 경우와 같이 국민의 일상생활과 밀접한 관련이 있는 서비스 분야에서 파업이 발생하는 경우 국민생활에 큰 불편을 초래할 수 있다는 것을 우리는 보았다. 한 마디로 말해서 장기적으로는 보다 많은 지방공기업이 간접경영형으로 전환되는 것이 바람직하다 하겠으나 지방자치단체에서는 위에서 제시한 여러 가지 이유로 직접경영형을 선호하는 경향이 있는 것 같다.[3)]

3. 전문성 제고

위에서 지적한 바와 같이 우리나라 지방공기업의 문제점의 하나가 전문성의

---

2) Jeffrey Henig, "Privatization in the United States: Theory and Practice," *Political Science Quarterly*, Winter 1989-90, p. 653.

3) 유훈, 「상수도 경영체제의 개선방향」, 자치경영 1992년 가을호, pp. 8-9 참조.

결여라 하겠는데 이것은 공기업의 특수성·전문성을 도외시한 인사행정의 결과라 하겠다.

지방공기업이 공사·공단과 같은 간접경영형을 택하는 경우에는 전문성의 제고가 어느 정도 이루어지겠으나 지방직영기업의 경우에는 그 동안 전문성의 확보에 어려움이 많았다. 다행히도 1992년의 지방공기업법개정에 의하여 지방직영기업의 전문성제고를 위한 개혁이 다소 이루어지기는 했으나 아직도 미흡한 점이 많다.

관리자의 전문성제고를 위하여 일반직 외의 공무원도 관리자가 될 수 있도록 하고 임기제를 도입한 것은 바람직한 방향으로 나가는 것임에는 틀림이 없으나 임기제를 임의규정으로 하였으므로 과연 얼마나 많은 지방직영기업이 임기제를 채택할는지 좀더 두고 보아야 할 것 같다.

지방직영기업의 전문성제고를 위한 또 하나의 개정으로서 '전문직렬'의 설치를 들 수 있다. 서울특별시나 광역시와 같은 규모가 큰 지방직영기업을 다수 보유하고 있는 자치단체부터 시험적으로 전문직렬을 도입해 보는 것이 좋을 것 같다.

4. 투자의 확대

지방공기업의 가장 시급한 문제가 투자의 확대라는 것은 우리가 다 잘 아는 사실이다. 상수도사업·하수도사업·대도시지하철사업 등 주민의 일상생활과 밀접한 관련이 있는 사업만 하더라도 막대한 투자가 필요한 실정이다.

자치단체의 일반회계로부터의 전출금이나 정부로부터의 재정융자가 가능한 경우도 있으나 이러한 투자재원에는 한계가 있다. 여기에 우리나라 지방공기업의 가장 큰 어려움이 있는 것이다. 그 해결방법으로서 지방채의 적극적 활용도 강조되고 있으며 일본의 공영기업금융공고와 같은 지방공기업전담금융기관의 설치도 제의된 바 있다.[4] 이러한 여러 가지 방안들은 상호 배타적인 것이 아니므로 여러 가지 방안을 병용하여 지방공기업의 투자재원의 확대에 힘써야 할 때가 온 것 같다.

---

4) 유훈·배용수·이원희, 〔신판〕공기업론(서울: 법문사, 2010), 제2편 제5장 「일본의 공기업」 참조.

제 3 장 지방직영기업의 운영

제 1 절 지방직영기업의 조직과 인사관리

1. 지방직영기업의 중요성

위에서 살펴본 바와 같이 우리나라 지방공기업은 60% 가까이가 지방직영기업이며 공사·공단과 민관공동출자사업은 40%에 지나지 않는 실정이다.

앞으로 많은 지방직영기업이 공사·공단과 같은 간접경영형으로 전환될 것으로 예상되나 현단계에 있어서는 지방직영기업이 수적으로 많을 뿐만 아니라 중요성에 있어서도 공사·공단 등을 능가하고 있다.

2. 지방직영기업의 설립

지방직영기업을 설립하는 절차는 지방공사·공단의 경우처럼 복잡하지는 않으나 일정한 절차를 거쳐야 한다.

(1) 조례의 제정

지방자치단체가 지방직영기업을 설치·경영하고자 할 때에는 그 설치·운영의 기본사항을 조례로 정하여야 한다.

(2) 행정자치부장관 승인제 폐지

과거에는 지방직영기업을 설립하고자 할 때에는 행정자치부 장관의 승인을 얻어야 하는 경우가 많았으나[1] 관계 법령의 개정에 의하여 승인제도가 폐지되었다.

---

1) 지방자치법 제105조 및 동시행령 제40조.

3. 관리자의 의의와 업무

(1) 관리자의 성격

지방직영기업은 지방자치단체의 행정의 일환으로서 운영되는 것이기는 하나 지방직영기업의 합리적이며 능률적인 운영을 위하여 경영의 책임자로서의 관리자의 자주성을 강화할 필요가 있다.

다시 말해서 지방직영기업을 일반행정조직으로부터 분리시켜 조직상의 독립성을 부여하기 위하여 관리자를 두고 지방직영기업의 일상적 운영을 관리자에게 위임하고 그 업무에 관하여 지방직영기업을 대표하도록 하고자 하는 것이다.[2)]

그 동안 우리나라 지방직영기업 관리자의 '자주성'이 미약하여 문제가 많았으므로 1992년의 지방공기업법 개정에서는 관리자의 지위를 보강하는 몇 가지 규정을 신설하였다.

(2) 관리자의 자격요건과 임기

그 동안 우리나라 지방직영기업의 관리자는 일반직공무원 중에서 임명하도록 되어 있었으나 1992년의 지방공기업법 개정에 의하여 당해 지방자치단체의 공무원 중 지방직영기업의 경영에 관하여 지식과 경험이 풍부한 자 중에서 지방자치단체의 장이 임명하되 일반직공무원에 한정할 필요가 없게끔 되었다는 것은 전술한 바와 같다.

특히 1992년의 개정에 의하여 도입된 것으로서 중요한 규정은 관리자의 임기제이다. 일본에서는 관리자의 임기를 4년으로 명문화하고 있으나 우리나라에서는 임기제를 강제규정 아닌 임의규정으로 하고 있다. 앞으로 많은 지방자치단체가 관리자의 임기제를 도입할 것을 기대해 본다.

(3) 관리자의 권한

관리자는 지방직영기업의 책임자로서 법령에 특별한 규정이 있는 경우를 제외하고는 그 업무를 관리·집행한다. 다만 지방공기업법은 지방의회와 지방자치단체장간의 원만한 관계를 고려하여 지방직영기업의 예산·결산을 위시하여 의회의 의결을 요하는 사항 등은 지방자치단체장을 경유하도록 하고 있다. 관

---

2) 坂田期雄, 地方公營企業 (東京: 第一法規, 1973), p. 55.

리자가 담당할 수 없도록 되어 있는 사항은 다음과 같다.[3]

ⓐ 예산안을 의회에 제출하는 사항
ⓑ 결산을 의회의 승인에 부치는 사항
ⓒ 의회의 의결을 요하는 사항으로서 그 의안을 의회에 제출하는 사항
ⓓ 지방자치법 제139조 제2항의 규정에 의한 과태료를 과하는 사항이다.

(4) 관리자의 업무

위에서 살펴본 바와 같이 관리자는 지방직영기업의 책임자로서 지방공기업법 제8조에서 특별히 규정하고 있는 네 가지 사항을 제외하고는 지방직영기업의 모든 업무를 책임지도록 되어 있으나 지방공기업법 제9조는 이를 다시 명문화하고 있다. 1992년에 신설된 제9조는 2011년의 지방공기업법 개정시에 다소 개정되었다.

① 조례안·규칙안의 작성: 관리자는 지방직영기업에 관한 조례안·규칙안을 작성한다. 다만 이를 직접 지방의회에 제출하지 않고 지방자치단체장에게 제출하여야 한다.

② 사업운영계획·예산안의 작성: 관리자는 지방직영기업의 사업운영계획과 예산안을 작성하여 지방자치단체장에게 제출하여야 한다.

③ 결산의 작성: 결산을 작성하여 지방자치단체의 장에게 제출하여야 한다.

④ 자산의 취득·관리·처분에 관한 사항: 과거에는 예산·회계에 관한 기타사항에 포함시켰던 것인데 업무의 중요성에 비추어 별도로 규정했다.

⑤ 계약 체결: 이것도 과거에는 예산·회계에 관한 기타사항에 포함시켰던 것인데 별도로 규정했다.

⑥ 요금·사용료·수수료의 징수: 이것도 예산·회계에 관한 기타사항에 포함시켰던 것인데 업무의 중요성에 비추어 별도로 규정했다.

⑦ 일시차입과 그 밖에 예산 집행에 관한 사항: 예산 내의 지출을 하는 경우 현금이 부족할 때 일시차입을 하는 경우와 그 밖에 예산집행에 관한 사항이다.

⑧ 출납·회계사무 관련 사항: 이것도 과거에 예산·회계에 관한 기타 사항에 포함되었던 것이다.

⑨ 증명서·공문서류 보관: 지극히 세부적이며 말단적인 업무이나 명분으

3) 지방공기업법 제8조.

로 규정하고 있다. 과거에는 기타사항에 포함되었던 것이다.

⑩ 조직 · 인사 및 기타사항: 1992년 지방공기업법 개정시에는 둘째로 규정했던 조직 · 인사에 관한 사항이 말미로 밀려났으며, 기타사항과 함께 규정하고 있다.

(5) 지방자치단체장과의 관계

관리자는 지방자치단체장의 보조직원이기는 하나 기업경영에 관해서 독자적인 권한을 지니며 세부적인 사항에 관해서 자치단체장의 지휘 · 감독을 받지 않는 공무원이다. 지방공기업법은 이 점을 분명히 하기 위하여 자치단체장이 관리자에 대하여 행하는 지휘 · 감독사항을 i) 경영의 기본계획에 관한 사항, ii) 업무의 집행에 관한 사항 중 당해 지방자치단체의 주민의 복지에 중대한 영향이 있다고 인정되는 사항과 iii) 지방직영기업의 업무와 다른 업무와의 필요한 조정에 관한 사항으로 한정하고 있다.[4]

이와 같이 지방공기업법은 관리자의 자주성을 확보하기 위하여 자치단체장의 지휘 · 감독사항까지 명문으로 규정하고 있으나 자치단체장이 언제든지 관리자를 인사이동할 수 있다면 이러한 규정들이 큰 실효를 거두기 어려울 것이다. 여기에 관리자 임기제의 중요성이 있는 것이다.

4. 지방직영기업직원의 인사관리

(1) 인사관리실태

지금까지의 지방직영기업 직원의 인사관리 실태를 본다면 지방직영기업과 일반행정조직간의 빈번한 인사이동으로 지방직영기업 직원들이 전문성을 축적하기 어려웠다.[5]

(2) 전문직렬의 설치

이러한 문제를 염두에 두고 지방공기업법은 1992년의 개정에서 지방직영기업 소속공무원에 대한 전문직렬을 들 수 있는 규정을 신설하였다.

---

4) 지방공기업법 제10조.

5) 유훈 외 3인 공저, 상수도경영체제 개선을 위한 기본계획(서울: 한국행정문제연구소, 1984), pp. 72-76.

제 2 절 지방직영기업의 재무관리

1. 특별회계의 설치운영

(1) 지방의회에 의한 예산의결

지방자치단체장의 승인만으로 그 예산이 확정되는 지방공사·공단의 경우와는 달리[6] 지방직영기업은 매년 지방의회의 예산심의를 받아야 하며 여러 가지 재정상의 제약이 많다.

(2) 모든 사업의 특별회계 설치

이러한 지방직영기업의 재정상의 제약을 다소나마 완화하기 위한 조치가 특별회계의 설치이다. 과거에는 지방공기업법 제2조 제1항 사업의 경우에만 특별회계의 설치를 강제규정으로 하고 제2항 사업의 경우에는 임의규정으로 두었으나 1992년의 지방공기업법개정에 의하여 모든 사업에 특별회계 설치를 의무화하였다.

(3) 예외적 조치

원칙적으로 모든 사업에 특별회계를 설치하도록 하고 있으나 이 「1사업 1특별회계의 원칙」에 대한 예외가 있다. 지방공기업법 제7조 제1항 단서의 규정에 의하여 2개 이상의 사업에 관리자 1인을 두는 경우에는 관리자 1인이 관장하는 2개 이상의 사업에 특별회계 하나를 둘 수 있다.[7]

2. 독립채산제

(1) 독립채산제의 3대원칙

모든 공기업의 경우와 같이 지방직영기업도 독립채산제의 채택을 신인하고 있다. 주지하는 바와 같이 독립채산제는 i) 수지적합(수지균형)의 원칙, ii) 투자의 자기조달, iii) 이익금의 자기처분을 요소로 한다.[8]

6) 지방공기업법 제65조.

7) 지방공기업법 제13조.

8) 유훈, 공기업론[제4정판](서울: 법문사, 1993), 제1편 제3장 「공기업의 공공성과 기업성」 참조.

(2) 독립채산성에 대한 예외

전술한 바와 같이 독립채산제는 자본의 자기조달과 이익금의 자기처분도 구성요소로 하나 수지적합의 원칙이 핵심이다. 그러나 지방공기업법은 독립채산제의 경직성에서 오는 폐단을 시정하기 위하여 수지적합의 원칙에 대한 몇 가지 예외를 인정하고 있다. i) 경비의 성질상 당해 지방직영기업의 수입으로 충당하는 것이 적당하지 아니한 경비 또는 ii) 당해 지방직영기업의 성질상 그 경영에 수반한 수입만으로 충당하는 것이 객관적으로 곤란하다고 인정되는 경비는 일반회계나 다른 특별회계가 부담할 수 있도록 하고 있다.[9] 한 마디로 말해서 지방직영기업의 공공성의 추구에 소요되는 경비는 독립채산제의 예외로 인정한다는 것이다.

(3) 재해·복구 등을 위한 타회계지원

지방직영기업의 특별회계는 재해·복구 기타 특별한 사유에 의하여 필요한 때에는 예산이 정하는 바에 따라 일반회계나 다른 특별회계로부터 재정적 지원을 받을 수 있다. 이것도 독립채산제에 대한 예외라 할 수 있다.[10]

3. 회계처리의 원칙

과거에는 '계리의 원칙'이라고 했으나 구식용어인 '계리' 대신에 '회계처리'라는 용어를 사용하여 현행법은 회계처리의 원칙이라 하고 있다.[11]

(1) 발생주의원칙

지방직영기업의 특별회계는 사업경영성과와 재정상태를 명백히 하기 위하여 재산의 증감 및 변동을 발생의 사실에 따라 계리한다고 규정함으로써 현금주의 아닌 발생주의원칙의 채택을 명백히 하였다.

(2) 원가계산

지방직영기업의 특별회계는 사업능률의 증진, 경영관리 및 요금결정의 기초를 제공하기 위하여 원가계산을 하여야 한다.[12]

---

9) 지방공기업법 제14조 제1항.

10) 지방공기업법 제14조 제2항.

11) 지방공기업법 제16조.

12) 지방공기업법 제21조.

(3) 감가상각

지방직영기업은 고정자산 중 감가상각을 필요로 하는 자산, 즉 상각자산에 대하여 매회계연도마다 감가상각을 하여야 한다.[13)]

(4) 계정의 구분

지방직영기업의 특별회계는 대차대조표계정인 자산·자본 및 부채계정과 손익계산서계정인 수익 및 비용계정을 설정하여 계리한다.[14)]

4. 요금의 결정

(1) 요금결정의 원칙

지방자치단체가 지방직영기업의 급부에 대한 반대급부로서 조례가 정하는 바에 따라 요금을 징수하는 것은 공기업의 특성상 당연한 일이다. 이러한 요금의 결정에 있어서 적용되어야 할 몇 가지 원칙이 있다.[15)]

ⅰ) 무엇보다도 먼저 요금은 적정해야 하며, ⅱ) 지역간 요금수준의 형평을 기하여야 한다. 이 원칙은 1992년의 개정에 의하여 신설된 것인데 다음의 원가보상의 원칙과 상충될 우려가 있다. ⅲ) 셋째는 원가보상의 원칙이다. 요금은 원가를 보상하는 수준이 되어야 할 뿐만 아니라 기업으로서 계속성 유지가 가능해야 한다. 다시 말해서 기업성의 추구가 가능한 요금수준이 되어야 한다. 위에서 검토한 바와 같이 지방직영기업은 이를 위하여 원가계산을 하도록 되어 있다.

(2) 가격결정과정

위에서 살펴본 바와 같이 지방직영기업의 요금은 조례로 정하도록 되어 있으며 과거에는 「물가안정 및 공정거래에 관한 법률」에 의하여 재정경제부장관(현 기획재정부장관)과 협의하도록 되어 있었다.[16)] 그러나 1994년 12월에 「물가안정에 관한 법률」로 개칭·개정된 법률에 의하여 지방자치단체의 장은 기획재정부장관과 지방직영기업의 요금에 관하여 협의할 필요가 없게 되었다.[17)]

---

13) 지방공기업 시행규칙 제9조.
14) 지방공기업법 제16조 제3항.
15) 지방공기업법 제22조 제1항 및 제2항.
16) 구물가안정 및 공정거래에 관한 법률 제4조 제3항.
17) 물가안정에 관한 법률 제4조 제3항 및 동시행령 제6조.

5. 예산과정

(1) 예산안의 편성

지방직영기업의 예산편성지침은 지방자치단체의 일반회계나 기타 특별회계와 구분하여 따로 행정자치부장관이 주무부장관과 협의하여, 이를 작성하여 전년도 7월 31일까지 통보한다.[18]

지방직영기업의 관리자는 이 예산편성지침을 토대로 하여 예산안을 편성하며, 이를 직접 지방의회에 제출하지 않고 지방자치단체장에게 제출한다.

(2) 예비비의 계상

지방직영기업의 특별회계도 예비비를 계상해야 하는 것은 지방자치단체의 일반회계나 다름이 없다. 과거에는 세출예산의 100분의 1 이상을 예비비로 계상해야 한다는 규정이 있었으나 이것이 개정되어 "적당하다고 인정되는 금액"을 예비비로 계상하여야 한다고 규정되었다.[19]

(3) 예산안의 제출

지방직영기업의 관리자가 예산안을 제출하면 지방자치단체장은 이를 조정하여 사업년도개시전에 지방의회에 제출하고 그 의결을 얻어야 한다. 지방자치단체장이 관리자가 작성한 예산안을 수정할 때에는 관리자의 의견을 들어야 한다.[20]

(4) 예산의 집행

지방직영기업의 관리자는 지방의회의 의결을 얻은 예산에 의하여 그 업무를 집행하여야 하며, 예산의 집행에 있어서 비교적 자율성을 지닌다. 예산의 전용이나 예비비의 사용은 스스로 할 수 있으나 예산의 이월만은 여러 가지 제한이 있다.[21]

---

18) 과거에는 8월 31일까지 통보하도록 되어 있었으나 1999년의 개정에 의하여 7월 31일까지 통보하도록 되었다.

19) 지방공기업법 제31조.

20) 지방공기업법 제26조.

21) 지방공기업법 제30조.

(5) 결 산

지방직영기업의 사업년도가 끝나면 관리자는 장부를 마감하고 결산을 하여야 한다. 결산서의 작성이 끝나면 사업보고서, 손익계산서, 잉여금처분계산서 또는 결손금처리계산서, 자금운용표 또는 재무상태변동표 등을 첨부하여 지방자치단체장에게 제출한다.

지방자치단체장은 공인회계사의 회계감사를 받아 그 회계감사보고서와 결산 및 사업보고서 등을 다음 연도 지방의회에 제출하여 그 승인을 얻어야 한다.[22]

(6) 잉여금의 처리

지방직영기업은 이익이 발생한 경우 우선 전사업년도로부터 이월한 결손금을 보전하여야 한다. 그리고도 잔액이 있을 때에는 그 잔액의 10분 1 이상을[23] 시행령이 정하는 바에 따라 적립금으로 적립하여야 한다.[24]

---

22) 지방공기업법 제35조.

23) 과거에는 20분의 1로 되어 있었으나 1999년의 개정에 의하여 10분의 1로 되었다.

24) 지방공기업법 제37조 제1항.

제 4 장 지방공사 · 공단의 운영

제 1 절 지방공사의 조직과 인사관리

1. 지방공사의 급증

앞에서 지적한 바와 같이 우리나라 지방공기업은 대부분이 지방직영기업이나[1] 지방공사도 급증하고 있다. 1990년만 하더라도 36개에 지나지 않던 지방공사가 2014년 말에는 59개로 늘어났다. 1992년의 지방공기업법 개정에 의하여 모든 지방자치단체가 지방공사를 설립할 수 있게 되었을 뿐만 아니라 사업분야도 지방직영기업과 동일하므로 빠른 속도로 늘어나고 있다.

2. 지방공사의 설립과 조직

(1) 지방공사의 설립

과거에는 시 · 도와 인구 50만 이상의 시만이 지방공사 · 공단을 설립할 수 있었으나 1992년의 지방공기업법 개정에 의하여 모든 지방자치단체가 지방공사 · 공단을 설립할 수 있게 되었다.[2]

① 사업분야: 공법인인 우리나라 지방공사의 사업분야는 광범위하다. 지방공기업법 제2조에 열거되어 있는 모든 사업을 담당할 수 있으므로 사업분야에 있어서 지방직영기업과 다를 바 없다. 그러나 현재에 있어서는 지하철, 도시개발, 시설 · 주차관리, 시장관리 등의 사업에만 종사하고 있다.

② 설립자: 지방공사는 단일 지방자치단체가 단독으로 설립할 수도 있고 복

1) 본편 제2장 「지방공기업의 실태와 과제」 참조.

2) 유훈, 「지방화시대의 지방공기업의 역할」, 지방재정 1993년 제1호, p. 8.

수지방자치단체가 공동으로 설립할 수도 있다. 공동설립의 경우에는 규약을 작성하여야 한다.

이 밖에도 지방공기업법은 공사의 운영을 위하여 필요한 경우에는 자본금의 2분의 1을 초과하지 아니하는 범위 안에서 지방자치단체 외의 자도 출자할 수 있는 길을 열어놓았다. 이것은 바꾸어 말하면 민간의 출자는 자본금의 50% 미만에 한하여 허용한다는 것을 의미한다.

③ 설립절차: 지방공사를 설립하기 위해서는 많은 절차가 필요하겠으나 법령에 규정된 필수적인 절차만 살펴본다면 다음과 같다.[3]

ⓐ 조례의 제정: 지방자치단체가 지방공사를 설립하고자 할 때에는 우선 그 설립·업무·운영에 관한 기본적인 사항을 조례로 정하여야 한다.

ⓑ 정관의 작성: 조례 외에도 공사의 설립을 위해서는 공사의 정관을 작성하여야 하는데 정관에는 공사의 목적·명칭·사업에 관한 사항 등을 기재하여야 한다.

ⓒ 규약의 작성: 복수의 지방자치단체가 공동으로 지방공사를 설립하고자 할 때에는 규약을 작성하여야 한다.

ⓓ 상부기관과의 협의: 조례의 제정과 정관의 작성이 끝나면 1999년 전에는 행정자치부장관의 승인을 받아야 했으나 1999년의 지방공기업법 개정에 의하여 이것이 폐지되었다.

그러나 그 후 부실공사가 늘어남에 따라 시·도 지사와 같은 광역단체장은 행정자치부장관과 협의하여야 하며, 시장·군수·구청장과 같은 기초단체장은 관할 특별시장·광역시장 및 도지사와 협의하도록 다시 개정되었다.

ⓔ 출 자: 설립인가가 나면 설립단체가 자본금을 전액 현금 또는 현물로 출자한다. 전술한 바와 같이 자본금의 50% 미만의 범위에서 민간도 출자할 수 있다.

ⓕ 등 기: 지방공사의 설립절차는 그 주된 사무소의 소재지에서 설립등기를 함으로써 끝난다.

(2) 지방공사의 조직

① 법인격: 지방공사는 공법인이다. 일본의 경우와 달리 우리나라에서는 지

---

3) 지방공기업법 제49조, 제50조, 제52조 및 제57조.

방공사란 공법인만을 지칭한다. 후술하는 바와 같이 일본에서는 사법인인 지방공사가 공법인인 지방공사보다 수적으로 훨씬 많은데 대하여 우리나라에서는 지방공사는 공법인만을 지칭하고 사법인은 민관공동출자사업이라고 한다.[4]

② 이사회: 지방공사는 최고의사결정기관으로서 사장·부사장을 포함하는 이사로서 구성되는 이사회를 둔다. 이사회의 권한과 운영에 관한 사항은 정관으로 정하도록 되어 있다.

③ 지사와 출장소: 지방공사의 주된 사무소의 위치는 정관으로 정하나 지방공사는 필요한 곳에 지사 또는 출장소를 둘 수 있다. 과거에는 지사나 출장소의 설치에 관해서도 행정자치부장관의 승인을 얻어야 했으나 이것도 폐지되었다.

3. 지방공사의 인사관리

(1) 임원의 인사관리

지방공사에는 사장·부사장을 포함한 이사 약간명과 감사를 두도록 되어 있는데 이사 및 감사의 수는 정관으로 정하도록 되어 있다.[5]

① 임명방법: 지방공사의 사장과 감사는 지방자치단체장이 임면하고 부사장·이사는 지방자치단체장의 승인을 얻어 사장이 임명한다.

② 임기: 지방공사의 사장·부사장·이사·감사의 임기는 3년이다.

③ 자격요건: 어떤 자격을 구비한 사람을 지방공사의 임원으로 임명하느냐 하는 문제는 지방공사의 성공적인 운영을 위하여 가장 중요한 문제의 하나이다. 임원의 자격요건은 적극적 요건과 소극적 요건으로 나누어서 생각할 수 있다.

지방공기업법은 지방공사의 사장과 감사는 지방공기업의 경영에 관한 전문적인 식견과 능력이 있는 자 중에서 선정해야 한다고 규정하고 그 밖의 임원에 관해서는 규정이 없다. 소극적 요건을 의미하는 결격사유에 관해서는 다음과 같은 규정을 두고 있다.

ⓐ 대한민국의 국민이 아닌 자

ⓑ 금치산자·한정치산자와 파산의 선고를 받고 복권되지 아니한 자

ⓒ 금고 이상의 형을 받고 그 집행이 종료되거나 그 집행을 받지 아니하기로 확정된 후 2년이 경과되지 아니한 자

4) 실정법상의 명칭은 「지방공사·공단외의 출자·출연법인」이다.

5) 지방공기업법 제58조 내지 제62조.

ⓓ 법률 또는 법원의 판결에 의하여 자격이 상실 또는 정지된 자

ⓔ 지방공기업법에 반하여 벌금형을 받고 2년이 경과되지 아니한 자는 지방공사의 임원이 될 수 없다.

④ 겸직금지: 지방공사의 임원은 그 직무 이외의 영리를 목적으로 하는 업무에 종사할 수 없으며 지방자치단체장의 허가없이 다른 직무를 겸할 수 없다.

(2) 직원의 인사관리

지방공사직원의 인사관리에 관해서 검토할 것이 많지 않으나 다음의 두 가지를 살펴보고자 한다.

① 직원의 신분: 지방공사의 직원은 지방직영기업의 직원과는 달리 지방공무원의 신분을 지니지 않는다. 따라서 직원의 인사문제는 정관이 정하는 바에 따라 자치단체장의 승인을 얻어 제정하는 인사규정이나 취업규정에 의하여 처리하게 될 것이다.

② 겸직금지: 지방공사의 직원도 임원과 같이 그 직무 이외의 영리를 목적으로 하는 업무에 종사하지 못하며 사장의 허가없이 다른 직무를 겸할 수 없다.

제 2 절 지방공사의 재무회계

1. 재무회계상의 독립성

(1) 직영기업과의 차이점

지방직영기업과 지방공사의 가장 큰 차이점의 하나가 지방공사의 재무회계상의 독립성이라 하겠다. 지방직영기업은 특별회계에 의하여 운영되나 그 익금은 일반회계에 전출될 수 있으며 재무회계상의 독립성이 별로 높지 않다고 하겠다.

그러나 지방공사는 설립자인 지방자치단체와는 별개의 법인체로서 재무회계상의 독립성이 높다고 하겠다. 후술하는 바와 같이 손익금의 처리에 있어서는 법령의 범위 안에서 자율성을 지니고 있다.

(2) 독립채산제

지방공기업법은 지방직영기업의 독립채산제에 관해서는 명문의 규정을 두고 있으나[6] 지방공사의 독립채산제에 관해서는 아무런 언급이 없다. 그러나 지방공사의 본질상 독립채산제는 당연한 것이라 하겠다.

2. 회계처리의 원칙

(1) 발생주의원칙

지방공사는 경영의 성과 및 재정상태를 명백하게 파악할 수 있도록 회계거래를 발생의 사실에 따라 기업회계기준에 의하여 계리한다고 규정함으로써 현금주의 아닌 발생주의원칙을 명백히 하고 있다.

(2) 회계의 구분

지방공사가 여러 가지 사업을 수행할 때에는 사업분야별로 회계를 분리하여 계리할 수 있다.[7]

3. 예산과정

(1) 예산에 관한 공통지침

지방공사의 예산과정은 행정자치부장관에 의한 예산의 공통지침의 작성·시달에 의하여 시작된다. 이 공통지침이 각 지방자치단체에 시달되면 지방자치단체장은 이 공통지침의 범위 안에서 예산의 제출 및 운영에 관하여 필요한 사항을 정하여 지방공사에 시달할 수 있다.

(2) 예산의 확정

이것이 시달되면 지방공사는 사업계획서 및 수지예산서를 작성하여 이사회의 의결을 거쳐 확정하며, 사업계획서 또는 수지예산서를 변경하고자 할 때에도 이사회의 의결을 거쳐야 한다. 공사의 사장은 예산이 성립 또는 변경된 때에는 지체없이 지방자치단체장에게 보고하여야 한다.

(3) 준예산

과거에 없던 규정인데 1992년의 지방공기업법 개정시에 준예산에 관한 규정

6) 지방공기업법 제14조.

7) 지방공기업법 제64조의 2.

이 신설되었다. 지방공사는 부득이한 사유로 회계연도 개시 전까지 예산이 확정되지 못할 때에는 전년도예산에 준하여 예산을 집행한다. 본예산이 성립되면 준예산에 의하여 집행된 것은 본예산에 의하여 집행된 것으로 본다.

(4) 결 산

지방공사는 사업연도 종료 후 2개월 내에 결산을 작성하여 지방자치단체장이 지정하는 공인회계사의 회계감사보고서와 기타 서류를 첨부하여 자치단체장에게 보고하여 승인을 얻어야 한다.[8)]

4. 손익금의 처리와 여유금의 운용

(1) 손익금의 처리

지방공사는 결산한 결과 이익금이 생길 때에는 이월결손금을 보전한 후 그 잔액의 20분의 1 이상을 자본금액의 2분의 1에 달할 때까지 이익준비금으로 적립하고, 그래도 잉여가 생긴 때에는 이익을 배당하며, 잔여금액은 정관이 정하는 바에 의하여 부채상환, 사업준비 등을 위한 적립금으로 적립하여야 한다.

이익배당을 할 때에는 지방자치단체 외의 출자자에게 정관이 정하는 바에 따라 우선 배당할 수 있다. 다시 말해서 민간출자자가 있을 때에는 민간출자자에게 우선적으로 배당할 수 있다는 것이다.[9)]

지방공사가 손실을 냈을 때에는 적립금으로 보전하고, 그래도 부족할 때에는 준비금으로 보전하거나 다음 연도에 이월한다.[10)]

(2) 여유금의 운용

여유금에 관해서도 정부투자기관의 경우와 같이 제한이 있다. 지방공사는 업무상 여유금이 발생했을 때에는 ⅰ) 국채·지방채를 취득하거나, ⅱ) 한국은행 기타 금융기관에 예입하여야 한다.[11)]

5. 사채발행 및 차관

전술한 바와 같이 독립채산제의 3대요소로서 ⅰ) 수지균형의 원칙, ⅱ) 이

---

8) 지방공기업법 第65조, 第65조의 2, 第66조, 第66조의 2.

9) 지방공기업법 시행령 第51조.

10) 지방공기업법 第67조.

11) 지방공기업법 第69조.

익금의 자기처리와 함께 iii) 자본의 자기조달을 들 수 있다.[12] 따라서 독립채산제에 충실한다면 사채 발행이나 차관에 관해서 중앙정부나 지방자치단체가 지방공사에 특혜를 주지 말아야 한다. 그러나 지방공사가 수행하는 공공성에 비추어 중앙정부와 지방자치단체가 통제를 가하는 대신 보증 등의 방법으로 특혜를 부여하고 있다.

(1) 절 차

지방공사가 사채를 발행하거나 외국차관을 하고자 할 때에는 지방자치단체장의 승인을 얻어야 하는데 이 경우 지방자치단체장은 발행되는 사채가 대통령령으로 정하는 기준을 초과하는 경우에는 미리 행정자치부장관의 승인을 받아야 한다.

(2) 보 증

이와 같이 중앙정부와 지방자치단체가 지방공사의 사채발행이나 차관에 대한 통제를 가하는 대신 보증을 해준다.

(3) 조례의 제정

사채의 발행·매각 및 상환에 관하여 필요한 사항은 조례로 정하여야 한다.[13]

제3절 지방공사에 대한 통제

1. 업무상의 통제

지방공사에 대해서는 설립자인 지방자치단체나 정부가 여러 가지 통제를 가하고 있는데 첫째로 들 수 있는 것이 업무상의 통제이다.

(1) 포괄적인 감독

지방공기업법은 "지방자치단체의 장은 공사의 업무를 감독한다"[14]고 함으로

12) 大島國雄, 公企業の經濟學〔新訂版〕(東京: 白桃書房, 1976), pp. 81-82.

13) 지방공기업법 제68조.

써 포괄적인 감독을 할 수 있다는 것을 규정하고 있다. 다시 말해서 지방자치단체장은 지방공사 업무의 어떤 측면에 관해서도 통제할 수 있다는 것이다.

(2) 지방공사의 자율성과 포괄적 감독

지방자치단체장이 보유하는 포괄적 감독권이 지방공사의 자율성을 저해한다는 지적도 있으나 부실한 지방공사가 많아 자치단체의 감독이 강화되어야 한다는 주장도 있다.

2. 조직 및 인사에 관한 통제

(1) 조직에 관한 통제

지방공사의 조직에 관해서도 지방자치단체가 통제를 하고 있다.[15]

과거에는 지방공사의 설립과 정관의 작성·변경이 행정자치부장관의 승인사항이었으나 1999년의 개정에 의하여 폐지되었다. 그러나 그 후 부실공사가 늘어남에 따라 광역단체장은 행정자치부장관과 협의하여야 하며, 기초단체장은 광역단체장과 협의하도록 다시 개정되었다. 공사의 정관의 작성·변경과 지사 또는 출장소의 설치는 자치단체장의 승인을 얻어야 한다.

(2) 인사에 관한 통제

지방공사의 인사에 관해서도 여러 가지 통제가 가해지고 있다.

공사의 사장과 감사는 지방자치단체장이 임면하며 부사장·이사는 사장이 임면하되 자치단체장의 승인을 얻어야 한다.

공사의 임직원은 영리를 목적으로 하는 업무에 종사할 수 없으며 영리 외의 직무를 겸하고자 할 때에는 직원은 사장의 승인을 얻으면 되나 임원은 자치단체장의 승인을 얻어야 한다.

3. 재정상의 통제

(1) 예산에 관한 공통지침

전술한 바와 같이 지방공사는 예산에 관하여 행정자치부장관이 시달하는 공통지침에 의거하여야 하며 자치단체장도 공통지침의 범위 내에서 예산의 제출

---

14) 지방공기업법 제73조.

15) 유훈, 공기업론〔제4정판〕(서울: 법문사, 1993), 제4편 제2장「공기업에 대한 통제」참조.

및 운영에 관하여 필요한 사항을 지방공사에 시달할 수 있다.

(2) 예산의 확정

이러한 공통지침에 의하여 지방공사에서 편성한 예산은 이사회의 의결로 확정되며 추경예산의 경우에도 이사회의 의결로 족하다. 예산이 확정되거나 변경되면 지방자치단체장에 보고하여야 한다.

(3) 기타 재정상의 통제

이밖에도 지방공사는 결산을 작성하여 지방자치단체장에게 보고하여 승인을 얻어야 한다. 사채발행과 차관에 관하여 지방공사는 지방자치단체장의 승인을 얻어야 하는데 이 경우 지방자치단체장은 발행되는 사채가 대통령령으로 정하는 기준을 초과하는 경우에는 미리 행정자치부장관의 승인을 받아야 한다.

4. 평가·보고 및 검사

(1) 경영평가 및 지도

국가공기업의 경우와 같이 지방공사도 경영실적평가를 받아야 한다. 경영실적평가의 결과에 따라 지방자치단체장은 필요한 조치를 강구하여야 한다.

경영실적평가 외에도 행정자치부장관은 지방공기업의 효율적인 경영을 위하여 필요한 지도·조언 또는 권고를 행한다.[16]

(2) 보고 및 검사

행정자치부장관과 지방자치단체장은 지방공사의 업무·회계 및 재산에 관한 사항을 검사할 수 있으며 필요한 보고를 요구할 수 있다.[17]

16) 지방공기업법 제78조.

17) 지방공기업법 제74조.

제 4 절 지방공단

1. 지방공단의 의의

(1) 설 립

지방자치단체는 위에서 살펴본 지방공사 외에 지방공단도 설립할 수 있는데 그 설립과정은 지방공사와 동일하다.

우선 설립 · 업무 및 운영에 관한 기본적인 사항을 조례로 정하고 정관을 작성하여야 한다. 이것이 끝나면 자본금을 전액 현금 또는 현물로 출자하고 주된 사무소의 소재지에서 설립등기를 하여야 한다.

(2) 사업분야

지방공단도 지방공사와 같이 지방공기업법 제2조의 모든 사업을 수행할 수 있다.[18)]

(3) 지방공사와의 유사점

지방공단은 후술하는 바와 같이 몇 가지 점 외에는 지방공사와 동일한 성격을 지닌 공법상의 법인이다.

그 설립방법 · 임원 · 직원 · 재무회계 · 감독 등 지방공사에 적용되는 거의 모든 조문이 그대로 지방공단에 준용된다.

2. 지방공사와 지방공단의 차이점

지방공사에 비하여 지방공단은 공공성을 보다 많이 강조하는 지방공기업이라 할 수 있는데 양자간의 차이점은 다음의 몇 가지로 정리할 수 있겠다.[19)]

(1) 민간출자

지방공사는 지방자치단체 외에 자본금의 50%에 미달하는 범위 안에서 민간

---

18) 지방공기업법 제76조 제1항.

19) 지방공단의 이론모형에 관해서는 유훈 · 강신택 · 방석현, 공사(공단)모형개발(서울: 서울대학교행정대학원 행정조사연구소, 1981), pp. 194-195 참조.

에게도 출자를 허용하는데 대하여 지방공단은 지방자치단체만이 출자할 수 있다. 단일 지방자치단체가 단독으로 출자할 수도 있고 복수의 지방자치단체가 공동으로 출자할 수도 있으나 지방자치단체 외의 자에게는 출자를 허용하지 않는다.

(2) 상법의 준용

민간이 출자하는 지방공사에는 상법 중 주식회사의 규정을 준용하도록 되어 있는데 대하여 지방공단의 경우에는 민간의 출자를 불허하므로 상법을 준용하지 않는다.

(3) 손익금의 처리

지방공사에 관한 거의 모든 규정이 지방공단에 준용되나 손익금의 처리에 관한 지방공기업법 제67조는 준용되지 않는다.[20]

(4) 임원 등의 명칭

지방공단의 경영책임자는 사장이 아니라 이사장으로 호칭하며 부책임자는 부이사장이라 한다. 그리고 지방공사의 사채에 해당되는 것을 공단채라 한다.[21]

---

20) 지방공기업법 제76조 제2항 전단.

21) 지방공기업법 제76조 제2항 후단.

제 5 장 지방자치단체의 제3섹터

제 1 절 제3섹터의 의의

1. 제3섹터의 개념과 특징

(1) 제3섹터의 개념

Etzioni는 제3섹터란 정부부문도 민간부문도 아닌 것으로서 민간기업과 정부부문의 혼합으로 생겨난 것도 있지만 자원적 조직(voluntary association)과 비영리기관의 형태를 지니는 것도 있다고 하고 있다.[1]

Levitt는 제3섹터조직이란 민간기업이나 정부부문이 수행하지 않는 사업, 제대로 수행하지 못하는 사업, 빈번하게 수행하지 않는 사업 등을 담당하는 조직들이라 하고 제3섹터는 목적·자원봉사주의(voluntarism)·운영스타일에 있어서 정부부문이나 민간기업과는 다른 특징을 지닌다고 주장하고 있다.[2]

일본에서도 제3섹터란 정부부문이나 민간부문에서 독립된 존재로서의 민간비영리부문을 지칭한다는 주장이 없는 것은 아니나[3] "공공부문과 민간부문이 공동으로 출자한 사업의 경영형태"라는 정의가 널리 사용되고 있다.[4]

---

1) Amitai Etzioni, "The Third Sector and Domestic Missions," *Public Administration Review*, July-August 1973, p. 315.

2) Theodore Levitt, *The Third Sector: New Tactics for a Responsive Society*(New York: AMACOM, 1973), p. 49; Michael E. Mcgill and Leland M. Wooten, "Management in the Third Sector," *Public Administration Review*, September-October 1975, p. 444.

3) 高寄昇三, 外郭團體の經營(東京: 學陽書房, 1991), p. 110.

4) 三橋良士明, 「第三セクタ-の民主的統制」, 自治團體問題硏究所編, 行政組織の改編と第三セクタ-(東京: 自治體硏究社, 1991), p. 121; 公共投資ジヤ-ナル社編輯部, 第三セクタ-: 設立·運營の指針(東京: 公共投資ジヤ-ナル社, 1985), p. 64.

우리나라에서는 "지방자치단체와 민간이 공동으로 출자하여 경영하는 기업으로서 하나의 지방자치단체가 25% 이상 출자한 민법·상법상의 법인"이라고 규정하는 사람이 있는가 하면[5] "자금·인력·기술 등에 관해 공공부문과 민간부문이 협력함으로써 공공부문의 영역에 민간의 능력을 도입함과 동시에 공적 지원의 강화를 통해 민간부문을 활성화시키는 사업"이라고 정의하는 사람도 있다.[6]

우리는 제3섹터를 정부부문과 민간부문이 공동으로 출자하여 공동으로 운영하는 사업이라고 정의하고자 한다.

(2) 제3섹터의 특징

제3섹터의 특징으로서 여러 가지를 들 수 있겠으나 우리가 이 글에서 말하는 제3섹터의 특징으로서 다음의 몇 가지를 들고자 한다.

① 공동출자: 제3섹터는 정부부문과 민간부문의 공동출자를 특징으로 한다. 따라서 정부부문이 전액 출자한 주식회사는 제3섹터의 범주에 포함될 수 없다. 이런 의미에서 우리가 말하는 제3섹터란 미국의 많은 학자들이 제3섹터에 포함시키고 있는 민간부문만이 출연한 비영리법인 등도[7] 포함하지 않는다고 하겠다.

② 다양한 형태: 위에서 언급한 바와 같이 민법·상법상의 법인만이 제3섹터의 범주에 들어간다고 하는 사람이 있으나 후술하는 바와 같이 우리나라에는 공법인인 지방공사형 제3섹터 조직도 적지 않다. 다시 말해서 제3섹터는 사법인형을 택할 수 있을 뿐만 아니라 공법인형의 제3섹터 조직도 많다는 사실에 유의할 필요가 있다.

③ 다양한 목적과 사업: 제3섹터는 다양한 목적을 지닌다. 미국 학자들이 강조하는 비영리적인 조직뿐만 아니라 영리를 목적으로 하는 조직도 많다. 또한 후술하는 바와 같이 제3섹터는 다양한 분야에서 다양한 사업에 종사한다.

---

5) 오희환, 제3섹터의 활용화 방안(서울: 한국지방행정연구원, 1993), p. 48.

6) 배용수, 제3섹터의 이해(서울: 지방자치경영협회, 1995), p. 2.

7) Philip Kotler and Michael Murry, "Third Sector Management..The Role of Marketing," *Public Administration Review*, September-October 1975, p. 467; Levitt, *op. cit.*, pp. 55-57.

2. 유사개념

제3섹터의 개념을 좀 더 명확히 하기 위하여 몇 가지 유사개념을 살펴보고 이들과 제3섹터의 차이점을 검토하고자 한다.

(1) 혼합기업

주식회사의 형태를 지니는 공기업을 지칭하는 혼합기업(mixed enterprise)이라는 용어는 Musolf 등이 즐겨 사용하는 것인데 국가 또는 지방자치단체와 사기업 또는 사인과의 공동출자를 원칙으로 한다는 점에서 제3섹터와 유사한 개념임에는 틀림이 없다.[8]

그러나 위에서 정의한 바와 같이 제3섹터란 정부부문과 민간부문이 공동으로 출자한 주식회사뿐만 아니라 민법상의 사단법인·재단법인까지도 포함하는 것이므로 제3섹터가 혼합기업보다 넓은 개념이라 하겠다.

(2) 민관공동출자사업

지방자치단체가 자본금 또는 재산의 2분의 1 미만을 출자 또는 출연하여 지방자치단체 외의 자와 공동으로 상법에 의한 주식회사 또는 민법에 의한 재단법인을 설립하는 경우를 민관공동출자사업이라 한다.[9]

후술하는 바와 같이 지방자치단체가 자본금의 2분의 1 미만을 출자하는 경우뿐만 아니라 지방자치단체의 출자비율이 50% 이상이더라도 민간부문의 출자가 있기만 하면 제3섹터의 범주에 포함되므로 제3섹터가 민관공동출자사업보다 넓은 개념이라 할 수 있다. 이리하여 우리는 제3섹터를 지방공사형과 사법인형으로 구분한다는 것은 후술하는 바와 같다.

(3) 민관합동법인

민자유치촉진법이라고 하는「사회간접시설에 대한 민간자본유치촉진법」에서 규정하고 있는 민관합동법인이란 공공부문과 민간부문이 공동으로 출자하여 설립한 법인으로서 사회간접자본시설사업을 담당하는 사업자이다.[10] 여기서 발하

---

8) Lloyd D. Musolf, *Mixed Enterprise: A Developmental Perspective*(Lexington: Heath, 1972), pp. 23-46.

9) 법률상의 명칭은「지방공사·공단 외의 출자·출연법인」이다(지방공기업법 제79조의 2).

10) 민자유치촉진법 제2조 제10호.

는 공공부문이란 국가 · 지방자치단체 · 정부투자기관, 특별법에 의하여 설립된 공사 · 공단을 말한다.[11]

이와 같이 정의하고 볼 때 민관합동법인은 앞에서 말한 혼합기업과 유사한 개념이라 할 수 있으며 제3섹터보다는 좁은 개념이라 하겠다.

민자유치촉진법은 민관합동법인에 몇 가지 제한을 가하고 있다. ① 국가 · 지방자치단체를 위시한 공공부문이 민관합동법인에 출자한 경우에는 특별한 경우를 제외하고는 공공부문의 출자비율은 50% 미만으로 한다.[12] ② 공공부문이 제2종 시설을 건설하는 민관합동법인에 출자할 경우에는 원칙적으로 의결권을 행사하지 못한다.[13] ③ 민관합동법인의 이익을 배당함에 있어서 공공부문에게 지급할 배당금의 전부 또는 일부를 중소기업 또는 소액주주에게 추가하여 배당하게 할 수 있다.[14]

(4) 지방공사

우리는 앞에서도 제3섹터와 지방공사의 관계에 관해서 단편적으로 언급했으나 이곳에서는 지방공사의 개념을 명확히 하고 지방공사와 제3섹터의 관계에 관해서 다시 한번 정리하고자 한다.

먼저 지적할 것은 우리나라 지방공사와 일본의 지방공사간의 개념상의 차이가 있다는 사실이다. 첫째로 우리나라 지방공사는 공법상의 법인인데 대하여 일본의 지방공사는 공법상의 법인과 사법상의 법인을 포함한다는 것이다.

둘째로 자치단체 지분율을 본다면 우리나라 지방공사는 단독이건 공동이건 간에 자치단체의 지분율이 50% 이상이어야 하는데 대하여 일본에서는 자치단체 지분율에 제한이 없다. 다시 말해서 자치단체 지분율이 50% 미만인 지방공사가 일본에 다수 있다는 사실에 유의할 필요가 있다.

셋째로 우리나라 지방공사는 중앙정부와 지방자치단체로부터 강력한 통제를 받고 있는데 대하여 일본에서는 민주적 통제가 충분치 못하다는 비판이 제기되고 있다.

넷째로 우리나라 지방공사에 관한 근거법률은 지방공기업법인 데 대하여 일

---

11) 민자유치촉진법 제2조 제8호.
12) 민자유치촉진법 제44조 제1호.
13) 민자유치촉진법 제44조 제2항.
14) 민자유치촉진법 제48조.

본지방공사의 근거법률은 지방주택공급공사법, 지방도로공사법, 공유지확대추진에 관한 법률과 민법 및 상법이다. 일본의 지방공영기업법은 지방공영기업(지방직영기업)에 관해서만 규정하고 있으며 지방공사에 관한 규정을 두지 않고 있다.

〈표 5-1〉 한일간 지방공사의 비교

	한 국	일 본
법 적 성 격	공법상의 법인	공법상의 법인과 사법상의 법인을 포함
자치단체지분율	단독이건 공동이건 간에 자치단체지분율 50% 이상	자치단체지분율에 제한이 없으나 25% 이상을 지칭하는 경우 있음
통 제	중앙정부와 지방자치단체의 통제가 강함	통제가 미약하다는 비판 있음
근 거 법 률	지방공기업법	3개특별법과 민법 및 상법

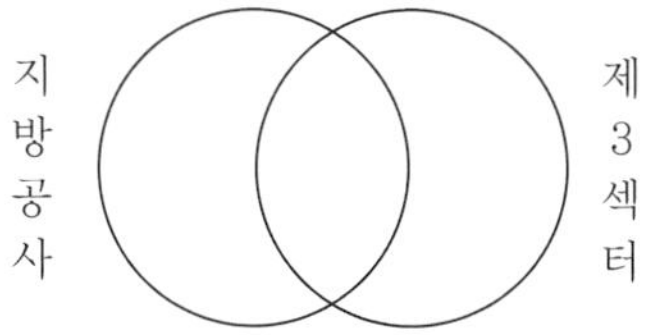

[그림 5-1] 지방공사와 제3섹터

그러면 이러한 지방공사와 제3섹터는 어떠한 관계가 있으며, 양자의 차이점은 어디에 있느냐 하는 문제가 다음에 제기된다. 우리나라의 지방공사는 제3섹터의 범주에 들어가는 지방공사와 지방자치단체 지분율이 100%인 지방공사로 나누어지며 제3섹터 중에는 지방공사가 아닌 민관공동출자사업도 있다.

지방공사와 제3섹터의 관계를 다시 한번 정리한다면 [그림 5-1]과 같이 양자는 서로 중복되는 부분이 있으나 완전히 오버랩(overlap)되는 개념이 아니라는 사실에 유의할 필요가 있다. 제3섹터의 범주에 들어가지 않는 지방공사가 있는가 하면 지방공사가 아닌 제3섹터 기업도 있다는 사실에 유념하여야 한다.

3. 제3섹터의 유형

제3섹터를 정부부문과 민간부문 중 어느 쪽이 주도적인 역할을 담당하느냐에 따라서 ① 공공주도형, ② 공사공동형, ③ 민간주도형으로 분류하는가 하면 이윤추구여부에 따라 ① 수익환원형, ② 수지균형형, ③ 공공지원형으로 나누는 사람도 있으나 우리는 제3섹터를 다음과 같이 분류하고자 한다.

(1) 영리형과 비영리형

제3섹터는 우선 이윤추구를 목표로 하느냐 않느냐에 따라서 영리형과 비영리형으로 구분할 수 있다.

① 영리형: 제3섹터에는 영리형 기업이 많다. 민간의 출자자나 출연자는 출자나 출연에 대한 반대급부를 원하기 때문이다. 후술하는 바와 같이 제3섹터의 문제점의 하나가 영리형 제3섹터가 기업성을 추구하는 나머지 공공성을 등한히 하고 민주적 통제에서 벗어나는 데 있다고 하겠다.[15]

② 비영리형: 제3섹터의 모든 조직이 영리형인 것은 아니다. Etzioni가 지적하고 있는 바와 같이 제3섹터에는 사기업과 정부부문의 혼합에 의하여 생겨난 것도 있지만 자원적 조직, 비영리기관의 형태를 지니는 것도 있다. 이리하여 Etzioni가 들고 있는 제3섹터의 예에는 영리형보다 비영리형이 더 많다.

(2) 지역개발형 · 기업경영형 및 시설운영형

제3섹터는 광범위하게 여러 분야에서 활용되고 있으나 우리나라에서도 많이 이용되고 있는 기능별 분류가 있다.[16]

일본의 高寄 교수는 일본의 제3섹터를 염두에 두고 다음과 같이 나누고 있다.[17]

① 지역개발형: 사회간접자본시설을 위한 제3섹터가 이 범주에 포함된다. 高寄 교수는 지역개발형을 다시 협의의 지역개발형과 지역진흥형으로 세분한다.

협의의 지역개발형은 사회간접자본시설의 건설에 역점을 두는 것이라 할 수 있는데 우리나라 민자유치촉진법의 제1종 시설의 건설을 목적으로 하는 제3섹터가 이에 속한다고 볼 수 있겠다. 지역진흥형은 지역개발형과 비교할 때 사업경영의 비중이 높고 사회간접자본시설의 건설은 부차적이라고 하겠다.

② 기업경영형: 다시 사업촉진형과 기획개발형으로 세분되는데 사업추진형

15) Etzioni, *op. cit.*, pp. 315-321.

16) 배용수, 전게서, p. 4; 오희환, 전게서, p. 11; 안용식 · 원구항, 지방공기업론(서울: 대영문화사, 1994), p. 69.

17) 高寄, 전게서, pp. 114-116.

은 재개발 빌딩의 건설, 특정지구의 재개발 등에서 볼 수 있는 바와 같이 특정한 프로젝트의 추진을 내걸고 있으나 건설 후의 시설운영도 설립목적으로 하고 있다.

기획개발형은 기업경영에 관한 관리기술을 기업설립·운영 등에 전반적으로 활용하고자 하는 제3섹터로서 특산품개발·정보서비스산업 등에서 그 예를 찾아볼 수 있다.

③ 시설운영형: 일단 건설된 시설의 운영을 담당하는 것으로서 다시 시설위탁형과 공익창출형으로 세분된다.

시설위탁형은 건설된 재개발 빌딩의 관리나 철도의 경영을 위탁받아 운영하는 경우이다. 공익창출형은 신체장애자공장이나 스포츠문화시설의 운영을 담당한다. 순수한 여가시설이면 지역진흥형이나 사업추진형에 분류될 것이나 공익창출형은 이러한 서비스의 제공을 통하여 넓은 의미의 사회적 공헌을 하고자 하는 데 사업목적을 두고 있다.

〈표 5-2〉 제3섹터의 유형

유 형	사업목적	경영체질	사업기능	사 례
지역개발형	지역개발형 지역진흥형	공공주도형 관민공동형	자금조달형 프로모터형	공항, 도로, 부두건설 오락시설, 관광개발
기업경영형	사업추진형 기획개발형	공공주도형 민간주도형	이해조정형 노하우활용형	재개발빌딩, 교통터미날건설 특산품개발, 정보서비스산업
시설운영형	시설위탁형 공익창출형	관민공동형 민간주도형	경비절감형 공사결합형	시설관리, 철도경영 신체장애자공장, 체육문화시설

자료: 高寄昇三, 外郭團體の經營(東京: 學陽書房, 1991), p. 115.

(3) 지방공사형과 사법인형

우리나라 지방자치단체의 제3섹터는 지방자치단체의 출자비율(지분율)에 따라 지방공사형과 사법인형으로 나눌 수 있다. 일본에서는 지방공사라는 개념을 넓게 사용하여 사법인형의 경우에도 지방공사에 포함시키나[18] 우리나라에서는 지방공기업법의 규정에 따라 양자를 구별하고 있다.

① 지방공사형: 공법인인 지방공사는 단일 지방자치단체가 단독으로 설립할 수도 있고 복수 지방자치단체가 공동으로 설립할 수도 있다. 단독이건 공동

18) 본편 제6장「외국의 지방공기업」참조.

이건 간에 지방자치단체가 전액 투자한 지방공사는 제3섹터가 아니다. 그러나 지방공기업법은 공사의 운영을 위하여 필요한 경우에는 자본금의 2분의 1을 초과하지 아니하는 범위 안에서 지방자치단체 외의 자도 출자할 수 있는 길을 열어 놓았다.[19] 이것은 바꾸어 말하면 50% 미만에 한하여 민간의 출자가 허용된다는 것을 의미한다. 이와 같이 민간지분이 있는 지방공사가 여기서 말하는 지방공사형 제3섹터이다. 한 가지 첨언할 것은 지방공단은 지방자치단체 외의 자의 출자를 허용하지 않으므로 지방공단 중에는 제3섹터의 범주에 들어갈 것이 없다는 사실이다.

② 사법인형: 공법인인 지방공사형 제3섹터는 민간지분이 50% 미만이어야 하는데 대하여 상법상의 주식회사나 민법상의 재단법인의 형태를 지니는 민관공동출자사업은 민간지분이 50% 이상인 경우이다. 따라서 사법인형 '지방공기업'은 모두 제3섹터의 범주에 들어간다고 할 수 있겠다.

제 2 절 제3섹터의 장점과 문제점

1. 제3섹터의 장점

최근에 와서 일본의 지방자치단체에서 제3섹터가 크게 활기를 띠고 있으며 제3섹터에 관한 문헌도 홍수를 이루고 있는 것은 제3섹터가 지방자치단체에 큰 매력이 있는 까닭이라고 하겠다. 이제 제3섹터가 지니는 매력 또는 장점을 몇 가지로 나누어서 살펴보고자 한다.

(1) 민자유치를 통한 대규모사업

재정난에 허덕이고 있는 지방자치단체로서는 제3섹터를 통하여 민간자본을 유치하여 사회간접자본시설 등의 건설을 할 수 있다는 것은 큰 매력이라 하지 않을 수 없다. 우리나라의 민자유치촉진법이나 일본의 민활법·민도법 등은 사회간접자본시설사업에 민간자본을 유치하기 위하여 여러 가지 혜택을 규정하고 있을 뿐만 아니라 민관합동법인에 관한 규정을 두어 제3섹터의 활용을 용이케

---

19) 지방공기업법 제53조 제2항.

하고 있다.

(2) 독립성과 신축성을 지닌 사업운영

제3섹터는 국가나 지방자치단체로부터 독립된 조직이며 인사상·예산회계상의 독립성을 누린다. 뿐만 아니라 환경의 변화에 민첩하게 적응할 수 있는 신축성을 지닌 조직이라 할 수 있다.

우리나라의 경우 민간지분율을 50% 이상으로 하는 경우에는 민관공동출자사업이라고 하는 사법인(주식회사 또는 재단법인)의 형태를 택할 수 있고 지방공기업법에 의하여 지방공사에 가해지고 있는 각종의 통제를 면제받을 수 있으며 기동성 있는 사업운영이 가능하다.

제3섹터가 민자유치촉진법이 규정하는 사회간접자본시설사업을 수행하는 경우에는 민관합동법인에 관한 규정의 적용을 받을 수 있다. 자치단체를 포함하는 공공부문의 지분율이 50% 미만이어야 하며 공공부문은 출자분에 대하여 의결권을 행사하지 못하도록 되어 있으므로 민간기업이 지니는 기동성을 발휘할 수 있을 것이다.

(3) 관민의 장점활용

제3섹터는 정부부문과 민간부문의 공동출자를 특징으로 하므로 정부부문과 민간부문이 지니는 장점을 활용할 수 있다. 일본은 제2차대전 전에도 '국책회사'라는 이름을 지닌 제3섹터를 활용했는데[20] 이들 주식회사의 형태를 지닌 공기업은 한편에서는 사기업의 창의력·신축성을 지니면서 다른 한편에서는 정부의 출자와 특별한 보호를 받음으로써 국책수행의 도구로 활용하였던 것이다.[21]

오늘날의 제3섹터도 이와 같이 정부부문의 장점과 민간부문의 장점을 동시에 활용할 수 있다는 이점이 있다. 국가나 지방자치단체는 제3섹터를 출자와 특별한 보호로써 뒷받침 해주나 불필요한 간섭을 자제함으로써 사기업이 지니는 창의력·신축성의 발휘를 가능케 한다는 데 제3섹터의 장점이 있는 것이다.

---

20) 유훈·배용수·이원희, 〔신판〕공기업론(서울: 법문사, 2010), 제1편 제2장「공기업의 종류」 참조.

21) 山本政一, 公企業批判(東京: ミネルヴア書房, 1969), pp. 36-43.

2. 제3섹터의 단점

(1) 과도한 기업성의 추구

제3섹터 기업도 공기업이므로 공공성과 함께 기업성을 추구하는 것은 당연하다 하겠다. 그러나 제3섹터 중에는 민간출자자의 권익의 보호에 치중하는 나머지 공공성을 등한히 하고 과도하게 기업성만을 추구한다는 비판을 받고 있는 기업도 있다.

이러한 경향은 특히 일본의 제3섹터에서 현저한데 "일본의 제3섹터는 무엇보다도 민간자본의 이윤추구의 장이었다"고 비판하는 사람도 있을 지경이다.[22]

제3섹터가 정부부문과 민간부문의 장점을 활용하는 것은 좋으나 국가나 지방자치단체의 특별한 보호를 기화로 하여 토지수용 등을 남용하여 '토지수탈자'라는 비판을 받는 경우도 종종 찾아볼 수 있다.[23]

(2) 민주적 통제의 곤란

제3섹터에 가해지는 가장 큰 비판은 민주적 통제에 어려움이 있다는 것이다. 전술한 바와 같이 우리나라 지방자치단체의 제3섹터는 지방공사형과 사법인형(민관공동출자사업)으로 나누어진다.

지방공사형의 제3섹터에 대해서는 지방자치단체장이나 지방의회가 충분한 통제를 가하고 있으므로 민주적 통제의 관점에서 큰 문제가 없으나 주식회사나 재단법인의 형태를 택하는 제3섹터의 경우에는 지방자치단체가 상법이나 민법의 규정에 의한 출자자나 출연자로서의 권리행사 외에는 다른 통제방법이 많지 않다.

우리나라 지방자치단체의 경우 사법인형의 제3섹터가 아직은 별로 많지 않으나 앞으로 빠른 속도로 늘어날 것으로 예상되므로 이에 대한 적절한 민주적 통제가 논란의 대상이 될 것으로 생각된다.

일본 지방자치단체에서는 제3섹터란 원칙적으로 사법인형이므로, 제3섹터에 대한 민주적 통제가 중요한 과제로 제기되고 있다. 일본 지방자치법의 규정에 의하여 지방자치단체의 지분율 50% 이상인 제3섹터에는 사법상의 통제 외에 지방자치단체가 통제를 가할 수 있는 방안이 마련되어 있으나[24] 이것은 지방자

---

22) 重森 曉, 「第三セクタ-は新段階にはいたか」, 自治體問題硏究所編, 行政組織の改編と第三セクタ-(東京: 自治體硏究社, 1991), p. 116.

23) 高寄, 전게서, p. 138.

치단체의 출자에 관한 재무회계상의 통제에 지나지 않으며 제3섹터의 업무와 경영의 공공성확보를 위한 통제가 아니라는 비판이 제기되고 있다.[25]

이리하여 일본정부에서는 자치성(현 총무성)이 주동이 되어 지방공영기업(지방직영기업)에 관해서만 규정하고 있는 지방공영기업법을 개정하여 제3섹터를 포함하는 간접경영방식에 관한 규정을 신설하여 제3섹터에 대한 민주적 통제를 강화하고 우량한 제3섹터에 대해서는 세제상·재정상의 지원책을 강구하는 방향으로 나가려고 하고 있다.[26]

(3) 공공부문의 과잉개입

위에서 살펴본 민주적 통제의 어려움과는 대치되는 주장인데 제3섹터에 공공부문의 개입이 지나쳐 경영의 자주성·독립성을 저해하고 있다는 견해도 제기되고 있다. 이것은 제3섹터를 단순히 '민간자금 도입의 방편'으로만 생각하여 기업적 경영을 염두에 두지 않는 데서 오는 현상이라는 것이다.[27]

이러한 경향은 우리나라의 지방공사형 제3섹터에서 흔히 볼 수 있는 현상이라 하겠다. 지방자치단체의 지분율이 100%인 지방공사나 51%인 지방공사가 동일하게 지방자치단체와 중앙정부로부터 과도하게 여러 가지 통제를 받고 있다는 것은 후술하는 바와 같다.

지방공사형 제3섹터에 관해서 지방자치단체가 통제를 가하는 것은 민주적 통제라는 관점에서 이해가 가더라도 중앙정부가 여러 측면에 걸쳐서 통제를 가하는 것은 제3섹터의 자주성·독립성이라는 관점에서 문제가 있다고 하지 않을 수 없다.

(4) 다수의 부실기업

우리나라 지방자치단체에서는 제3섹터가 초기단계이므로 수적으로 극히 한정되어 있으나 일본에서는 제3섹터가 급격하게 증가하여 1996년 1월 1일 현재 일본지방자치단체의 제3섹터는 5,888개에 달하고 있다.[28]

---

24) 일본지방자치법 제221조 제3항 및 제243조의 3 제2항.

25) 三橋, 전게논문, p. 140.

26) 成瀨龍夫, 「自治體出資法人の現狀と問題點」, 自治體問題硏究所編, 行政組織の改編と第三セクタ-(東京: 自治體硏究社, 1991), p. 161.

27) 高寄, 전게서, p. 162.

28) 地域政策硏究會編, 最新地方公社總覽(東京: 行政, 1997), p. 32에서 산출.

이와 같이 제3섹터가 늘어나는 이유에는 여러 가지가 있겠으나 다음의 세 가지를 드는 사람이 있다.

첫째는 사회간접자본시설 분야인데 건설에 장기간이 소요되고 위험률이 높으며 이윤율이 낮기 때문에 민간부문이 공공부문으로부터 재정지원을 받을 필요가 있을 뿐만 아니라 중앙정부나 지방자치단체를 담보로 삼음으로써 장기저리융자를 받을 수 있으며 투자안전에 대한 보장을 얻을 수 있다는 것이다.

둘째도 첫째와 밀접한 관련이 있는 것인데 환경이나 토지이용과 같이 정부의 규제가 있는 분야나 정부의 권력적 개입이 있으면 사업의 진행이 용이한 분야는 민간부문이 단독으로 사업을 추진하는 것보다는 지방자치단체 등과 공동으로 사업을 수행하는 것이 도움이 되는 까닭에 제3섹터를 활용하고 있다.

셋째로 지방자치단체의 관점에서도 민자유치목적 외에도 지역복지나 지역의료 등의 분야는 민간의 협력없이는 사업추진에 어려움이 있으므로 제3섹터를 활용한다는 것이다.

이와 같이 여러 가지 이유로 제3섹터가 증가하는 것은 부득이하다 하더라도 제3섹터 기업 중에는 정부부문과 민간부문의 장점을 활용하기보다는 '시장의 실패'와 '정부의 결함'을 함께 지님으로써 부실에 빠지는 기업이 늘어나고 있다는 것이다.[29]

우리나라의 1960년대와 1970년대의 제3섹터 중에도 부실에 빠져 폐지된 것이 많다. 그 이유로서 여러 가지를 들 수 있겠으나 처음부터 제도적 뒷받침이 없이 설립된 데다가 지방자치단체의 관심이 줄어든 데에 중요한 원인이 있었다고 하겠다.[30]

---

29) 宮本憲一, 「第三セクタ-の公共性とその將來」, 自治體問題研究所編, 行政組織の改編と第三セクタ-(東京: 自治體研究社, 1991), pp. 109-110.

30) 배용수, 전게서, p. 72.

제 3 절 한국지방자치단체의 제3섹터

1. 제3섹터의 설립상황

(1) 지방공사와 출자 · 출연기업

전술한 바와 같이 우리나라에서는 단독이건 공동이건간에 지방자치단체가 50% 이상 출자하는 경우에는 공법인인 지방공사의 형태를 택해야 하며 자치단체 출자율이 50% 미만인 경우에 주식회사와 재단법인의 형태를 택하도록 되어 있다.

현재까지의 제3섹터의 형태별 설립상황을 보면 지방공사형이 59개이며 출자 · 출연기업형이 32개이다. 앞으로도 신축성이 높은 사법인형이 더욱 빠른 속도로 늘어날 것으로 예상된다.

지방공사에 관해서는 본편 제4장에서 상세하게 검토하였으므로 이곳에서는 사법인형인 출자 · 출연기업에 관해서 살펴보기로 한다.

(2) 출자 · 출연기업의 자치단체별 설립상황

출자 · 출연기업의 자치단체별 설립상황을 본다면 〈표 5-3〉과 같이 광역자치단체가 설립한 기업이 13개이며 기초자치단체 설립기업이 19개이다. 각도를 달리하여 지자체가 25%~50% 미만 출자한 기업이 22개이며 지자체가 25% 미만을 출자한 기업이 10개이다.

〈표 5-3〉 출자 · 출연기업의 자치단체별 설립상황(2012)

단 체 별	지자체 25~50%미만 출자	지자체 25% 미만 출자	합 계
광 역	9	4	13
기 초	13	6	19
합 계	22	10	32

(3) 출자 · 출연기업의 사업분야별 설치상황

출자출연기업의 사업분야별 설치상황을 본다면 〈표 5-4〉와 농수축산물(물산업 포함)사업에 종사하는 기업이 14개이며 다음이 관광 · 컨벤션 사업으로서 8

개이다. 이밖에 도시개발·지역개발·건설사업에 종사하는 기업이 5개, 에너지 산업 3개, 정보통신 2개이다.[31)]

〈표 5-4〉 출자·출연기업 사업분야별 설치상황

사업분야	기업수
농수축산물(물산업 포함)	14
관광·컨벤션	8
도시개발·지역개발·건설	5
에너지산업	3
정보통신	2
합 계	32

2. 제3섹터의 특징

우리나라 지방자치단체 제3섹터의 특징으로서 여러 가지를 들 수 있겠으나 우리는 다음의 몇 가지를 들고자 한다.

(1) 사법인형에 대한 제동

1995년까지만 하더라도 지방공사형이 우세하다가 그 후 사법인형이 한 때 증가하였으나 최근 부실한 사법인형이 늘어남에 따라 사법인형 증설에 제동이 걸리게 되었다.

(2) 경직성

우리나라 제3섹터의 또 하나의 특징으로서 지나친 경직성을 들지 않을 수 없다. 첫째로 지방자치단체의 지분율이 50% 이상일 때에는 지방공사여야 하며 50% 미만인 경우에 한하여 사법인형을 택할 수 있다는 제한을 들 수 있겠다. 여러 가지 사정으로 지방자치단체의 지분율이 50%를 초과하더라도 신축성이 높은 사법인형을 원하는 경우가 있을 것이나 이것이 허용되지 않는 것이다.

둘째로 지방공사형의 경우에는 더 말할 것도 없고 사법인형의 경우에도 지방공기업법에서 규정하고 있는 사업에만 종사할 수 있다는 것이다. 1992년말과 1999년의 지방공기업법의 개정에 의하여 지방공기업의 사업분야가 확대되기는 했으나 민간이 참여하는 제3섹터의 경우에도 사업분야를 제한할 필요가 있는지는 의문이다. 지방공사형의 경우에는 부득이하더라도 사법인형의 경우에는 굳

---

31) 행정자치부, 지방공기업과 제공

이 사업분야를 제한할 필요가 없다고 생각한다.

(3) 과도한 통제

지금까지는 우리나라 대부분의 지방공사의 지방자치단체 지분율이 100%였으므로 중앙정부나 지방자치단체가 지방공사에 대하여 여러 가지 통제를 가하는 데 대하여 별로 이의제기가 없었으나 지방자치단체의 지분율이 50%를 겨우 넘는 지방공사의 경우에도 중앙정부가 과도하게 통제를 가하고 있다는 비판이 제기되어 1999년에 지방공기업법의 개정이 이루어져 통제가 다소 완화되었다. 그러나 지방공사에 대한 중앙정부의 통제가 아직도 많이 남아있다.

첫째로 사채의 발행, 외국차관의 획득 등에 관해서 행정자치부장관의 승인을 받아야 한다. 둘째로 예산·결산에 관하여 행정자치부장관이 시달하는 공동지침에 의거해야 하며, 셋째로 지방공사는 경영실적평가·경영지도·검사를 받아야하고 행정자치부장관이 요구하는 사항에 관하여 보고하여야 한다.

이와 같이 지방공사형의 제3섹터에 관해서 많은 통제가 가해지고 있는데 대하여 사법인형의 경우에는 상법·민법의 규정에 의한 통제 외에 지방공기업법에 의한 통제가 많지 않다.

사법인형 제3섹터 중 지방자치단체가 자본금 또는 재산의 4분의 1이상을 출자 또는 출연하는 법인에 대해서는 지방자치단체장이 경영상황에 관한 보고 및 서류의 제출을 요구할 수 있으며 지방자치단체의 출자 또는 출연에 관련된 업무·회계·재산에 대한 검사를 할 수 있고 경영에 관한 지도를 할 수 있다.

3. 제3섹터의 과제

행정의 공공성·계획성과 민간의 경제성·능률성·신축성 등의 장점을 활용한 이상적인 사업형태의 하나라 하여 급증하고 있는 일본의 제3섹터에 비하여 아직도 초기단계를 면치 못하고 있는 우리나라 지방자치단체의 제3섹터가 발전하기 위해서는 해결하여야 할 과제가 많다.

(1) 대상사업의 확대

〈표 5-4〉에서 볼 수 있는 바와 같이 우리나라 지방자치단체의 제3섹터는 현 시점에 있어서 그 대상사업이 농림축산업·도시개발·관광 등으로 극히 한정되어 있다. 앞으로 사회복지·보건의료·생활위생·교육문화·공해방지·자연환

경보전 등의 분야에도 제3섹터가 진출할 필요가 있다.

또 하나 지적할 것은 민자유치촉진법이 규정하고 있는 사회간접자본시설사업에의 진출이다. 민자유지촉진법은 이 분야에 진출하는 기업에 대하여 여러가지 지원방안을 강구하고 있을 뿐만 아니라 민관합동법인에 관한 규정을 두어 제3섹터기업의 진출을 장려하고 있는데 아직은 이 분야에 진출한 제3섹터기업이 별로 많지 않은 것 같다.

(2) 관심의 제고

제3섹터의 획기적인 발전을 위해서는 지방자치단체들이 이에 대해서 좀 더 관심을 가질 필요가 있다. 광역자치단체 중에도 제3섹터에 진출하지 않은 시·도가 많으며 기초자치단체는 극히 한정된 자치단체만이 제3섹터기업을 설립하고 있다.

다행히도 자치단체장 선거 후에 직선단체장들이 세외수입의 증대와 지역주민의 복지욕구의 충족 등을 위하여 제3섹터를 포함하는 지방공기업에 대하여 많은 관심을 나타내고 있다.

지방자치단체의 한정된 재원을 감안할 때 지방자치단체 전액출자기업보다는 민간자금의 동원이 가능한 제3섹터를 활용하는 것이 바람직하다고 하겠다.

(3) 지원제도의 강화

우리나라 지방재정법은 재정의 문란을 방지하기 위하여 기부·보조·출자를 제한하고 있으며[32] 지방공사에 대한 지원도 1992년말의 지방공기업법 개정시까지 근거규정이 없었다. 1992년말의 지방공기업법의 개정에 의하여 「지방자치단체는 사업의 운영을 위하여 필요하다고 인정하는 경우에는 공사에 보조금을 교부하거나 장기대부를 할 수 있다」는 규정을 신설하였다.[33]

그러나 이러한 보조금의 교부나 장기대부는 지방공사형 제3섹터에만 가능한 것이며 사법인형 제3섹터에는 적용되지 않는다. 민관공동출자사업이라고 하는 사법인형 제3섹터에도 지방공기업법 제71조의 2를 준용할 수 있도록 하여야 할 것이다.

둘째로 필요한 것은 제3섹터를 포함하는 지방공기업에 대한 금융지원의 강

32) 지방재정법 제14조.

33) 지방공기업법 제71조의 2.

화이다. 지방자치단체의 장기대부는 재원의 한정으로 제약이 있다. 특히 광역자치단체는 몰라도 기초자치단체의 경우에는 한계가 있기 마련이다. 일본의 공영기업금융공고와 같은 지방공기업전담금융기관의 설치가 시급한 과제라 하지 않을 수 없다.[34]

(4) 통제제도의 개선

일본에서는 제3섹터에 대한 민주적 통제에 어려움이 있으나 우리나라에서는 지방공기업법이 지방직영기업에 관해서 규정하고 있을 뿐만 아니라 1980년의 개정에 의하여 지방공사·공단에 관한 규정도 신설했으며, 1992년의 개정은 민관공동출자사업에 관한 규정도 추가했다.[35]

이리하여 우리나라에서는 제3섹터에 대한 통제가 부족하기보다는 통제가 과다하며 균형이 맞지 않는다는 데 문제가 있다. 우리나라 제3섹터에 대한 통제의 개선방안을 몇 가지 제시하고자 한다.

첫째로 우리나라 지방공사에 대한 통제는 지방자치단체가 전액 출자한 지방공사에는 적합할는지 모르나 지방자치단체의 지분율이 50%를 약간 상회하는 제3섹터에 적절한 통제방법이라 하기는 어려울 것이다. 민간지분이 없는 지방공사와 민간지분이 있는 지방공사를 구별하여 통제방법을 달리할 필요가 있다고 생각한다.

둘째로 지방공사에 대한 지방자치단체의 통제는 민주적 통제라는 관점에서 이해할 수 있다고 하더라도 중앙정부가 지방공사에 대하여 가하고 있는 통제의 타당성에는 의문이 있다고 하지 않을 수 없다. 1999년의 지방공기업법 개정에 의하여 중앙정부의 통제가 다소 완화되었으나 더욱 감축되어야 한다.

셋째로 제3섹터에 대한 통제가 균형을 상실하고 있다는 것이다. 지방자치단체의 지분율이 51%인 지방공사형 제3섹터와 지방자치단체 지분율이 49%인 사법인형 제3섹터에 대한 통제가 현격한 차이가 있다는 것이다. 지방공사형 제3섹터에 대한 통제의 완화에 의하여 양자간의 균형을 유지할 필요가 있다.

(5) 경직성의 극복

우리나라 지방공기업법이 지방직영기업, 지방공사·공단, 민관공동출자사업

34) 유훈, 「지방화시대의 지방공기업의 역할」, 지방재정 1993년 제1호, pp. 4-12 참조.
35) 본편 제1장 제2절 「지방공기업법의 제정과 개정」 참조.

에 관해서 포괄적으로 규정하고 있는 것은 일본의 지방공영기업법에 비하여 진일보한 것이라 하겠다. 그러나 앞에서도 지적한 바와 같이 우리나라 지방공기업체제가 경직성을 지니고 있다는 데에 문제가 있다.

첫째로 지방자치단체 지분율이 50% 이상이면 지방공사이고 지방자치단체 지분율이 50% 미만이면 주식회사나 재단법인이어야 한다는 것은 지나치게 경직적이라 하겠다. 지방자치단체 지분율이 50% 이상이더라도 사법인형을 택할 수 있는 길을 열어야 한다.

둘째로 대상사업의 범위도 경직적이다. 지방직영기업이 담당할 수 있는 사업이 지방공기업법 제2조 제1항과 제2항에 열거되어 있는데 지방공사형 제3섹터 뿐만 아니라 사업인형 제3섹터도 이러한 사업만 할 수 있도록 되어 있다. 지방공기업법 제2조 제2항에 다소 신축성의 여지를 두고 있으나 사법인형 제3섹터까지 대상사업을 제한하는 것은 문제가 있다고 하지 않을 수 없다.

제 6 장 외국의 지방공기업

제 1 절 일본의 지방공기업

1. 일본지방공기업 개관

일본의 지방공기업은 우리나라의 지방직영기업에 해당하는 지방공영기업과 지방공사로 나누어지며 지방공사는 사법인인 지방공사와 공법인인 지방공사로 세분된다.[1)]

- 일본의 지방공기업
  - 지방공영기업(지방직영기업)
  - 지방공사
    - 사법인인 지방공사
    - 공법인인 지방공사

후술하는 바와 같이 한국에서는 지방직영기업과 지방공사·공단에 관한 규정을 다함께 지방공기업법에 두고 있는데 대하여 일본에서는 지방공영기업법이 지방공영기업(지방직영기업)에 관해서만 규정하고 지방공사에 관해서는 별도의 법률에서 규정하고 있는 것이다.

일본에서도 지방공영기업이 무거운 비중을 차지하고 있다는 점에서는 한국과 다를 바 없으나, 지방공사의 비중이 훨씬 무겁다는 점이 한국과 다르다고 하겠다. 특히 사법인인 지방공사가 빠른 속도로 늘어나고 있다는 사실을 일본지방공기업의 특성의 하나로 지적할 수 있겠다.[2)]

---

1) 立田清士, 地方公社の經營(東京: 地方財務協會, 1976), p. 12.

2) 1984년만 하더라도 2,674개였던 사법인인 지방공사가 2013년에는 6,971개로 늘어났다.

2. 지방공영기업

일본의 지방공영기업(지방직영기업)은 1990년대에 있어서 일본경제의 고도성장, 도시인구의 증대, 소비수준의 향상 등으로 그 사업수, 규모 등이 꾸준히 늘어났으나 2000년대에 들어와서는 일본의 민영화정책에 따라 다소 감축되는 경향을 보이고 있다.

(1) 사업수

먼저 사업수를 본다면 〈표 6-1〉과 같이 2013년 3월말 현재 사업총수 8,724개 중 하수도사업이 41.6%를 차지하고 있다. 상수도가 15.5%, 간이수도 8.8%를 차지함으로써 수도사업이 전체의 24.3%를 점하고 있다. 1990년대만 하더라도 간이수도를 포함한 수도사업이 제1위를 차지했으나 오늘날에 있어서는 하수도사업의 비중이 상수도사업을 크게 앞서고 있다. 이밖에도 병원이 643개(7.4%), 개호(介護)서비스 592개(6.8%), 택지조성이 457개(5.2%)를 차지하고 있다. 개호서비스란 고령자를 위한 사업으로서 일본의 고령화의 진전으로 점차 그 비중이 무거워지고 있다.

〈표 6-1〉 일본 지방공영기업의 사업수

(2013년 3월말 현재)

사업명	사업수	구성비(%)	사업명	사업수	구성비(%)
하수도	3,633	41.6	관광 시설	336	3.9
상수도	1,354	15.5	주차장정비	229	2.6
간이 수도	768	8.8	시 장	168	1.9
병 원	643	7.4	공업용수도	153	1.8
개호서비스	592	6.8	기 타	391	4.5
택지 조성	457	5.2	합 계	8,724	100.0

자료: 總務省編, 2014年度地方財政白書(東京: 日経印刷株式會社, 2014), p. 94.

(2) 사업전체에서 점하는 비중

지방공영기업이 일본의 공익사업 전체에 있어서 차지하는 비중도 무거운 편이다. 〈표 6-2〉와 같이 수도사업의 경우에는 99.5%를 점하고 있으며 공업용수도사업은 99.9%를 차지하고 있다. 하수도의 경우에는 91.3%를 차지하고 있으며 지하철을 포함한 철도사업은 13.3%를 차지하고 버스의 경우에는 20.9%를 점하고 있다. 민영화의 진전에 따라 1990년대에 비하여 공영기업이 점하는 비중이 많이 저하하였다.

〈표 6-2〉 사업전체에 있어서 지방공영기업이 차지하는 비중(2013년 3월말 현재)

사 업	지 표	전 사 업	지방공영기업이 점하는 비율(%)
수 도 사 업	현재 급수 인구	1억 2,541만명	99.5
공업용수도사업	연간 총 배수량	44억 53백만㎥	99.9
교통사업(철도)	연간 수송 인원	230억 42백만명	13.3
교통사업(버스)	연간 수송 인원	44억 37백만명	20.9
전 기 사 업	연간발전전력량	8,219억 55백만kWh	1.0
가 스 사 업	연간가스판매량	1조 5,205억MJ	2.4
병 원 사 업	병 상 수	1,578천상	12.4
하 수 도 사 업	오수 처리 인구	1억 1,138만명	91.3

자료: 總務省編, 전게서, p. 95.

(3) 경영규모

일본지방공영기업의 경영규모를 본다면 〈표 6-3〉과 같이 하수도가 전체의 32.9%를 차지하며 병원이 26.3%를 차지하고 간이수도를 포함한 수도사업이 23.1%를 차지하고 있다. 1990년대만 하더라도 병원이 3위를 차지했으나 고령화의 진정과 복지정책의 확대로 병원이 차지하는 비중이 수도사업을 앞지르게 되었다.

〈표 6-3〉 일본 지방공영기업의 결산규모

(2012년4월~2013년3월)

사 업 별	결산규모(억엔)	구 성 비(%)	사 업 별	결산규모(억엔)	구 성 비(%)
하 수 도	55,959	32.9	택지조성	8,870	5.2
병 원	44,782	26.3	기 타	10,497	6.2
수 도 (간이수도포함)	39,400	23.1			
교 통	10,740	6.3	합 계	170,248	100.0

자료: 總務省編, 전게서 p. 96.

(4) 건설투자

2013년 3월말에 끝난 2012년도 일본 지방공영기업의 건설투자를 살펴본다면, 〈표 6-4〉와 같이 하수도사업의 건설투자가 1조5,471억엔으로서 지방공영기업 건설투자 총액의 43.6%에 달하고 있으며 다음이 수도사업으로서 1조361억엔(29.2%)에 이르고 있다. 이밖에도 병원이 4,032억엔(11.3%), 교통이 1,989억엔(5.6%), 택지조성이 1,946억엔(5.5%)이다.

일본 지방공영기업의 건설투자가 해가 갈수록 점차 감소하고 있는데 1996년도만 하더라도 지방공영기업 건설투자 총액이 8조8,965억엔에 달했는데 2012년도에는 3조5,518억엔에 지나지 않았다.

〈표 6-4〉 일본 지방공영기업의 건설투자(2012년4월~2013년3월)

사 업 별	투자규모(억엔)	구 성 비(%)	사 업 별	투자규모(억엔)	구 성 비(%)
하 수 도	15,471	43.6	택지조성	1,946	5.5
수 도 (간이수도포함)	10,361	29.2	기 타	1,720	4.8
병 원	4,032	11.3			
교 통	1,989	5.6	합 계	35,518	100.0

자료: 總務省編, 전게서 p. 97.

(5) 기업채

일본 지방공영기업의 2012년도(2012년 4월~2013년 3월) 기업채 발행액을 본다면 〈표 6-5〉와 같이 하수도사업이 1조 2,059억엔으로서 전체의 50.6%에 달하고 있다. 다음이 수도사업으로서 3,732억엔(15.0%) 병원이 3,018억엔(12.7%), 택지조성 2,752억엔(10.8%), 교통 1,411억엔(5.9%)이다.

〈표 6-5〉 일본 지방공영기업의 기업채발행액 상황(2012년4월~2013년3월)

사 업 별	투자규모(억엔)	구 성 비(%)	사 업 별	투자규모(억엔)	구 성 비(%)
하 수 도	12,059	50.6	교 통	1,411	5.9
수 도 (간이수도포함)	3,732	15.0	기 타	1,198	5.0
병 원	3,018	12.7			
택지조성	2,572	10.8	합 계	23,990	100.0

자료: 總務省編, 전게서 p. 97.

일본 지방공영기업의 기업채 현재고를 차입선별로 본다면 〈표 6-6〉과 같이 정부자금이 24조3,443억엔으로서 전체의 48.8%에 달하고 있으며 지방자치단체금융기구로부터의 차입이 14조3,177억엔으로서 28.7%를 점하고 있다.

다시 말해서 저리의 안정된 자금이 77.5%에 달하고 있다는 것이다.3) 이밖에도 시장공모가 10.0%를 차지하며 시중은행으로부터의 차입은 9.2%에 지나지 않는다는 사실을 유의할 필요가 있다.

〈표 6-6〉 일본 지방공영기업의 기업채 차입선 현재고(2013년3월말 현재)

차 입 선	현재고(억엔)	구 성 비(%)	사 업 별	현재고(억엔)	구 성 비(%)
정부자금	243,443	48.8	시중은행	45,802	9.2
지방자치단체 금융기구	143,177	28.7	기 타	17,020	3.4
시장공모	49,674	10.0	합 계	499,117	100.0

자료: 總務省編, 전게서 p. 97.

(6) 직원수

2013년 3월말 현재 직원수는 병원사업이 제1위로서 21만 8,254명에 달하며 제2위는 수도사업으로서 4만8,030명이다. 다음은 하수도사업으로서 2만9,597명인데 이 3개 사업의 직원수가 전체의 86%를 차지하고 있다.

〈표 6-7〉 일본 공영기업의 직원수

(2013년3월말 현재)

사 업 별	직 원 수	구 성 비(%)	사 업 별	직 원 수	구 성 비(%)
병 원	218,254	63.4	교 통	26,701	7.8
수 도 (간이수도포함)	48,030	14.0	개호서비스	11,257	3.3
			기 타	10,444	3.0
하 수 도	29,597	8.6	합 계	344,283	100.0

자료: 總務省編, 전게서 p. 95.

3. 지방공사

(1) 지방공사의 의의

직영기업의 형태로 운영되는 지방공영기업 외에도 근래에 와서 일본에서는 지방공사가 많이 설립되고 있다.

지방직영기업과 지방공사 등을 함께 규정하고 있는 우리나라 지방공기업법과는 달리 일본의 지방공영기업법은 지방직영기업(지방공영기업)에 관해서만

3) 이것을 우리나라의 지방공기업채와 비교하여 본다면 큰 격차가 있다는 것을 알 수 있다(제2편 제6장 「지방채」 참조).

규정하고 지방공사는 별도 법률의 규제를 받고 있다.

(2) 지방공사의 유형

넓은 의미의 지방공사는 사법인인 지방공사와 공법인인 지방공사로 대별할 수 있으며, 사법인인 지방공사는 다시 민법상의 법인인 재단법인·사단법인과 상법상의 법인인 주식회사 등으로 세분될 수 있다.[4)]

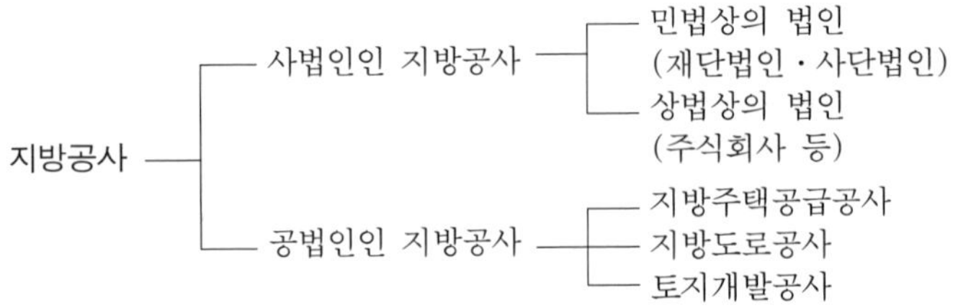

공법인인 지방공사, 즉 협의의 지방공사에는 세 가지가 있는데 지방주택공급공사법에 의한 지방주택공급공사, 지방도로공사법에 의한 지방도로공사와 「공유지의 확대추진에 관한 법률」에 의한 토지개발공사가 그것이다. 이와 같은 지방공사는 1960년대까지 157개가 설립되었는데 1961년 이후 급속히 증가하여 2013년 3월말 현재 8,056개에 달하게 되었다.

(3) 자치단체별 설치상황

일본의 지방공사를 관계지방자치단체별로 본다면 〈표 6-8〉과 같이 도도부현(都道府縣)이 설치한 공사가 2,093개로서 26%를 차지하고 있으며 지정도시(指

〈표 6-8〉 일본 지방공사의 자치단체별 설치상황

구 분	1996년 1월 현재		2013년 3월말 현재	
	공 사 수	구 성 비(%)	공 사 수	구 성 비(%)
도도부현(都道府縣)	2,252	29.7	2,093	26.0
지정도시(指定都市)	428	5.7	595	7.4
시 정 촌(市町村)	4,900	64.6	5,368	66.6
합 계	7,580	100.0	8,056	100.0

자료: 1996년 통계는 地域政策硏究會編, 最新地方公社總覽(東京: 行政, 1997), p. 8.
2013년 통계는 總務省編, 전게서 p. 120.

4) 地域政策硏究會編, 最新地方公社總覽(東京: 行政, 1997), p. 32.

定都市)가 595개(7.4%), 시정촌(市町村)이 설치한 공사가 5,368개(66.6%)이다. 1996년에 비하여 지정도시나 시정촌이 설치한 공사는 늘어났으나 도도부현이 설치한 공사는 다소 감소되었다. 이리하여 일본 지방자치단체가 설치한 지방공사는 1996년의 7,580개에서 2013년 3월 말에는 8,056개에 달하고 있다.

(4) 법인형태별 설치상황

일본의 지방공사를 법인형태별로 본다면 〈표 6-9〉와 같이 사단법인·재단법인과 같은 민법상의 법인이 42.9%를 차지하며 상법법인이 43.6%를 점하고 있다. 1996년에는 민법법인이 과반수를 차지했으나 2000년대에 들어와서 상법법인이 급증하여 민법법인을 능가하게 되었다. 공법인은 13.5%를 차지하는 데 지나지 않는다.

이를 설치단체별로 본다면 도도부현이나 지정도시에서는 민법법인이 상법법인을 능가하고 있으나 최근에 와서 시정촌에서 상법법인이 급증하여 전체적으로 보면 근소한 차이기는 하나 상법법인이 민법법인을 능가하고 있다.

〈표 6-9〉 일본 지방공사의 법인형태별 설치현황(2013년 3월말 현재)

구 분	민법법인	상법법인	공 법 인	합 계
도도부현(都道府縣)	1,351(645.5)	566(27.1)	176(8.4)	2,093(100.0)
지정도시(指定都市)	301(50.6)	251(42.2)	43(7.2)	595(100.0)
시 정 촌(市町村)	1,804(33.6)	2,698(50.3)	866(16.1)	5,368(100.0)
합 계	3,456(42.9)	3,515(43.6)	1,085(13.5)	8,056(100.0)

주: 공법인은 지방3공사와 지방독립행정법인 포함
자료: 總務省編, 전게서 p. 120.

4. 한일간 지방공기업의 비교

한국과 일본의 지방공기업은 차이점도 많으나 유사점이 더 많은 까닭에 우리는 이곳에서 한국과 일본의 지방공기업을 비교하고자 한다.

(1) 법제의 비교

지방공사에 관한 한국과 일본의 법제는 많이 다르다. 한국의 지방공기업법이 비교적 포괄적인 데 대하여 일본의 지방공영기업법은 지방직영기업에 관해서만 규정하고 있다.

① 직영기업에 관한 법제: 지방직영기업에 관한한 한국과 일본의 법제는 큰 차이가 없다. 한국에는 지방공기업법이 있고 일본에는 지방공영기업법이 있다.

다만 일본의 지방공영기업법이 관리자에 관한 상세한 규정을 두어 관리자의 신분을 보장하고 그의 독립성을 확보하는 등 지방직영기업의 독립성의 확보에 역점을 두고 있다는 사실을 지적할 수 있겠다.

② 공법상의 법인에 관한 법제: 지방공사 중 공법상의 법인에 관한 법제는 한일 양국간에 큰 차이가 있다. 한국에서는 공법상의 법인만을 공사·공단이라 하고 이에 관해서는 지방공기업법 제3장과 제4장에서 상세한 규정을 두고 있으며 지방공기업법 제2조 제1항과 제2항에 열거한 모든 사업을 지방공사·공단에 개방하고 있다.

〈표 6-10〉 지방공기업에 관한 한일간 근거법률의 비교

	한국의 근거법률	일본의 근거법률
지방직영기업	지방공기업법	지방공영기업법
지방공사 중 공법상의 법인	지방공기업법	① 지방주택공급공사법 ② 지방도로공사법 ③ 공유지확대추진에 관한 법률
지방공사 중 사법상의 법인	민법 상법이나 근거규정을 지방공기업법에 설치	민법과 상법

〈표 6-11〉 한일간 지방공기업 설립상황 비교

	한 국	일 본
직영기업	251(59.8)	8,724(52.0)
공 법 인	137(32.6)	1,085(6.5)
사 법 인	32(7.6)	6,971(41.5)
합 계	420(100.0)	16,780(100.0)

주: ① 한국은 2012년 말 기준.
② 일본은 2013년 3월말 기준.

이에 반하여 일본에서는 지방공사 중 공법상의 법인에 관한 규정을 지방공영기업법에 두지 않고 i) 지방주택공급공사법, ii) 지방도로공사법, iii) 공유지확대추진에 관한 법률을 제정하여 이 3개 법률에 의해서만 설립하도록 하고 있다. 따라서 지방공사 중 공법상의 법인이 할 수 있는 사업은 i) 주택공급, ii) 도로사업, iii) 토지개발사업에 한정되어 있는 것이다.

③ 사법상의 법인에 관한 법제: 한국에서는 지방자치단체가 자본금의 1/2 이상을 출자한 때에는 지방공사로 규정하고 공법상의 법인으로 취급한다. 그러나 지방자치단체가 자본금 또는 재산의 1/2미만을 출자·출연하는 경우에는 '지방공사·공단 외의 출자·출연법인'이라 하고 상법에 의한 주식회사 또는 민법에 의한 재단법인의 설립을 허용하고 있다.

일본에서는 사법상의 법인도 '지방공사'라고 하고 있을 뿐만 아니라 지방자치단체의 출자비율에 의한 구분도 두지 않고 있으며 사법상의 법인설립에 관한 규정도 지방공영기업법에 두지 않고 있다.

(2) 직영기업과 지방공사의 설립현황

우리는 위에서 지방공기업에 관한 한일 간의 근거법규를 비교했으나 이곳에서는 지방공기업의 설립현황을 비교해 보기로 한다. 한국에서는 지방직영기업이 전지방공기업의 59.8%를 차지하고 있으며 지방공사·공단이 32.6%를 점하고 있다. 최근 몇 년 동안에 급속한 성장을 보이고 있다. 민관공동출자사업이라고 하는 사법상의 법인은 그야말로 출발단계에 지나지 않는다.

일본에서는 지방직영기업이 지방공사에 비하여 많은 것이 사실이나 52.0%를 차지하고 있으며 사법상의 법인이 41.5%에 이르고 있다. 전술한 바와 같이 공법상의 법인은 3개 분야와 지방독립행정법인에 한해서 허용되고 있으므로 사업수가 한정될 수밖에 없다.

제 2 절 미국의 주공기업과 지방공기업

1. 주정부의 공기업

(1) 개 관

19세기 초에 있어서는 주정부가 은행의 경영을 위시하여 유료도로·운하를 건설·운영했으며, 철도의 건설에도 이바지했으나, 19세기 중엽에 와서 대부분의 공기업이 폐쇄되었다. 다시 1920년대에 와서 노스 다코타주가 은행·제분공장 기타의 공기업을 설치·운영했으나 그 수명이 길지 못했다.

현재에 있어서는 모든 주가 형무소에 교도작업을 위한 공장을 두고 있으며,

일부 주에서는 주택사업을 위하여 공기업을 설치하고 있다. 그러나 오늘날 주정부의 공기업 중 가장 중요한 것은 교통시설 · 전력사업 · 보험사업 · 주류판매업이다.

(2) 교통시설

현재 29개 주에서 유료도로 · 교량 · 터널 등을 공기업으로 운영하고 있는데, 그 중에서 가장 저명한 것이 뉴욕 · 뉴저지항만공사(The Port Authority of New York and New Jersey)이다.

뉴욕주와 뉴저지주간의 교량 · 터널을 위시하여 공항 · 터미널 · 철도사업 · 부동산임대업 등 광범위하게 사업을 펼치고 있는 뉴욕 · 뉴저지항만공사는 1921년 '뉴욕항만공사'라는 이름으로 창설되었으나 뉴저지주의 요청에 따라 1972년 7월 1일 공사의 명칭을 뉴욕 · 뉴저지항만공사로 개칭하게 되었다.

교량사업과 터미널사업으로부터 시작한 공사는 점차 그 사업분야를 확장하여 공항, 항만터미널, 버스터미널, 철도사업, 부동산임대업(세계무역센터) 등에까지 손을 뻗치고 있다. 이러한 사업들의 운영실태를 살펴본다면 철도사업과 버스터미널을 제외하고는 모두 흑자를 내고 있다.[5]

항만공사가 세계무역센터와 같은 타산이 맞는 사업에 투자하고 지하철에 대한 지원을 거부하고 있다는 비판을 받고 있기는 하나 가장 모범적인 공기업으로 인정받고 있다. 항만공사가 이와 같이 좋은 성과를 거둘 수 있는 원인의 일부를 항만공사가 향유하고 있는 '독점권'과 '요금결정의 자율성'에서 찾을 수 있다.[6]

항만공사의 조직을 살펴본다면 최고의사결정기관으로서 6명의 이사로써 구성되는 이사회가 있다. 이사들은 뉴욕주와 뉴저지주가 각각 3명씩 임명하는데, 6년의 임기를 가지며 연임되는 경우가 많다. 이사장과 부이사장은 매년 이사들의 호선에 의하여 선출된다. 사장은 이사회가 선임하는데 이사회가 결정한 정책에 따라 공사의 모든 일상업무에 대해서 책임을 진다.[7]

---

5) 유훈 · 강신택 · 방석현, 공사공단모형개발에 관한 연구(서울: 서울대학교행정대학원 행정조사연구소, 1981), pp. 105-111.

6) Clair Wilcox, Public Policies Toward Business, fourth edition(Homewood: Irwin, 1971), pp. 496-497.

7) 유훈 · 강신택 · 방석현, 전게서, pp. 112-113.

(3) 전력사업

네브래스카주와 뉴욕주에서는 주정부가 다목적댐을 건설하여 발전사업과 배전사업을 담당하고 있다.

특히 네브래스카주에서는 주민이 소비하는 모든 전력이 공기업에 의하여 발전·배전되고 있다. 뉴욕주에서는 F. D. Roosevelt가 주지사로 재임하고 있던 1931년에 주전력공사(State Power Authority)가 주의회에 의하여 창설되었고, 주내에 있는 모든 수력은 주의 자원이라고 선언하였던 것이다. 이 뉴욕주전력공사는 1954년까지 그 기능을 발휘하지 못하였으나, 1954년 연방의회는 세인트로렌스 해로(St. Lawrence Seaway) 프로젝트에 참여하기를 의결하고, 뉴욕주 전력공사로 하여금 캐나다 측과 협력하여 수력발전시설을 건설하고 운영하도록 하였다. 이어서 1957년에는 연방의회를 통과한 법률에 의거하여 나이아가라폭포의 전원개발에 관한 권한을 부여받았다.[8] 전력공사는 1970년대에 와서 사기업이 시작한 원자력발전소를 인수하여 완성하였으나 그 운영은 사기업에 위임하고 있다. 주민이 사용하는 모든 전력을 전량 공기업이 공급하는 네브래스카주의 경우와는 달리 뉴욕전력공사는 뉴욕주에서 사용하는 전력의 약 4분의 1을 공급하고 있다. 전력공사가 누리는 조세특혜 등으로 뉴욕주와 뉴욕시가 재정난에 빠졌을 때에도 전력공사는 사채의 발행에 아무런 어려움이 없었다고 한다.[9]

(4) 보험사업

일부 주에서는 특수손해보험·생명보험사업에 종사하는 공기업을 지니고 있는데, 비교적 많은 주에서 종사하고 있는 보험분야는 산업재해보상보험분야이다.

1911년 이후에 통과된 법률들에 의하여 고용주는 근로자가 업무상 부상 또는 질병에 걸린 경우에 보상을 해주어야 하는데, 고용주는 보상능력이 있다는 것을 입증하거나 보험에 가입하도록 되어 있다.

최근의 통계에 의하면 32개 주에서는 이 산업재해보상보험사무를 민간보험회사가 전담하고 있으나 18개 주에는 산업재해보상보험사무에 종사하는 공기업이 있다. 이 중 12개 주에서는 공기업과 사기업이 경쟁하고 있으나 8개 주에서는 공기업이 산업재해보상보험업무를 독점하고 있다.[10]

---

8) Wilcox, *op. cit.*, pp. 497, 528.

9) Annmarie Hauck Walsh, *The Public's Business: The Politics and Practices of Government Corporation*(Cambridge: MIT Press, 1978), pp. 107-108.

(5) 주류판매법

1933년 헌법개정 제18조가 폐지되자 주정부는 주류거래의 통제권을 되찾게 되었다. 통제방법에는 두 가지가 있는데, 첫째는 민간판매업자에 대한 허가제이며, 둘째는 주정부가 직접 주류판매업에 종사하는 길이다. 후자는 주류판매업에서 이윤을 제거하고, 수요를 증대시키려는 인센티브(incentive)를 억제하고, 나아가서 주류의 소비 자체를 억제하자는 데 그 목적이 있다. 이리하여 16개 주정부가 주류소매업을 담당하고 있다.

주정부의 주류판매업은 이윤이 많은 사업으로 알려져 있다. 그 이익은 총판매고의 20% 이상을 차지하고 있는 것이다. 주정부의 주류직판제도가 주류의 소비억제에 기여하지는 못했으나 주정부의 세입증대의 한 방법으로 사용되고 있음을 알 수 있다.[11]

2. 미국의 지방공기업

(1) 상수도사업

지방자치단체의 공기업 중 가장 중요한 것이 상수도사업이다. 상수도사업은 비교적 그 운영이 단순하며, 급격한 기술적 혁명을 요하지 않는 사업일 뿐만 아니라, 이 사업은 소방에 필수불가결하며 시민들은 물의 질과 순도에 대해서 많은 관심을 지니고 있다. 따라서 상수도사업은 공기업으로 운영하기에 가장 알맞은 사업이라 하겠다.

1980년 현재 미국의 지방자치단체들이 운영하고 있는 상수도사업체는 63,975개에 달하고 있으며 급수인구는 2억 4,760만명에 이르고 있다. 규모별로 사업체수를 본다면 〈표 6-12〉와 같이 사용자가 500명 이하의 소규모 사업체가 사업체총수의 67%에 달하고 있으며 사용자가 10만명을 초과하는 대규모 사업체는 0.5%에 지나지 않는다. 그러나 급수인구를 본다면 사용자 500명 이하의 소규모 사업체로부터 상수도를 공급받고 있는 인구는 총급수인구의 2%에 지나지 않는다. 사용자가 10,001명에서 10만명까지의 사업체로부터 공급받고 있는 급수인구가 31%를 차지하고 있으며 사용자가 10만명을 초과하는 대형업체가

---

10) Wilcox, *op. cit.*, pp. 494-495.

11) William G. Shepherd and Clair Wilcox, *Public Policies Toward Business*, sixth edition(Homewood: Irwin, 1979), p. 436.

공급하는 상수도의 혜택을 받고 있는 주민들이 총급수인구의 50%에 달하고 있다.[12]

〈표 6-12〉 규모별 상수도사업체수 및 급수인구의 비율

규 모 별	사 업 체 수	급 수 인 구
25-500명	67%	2%
501-3,300	22	8
3,301-10,000	6	9
10,001-100,000	4	31
100,000초과	0.5	50
합 계	100	100

(2) 하수도사업

하수도사업은 급격히 그 수가 증가하고 있는 공기업의 하나이다. 1947년에는 인구 5,000 이상의 도시 중 47.2%가 하수도사업을 공기업으로 운영하고 있었는데,[13] 1956년에는 그 비율이 50.7%로 늘어났고,[14] 1961년에는 더욱 늘어나 62.3%를 차지하게 되었다. 지방자치단체의 간부들이 하수도사업의 중요성을 인식하기에 이른 데에 그 중요한 원인이 있다고 하겠다.[15]

(3) 전력사업

공기업에 의한 전력사업의 운영은 우여곡절을 겪었다. 1882년에는 전력사업에 종사하는 지방공기업이 4개소가 있었는데 1923년에는 3,066개소로 증가하였다. 1923년 이후에는 그 수가 감소하기 시작하여 1932년에는 1,849개소가 되었다. 그러나 1933년부터 1938년에 이르는 기간 중 연방정부는 공공사업처(Public Works Administration)를 통하여 지방자치단체가 전력사업을 공기업으로 운영할 것을 장려했던 까닭에 그 수가 증가하였으나,[16] 최근에 와서는 그

12) Council on Environmental Quality, *Environmental Quality* 1981(Washington: Government Printing Office, 1981), p. 65.

13) C.E. Ridley and O.F. Nolting(eds.), *Municipal Yearbook* 1947(Chicago: I.C.M.A., 1947), p. 49.

14) C.E. Ridley and O.F. Nolting(eds.), *Municipal Yearbook* 1956(Chicago: I.C.M.A., 1956), p. 64.

15) O.F. Nolting and D.S. Arnold(eds.), *Municipal Yearbook* 1961(Chicago: I.C.M.A., 1961), p. 82.

16) Harold Koontz and Richard W. Gable, *Public Control of Economic Enterprise*(New

수가 다시 감소되고 있다. 발전시설이 점차 그 규모가 커가고 있는 데 그 원인이 있을는지도 모른다.

오늘날 약 2,000개의 도시가 배전사업에 종사하고 있는데 이 중 반수에 미달하는 도시들이 발전사업까지 겸하고 있으며, 나머지 도시들은 타공기업이나 사기업들이 발전한 전력의 배전만 담당하고 있다. 지방공기업의 발전량은 미국의 총발전량의 5% 정도에 지나지 않는다고 한다.[17]

(4) 교통사업

뉴욕 · 시카고 · 필라델피아 · 디트로이트 · 클리블랜드 · 보스톤 · 샌프란시스코와 같은 대도시를 위시하여 상당수의 도시가 지하철, 버스, 전차 등의 교통사업을 공기업으로 운영하고 있는데, 이들 중에는 19세기부터 공기업으로 교통사업을 운영하고 있는 도시도 있으나 최근에 사기업의 운영난으로 부득이 공기업이 교통사업을 담당하고 있는 도시가 더 많다.[18]

그런데 이들 교통사업에 종사하고 있는 지방공기업의 경영상태를 본다면 불행히도 그리 양호한 것이 못된다. 특히 에너지위기 이후에 유류대와 인건비는 앙등하는데 많은 지방의회가 정치적인 고려에서 요금의 인상을 억제하고 있는 까닭에 지방공기업에 의한 교통사업의 운영이 더욱 어려워지고 있다.

시카고시와 36개의 인근교외지역을 영업구역으로 하여 전철과 버스를 운행하고 있는 시카고교통공사(Chicago Transit Authority)의 경우를 예로 든다면 1971년만 하더라도 자체수입이 경상비의 90.5%를 차지했으나 점차 자체수입이 차지하는 비중이 낮아지기 시작하여 1978년에는 52.3%로 떨어졌으며 1981년에는 자체수입이 경상비의 38.3%에 지나지 않게 되었다.[19]

또 하나의 문제는 교통사업의 '광역화'이다. 지방자치단체의 구역과 교통사업의 사업구역은 반드시 일치하지 않으므로 교통사업의 광역화가 시도되고 있다. 보스톤지역, 샌프란시스코만지역, 남부 펜실베니아지역, 뉴욕지역, 워싱턴지역이 그 대표적인 예라고 하겠다.[20]

York: McGraw..Hill, 1956), p. 702.

17) Martin T. Farris and Roy J. Sampson, *Public Utilities: Regulation, Management and Ownership*(Boston: Houghton Mifflin Co., 1973), p. 271.

18) *Ibid.*, p. 369.

19) 유훈 · 강신택 · 방석현, 전게서, pp. 99-102.

20) Wilcox, *op. cit.*, p. 491.

이러한 교통사업의 광역화는 재정난에 빠져 있는 교통사업체에 더욱 많은 어려움을 안겨주고 있다. 워싱턴지역의 지하철과 버스를 운영하고 있는 워싱턴수도권교통공사(Washington Metropolitan Area Transit Authority)가 그러한 공기업의 하나이다. 워싱턴시가 있는 콜럼비아 특별구(District of Columbia), 메릴랜드주의 일부 및 버지니아주의 일부를 영업구역으로 삼고 있는 까닭에 컬럼비아특별구와 2개 주가 각각 동수의 이사와 대리이사를 이사회에 파송하고 있다. 모든 중요한 결정에 있어서 이들간의 합의가 이루어져야 하는데 이해관계가 상반되는 경우가 많아서 합의의 도달이 어려운 때가 많다. 뿐만 아니라 메릴랜드주와 버지니아주 내의 자치단체간에도 견해의 차이가 있어서 문제를 더욱 복잡하게 만들고 있다.[21]

(5) 기타 사업

가스의 제조 및 공급을 공기업으로 운영하고 있는 도시는 점차 감소되어 가고 있다. 가스제조의 기술적 성격과 그 비수익성에 중요한 원인이 있다고 하겠다.[22]

공항을 직영하는 주정부의 수는 증가일로에 있다. 1956년에는 인구 5,000 이상의 도시 중 525개(21.1%) 시가 공항을 공기업으로 운영하고 있었는데, 1961년에는 그 수가 588개(31.0%) 시로 증가하였다. 오늘날에 있어서는 모든 대도시가 공항을 보유하고 있다. 2009년말 현재 미국에는 5,178개의 공공공항(public airport)이 있는데,[23] 이 중의 상당수가 공기업으로 운영되고 있다고 하겠다. 이 밖에도 대부분의 항구도시가 항만사업을 공기업으로 운영하고 있다.

---

21) 유훈·강신택·방석현, 전게서, pp. 96-97.

22) Koontz and Gable, *op. cit.,* p. 703.

23) Bureau of the Census, *Statistical Abstract of the United States,* 2012(Washington: Government Printing Office, 2011), p. 681.

참고 문헌

[동양문헌]

강봉균, "제5차 5개년계획과 중기재정계획," 박종기·이규억편, 국가예산과 정책목표, 서울: 한국개발연구원, 1982.

강운태, "세외수입의 운영실태와 문제점," 지방재정, 1983년 4월호.

강인재 외 공저, 지방재정론, 서울: 대영문화사, 1993.

곽채기, "주민참여예산제도의 기본모형과 운영시스템 설계방안," 「한국지방재정논집」, 10(1), 2005.

김 철, 지방재정론, 서울: 교문각, 1974.

김경환, "지방세 기능 강화 방안," 송대희·노기성편 지방지치제 실시에 따른 중앙·지방재정기능의 재정립, 서울: 한국개발연구원, 1992.

김경희, "성인지적 예산도입을 위한 시론적 연구: 지방자치단체 여성정책 예산분석 사례를 중심으로," 「한국여성학」, 19(1), 2003.

김덕영, "중기지방재정계획," 지방재정 1982년 6월호.

김동욱, "최근 외국 지방자치단체의 재정위기 극복사례," 지방재정과 지방세, 통권 20호, 2009.

김영옥 외, "해외의 성인지 예산: 다양성과 정책적 선택," 한국여성정책연구원, 2007.

김영옥 외, "성인지 예산제도화 방안 연구(iii: 성인지 예산서 작성 모니터링 및 추진 역량 강화 방안을 중심으로," 한국여성정책연구원, 2009.

김주봉, "우리나라 국고보조금제도에 관한 연구," 서울대학교 행정대학원 석사학위 논문, 1976.

내무부, 1994년도 도서개발 사업계획, 서울: 내무부, 1994.

내무부, 1994년도 오지개발 사업계획, 서울: 내무부, 1994.

박수영, "경영수익사업의 방향," 지방재정, 1993년 제5호.

박의식, "지방채제도 개요 및 운용방향," 지방재정, 2006년 제3호.

배용수, 제3섹터의 이해, 서울: 지방자치경영협회, 1995.

서정섭, "미국 지방재정위기의 발생과 관리제도에 대한 고찰," 한국지방재정논집, 6(1), 2001.

손휘준, "자동차세제의 개혁방향," 지방세, 1993년 제3호.

송산훈, "국고보조금제도가 변해야 재정이 산다," 수원: 경기개발연구원, 2013.

안세경, "지방재정법 전면개정의 의미와 내용," 지방재정, 2005년 제4호.

안전행정부, 2014년도 지방자치단체 통합재정개요(상), 서울: 안전행정부, 2014.

양영철, "지방소비세제도와 지역상생발전기금의 활성화 과제," 한국지방재정학회 세미나자료집, 2001, pp. 29-48.

오관영, 납세자 책임과 지방예산감시운동의 성과와 과제, 미발표 자료, 2012.

오희환, 제3섹터의 활용방안, 서울: 지방행정연구원, 1995.

유 훈, "경제재건과 재정," 한국재정40년사 편찬위원회, 한국재정40년사 제6권, 서울: 한국개발연구원, 1991.
유 훈, "지방자치와 지방세," 지방세, 1993년 제2호.
유 훈, "지자제실시의 실효성 제고를 위한 자방재정의 실태와 확충방안," 행정논총, 1992년 제1호.
유 훈, 재정법, 서울: 서울대학교 출판부, 1991.
유 훈, 지방자치단체의 공채발행제도 개선에 관한 연구, 서울: 한국행정문제연구소, 1971.
유 훈, 행정학원론〔제7정판〕, 서울: 법문사, 2000.
유 훈·강신택·방석현, 공사(공단) 모형개발, 서울: 서울대학교 행정대학원 행정조사연구소, 1981.
유 훈·김 원·김영평, 지방자치단체 재정력 측정지표 개발에 관한 연구, 인천: 인천시, 1984.
유 훈·배용수·이원희, 〔신판〕 공기업론, 서울: 법문사, 2010.
유 훈·조 택·김재훈, 〔신판〕 재무행정론, 서울: 법문사, 2012.
유 훈·차병권, 지방재정제도에 관한 연구, 서울: 한국지방행정연구소, 1985.
이상희, 지방재정론〔개정판〕, 서울: 계명사, 1985.
이재원, "지방정부의 투자심사제도에 관한 연구," 지방정부연구, 7(2), 2003.
이재원, "포괄보조 방식을 통한 분권 지향적 국고보조금 운용 과제: 분권교부세, 균특회계, 그리고 지역사회서비스투자사업을 중심으로," 한국지방재정논집, 14(1), 2009, pp. 57-89.
이재원 외, "복지분야 보조금제도의 개선방안," 기획재정부, 2003.
임성일, "지방체발행제도의 현실과 향후과제," 지방재정, 2007년 제5호.
임성일·이 효·서정섭, 새로운 지방예산제도, 박영사, 2013.
장형태, 개정 지방재정법 해설, 서울: 보문출판사, 1970.
재무부 예산국, 한국예산분류에 관한 설명, 서울: 재무부, 1960.
조기현, "지방재정건전화를 위한 지방채무관리제도의 발전방안," 지방재정과 지방세, 통권 30호, 2010.
조주복, "주민참여예산제도의 역할재정립," 한국지방자치학회보, 24(4), 2012.
주만수, "특별·광역시별 조정교부금제도 비교 분석 및 적합성 평가," 서울도시연구 13(2), 2012, pp. 17-43.
최병호, "재정보전금제도의 개편과 자치단체간 재원배분에 관한 연구," 지방정부연구, 18(1), 2014, pp. 169-192.
최병호 외, 국고보조사업의 국가·지방간 재원분담체계 개선과제, 행정안전부, 2012.
최창호, "지방자치의 본질과 그 법적보장," 지방행정, 1989년 1월호.
高寄昇三, 外廓團體の經營, 東京: 學陽書房, 1991.
高寄昇三, 地方分權と大都市, 東京: 勁草書房, 1995.
公共投資ジヤーナル社 編輯部, 第三セクタ: 設立·運營の指針, 東京: 公共投資ジヤーナル社, 1985.
國土廳地方振興局過疏對策室, 1993年版 過疏對策の現況, 東京: 丸井工文社, 1994.
吉田和男, 地方分權のための地方財政改革, 東京: 有斐閣, 1998.
大石利雄·岡本全勝, 「地方財政法」, 東京: 行政, 1993.

渡邊政一, 入門地方財政論, 東京: 有斐閣, 1993.
藤岡純一 편, 海外の地方分權事情, 東京: 自治體硏究社, 1995.
北脇保之・武田之男, 地方稅法〔I〕, 東京: 行政, 1992.
北脇保之・武田之男・今仲康之, 地方稅法〔II〕, 東京: 行政, 1992.
飛田博史, 財政の自治, 東京: 公人社, 2013.
山本政一, 公企業批判, 東京: ミネルウア書房, 1969.
小西砂千夫, 地方財政改革の政治經濟學, 東京: 有斐閣, 2008.
岩崎恭典, 「中核市特例の實態と課題」, 都市問題, 1997년 8월호.
伊東弘文, 入門 地方財政, 東京: 行政, 1992.
立田清士, 地方公社の經營, 東京: 地方財政協會, 1976.
紫田德衛 편, 都市經濟論, 東京: 有斐閣, 1985.
紫田護, 地方財政のしくみと運營〔新版〕, 東京: 良書普及會, 1979.
自治團體問題硏究所편, 行政組織の第三セクター, 東京: 自治體硏究社, 1991.
自治省 편, 1998年 地方財政白書, 東京: 大藏省印刷局, 1998.
井上孝・渡邊眞知子 편저, 首都圈の高齡化, 東京: 原書房, 2014.
佐藤進・高橋誠편, 地方財政讀本〔第三版〕, 東京: 東洋經濟新報社, 1987.
佐佐木信夫, 地方分權と地方自治, 東京: 勁草書房, 1999.
重森曉, 地方分權どう實現するか, 東京: 丸善株式會社, 1996.
重森曉, 現代地方自治の財政理論, 東京: 有斐閣, 1998.
地域政策硏究會편, 最新地方公社總覽, 東京: 行政, 1997.
淺野大三郞, 財政運營, 東京: 行政, 1985.
千田謙藏, 迫る地方分權, がんばれ自治體, 東京: 行政, 1998.
村上順, 日本の地方分權, 東京: 弘文堂, 2003.
村松岐夫, 日本の行政, 東京: 中央公論社, 1994.
總務省 統計局, 日本の統計, 日本統計協會, 2014.
總務省, 2014年版 地方財政白書, 東京: 日經印刷株式會社, 2014.
坂田期雄, 地方公營企業, 東京: 第一法規, 1973.
俵 靜夫, 地方自治法, 東京: 有斐閣, 1975.

[구미문헌]

ACIR, "Block Grants: A Comparative Analysis," *ACIR*, 1977.
Ammons, David N. and Joseph C. King, "Productivity Improvement in Local Government: Its Place Among Competing Priorities," *Public Administration Review*, March-April 1983.
Anton, T. J., "New Federalism and Intergovernmental Fiscal Relationships: The Implications for Health Policy," *Journal of Health Politics, Policy and Law*, 22(3), 1997, p. 704.
Aronson, J. Richard and John L. Hilley, *Financing State and Local Government*, Washington, D. C.: Brookings Institution, 1986.
Arrow, K., "The Organization of Economic Activity: Issues Pertinent to the Choice of

Market Versus Non-Market Allocation," In Joint Economic Committee, T*he Analysis and Evaluation of Public Expenditures: The PPB System*, Vol. I, Washington, D.C.: U.S. GPO, 1970.

Besley T., and S. Coate, "Centralized versus decentralized provision of local public goods: a political economy approach," *Journal of Public Economics*, 87, 2003, pp. 2611 - 2637.

Boadway, R., "Inter-Governmental Fiscal Relations: The Facilitator of Fiscal Decentralization," *Constitutional Political Economy*, 12, 2001, p. 102.

Bozeman, J. Lisle, "The Capital Budget: History and Future Direction," *Public Budgeting and Finance*, Autumn 1984.

Break, G. F., *Intergovernmental fiscal relations in the United States,* Washington, DC: Brookings institution, 1967.

Brennan, G. & J. M. Buchanan, *The Power to Tax-Analytical Foundations of a Fiscal Constitution*, Cambridge: Cambridge University Press, 1980.

Brewer, Gary D., "Termination: Hard Choices—Harder Questions," *Public Administration Review,* July-August 1978.

Brown, C. V. and P. M. Jackson, *Public Sector Economics*, second edition, Oxford: Martin Robertson, 1982.

Buchanan, James and Marilyn Flowers, *The Public Finances*, fifth edition, Homewood: Richard Irwin, 1980.

Budlender, D. ed., *The Women's Budget*, South Africa Cape Town: IDASA, 1996.

Burkhead, Jesse, *Government Budgeting*, New York: Wiley, 1956.

Chandler, J. A., *Local Government Today*, Manchester: Manchester University Press, 1991.

Chitwood, Stephen R., "Social Equity and Social Srvice Productivity," *Public Administration Review*, January-February, 1974.

Clark, T. & L.C. Ferguson, *City Money: Political Processes, Fiscal Strain, and Retrenchment,* New York: Columbia University Press, 1983.

Cocker, Phil, *Contemporary British Politics and Government*, Mersyside: Tudor Business Publishing, 1993.

deLeon, Peter, "Public Policy Termination: An End and A Beginning," *Policy Analysis*, Summer 1978.

Digler, Robert Jay, Randolph R, Moffett and Linda Struyk, "Privatization of Municipal Services in America's Largest Cities," *Public Administration Review*, January-February, 1997.

Dilulio, John J. Jr., Gerald Garvey and Donald Kettl, Improving *Government Performance*, Washington: Brookings, 1993.

Duc Hong Vo, "The Economics of Fiscal Decentralization," *Journal of Economic Surveys*, 24(4), 2010, pp. 660-673.

Elson, Diane, "Talking to the Boys: Gender and Economic Growth Models," Celile Jackson & Ruth Pearson ed., *Feminist Visions of Development: Gender*

Analysis and Policy, Routledge, 1998.
Etzioni, Amitai, "The Third Sector and Domestic Missions," *Public Administration Review,* July-August 1973.
Etzioni, Amitai, *Modern Organizations,* Englewood Cliffs: Prentice Hall, 1964.
Farris, Martin T. and Roy J. Sampson, *Public Utilities: Regulation, Management and Ownership,* Boston: Houghton Mifflin Co., 1973.
Fisher, Ronald C., *State and Local Finance,* Glenview: Scott, Foreman and Co., 1987.
Frederickson, H. George, "Toward A New Public Administration, in *Toward A New Public Administration,* Scranton: Chandler Publishing Co., 1971.
GAO, "Block Grants: Characteristics, Experiences, and Lessons Learned," GAO/HEHS-95-74, 1995.
Gaus, J. M., L. D. White and M. E. Dimock, *The Frontiers of Public Administration,* Chicago: University of Chicago Press, 1936.
Gore, Al, *Creating Government That Works Better and Cost Less,* Washinton, D. C.: Government Printing Office, 1993.
Gormley, Willian T., Jr., *Privatization and Its Alternatives,* Madison: University of Wisconsin Press, 1991.
Groves, Sanford and Maureen G. Valente, Evaluating *Financial Condition: A Handbook for Local Government,* Washington, D.C. International City Management Association, 1986.
Hart, David K., "Social Equity, Justice and the Equitable Administration," *Public Administration Review,* January-February 1974.
Hatry, Harry P., "Issues in Productivity Measurement for Local Government," *Public Administration Review,* November-December 1972.
Hayward, Nancy S., "The Productivity Challenge," *Public Administration Review,* September-October 1976.
Heclo, Hugh and Aaron Wildavsky, *The Private Government of Public Money,* second edition, Berkeley: University of Califor-nia Press, 1981.
Henig, Jeffrey, "Privatization in the United States: Theory and Practice," *Political Science Quarterly,* Winter 1989-90.
Hubbell, L. Kenneth(ed.), *Fiscal Crisis in American Cities: The Federal Response,* Ballinger, 1979.
Inman, R. P., "How to have a Fiscal Crisis: Lessons from Philadelphia," *American Economic Review,* 378, 1995.
International City Managers Association, *Municipal Finance Administration,* sixth edition, Chicago: ICMA, 1962.
Joyce, Philip G., "Using Performance Measures for Federal Budgeting: Proposals and Prospects," *Public Budgeting and Finance,* Winter 1993.
Kemp, R. L., "Retrenchment Management: Coping with Fewer Tax Dollars," G.G. Wynne ed., *Cutback Management: A Trinational Perspective,* Transaction

Books, 1983.

King, R. F., "Welfare Reform: Block Grants, Expenditure Caps, and the Paradox of the Food Stamp Program," *Political Science Quartely*, 114(3), 1999.

Kjellberg, Francisco, "The Changing Values of Local Government." *American Academy of Political and Social Science*, July 1995.

Kotler, Philip and Michael Hurry, "Third Sector Management: The Role of Marketing," *Public Administration Review*, September-October 1975.

LeLoup, Lance T., *Budgetary Politics*, second edition, Brunswick: King's Court, 1980.

LeLoup, Lance T., *The Fiscal Congress: Legislative Control of the Budget*, Westport: Greenwood Press, 1980.

Levine, Charles, "More on Cutback Management: Hard Questions for Hard Times," *Public Administration Review*, March-April, 1979.

Levine, Charles, "Organizational Decline and Cutback Management," *Public Administration Review*, August 1978.

Levitt, Theodore, *The Third Sector: New Tactics for a Responsive Society*, New York: AMACOM, 1973.

Lockwood, B., "Distributive politics and the costs of centralisation," *Review of Economic Studies*, 69(2), 2002, pp. 313-337.

Mark, Jerome A., "Meaning and Measures of Productivity," *Public Administration Review*, December 1972.

Martinez-Vazquez, J., *The assignment of expenditure responsibilities*, Andrew Young School of Policy Studies, Georgia State University, 2001, p. 12.

May Judith and Aaron Wildavsky(eds.), *The Policy Cycle*, Beverly Hills: Sage Publications, 1978.

Mikesell, John L., *Fiscal Administration: Analysis and Application for the Public Sector*, fourth edition, Belmont: Wadsworth, 1995.

Moe, Ronald C., "The Reinventing Government Exercise: Misinterpreting the Problem, Misjudging the Consequence," *Public Administration Review*, March-April 1994.

Muramatsu, M., "Intergovernmental Relations in Japan: Models and Perspectives," *World Bank Report* No, 37178, 2001.

Musgrave, R. A., "Who should tax, where, and what?" In C. E. McLure Jr. (ed), *Tax Assignment in Federal Countries*, Canberra: Australian National University Press, 1983.

Musgrave, R. A., *The Theory of Public Finance*, New York: McGraw-Hill, 1959.

Musolf, Lloyd D., *Mixed Enterprise: A Developmental Perspective*, Lexington: Heath, 1972.

Norton, Alan, *International Handbook of Local and Regional Government*, Aldershot: Edward Elgar Ltd., 1994.

O'Toole, Laurence, Jr. (ed.), *American Intergovernmental Relations*, Washington: CQ

Press, 1993.
Oates, W. E., "Toward A Second-Generation Theory of Fiscal Federalism," *International Tax and Finance*, 12, 2005, p. 351.
Oates, W. E., *Fiscal Federalism*, New York: Harcourt Brace Jovanovich, 1972.
Office of Federal Register, *The United States Government Manual, 1991-1992.* Washington, D.C.: Government Printing Office, 1991.
Osborne, David and Ted Gabler, *Reinventing Government*, Reading: Addison Wesley, 1992.
Pammer, Jr., W.J., *Managing Fiscal Strain in Major American Cities: Understanding Retrenchment in the Public Sector*, Greenwood Press, 1990.
Peterson, Peter G., "Productivity in Government and the American Economy," *Public Administration Review*, November-December 1972.
Pinch, S., *Cities and Services*, London: RPK, 1985.
Poister, Theodore, Obed Q. Pasha and Lauren Edwards, "Does Performance Management Lead to Better Outcomes? Evidence from the U.S. Transit Industry," *Public Administration Review*, July-August 2013.
Pollitt, Christopher, "The Expenditure Survey, 1961-1972," *Public Administration*, Summer 1977.
Robson, B., *Those Inner Cities*, Oxford: Clarendon, 1988.
Samuelson, P. A., "The Pure Theory of Public Expenditure," *Review of Economics and Statistics*, 36, 1954, pp. 387-389.
Savas, E. S., *Privatization: The Key to Better Government*, Chatham: Chatham House, 1987.
Schick, Allen, "The Trauma of Politics: Public Administration," in Frederick Mosher (ed.), *American Public Administration: Past, Present, Future*, University: University of Alabama Press, 1975.
Seabright, P., "Accountability and decentralisation in government: an incomplete contracts model," *European Economic Review*, 40, 1996, pp. 61-89.
Sharp, Rhonda, "Gender Responsive Budgets: Multiple Strategies and Guiding Goals," *Gender Budget Initiatives: Concepts and Experiences, United Nations Development Fund for Women (UNIFEM)*, New York, United Nations, 2002.
Shepherd, William G. and Clair Wilcox, *Public Policy Toward Business*, sixth edition, Homewood: Irwin, 1979.
Smith, B. C., *Decentralization: The Territorial Dimension of the State*, London: George Allen and Unwin, 1985.
Stenberg, C.W., "Block Grants and Devolution," (in) T.J. Conlan & P.L.Posner, eds. *Intergovernmental Management for the 21st Century*, Washington, D.C.: Brookings Institution Press, 2008.
Tiebout, Charles M., "A Pure Theory of Local Expenditures," *Journal of Political Economy*, 64(5), 1956, pp. 416-424.
Wagner, Richard E. (ed.), *Charging for Government: User Charges and Earmarked*

Taxes in Principle and Practice, London: Routledge, 1991.

Waldo, Dwight, *The Administrative State*, New York: Ronald Press, 1948.

Waller, M., "Block Grants: Flexibility vs. Stability in Social Services," *Center on Children and Families Working Paper*, The Brookings Institute, 2005.

Walsh, Anmarie Hauck, *The Public's Business: The Politics and Practices of Government Corporation*, Cambridge: MIT Press, 1978.

Weingast, B. R., "The economic role of political institutions: market-preserving federalism and economic development," *Journal of Law, Economics and Organisations*, 15(1), 1995, pp. 1-31.

Wilson, David and Chris Game, *Local Government in the United Kingdom*, London: Macmillan, 1994.

World Bank, *World Development Report 1992*, New York: Oxford University Press, 1992.

Wright, Maurice(ed.), *Public Spending Decisions*, London: George Allen and Unwin, 1980.

Wynne, George G. (ed.), *Learning from Abroad Cutback Manage-ment: A Trinational Perspective*, New Bruswick: Transaction Books, 1983.

Zimmerman, Joseph F., *State-Local Relations: A Partnership Approach*, New York: Praeger, 1983.

사항색인

〔영문〕

[저자약력]

유 훈

서울대학교 법과대학 졸업
고등고시 행정과 합격
서울대학교 대학원에서 법학석사
미네소타대학교 대학원에서 행정학석사
미네소타대학교 대학원에서 정치학박사
서울대학교 행정대학원 원장 역임
한국행정학회 회장 역임
현, 서울대학교 명예교수

[주요 저서]

행정학원론	행정학강의(공저)
공기업론	정 책 학(공저)
예산제도론	행정학대의(공저)
정책학원론	행 정 학(공저)
행정권과 경제	행정학연습(공저)
재정법	정책학개론(공저)
지방재정론	한국행정의 역사적 분석(공편저)

신희권

서울대학교 무역학과 졸업
서울대학교 행정대학원에서 행정학석사
서울대학교 대학원에서 행정학박사
대구대학교 자치행정학과 교수 역임
미국 인디애나대학교 켈리스쿨 비지팅스칼라 역임
(사)서울행정학회 회장 역임
현, 충남대학교 자치행정학과 교수

[주요 저서/논문]

새 한국정부론(공저) 시민행정과 정부(공저)
우리나라 농정거버넌스의 재구축 방안
재벌규제정책 실패 사례로서의 주력업체제도

이재원

서울대 경제학과 졸업
서울대 행정대학원에서 행정학석사
서울대 대학원 행정학과에서 행정학박사
경기개발연구원 연구위원 역임
한국사회서비스관리원 원장 역임
현, 부경대학교 행정학과 교수
　　한국사회서비스학회 회장
　　한국지방재정학회 부회장

[주요 저서]

복지재정과 시민참여(공저)	사회서비스 전자바우처
사회서비스정책론(공저)	새행정학 2.0(공저)

지방재정론〔신판〕

1995년 3월 25일 초판 발행
1996년 3월 5일 증보판 발행
1998년 1월 10일 개정판 발행
2000년 3월 10일 3정판 발행
2015년 2월 20일 신판 1쇄 발행

공 저 유 훈 · 신희권 · 이재원

발행인 배 효 선

발 행 처 도서출판 法 文 社

주 소 413-120 경기도 파주시 회동길 37-29
등 록 1957년 12월 12일 제2-76호 (윤)
전 화 031-955-6500～6, 팩스 031-955-6525
e-mail(영업) : bms@bobmunsa. co. kr
(편집) : edit66@bobmunsa. co. kr
홈페이지 http://www.bobmunsa.co.kr

조 판 성 지 이 디 피

정가 30,000 원 ISBN 978-89-18-02431-8